2013版 李克茶烟酒优购指南

听李克一年一论　随手翻常阅常查

华夏出版社
HUAXIA PUBLISHING HOUSE

目录

第一章　关于指南的阅读指南　/　1

本人平生好茶，嗜烟，亦喜浅酌。

当高速公路取代了羊肠小径，当高楼烟囱替代了小桥流水，当只求效率的资本主义侵略了耗时费力的农业文明，剥蚀了带着体温的手工绝活儿的时候，茶烟酒产业的发展，让充满情趣的品尝渐渐变得单一而苍白。资本的无孔不入，更是让味蕾迟钝而麻木起来。茶烟酒身处工业，根却扎在农业，而日渐富裕的中国人已不复对土地的敬畏。

这二十年来，我踏遍南北东西，深感中国太大，山水迥异和人文不一造就了茶烟酒的多彩风味。现在，我用笔记将这些年的发现和心得整理出来，愿与同道君子分享。

这纯粹是属于个人的品评体会，难免偏颇、疏漏和粗糙。但是，仍请读者诸君相信，即便如此，即便有些任性，这些文字也同样带着我笔下的细腻和温暖。

- ■ 李克的个人评价标准　/　2
- ■ 基于实务的评价　/　3
  - ● 李克茶烟酒评价体系
  - ● 如何使用本书

第二章　李克推荐榜：2012年度中国十大名酒名烟名茶　/　9

国人天生就有崇尚排位的情结：王侯将相的功绩，骚人墨客的文采，英雄侠士的武功，商贾豪门的富贵，都要论资排辈一番。若涉足中国茶烟酒的江湖却又不选出几个"十大"，未免对读者不恭，且对自己品历的总结不够深刻。

当然，一百个人眼中有一百个哈姆雷特，茶烟酒的排名标准亦如是。李克持的是一杆主观而诚实的秤，它秤品牌积淀，也秤市场号召力，秤微妙口感，也秤包装心意的细腻。我想，由它衡量出的"十大"，应能满足茶烟酒爱好人士对好产品的想象。

- ■ 2012年度中国十大名酒　/　10
- ■ 2012年度中国十大名烟　/　21
- ■ 2012年度中国十大名茶　/　32

第三章　中国酒购买实务　/　43

中国的好饮者，心中永远都装着两瓶酒：一瓶全国名酒，一瓶地方好酒。

酒类品牌成功的可能性看起来总是那么丰茂，而其生存的理由又总是那么简单。所以，随着资本热潮的奔涌不息，老牌名酒的门前永远都会有腰缠万贯的野蛮人在围观。

进口入嘴的东西是骗不了人的。于我而言，标准只有一个：自己喝得舒服，就是好酒。

- ■ 关于酒的品类、防伪与收藏　/　44
- ■ 2012年度酒业十大事件　/　48
- ■ 白酒的品尝笔记及打分评级　/　51

- 川黔产区：白酒金三角
- 两湖江西产区：汉水铁三角
- 华北产区
- 东北产区
- 苏皖产区：淮河银三角
- 鲁豫产区
- 西北产区
- 两广海南产区

■ 黄酒的品尝笔记及打分评级 / 271
■ 李克特别推荐：十大地方性口碑好酒 / 295

第四章　中国烟购买实务　/ 305

烟草是文明社会一个荒谬的存在。它有害健康，却成了开门第八件事；它声名不佳，却予人以合法的陶醉；它广泛被禁，却在全球范围种植和销售。

很多人可能和我有同样的遭遇：总会在一些场合犹犹豫豫、小心翼翼地低声询问对方——可以抽一支吗？

所以，还是"抽少一点、抽好一点"对自己好。

■ 关于卷烟的品类、防伪与收藏 / 306
■ 2012年度烟草十大事件 / 310
■ 卷烟的品吸笔记及打分评级 / 314
- 西南产区
- 黄淮产区
- 东南产区
- 北方产区
- 两湖产区
- 江浙沪产区

■ 李克特别推荐：十大地方性口碑好烟 / 374

第五章　中国茶购买实务　/ 385

茶企在证券和电商两个领域展露拳脚，也不知是好事还是坏事。

未来十年，或许是中国茶品牌发展的关键十年。

2000年左右，中国茶叶总产值约100亿元；到了2011年，产值已超1 600亿元。虽有产业的爆发式增长，但7万家茶企却依然孵化不出一个立顿。

没有对传统的温情和对工夫的坚守，没有严格意义的品牌而仅仅有地方性名牌，谁能确保质量？谁能对明天负责？

中国，好茶易得，茶王何在？

■ 关于茶的品类、防伪与收藏 / 386
■ 2012年度茶业十大事件 / 389
■ 茶的品尝笔记及打分评级 / 392
- 西南茶区
- 江南茶区
- 华南茶区
- 江北茶区

■ 李克特别推荐：十大地方性口碑好茶 / 522

附录　/ 533

■ 本书四星级以上（含四星）茶烟酒名录速查 / 534
■ 中国历届评酒会的国家名酒名录 / 548
■ 中国名优茶名录 / 550

李克茶烟酒问对　/ 552

第一章　关于指南的阅读指南

- **李克的个人评价标准**
- **基于实务的评价**
  - 李克茶烟酒评价体系
  - 如何使用本书

本人平生好茶，嗜烟，亦喜浅酌。

当高速公路取代了羊肠小径，当高楼烟囱替代了小桥流水，当只求效率的资本主义侵略了耗时费力的农业文明，剥蚀了带着体温的手工绝活儿的时候，茶烟酒产业的发展，让充满情趣的品尝渐渐变得单一而苍白。资本的无孔不入，更是让味蕾迟钝而麻木起来。茶烟酒身处工业，根却扎在农业，而日渐富裕的中国人已不复对土地的敬畏。

这二十年来，我踏遍南北东西，深感中国太大，山水迥异和人文不一造就了茶烟酒的多彩风味。现在，我用笔记将这些年的发现和心得整理出来，愿与同道君子分享。

这纯粹是属于个人的品评体会，难免偏颇、疏漏和粗糙。但是，仍请读者诸君相信，即便如此，即便有些任性，这些文字也同样带着我笔下的细腻和温暖。

李克的个人评价标准

1. 仅以自家趣味进行品鉴,欲以个人记忆影响大众。所感所论发自内心,嬉笑怒骂皆为文章,读者诸君好恶随缘。

2. 独立评论,不拘定论,不虑人言,无预设立场。故此谢绝任何茶烟酒从业机构要求的合作。

3. 不拉赞助,不做冠名,不打广告,不收一分费用,以便自己尽情尽兴。

4. 茶烟酒品鉴非我本职,笔记所载品牌和商品,皆为我人生旅途中的际遇,也是我生活的一部分。

5. 中国很大,茶烟酒事兴盛纷繁,笔记疏漏难免。我会每年进行修订和新撰,一为对自身文字的质感持续加以改善,二为与读者分享过去一年里的新鲜发现,三为对商品的品类、规格进行查漏补缺。

6. 欢迎讨论交流,不拒观点摩擦和思想交锋。摩擦与交锋是进步和成熟的土壤,是积极和诚恳的养料,舍此再无什么值得我去追求。

7. 欢迎媒体善意转载或引用我的文字。转载或引用时还请注明出处,如能附带告知读者朋友的反馈意见则更佳。

出于对土地的敬畏、对手艺的留恋、对茶烟酒的痴迷和陶醉,美丽的中国需要听到诚挚和中肯的声音。

是为著者殚精竭虑创作本书的原点。

李 克

2013 年元旦

基于实务的评价

李克茶烟酒评价体系

本书所涉产品的评分规则如下：

1. 入选本书的产品均已拥有基准分40分。
2. 满分以100分计。其中，基准分占40%，产品品质占45%，潜力指数占10%，零售行情指数占5%。
3. 评分等级共分5级：
   96～100分——卓越产品，属于绝对不容错过的产品，五星级　★★★★★
   90～95分——优秀产品，属于推荐优先购买的产品，四星级　★★★★
   80～89分——良好产品，属于物超同类所值的产品，三星级　★★★
   60～79分——普通产品，属于表现在普适水准之上的产品　　（不计星级）
   40～59分——待进产品，属于仍有较大提升空间的产品　　　（不计星级）

4．酒的评分细则

一级指标	一级权重（%）	二级指标	二级权重（%）
外观	10	酒体色泽：酒液透明晶亮、色泽纯正为5分，略有杂色为4分，微浑3分，其他酌情减分	5
		包装：酒瓶及外包装设计富有艺术感、质地精良为5分	5
香气	15	开瓶：酒香明显、悦人、散发快为5分，开瓶无香减分	5
		风格：酒香纯正5分，有异香酌情减分	5
		持久度：根据类型特征，酒香持久、回香明显为5分，其他减分	5
口感	20	入喉：口味纯正、感官舒适为9～10分，有杂味或辛辣感减分	10
		饮后：回味舒适、愉悦、清醒、不上头为10分，清醒不上头为9分，有头晕、头重感酌情减分	10
潜力指数	10	口感一流，具有较高的收藏价值，物超所值，未来有较大涨价空间者为8～10分；收藏价值相对较小，但口感好、性价比较高者为5～7分；其他酌情减分	
零售终端行情指数	5	以全国15个重点城市近8 000家零售终端为样本，对品牌进行抽样调研评估	

※ 产品总分 = 入选基准分40分 + 各项指标得分。

5. 烟的评分细则

一级指标	一级权重（%）	二级指标	二级权重（%）
香气	15	香气量：香气充足，层次丰富，口腔、喉部、鼻腔感受强度适宜。具备上述条件者为5分，其余酌情打分	5
		香气质：香气细腻柔和，口腔和喉部感觉圆润，嗅香自然。具备上述条件者为5分，其余酌情打分	5
		风格特征：完美平衡烟草本香与表香特征，具有鲜明的风格，予人深刻、舒适的印象。具备上述条件者为5分，其余酌情打分	5
烟气	15	丰富性：以烟气厚实饱满、绵长成团、余味干净者为上，酌情打分	5
		浓度：以适度丰盈、协调醇和者为佳，忌过于漂冽或单薄，酌情打分	5
		劲头：以充足透发、有冲劲为上，酌情打分	5
吸味	10	刺激性：以刺激性小为上，在口腔、鼻腔和喉部能够感觉顺畅、柔和、顺滑。具备上述条件者为5分，其余酌情打分	5
		舒适性：不干不燥，劲头适中，多抽不累。以回味悠长，具有生津感为上，其余酌情打分	5
外观	5	外包装印刷精美，工艺有质感，设计有创意，锡箔纸平整无皱痕，质地精良；烟丝色泽油润，紧实致密，少烟梗；烟支挺拔光洁，卷接处平滑整齐，滤嘴饱满平正。具备上述条件者为5分，其余酌情打分	
潜力指数	10	综合企业实力、品牌形象和产品口碑进行评估，对在降低卷烟危害性方面有突出表现和独特创新者予以额外加分	
零售终端行情指数	5	以全国15个重点城市近8 000家零售终端为样本，对品牌进行抽样调研评估	

※ **产品总分 = 入选基准分 40 分 + 各项指标得分。**

6. 茶的评分细则

一级指标	一级权重（%）	二级指标	二级权重（%）
干茶	10	叶形（茶叶叶形完整、细嫩、匀齐为4~5分，其他酌情减分）	5
		叶色（茶叶色泽纯正为5分，其他酌情减分） 上品茶特征如下： 绿茶：新鲜嫩绿、有光泽　　　白茶：毫色银白、光亮油润 红茶：色泽乌润、富有光泽为好　黄茶：色泽金黄色鲜润 黑茶：乌黑油润　　　　　　　青茶：砂绿乌润或青绿乌润	5
茶汤	15	香气（香气纯正为5分，其他酌情减分） 上品茶特征如下： 绿茶：香气清新、鲜浓 白茶：清幽淡雅、鲜爽馥郁 红茶：甜香浓郁，有纯松烟味香 黄茶：优质黄茶香气高纯，略带焦糖香 黑茶：茶香浓郁纯正 青茶：香气清高馥郁，有天然花香	5
		颜色（色泽纯正为10分，其他酌情减分） 上品茶特征如下： 绿茶：清澈绿亮 白茶：汤色橙黄明亮或呈浅杏黄色 黑茶：汤色明亮，橙黄带艳 黄茶：杏黄明亮清澈 红茶：茶汤在杯沿处有金黄色光圈 青茶：金黄、橙黄、棕红，汤色明亮、有光泽	10
叶底	5	上品（4~5分）特征如下： 黄茶：芽叶肥壮、匀整、黄色鲜亮 绿茶：叶底明绿鲜亮 白茶：嫩匀，叶张呈白色，叶脉翠绿 黑茶：匀亮完整，花束小，叶质柔软，捏起来有弹性 红茶：叶底明亮柔软 青茶：叶片柔嫩、颜色鲜明清澈	
滋味	15	13~15分者特征如下（其他酌情减分）： 白茶：甘醇鲜爽 红茶：滋味浓而爽口，活泼甘甜，有类似桂圆汤味者为好 黑茶：浓醇爽滑 绿茶：醇爽回甘，入口清爽 青茶：滋味醇厚、鲜爽、润滑，兼有红茶的甘醇和绿茶的清爽 黄茶：醇和鲜爽、回甘	
潜力指数	10	口感好，收藏价值高者为8~10分；口感好，收藏价值小但性价比高者为5~7分；其他酌情减分。	
零售终端行情指数	5	以全国15个重点城市近8 000家零售终端为样本，对品牌进行抽样调研评估	

※ 产品总分 = 入选基准分40分 + 各项指标得分。

如何使用本书

在撰著本书之前,我不止一次地反问自己:你究竟打算写成怎样一本书?你个人二十年的茶烟酒品评经验,怎样才能不似精神裸露癖者一样只是单纯回顾自己的感官体验,而是也能让读者获得实实在在的借鉴价值?

最终,我决定将本书打磨成一本查阅方便、检索容易的工具书,实现有效帮助读者正确购买和使用的实用功能。当你想了解一款产品值不值得买入,买入后又该如何更充分地发挥它的价值时,翻翻本书定能得到最圆满的答案。总之,正确使用本书,你将获益多多。

具体而言,本书的工具书功能表现为以下几个方面:

快速查找林林总总的茶烟酒

中国地域之辽阔,人文、物产之丰富,着实令人咂舌,但在本书中,却能轻而易举地寻找到你想要的产品信息。

本书涉及的茶烟酒,均按照常规的产区进行划分。如酒类按照川黔、苏皖、两湖江西、鲁豫、华北等板块分区。想了解茅台酒,又知道此酒产于贵州,那么直奔"川黔板块"便是。

此外,书中所有商品信息均以工具书的形式设置词条,逐一解释,诸如品牌的"李克评分"、"渊源"、"工艺"、"风格"、"曾获荣誉"等等,确保你能以最快的速度发现自己最感兴趣和最需要的内容。

准确得知最具购买价值的商品

任何一个买家,无不欲用最诱人的低价买到最超值的商品,起码它要物有所值;所有收藏爱好者都期望买到一支"潜力股",以它不断上扬的价值曲线来证实自己投资决策的正确性。无论你属于哪一类人,这本书你都非看不可!

我力求将自己二十年来对茶烟酒的品尝体验完整呈现,同时尽可能多地把观察到的产品行情走势以及未来行情预判透露给大家。通过本书给产品的打分评级以及相关的行情信息,你能够剔除那些表现一般或名不副实者,而价格不贵但有超级好味道的商品绝对会跳出来,让你眼前一亮。如果想快速浏览最具收藏和食用价值的商品,查阅本书附录"四星级以上(含四星)茶烟酒名录速查"即可。"李克特别推荐:十大地方性口碑好酒(烟、茶)"名单,则让你瞬间即能发现市场突然冒出的"黑马"。

轻松获取最佳的礼品大单

中国人好"礼":情礼兼到、礼下于人、礼尚往来、礼轻意重……但如何送礼,送什么礼,却是一件让人煞费苦心的事儿。本书在茶烟酒各部分都列出了上年度最具人气、最适合送礼的商品榜单,助你好礼送得更圆满。

正确掌握完美的品味方式

暴殄天物是天大的罪过。手边有样好东西，却不能激发你尽情享受的美妙时刻，那将是何等的憾事！然而，借助于本书，你却能跳过那段"试错"阶段，体验到产品的最佳品鉴和享受。当然，因为个人的品味千差万别，我的建议仅供参考。

持续关注本书定能不断获益

这将是一本连续出版物。为了呈现最具时效性的信息和建议，今后，我会以加倍的热情投入到对茶烟酒的全面品鉴和行情追踪方面，每年都将根据其最新表现更新其得分和星级。

持续关注每个年度的《李克茶烟酒优购指南》，读者自身的鉴赏品位及对商品价值的把握能力必将与时俱进。

最后还是那句话，李克品评和李克推荐仅供参考。

第二章　李克推荐榜：2012年度中国十大名酒名烟名茶

- 2012年度中国十大名酒
- 2012年度中国十大名烟
- 2012年度中国十大名茶

　　国人天生就有崇尚排位的情结：王侯将相的功绩，骚人墨客的文采，英雄侠士的武功，商贾豪门的富贵，都要论资排辈一番。若涉足中国茶烟酒的江湖却又不选出几个"十大"，未免对读者不恭，且对自己品历的总结不够深刻。

　　当然，一百个人眼中有一百个哈姆雷特，茶烟酒的排名标准亦如是。李克持的是一杆主观而诚实的秤，它秤品牌积淀，也秤市场号召力，秤微妙口感，也秤包装心意的细腻。我想，由它衡量出的"十大"，应能满足茶烟酒爱好人士对好产品的想象。

李克茶烟酒优购指南（2013版）

推荐榜 10

2012年度中国十大名酒

53° 茅台飞天酒
52° 水晶装五粮液
习酒·窖藏1988
52° 剑南春
53° 30年青花瓷汾酒
52° 洋河梦之蓝M6
52° 经典国窖1573
52° 四特东方韵雅韵
52° 酒鬼酒内参
古井贡酒 16年窖藏年份原浆

01

53° 茅台飞天酒

¥	终端参考价	1998元（瓶）
	电商参考价	1699元（瓶）
香	香型	酱香型白酒
度	酒精度数	53°
量	规格	500ml
产	产地	贵州省仁怀市茅台镇
厂	厂家	贵州茅台酒股份有限公司
@	官网	www.moutaichina.com

李克点评：当仁不让的国酒品质

李克评分 100分 ★★★★★

观酒液：微黄，晶莹透亮	5分
看包装：经典包装，突出品质	5分
闻香气：酱香纯正，空杯持久留香	15分
尝滋味：酒体丰厚，入口柔绵醇厚	20分
潜力指数：	10分
零售终端行情指数：	5分
入选基准分：	40分

【配菜建议】贵州美食有"吃在遵义"的说法，这里的龙爪肉丝、烤鱼、做法类似水煮鱼的乌江鱼、折耳根炒腊肉等搭配茅台酒享用都十分上口。赤水筒筒笋和腊肉搭配，筒筒笋肉质肥厚，吸收了腊肉的独特香味，鲜美无比，颇能凸显茅台酒的酱香和醇厚。此外，用宫保鸡丁、辣子酱、牛肉炒百合、烧烤香猪、汽锅乌骨鸡、麻辣火锅、麻辣豆腐、糟辣鱼、烘杂烩、花拦鸡、毛凤凰鱼翅等浓味菜肴搭配茅台酒，效果也非常不错。酒香、菜香相互映衬却又不彼此压制，味蕾惊喜一重接着一重，实在是人生一大享受。

02

52° 水晶装五粮液

¥	终端参考价	1519元（瓶）
	电商参考价	1109元（瓶）
香	香型	浓香型白酒
度	酒精度数	52°
量	规格	500ml
产	产地	四川宜宾
厂	厂家	四川五粮液集团有限公司
@	官网	www.Wuliangye.com.cn

李克点评：纯正浓香，不好白酒的人都会一见倾心

李克评分 100分 ★★★★★

观酒液：无色，澄澈透明	5分
看包装：水晶瓶晶莹剔透	5分
闻香气：浓郁纯正，喷香扑鼻	15分
尝滋味：醇厚回甜，余香缠绕	20分
潜力指数：	10分
零售终端行情指数	5 分
入选基准分：	40分

【配菜建议】五粮液喷香扑鼻，口感厚实，根据我多次品饮五粮液的经验，下河帮的川菜麻辣、粗犷，搭配浓郁的五粮液酒最妙，如水煮肉片和水煮鱼、辣子鸡、辣子田螺和辣子肥肠、泉水鸡、烧鸡公等。酒也重味，菜也重味，相得益彰。此外，油淋乳鸽、抓炒鱼片、煎豆腐、潮州卤水鸭、琵琶鸭、黄鱼煨面、蚝油鹅掌、麻婆豆腐、苍蝇头、盐煎肉、虫草鸭、干煸四季豆、金钩肉丁、樟茶鸭、鱼香茄子等均是下酒的美味。

03

习酒·窖藏1988

¥	终端参考价	780元（瓶）
	电商参考价	748元（瓶）
香	香型	酱香型白酒
度	酒精度数	53°
量	规格	500ml
产	产地	贵州习水县
厂	厂家	贵州茅台酒厂(集团)习酒有限责任公司
@	官网	www.gzxijiu.cn

李克点评：酒桌新宠，2013年预期最流行

李克评分 100分
★★★★★

观酒液：	晶莹透亮	5分
看包装：	木质礼盒加上黑陶瓷瓶尽显高档品质	5分
闻香气：	酱香浓郁喷涌，悠长不绝	15分
尝滋味：	酒体丰满醇和，入口柔软甘润	20分
潜力指数：		10分
零售终端行情指数：		5分
入选基准分：		40分

【配菜建议】酱香习酒的菜肴搭配没有太多的限制，口感风格醇厚或清淡都可以。我曾用菊花锅子、煮饽饽锅子、肉丁辣酱、炒肉丝儿、炒肉片、盐酸干烧鱼、八宝娃娃鱼、八宝团鱼、金钩挂玉牌、烤乳猪、碎滑肉等配酒，效果都不错。其中，最惊艳的是以贵州豆腐皮火锅下酒。豆腐皮是贵州习水名优食品，纯手工制作，皮薄，不粘，有弹性，煮不烂，口感好，味道鲜，而且回味悠长。与习酒的香醇馥郁前后衔接，又相互凸显。另外，习水特色羊肉火锅和外皮筋道、馅料鲜香的苕汤圆也很适合搭配习酒享用。

第二章 李克推荐榜：2012年度中国十大名酒名烟名茶

推荐榜

04

52° 剑南春

¥	终端参考价	558元（瓶）
	电商参考价	385元（瓶）
香	香型	浓香型白酒
度	酒精度数	52°
量	规格	500ml
产	产地	四川省绵竹市
厂	厂家	四川剑南春集团有限责任公司
@	官网	www.jnc.com.cn

李克点评：性价均好的浓香型佳酿，不容错过

李克评分 97分 ★★★★★

观酒液：清澈透明	5分
看包装：外包装亮丽的红、黄色吸人眼球，水晶瓶身凸显酒质的晶莹纯净	5分
闻香气：芬香饱满，余香悠长	14分
尝滋味：醇厚协调，甘绵净爽	18分
潜力指数：	10分
零售终端行情指数：	5分
入选基准分：	40分

【配菜建议】剑南春酒丰满饱和，最宜搭配绵竹的特色菜肴，如富新黄鳝、新市野鱼、芋儿鸡、龙抄手、绵竹松花蛋等。当地小吃"马昌恒"果汁牛肉鲜香有嚼劲，点心里的葱油酥香甜鲜美，同样是不错的下酒菜。如果在异地品此酒难尝绵竹佳肴，也可以随机搭配风味小炒，比如北方菜肴中的地三鲜、炸丸子、炸里脊都很适合。另外，蒸焖入味的菜肴也很适合剑南春酒，这类菜肴包括粤菜中的豉汁蒸鱼头、腐乳罗汉斋、咸鱼蒸肉以及川菜中的粉蒸肉等。

05

53° 30年青花瓷汾酒

¥	终端参考价	823元（瓶）
	电商参考价	768元（瓶）
香	香型	清香型白酒
度	酒精度数	53°
量	规格	500ml
产	产地	山西省汾阳市杏花村
厂	厂家	山西杏花村汾酒集团有限责任公司
@	官网	www.fenjiu.com.cn

李克点评：浴火重生的清香之祖

李克评分 100分 ★★★★★

观酒液：	晶亮透明	5分
看包装：	名家设计，中国风味	5分
闻香气：	清雅纯正	15分
尝滋味：	绵甜爽净，酒体丰满	20分
潜力指数：		10分
零售终端行情指数：		5分
入选基准分：		40分

【配菜建议】很多人都说"晋菜在汾阳"，当地人会吃、会做饭声名远扬，因此如果在汾阳品尝汾酒，下酒菜是不需要费脑筋的。怪味却又极富魅力的粉浆汤，用羊头骨、蹄骨慢火熬成，类似玻璃肉却比玻璃肉好吃十倍的象羊富辣菜，金黄香脆的油炸茄团，再如海参扒肘子、过油肉、汾阳豆腐干、豆腐皮、汾阳虾酱豆腐、羊头肉、脱子牛肉、荞面碗秃、旋儿粉……琳琅满目的汾阳菜保准让你不舍得撂筷子，而汾酒的清香怡人也在大快朵颐之间从齿颊间流淌到身体的每一个细胞。此外，汾阳家庭冬日自制的酸咸菜、辣菜、醋腌辣椒等小菜，下酒也别有一份精致风味。

06

52° 洋河梦之蓝M6

¥	终端参考价	1197元（瓶）
	电商参考价	998元（瓶）
香	香型	浓香型白酒
度	酒精度数	52°
量	规格	500ml
产	产地	江苏省宿迁市宿城区洋河镇
厂	厂家	江苏洋河酒厂股份有限公司
@	官网	www.chinayanghe.com

李克点评：成功开启中国白酒的"茅五洋"时代

李克评分 98分 ★★★★★

观酒液：清澈透亮	5分
看包装：瓶盖与瓶身整体浑然天成，蓝色的魅力与银色的梦想水滴相得益彰，"蓝钻之梦"与旁侧的蓝色吊牌交相辉映	5分
闻香气：陈香飘溢，香气优雅	15分
尝滋味：酒体绵柔，入口爽净	20分
潜力指数：	8分
零售终端行情指数：	5分
入选基准分：	40分

【配菜建议】洋河酒口感绵柔，和江苏菜可谓天作之合。苏菜擅长炖、焖、蒸、炒，保持原汁，风味清鲜，浓而不腻，淡而不薄，风格雅丽，清新平和，用料以江河湖海水鲜为主。代表菜如清汤火方、鸭包鱼翅、水晶肴蹄、西瓜鸡、盐水鸭、鸡汁煮干丝等我均一一尝过，的确与洋河酒的纯浓雅香十分契合。此外，葱烧鲫鱼、叉烤鲑鱼、碧螺虾仁、凤尾虾、梁溪脆鳝、鱼腹藏羊肉、拆烩鲢鱼头、鲜姜鱼、干烧鱼、叉烤鳜鱼、鲜姜鱼、清炖甲鱼等河海鲜也都是上佳的佐酒佳肴。

07

52° 经典国窖1573

¥	终端参考价	1666元（瓶）
	电商参考价	1389元（瓶）
香	香型	浓香型白酒
度	酒精度数	52°
量	规格	500ml
产	产地	四川泸州
厂	厂家	四川泸州老窖集团有限责任公司
@	官网	www.lzlj.com

李克点评：跨越四百余年历史的经典浓香

李克评分 96分 ★★★★★

观酒液：	晶莹透明，毫无沉淀	5分
看包装：	包装采用大面积正红铺陈，整体风格呈传统玉玺造型	5分
闻香气：	香气浓郁持久，喷香扑鼻	14分
尝滋味：	滋味醇厚，尾净而有余香	18分
潜力指数：		9分
零售终端行情指数：		5分
入选基准分：		40分

【配菜建议】泸州老窖窖香浓郁，最宜搭配各种油炸酥脆的菜肴，如无锡脆鳝、炸三角、炸响铃、爆双脆、炸春卷、瓦块鱼、炸鸡块、炸带鱼等。当然，如以泸州当地风味菜肴下酒效果更佳。泸州的滨江路旁遍布着大大小小的坝坝鱼馆子，我曾在此品尝鱼头火锅搭配老窖酒，回味无穷。另外，李庄白肉、古蔺麻辣鸡、凉拌鲫鱼、肉骨茶、砂钵狗肉、合江烤鱼、罗汉果百合鸡汤、砂锅鱼羊鲜、猪儿粑、老牌鸭子、姜氏卤菜等当地风味，也很能凸显此酒的爽净甘醇，推荐大家尝试。

08

52° 四特东方韵雅韵

¥	终端参考价	517元（瓶）
	电商参考价	428元（瓶）
香	香型	特香型白酒
度	酒精度数	52°
量	规格	500 ml
	产地	江西省樟树市
厂	厂家	江西四特酒有限责任公司
@	官网	www.sitejiu.com

李克点评：味道好，到江西你不容错过的一款酒

李克评分
96分
★★★★★

观酒液：清亮透明	5分
看包装：采用景德镇釉上烤花精瓷为珍酿盛器，颇具东方神韵	5分
闻香气：清香醇纯，回味无穷	14分
尝滋味：糅合了酱、浓、清香的滋味，甘醇回甜	18分
潜力指数：	10分
零售终端行情指数：	4分
入选基准分：	40分

【配菜建议】品江西名酒四特酒，最佳的选择无疑是江西名菜，比如三杯鸡在内的三杯系列菜肴就是上上选。另外，蟹粉庐山白菜、东坡肉、如意三石、西海桔瓣鱼丸、浔阳鱼丝结、太极羹、黄精炖土鸡、红烧野生甲鱼、清蒸鄱湖蟹、红烧鱼块、白浇鳙鱼头、信州雄鱼头烧豆腐、信州芋头牛肉、上饶鸡腿、田敦炒牛肉、应家豆豉果、铅山烫粉、铅山灯盏果、广丰豌豆烧鲫鱼、横峰港边鹅、横峰狗肉等鲜辣的浔阳菜和饶帮菜，也是不错的佐酒之选。

09

52° 酒鬼酒内参

¥	电商参考价	1280元（瓶）
香	香型	其他香型
度	酒精度数	52°
量	规格	500ml
产	产地	湖南吉首市北郊
厂	厂家	湖南酒鬼酒股份有限公司
@	官网	www.china000799.com

李克点评：神秘而尊贵的好酒

李克评分 98分 ★★★★★

观酒液：无色透明	5分
看包装：一贯的经典包装	5分
闻香气：馥郁优雅，陈香舒适	15分
尝滋味：醇厚丰满，落口净爽	20分
潜力指数：	9分
零售终端行情指数：	4分
入选基准分：	40分

【配菜建议】酒鬼酒口感层次丰富，一定要用厚味佳肴才能品出酒的醇香，湘西菜擅长制作山珍野味、烟熏腊肉、各种腌肉和风鸡，口味侧重于咸香酸辣，有浓厚的山乡风味，搭配独特的酒鬼酒最是恰当。其中，苗家菜豆腐细嫩、鲜软、香浓，湘西腊肉、腊香肠等齿颊留香，满嘴生津，猪皮的柔韧、肥肉的甘、瘦肉的烟熏香相互交织，秘制大锅鸡又香又嫩，干锅手撕笋香嫩鲜甜，这些都是非常好的配菜。饮酒品菜后，如果再来一盅清爽鲜美、散发浓浓香气的湘西土鸡汤就更完美啦！

10

古井贡酒 16年窖藏年份原浆

¥	终端参考价	558元（瓶）
香	香型	浓香型白酒
度	酒精度数	50°
量	规格	500ml
产	产地	安徽省亳州市古井镇
厂	厂家	安徽古井集团
@	官网	www.gujing.com

李克点评：位列"老八大"名酒，自我犒赏的经典之选

李克评分 97分 ★★★★★

观酒液：质清如水晶	5分
看包装：喜庆、经典	5分
闻香气：香醇似幽兰	14分
尝滋味：入口甘美醇和	19分
潜力指数：	9分
零售终端行情指数：	5分
入选基准分：	40分

【配菜建议】古井贡酒甘美醇和，回味悠长，用亳州菜肴和小吃如牛肉馍、烧饼、油炸馍、小跑肉、锅盔、亳州鸭煲等搭配，虽谈不上多么丰盛，但口感精致，值得一试。此外，其他烧、炒、炸、卤之类的菜肴也可搭配此酒，如无锡排骨、贵妃鸡、卤水鹅、东坡肉、炒螺蛳肉、软炸虾仁、梁溪脆鳝、生炒肚尖、烧鹅掌、油爆大虾、双脆锅巴、糖醋鳜鱼、双皮刀鱼等，酒香菜香交相映衬，相得益彰。

2012年度中国十大名烟

白沙（和天下）
云烟（大重九软）
中华（软）
玉溪（庄园）
芙蓉王（硬黄）
利群（逍遥）
黄金叶（天叶）
娇子（软黄天子）
黄山（大红方印）
泰山（拂光）

01

白沙（和天下）

¥	终端参考价	1000元/条
类	类型	烤烟型
规	规格	84mm硬
焦	焦油量	12mg
碱	烟气烟碱量	1.1mg
氧	烟气一氧化碳量	13mg
地	产地	湖南
厂	厂家	湖南中烟工业有限责任公司
@	官网	www.hngytobacco.com

李克点评：中国烟草王者地位，无人撼动

李克评分 100分 ★★★★★

外观：	竖式结构。包装纹饰的设计灵感源自长沙马王堆出土的汉皇室极品丝帛；烟嘴采用镂空设计，匠心独具	5分
香气：	自然生香	15分
烟气：	厚实丰满	15分
吸味：	纯正顺滑，回味生津	10分
潜力指数：		10分
零售终端行情指数：		5分
入选基准分：		40分

02

云烟（大重九软）

¥	终端参考价	1000元/条
类	类型	烤烟型
规	规格	84mm软
焦	焦油量	8mg
碱	烟气烟碱量	0.8mg
氧	烟气一氧化碳量	8mg
地	产地	云南
厂	厂家	云南红云红河烟草（集团）有限责任公司
@	官网	race.hyhhgroup.com

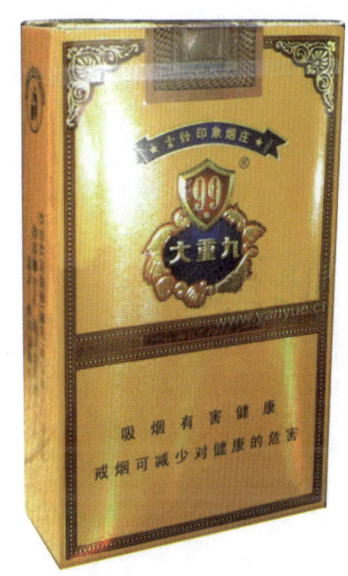

李克点评：抽过就再也忘不了的好烟

李克评分 100分
★★★★★

外观：经典包装、烟支挺拔、做工精良	5分
香气：香气细腻、圆润，令人愉悦	15分
烟气：醇和、饱满、干净	15分
吸味：顺畅柔和、回味生津、毫不呛口	100分
潜力指数：	10分
零售终端行情指数：	5分
入选基准分：	40分

03

中华（软）

¥	终端参考价	650元/条
类	类型	烤烟型
规	规格	84mm软
焦	焦油量	12mg
碱	烟气烟碱量	1.1mg
氧	烟气一氧化碳量	13mg
地	产地	上海
厂	厂家	上海烟草集团有限责任公司
@	官网	www.sh-tobacco.com.cn

李克点评：国烟中华，地位不言自明

李克评分 99分 ★★★★★

外观：经典的中国红，颇有气派	5分
香气：香气浓郁饱满丰富，香型清浓协调平衡，典型的浓香型风格	15分
烟气：烟气平和纯净连续、质感细腻柔和	15分
吸味：口感饱满纯正，余味干净舒适	9分
潜力指数：	10分
零售终端行情指数：	5分
入选基准分：	40分

04

玉溪（庄园）

¥	终端参考价	980元/条
类	类型	烤烟型
规	规格	74mm硬
焦	焦油量	8mg
碱	烟气烟碱量	0.8mg
氧	烟气一氧化碳量	8mg
地	产地	云南
厂	厂家	云南红塔烟草（集团）有限责任公司
@	官网	www.hongta.com

李克点评：中国第一包有机烟

李克评分
98分
★★★★★

外观：	纯浆无涂料原纸，配合原创手绘生态烟叶基地的图画，高雅质朴	5分
香气：	庄园清香，个性突出	15分
烟气：	飘逸细腻，柔绵醇和	15分
吸味：	愉悦清新，回味悠长	9分
潜力指数：		10分
零售终端行情指数：		4分
入选基准分：		40分

第二章 李克推荐榜：2012年度中国十大名酒名烟名茶

推荐榜

推荐榜

05

芙蓉王（硬黄）

¥	终端参考价	230元/条
类	类型	烤烟型
规	规格	84mm硬
焦	焦油量	12mg
碱	烟气烟碱量	1.3mg
氧	烟气一氧化碳量	13mg
地	产地	湖南
厂	厂家	湖南中烟工业有限责任公司
@	官网	www.hngytobacco.com

吸烟有害健康
戒烟可减少对健康的危害

李克点评：定义芙蓉王吸味风格的奠基经典

李克评分
96分
★★★★★

外观：融合民族风格与国际时尚，突出主体芙蓉花的黄金质感，用王冠点明主题，配以流畅的拼音书写体和手写毛体，画面统一协调　4分
香气：清雅圆润　14分
烟气：细腻丰满　14分
吸味：纯正协调，余味清爽绵长，醇和爽净，回味生津返甜　9分
潜力指数：　10分
零售终端行情指数：　5分
入选基准分：　40分

06

利群（逍遥）

¥	终端参考价	1000元/条
类	类型	烤烟型
规	规格	84mm 硬
焦	焦油量	6mg
碱	烟气烟碱量	0.6mg
氧	烟气一氧化碳量	7mg
地	产地	浙江
厂	厂家	浙江中烟工业有限责任公司
@	官网	zjgy.tobacco.com.cn

李克点评： 不加香，不加料；小山居，大逍遥

李克评分 99分 ★★★★★

外观：包装典雅、精致大方	5分
香气：平和自然、醇雅	15分
烟气：醇和、饱满、强劲	15分
吸味：顺畅、柔和、吸后喉咙舒畅不干燥	10分
潜力指数：	10分
零售终端行情指数：	4分
入选基准分：	40分

07

黄金叶（天叶）

¥	终端参考价	1000元/条
类	类型	烤烟型
规	规格	84mm硬
焦	焦油量	12mg
碱	烟气烟碱量	1.0mg
氧	烟气一氧化碳量	12mg
地	产地	河南
厂	厂家	河南中烟工业有限责任公司
@	官网	www.hatic.com

李克评分 99分 ★★★★★

李克点评：烟丝金黄金黄，烟灰雪白雪白

外观：	以白色为主色调，大巧若拙，返璞归真。整体而言，含蓄内敛，简约而不简单	5分
香气：	典型的醇香型风格，香气浓郁醇厚，品质高雅	14分
烟气：	烟气浑圆饱满、劲头适中，余味甜爽舒适	15分
吸味：	入口绵甜柔和、温润顺滑，有生津回甜之感	10分
潜力指数：		10分
零售终端行情指数：		5分
入选基准分：		40分

08

娇子（软黄天子）

¥	终端参考价	500元/条
类	类型	烤烟型
规	规格	84mm软
焦	焦油量	12mg
碱	烟气烟碱量	1.1mg
氧	烟气一氧化碳量	12mg
地	产地	重庆
厂	厂家	川渝中烟工业有限责任公司
@	官网	www.cytobacco.com

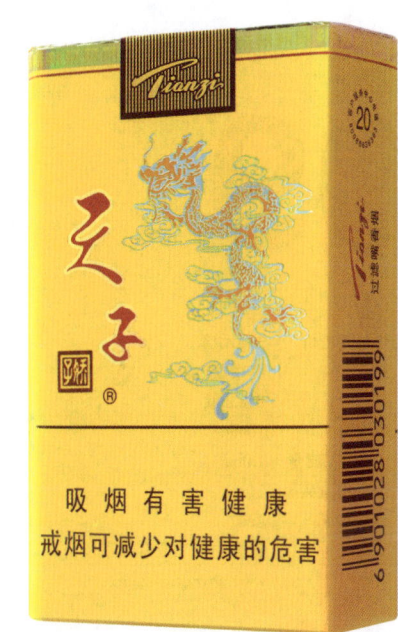

李克点评： 天子家族的代表产品，纯正舒适，多抽不累

外观：糅合天子的文化气度和龙的传统时尚，精心创意设计，烟支挺拔	5分
香气：香气纯正透发，甜香突出	15分
烟气：饱满丰厚，协调醇和	15分
吸味：清爽舒适，回味悠长	10分
潜力指数：	9分
零售终端行情指数：	4分
入选基准分：	40分

李克评分 98分 ★★★★★

第二章 李克推荐榜：2012年度中国十大名酒名烟名茶

推荐榜

09

黄山（大红方印）

¥	终端参考价	300元/条
类	类型	烤烟型
规	规格	84mm硬
焦	焦油量	10mg
碱	烟气烟碱量	1.0mg
氧	烟气一氧化碳量	11mg
地	产地	安徽
厂	厂家	安徽中烟工业有限责任公司
@	官网	www.ahycgy.com.cn

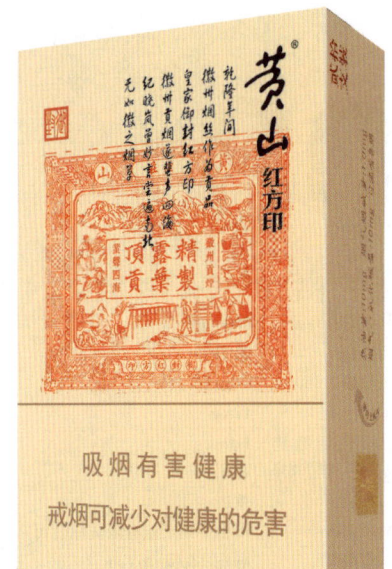

李克点评：古色古香，前景值得期待

李克评分 98分 ★★★★★

外观：包装简洁、复古、正气	5分
香气：焦甜香突出，优雅舒适	15分
烟气：清爽顺畅，余韵悠长	15分
吸味：生津回甘	10分
潜力指数：	9分
零售终端行情指数：	4分
入选基准分：	40分

10

泰山（拂光）

¥	终端参考价	1000元/条
类	类型	烤烟型
规	规格	80mm硬
焦	焦油量	12mg
碱	烟气烟碱量	1.2mg
氧	烟气一氧化碳量	12mg
地	产地	山东
厂	厂家	山东中烟工业有限责任公司
@	官网	www.sdtobacco.com.cn

吸烟有害健康
尽早戒烟有益健康

李克点评：茶香、烟香完美交融

李克评分 99分 ★★★★★

外观：	庄重、简洁，包装侧面辅以鲁烟志，彰显中国百年烟草史	5分
香气：	茶甜香风格，清新茶香与烟草本香完美融合	15分
烟气：	浓而不腻、飘而不散	15分
吸味：	入口茶甜柔和、温润顺滑、回味生津	10分
潜力指数：		10分
零售终端行情指数：		4分
入选基准分：		40分

2012年度中国十大名茶

凤牌滇红金芽小礼盒
御牌皇家壹号(御狮)龙井茶
新明牌太平猴魁（醇香）
君山银针极品黄茶
竹乡牌安吉白茶明前特级
武夷星印象大红袍（韵）
蒂粹茗国（凝香）都匀毛尖礼盒
论道竹叶青（大师装）
大益普洱7542（1995年）
凤山牌铁观音NT10000浓露香永

01

凤牌滇红金芽小礼盒

¥	电商参考价	518元
品	品种	红茶
规	规格	150g（50g×3罐）
地	产地	云南
厂	厂家	云南滇红集团股份有限公司
@	官网	www.dianhong.com

第二章 李克推荐榜：2012年度中国十大名酒名烟名茶

推荐榜

李克点评：我的最爱，每日必备

李克评分 100分 ★★★★★

干茶：芽叶肥壮，金毫显露、色泽莹润	10
茶汤：汤色红艳、晶亮	15分
叶底：红匀、鲜亮、柔嫩	5分
滋味：口感醇香、爽口细腻	15分
潜力指数：	10分
零售终端行情指数：	5分
入选基准分：	40分

02

御牌皇家壹号(御狮)龙井茶

¥	电商参考价	9800元
品	品种	绿茶
规	规格	150g
地	产地	浙江杭州
厂	厂家	浙江杭州龙井茶业集团有限公司
@	官网	www.yupailongjing.com

李克点评：朵朵茶芽袅袅浮起，旗枪交相辉映，好比出水芙蓉，俏嫩可人，实乃茶之神品。

李克评分 100分
★★★★★

干茶：外形挺秀、扁平光滑	10分
茶汤：汤色杏绿、清澈明亮	15分
滋味：甘醇鲜爽、持久	15分
叶底：嫩绿，匀齐成朵	5分
潜力指数：	10分
零售终端行情指数：	5分
入选基准分：	40分

03

新明牌太平猴魁（醇香）

¥	电商参考价	780元
品	品种	绿茶
规	规格	2×125g
地	产地	安徽黄山市
厂	厂家	安徽黄山新明茶业有限公司
@	官网	www.xinmingchaye.com

李克点评：头泡香高，二泡味浓，三泡、四泡幽香犹存，有独特的"猴韵"

李克评分 100分 ★★★★★

干茶：扁平匀整，两端略尖	10分
茶汤：清澈明亮	15分
滋味：鲜爽	10分
叶底：匀齐、嫩	5分
潜力指数：	15分
零售终端行情指数：	5分
入选基准分：	40分

04

君山银针极品黄茶

¥	电商参考价	5280元
品	品种	黄茶
规	规格	250g
地	产地	湖南
厂	厂家	湖南省君山银针茶业有限公司
@	官网	www.jstea.com.cn

李克点评：该款茶的茶香清高且悠长，入口味醇甘爽，茶叶在杯中"三起三落"，冲泡过程本身就是一种享受

李克评分
99分
★★★★★

干茶：大小均匀，白毫如羽	10分
茶汤：橙黄明亮	15分
滋味：甘爽醇和	15分
叶底：黄绿匀齐	5分
潜力指数：	9分
零售终端行情指数：	5分
入选基准分：	40分

05

竹乡牌安吉白茶明前特级

¥	电商参考价	100元
品	品种	绿茶
规	规格	50g（罐装）
地	产地	浙江省
厂	厂家	浙江安吉县茶叶有限公司
@	官网	www.ajcygs.com

李克点评：清口、清心、清肠

李克评分 96分 ★★★★★

干茶：茶条挺秀、均匀，色泽鲜绿	10分
茶汤：清澈透亮，香气清新鲜浓	15分
滋味：入口清爽，味醇回甘	15分
叶底：明绿匀整、鲜亮	5分
潜力指数：	6分
零售终端行情指数：	5分
入选基准分：	40分

06

武夷星印象大红袍（韵）

¥	电商参考价	1090元
品	品种	乌龙茶
规	规格	140g
地	产地	福建省
厂	厂家	福建省武夷星茶业有限公司
@	官网	www.wuyistar-tea.com

李克点评： 茶叶味道上乘，礼盒包装考究，是不可多得的好茶

李克评分 98分 ★★★★★

干茶：	条索紧结匀整、色泽青绿莹润有光泽	10分
茶汤：	香气清高、有花香、色泽金黄明亮	15分
叶底：	柔嫩明亮、匀整、有红边	5分
滋味：	口感醇厚、鲜爽、润滑、岩韵明显、香气突出	15分
潜力指数：		8分
零售终端行情指数：		5分
入选基准分：		40分

07

蒂粹茗国（凝香）都匀毛尖礼盒

¥	电商参考价	880元
品	品种	绿茶
规	规格	90g
地	产地	贵州
厂	厂家	贵州蒂粹茶业有限公司
@	官网	www.thetetrip.com

李克点评：该款茶采自高山原生态茶树，叶质肥厚柔软，很好地保留了其清新淡雅的口感，实属上佳之选

李克评分 97分 ★★★★★

干茶：紧细卷曲，白毫布满	10分
茶汤：黄绿明亮	14分
叶底：嫩绿且均匀，略有嫩茎单叶	5分
滋味：鲜爽回甘	15分
潜力指数：	9分
零售终端行情指数：	4分
入选基准分：	40分

08

论道竹叶青（大师装）

¥	电商参考价	2980元
品	品种	绿茶
规	规格	216g（4×54袋）
地	产地	四川省
厂	厂家	四川省峨眉山竹叶青茶业有限公司
@	官网	www.zhuyeqing-tea.com

李克点评：在冲泡茶的过程中，可以看到茶的展姿、茶汤的变化、茶烟的弥散，其天然风姿甚美

李克评分 97分 ★★★★★

干茶：两头尖翘，通体修长	10分
茶汤：黄绿色，清澈明亮	15分
滋味：鲜爽回甘	15分
叶底：嫩绿均匀	5分
潜力指数：	8分
零售终端行情指数：	4分
入选基准分：	40分

09

大益普洱7542（1995年）

¥	电商参考价	9600元
品	品种	黑茶
规	规格	357g
地	产地	云南
厂	厂家	云南勐海茶厂
@	官网	mh.dayitea.com

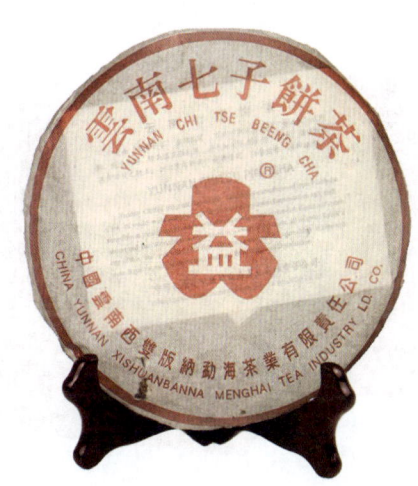

李克点评：评判普洱生茶的标杆

李克评分 97分 ★★★★★

干茶：饼形端正，色泽黄绿	10分
茶汤：黄亮，茶香纯正	15分
叶底：色泽黄绿，嫩匀	4分
滋味：有花果香，滋味醇厚，回甘明显	13分
潜力指数：	10分
零售终端行情指数：	5分
入选基准分：	40分

10

凤山牌铁观音NT10000浓露香永

¥	电商参考价	5000元
品	品种	乌龙茶
规	规格	250g(盒)
地	产地	福建
厂	厂家	福建省安溪茶厂有限公司
@	官网	www.zhuyeqing-tea.com

李克点评：滋味好，喝完后喉咙爽润，特舒服

李克评分 98分
★★★★★

干茶：	条形肥壮、砂绿明显。叶面呈波浪状隆起，有明显肋骨形	10分
茶汤：	浓香扑鼻、色泽金黄	14分
叶底：	枝少叶多，叶片肥厚，柔软亮泽，色、形均匀	5分
滋味：	口感醇厚、甘润、味道纯正	15分
潜力指数：		10分
零售终端行情指数：		4分
入选基准分：		40分

第三章　中国酒购买实务

- ■ 关于酒的品类、防伪与收藏
- ■ 2012年度酒业十大事件
- ■ 白酒的品尝笔记及打分评级
  - ● 川黔产区：白酒金三角
  - ● 苏皖产区：淮河银三角
  - ● 两湖江西产区：汉水铁三角
  - ● 鲁豫产区
  - ● 华北产区
  - ● 西北产区
  - ● 东北产区
  - ● 两广海南产区
- ■ 黄酒的品尝笔记及打分评级
- ■ 李克特别推荐：十大地方性口碑好酒

中国的好饮者，心中永远都装着两瓶酒：一瓶全国名酒，一瓶地方好酒。

酒类品牌成功的可能性看起来总是那么丰茂，而其生存的理由又总是那么简单。所以，随着资本热潮的奔涌不息，老牌名酒的门前永远都会有腰缠万贯的野蛮人在围观。

进口入嘴的东西是骗不了人的。于我而言，标准只有一个：自己喝得舒服，就是好酒。

关于酒的品类、防伪与收藏

著名历史学家、文学家柳诒征先生说:"古代初无尊卑,由种谷作酒之后,始以饮食之礼而分尊卑也。"从这个角度来说,酒是中华民族礼仪与文明的载体。婚嫁、祝寿、酬谢、生丧、应时节、乔新居、宴宾客、洗尘接风、饯行送别,处处皆有杯中物。

白酒的分类

有史料记载,商王武丁和他的大臣曾有过"若作酒醴,尔维曲糵"的对话。这表示,至少在3200多年前,我们的祖先就已经掌握了利用酒曲酿酒的技术。当然,这些酒并非今日我们所喝的白酒。由于我国地域辽阔,生态环境与自然种群类型丰富,加之酿酒历史悠久,由此造就的白酒简直丰富到了令人瞠目结舌的地步。

1. 按照使用的酒曲不同,中国白酒可以分为大曲酒、小曲酒、麸曲酒。

大曲 又称块曲或砖曲,以大麦、小麦、豌豆等为原料,经过粉碎,加水混捏,压成曲醅,形似砖块,是一种多元微生物的混合曲。根据培制酒曲的控制温度,大曲又有高温曲、中温曲和低温曲之分。由大曲酿造的酒口味醇厚,曲香浓郁,但用曲量较大,出酒率低,因此一般用于高档酒的酿造。

小曲 又称药曲、饼曲等,是用米粉或米糠为原料,添加少量中药材或辣蓼草,接种曲母培养制成的。其特点是颗粒小,本身即具有糖化和发酵的双重作用,比较适用于中国南方的气候条件。由其酿造的酒,口味偏醇甜,气味较清淡。优点是出酒量高,粮食消耗量较少。

麸曲 以麸皮为原料经人工控制温度和湿度培养而成,可代替部分大曲或小曲,是现代新发展起来且大量推广运用的酒曲。目前麸曲法白酒占白酒总产量的70%以上。这种酒曲出酒量多,生产周期短。但酒的香味明显不及大曲酒,因此多用于中低端酒的生产。

2. 按制作工艺不同,白酒有固态法、固液结合法和液态法三类。

固态发酵法白酒 在配料、蒸粮、糖化、发酵、蒸酒等生产过程中都采用固体状态流转。这种酿制方法生产出的酒质较好,是目前多数名酒厂采用的工艺。

液态发酵白酒 目前主要生产的方法是先酿出食用酒精,再进行勾兑或串香。这种白酒,酒质一般较为清淡。因此,有的工艺采用生香酵母加以弥补。

固液结合法白酒 是小曲酒生产中采用固态糖化、液态发酵、液态蒸馏而生产的白酒。

3. 按香型分类,白酒又可分出十余种,包括酱香型、浓香型、清香型、米香型、凤香型、兼香型、药香型、芝麻香型、特型、豉香型、老白干型、馥郁香型等。

浓香型 这是白酒市场上占比最多的一种香型。这种香型的白酒，以酒香浓郁、绵柔甘冽、入口绵、落口甜、尾子干净、回味悠长以及饭后尤香而著称。浓香型白酒阵营也分为几大类：一种是以五粮液酒为典型的循环式跑窖法；另一种是以泸州老窖为代表的以高粱为原料的定窖生产法；还有一种是江淮一带出产的纯浓香型白酒，采用老五甑生产工艺，口感相对前两者更柔和雅致，以洋河、双沟、古井贡、宋河粮液为代表。

酱香型 酒色微黄而透明，酱香、焦香、糊香配合协调，口味细腻、优雅，空杯留香持久。酱香型酒以茅台酒最为经典，因此又称为"茅香型"。

清香型 酒色清亮透明，口味特别净，清香纯正，后味很甜。以汾酒为代表，又称为"汾香型"。

米香型 口味柔和，蜜香清雅，入口绵甜，后味怡畅。以桂林三花酒为代表。由于香气类似蜂蜜，因此又称为"蜜香型"。

兼香型 兼香型又细分为两类：如酱中带浓型，表现为芳香舒适，细腻丰满，酱浓协调，余味爽净悠长，以湖北白云边酒为代表；还有一类是浓中带酱型，酒体诸味协调，口味细腻，余味爽净，以黑龙江的玉泉酒为代表。

凤香型 酒液无色透明，醇香秀雅，醇厚丰满，甘润挺爽，诸味协调，尾净悠长，如西凤酒。

芝香型 酒体芝麻香突出，优雅细腻，甘爽协调，尾净，以山东景芝白干酒为典型。

黄酒的分类

和白酒相同，黄酒家族也由众多成员组成。

按原料和酒曲的不同，黄酒可以划分为糯米黄酒、黍米黄酒、大米黄酒、红曲黄酒等。糯米黄酒以酒药和麦曲为糖化发酵剂，主要生产于我国南方地区。黍米黄酒以米曲霉制成的麸曲为糖化发酵剂，主要生产于我国北方地区。大米黄酒以米曲加酵母为糖化发酵剂，主要产于吉林及山东。红曲黄酒以糯米为原料，以红曲为糖化发酵剂，主要产于福建和浙江两地。

按糖分含量不同，黄酒又可分为干黄酒、半干黄酒、半甜黄酒、甜黄酒四类。

干黄酒含糖量小于 1.00g/100 ml（以葡萄糖含量计）。"干"表示酒中含糖量少，糖分都发酵变成了酒精。此类酒口味醇和鲜爽，浓郁醇香，呈橙黄至深褐色，清亮透明，有光泽。

半干黄酒含糖分为 0.01 ~ 0.03g/ ml。"半干"的意思为酒中的糖分还未全部发酵成酒精，保留了一些糖分。这种黄酒酒质浓厚，风味优良，可长久储藏。

半甜黄酒含糖分为 0.03 ~ 0.10g/ ml。此酒是用成品黄酒代水，加入发酵醪中，使糖化发酵的开始之际，发酵醪中的酒精浓度就达到较高的水平，在一定程度上抑制酵母菌的生长速度，因而发酵醪中产生的糖分就不会转化成酒精，所以成品酒中的糖分较高。该酒酒度适中，味甘甜醇厚，是黄酒中的珍品，但不宜长久储存。

甜黄酒含糖分为 0.10 ~ 0.20g/ml。这种酒通常采用淋饭操作法，拌入酒药，搭窝先酿成甜酒酿，当糖化至一定程度时加入 40% ~ 50% 浓度的米白酒或糟烧酒，以抑制微生物的糖化发酵。由于加入了米白酒，酒的度数也较高。

浓甜黄酒含糖分为 0.20g/ml。这种酒蜜甜醇厚，颜色呈橙黄至深褐色。

名酒的防伪攻略

酒业的兴盛，使得假冒伪劣商品也随之泛滥。简单而言，辨别真假酒品可从以下几方面入手：

一看包装 买酒时一定要认真观察酒的商标名称、色泽、图案以及标签、瓶盖、酒瓶、合格证、礼品盒材质等。真品高档酒，标签的印刷是十分讲究的，纸质精良白净，字体规范清晰，图案套色准确，油墨线条不重叠。包装的边缘接缝齐整严密，没有松紧不均、留有缝隙等现象。有些真品酒盒上的字有凹凸感。

二看瓶盖、瓶口 很多名酒都在瓶盖上做了防伪处理，可以根据各个品牌酒瓶的特点仔细甄别。另外，真品瓶盖图案及文字整齐清楚，对口严密。若是假冒产品，倒过来时往往滴漏而出，盖口不易扭断，而且图案、文字模糊不清。高档真品酒的瓶口处通常不仅有生产日期，而还有防伪批号、批次等，均由电脑技术喷涂而成。而假酒上的生产日期多数用手工喷制，数字会粗细不均。

三转酒瓶 若是无色透明玻璃瓶包装的白酒，把酒瓶拿在手中慢慢地倒置过来，对着光观察瓶的底部，如果有下沉的物质或云雾状现象，说明酒中杂质较多。从色泽上看，除酱香型酒外，一般白酒都应该是无色透明的。有的假酒虽然外包装能以假乱真，但酒的度数不一定与正品相符，可以通过摇晃的方式来加以辨别。摇动酒瓶后，如果出现小米粒到高粱米粒大的酒花，堆花时间在 15 秒钟左右，则酒的度数应该是 53° ~ 55°；如果酒花有高粱米粒大小，堆花时间在 7 秒左右，则酒的度数约为 57° ~ 60°。

四打防伪电话 拨打厂家电话，通过审核酒的编码即可知其真假。

收藏与储藏的技巧

和红酒相比，白酒和黄酒的收藏市场形成较晚，但其发展势头却不容小觑。2011 年 9 月 4 日，在贵州省宏运拍卖公司举行的中国名酒拍卖会上，一瓶 1935 年产、重约 400 克的赖茅酒被一位收藏者以 1 070 万元的天价收入囊中，刷新了中国白酒的拍卖纪录。一系列的高价拍卖案例无疑对白酒收藏爱好者起到了极大的鼓励作用。不过，专业人士提醒，并非所有的酒都有收藏价值，也并非所有的酒越陈越好。简单来说，收藏白酒需要注意以下几方面：

品种 刚入门的收藏者最好先从高档名优酒、精品品牌酒开始收藏。而在同一时期同一品牌的白酒中，陈年酒、纪念酒、特供酒等特殊品种收藏价值要高于普通品种，资金雄厚的收藏者可以考虑进行系列收藏。另外，孤品白酒和限量发行的珍藏酒，保值增值的机会也很高。此外，同一品牌同一系列产品中，出厂年代越早收藏价值越高，目前达到收藏级别的名酒主要是 1990 年以前出厂的白酒。

品相 一瓶酒是否具有收藏价值以及有多大的收藏价值，其"外貌"至关重要。品相完好的高端酒，瓶体本身应当完好无损，瓶贴要齐全、完整，酒标干净，无损坏，无污渍；瓶盖密封完好，瓶内酒液无明显挥发减少；瓶口的封膜要完整，无开裂现象；外包装要完整、干净、无损坏、无污渍。

此外，装酒的器皿和瓶盖的设计对于收藏价值的影响也很重要。作为藏品来讲，酒瓶不仅设计要美观，还要能给人以高雅的艺术享受。比如酒瓶上有大师的书画作品或精美传神的人物、动物图案等，让人在品酒的同时还能领略艺术的美。

度数　通常来说，52°以下的白酒大多没有收藏价值，这类酒多数是勾兑的，里面的乙醇很容易挥发，随着保存时间的增加酒的度数和香味会逐渐降低。52°以上的白酒，一般都是纯粮酿造，适合收藏。

类型　不同香型的酒，收藏价值不同。通常来说，酱香型白酒最适合收藏，尤以大曲酱香型白酒为佳。这类酒为高温制作，接酒温度高达40°以上，比其他品种白酒接酒时的温度高出近一倍。因此成品酒中易挥发的物质较少，质量容易保持稳定，并且越陈越香。其他香型的酒，在不渗漏的前提下，在一定期限内也可收藏；但超过期限后，香气也会发生一些变化。清香型酒最不适宜长期收藏。

此外，就黄酒而言，也并非所有的产品都适合收藏，比如半甜黄酒就不适合长久保存。

选择一瓶好酒后，只是完成了收藏的第一步。接下来保存得当与否同样关系着藏品的价值。收藏者拿到酒尤其是白酒之后，应首先把瓶盖拧紧，因为不少酒在出厂时瓶盖是松动的。然后，用保鲜膜将瓶口仔细包好，用透明胶带缠紧，再封蜡，避免酒液挥发以及度数降低。为保证名酒藏品品相完好，有实力的收藏家可以准备专门的酒窖来保存藏品。普通收藏爱好者也要注意将名酒存放在阴凉避光、干湿适度的环境中。环境温度不宜超过28℃，同时也避免放置在过潮的环境中，以免引起酒标发霉，同时要避免阳光直射造成酒贴褪色。

2012年度酒业十大事件

1. 白酒塑化剂事件从酒鬼酒开始以"茅五洋习"结束

2012年11月19日,酒鬼酒被曝查出塑化剂超标2.6倍。消息一出,舆论纷纷,由此而引发一系列连锁反应,尤以资本市场的震荡最为明显,多支白酒股暴跌,甚至遭遇跌停。在消费市场低迷的氛围下,资本市场岁末的这一重击,让众多白酒企业感受到凛冽的寒意。

大多数人将此事与奶业的三聚氰胺事件联系起来,其实两者性质不同。塑化剂并非白酒生产的添加剂,无须引起过度恐慌。如此大张声势,是否是做空机构的有心运作,尚不得而知。

有意思的是,事件发酵至后期,茅台、五粮液、洋河、习酒取而代之成为主角,近日网上盛传的一份检验报告,矛头直指"茅五洋习"。机构选择"茅五洋习"下手,预示着中国高端白酒引领的"茅五洋习"四大天王时代开始了。

2. 茅台"国酒"之争

2012年7月20日,国家商标局发布公告,贵州茅台申请的"国酒茅台"商标通过初审。这已是茅台第10次申请国酒。一石激起千层浪。消息一出,众多名酒企业抗议,各界的反对之声此起彼伏。至茅台"国酒"商标3个月公示期满之时,社会各界提交的异议多达95件次。由于异议太多,茅台的"转正"之路充满了不确定因素。

不管最终结果如何,"国酒茅台"成功地在国人心中进行了再次的普及传播,茅台无疑是这一事件的大赢家。

3. 习酒正当红

2012年习酒火了,销售额一举跨越30亿元,成为茅台集团仅次于茅台股份的第二大子公司,其主打产品"窖藏1988"成为酒桌上的新贵。据悉,2013年习酒将以更大动作展示其雄心勃勃的市场计划,旗下多款新品即将面世,将占领因茅台价格上涨后酱香型白酒次高端市场的巨大空间。

时势造英雄,习酒正当红。

4. 白酒行业并购整合,掀起融资热潮

2012年9月16日上午,联想控股酒业宣布以4亿元价格全资收购孔府家,至此,该公司旗下已经拥有湖南武陵、河北板城和山东孔府家三家全资子公司。接近年末时,星河湾地产集团以自建酒厂的形式开始涉足白酒业,令外行跨界白酒的浪潮再度受到关注。随着近年来白酒行业进入"黄金发展期",除了行业内部的

整合外，还引起了众多外来资本的关注。维维豆奶、凯乐科技等企业在白酒市场无疑是尝到了甜头，但是大量资金不断涌入，可能会加剧白酒行业泡沫的衍生，年底股市白酒板块的暴跌，似乎就是预演。

对白酒"暴利"的想象向各路豪杰发出了英雄帖，但事实并非如此。潮来潮去，喝着舒服的，还是那么几个品牌的酒。

5. 白酒行业进军电子商务

在2011年的"双十一"电商狂欢节中，酒类电商提交了一份日销售额超2亿元的不俗成绩单，令白酒行业为之侧目。据不完全统计，仅天猫商城参加"双十一"购物狂欢节的酒类店铺就达2 000多家，当日销售总额超过2亿元。其中，中国最大的酒类电子商务公司——酒仙网，在当天的销售额突破了6 000万元。随着消费群体消费习惯的改变，以及受到三公消费、禁酒令等的影响，进军电子商务领域是酒企另辟销售渠道的首选。越来越多的白酒企业开始注重网络销售，茅台、五粮液已于2009年分别成立B2C网上商城，茅台采取限量供应的手段保护传统销售渠道，五粮液则在销售的同时联合各地代理商共同销售。

网络营销，大势所趋；电商好进，出路难寻。切不要以为电子商务就是换个场所卖东西，要想得到好的成绩，还得从长计议。

6. 茅台涨价，"让价格飞"

2012年9月4日，贵州茅台酒股份有限公司发布公告称，自2012年9月1日起适当上调部分产品的出厂价格，这些产品平均上调幅度约为20%～30%。从2006年开始，茅台以平均每年一次的频率提价，"逢节涨价"是茅台的习惯性动作。

上一次茅台提价是在2011年1月1日，2012年的中秋、国庆双节前夕，茅台又提价，但此次没有给白酒行业带来预计的红火，库存进一步加大，价格持续探底。从市场反馈的情况看，此轮茅台的逆势涨价跟风者寥寥，与以往形成鲜明对比。

7. 白酒销售旺季价格不涨反降

2012年中秋、国庆双节本应该迎来白酒消费的旺季，但这一次，白酒的价格没有随着需求的增加而水涨船高，而是反常地进行了促销。根据某市物价局公布的数据显示，不仅中低端白酒价格出现了下调，而且高端白酒也加入了降价促销之列。受到国家三公消费政策限制和经济大环境的影响，社会消费力没有明显增加，高端白酒消费还出现了明显下滑。

白酒行业遭遇寒冬，同时也是转折点的来临。如何抓住机遇，事在人为。

8. 古井贡"酒精勾兑门"

2012年8月22日，古井贡酒发布的半年报告称，古井贡酒从安徽瑞福祥食品有限公司以市场价格采购了4 551.49万元的酒精，按食用酒精价格6 900元/吨计算，上半年古井贡酒采购酒精数量起码超过6 000吨。因此，业内人士指其部分产品是用酒精勾兑出来的，从而引起企业危机。

在白酒行业，勾兑其实是门技术，与之相对应的，就是洋酒生产过程中的"调和"。消费者谈"勾兑"色变，酒企遇"勾兑"而陷入危机，基点是双方信息的不对称，本质则是市场诚信的稀缺。

我们的一些名酒，往往跟消费者说了太多的酒之外的东西，却把产品基本面上的东西神秘化，让消费者不清不楚、将信将疑。在这方面，或许应该转过头来看看欧洲人是怎么卖他们的烈性酒的。

9. 严控三公消费，茅台首当其冲

2012年3月26日，国务院召开第五次廉政工作会议，温家宝总理强调要严格控制"三公"经费，今年继续实行零增长，禁止用公款购买香烟、高档酒和礼品。消息一出，27日酿酒业以2.18%的跌幅领衔A股，两大名酒贵州茅台、五粮液分别下跌6.37%和6.5%。2012年"两会"上，有政协委员提交《关于禁止使用公款消费茅台酒的提案》，建议立法禁止公款消费茅台。这一提案的提出，使得社会各界又将矛头指向了茅台。

同年12月，中央军委印发了《中央军委加强自身作风建设的十项规定》。《规定》要求在接待工作中不安排豪华宴请、不喝酒等。受此影响，12月24日白酒股全线大幅下挫，仅一个交易日内，贵州茅台全天蒸发的流通市值便高达125亿元。

抵制的应该是"公款吃喝"这类不良风气，而不是"封杀茅台"这种头痛医脚的把戏。若不喝茅台，你说该喝什么？

10. 央视广告限酒令

2011年，央视出台一则"限酒令"：从2012年1月1日起，央视招标时段的白酒广告中将选定12家实力较强的白酒企业，这12家企业可以在招标时段播出商业广告，而这12家企业之外的白酒企业在招标时段则只能播出形象广告。随着2012年冬季的到来，白酒企业迎来了新一轮广告大战。鉴于央视等传统电视投放渠道在"限酒令"下竞争过于激烈，一些地方酒企开始将广告投放的思路从争当央视的"标王"转向新媒体。

冰冷的"限酒令"难以阻挡白酒企业投放央视广告的热情。在2013年的央视广告招标中，酒企仍豪夺"标王"之位。面对酒企如此强大的攻势，有人笑称，现在打开电视就能闻到酒香。

白酒的品尝笔记及打分评级

川黔产区：白酒金三角

不得不承认，地球北纬28°~30°实在是一片神秘的区域。这里遍布着各类奇观异景：巴比伦的"空中花园"、约旦的"死海"、古埃及的金字塔、撒哈拉大沙漠的"火神火种"壁画、加勒比海的百慕大群岛、美国加利福尼亚达圣塔柯斯小镇的"违反万有引力定律"现象、中国的钱塘江大潮……令已经掌握了高端科技的人类都无法不为之迷惑。而在地处北纬28°的四川宜宾、泸州和贵州仁怀，同样有一种奇迹，这里出产着全中国乃至全世界最好的蒸馏白酒。这里，被称为"中国白酒金三角"的核心区域。

川黔酿酒的历史渊源

"白酒金三角"所处的四川和贵州两省，古来便是酒业旺地。

拿四川来说，"三星堆"遗址出土的大量酒器说明，秦汉时期，四川就已经出现了酒。到了唐代，宜宾地区的酿酒水平已经非常高超。每当战乱年代，平原地区的社会经济和百姓生活便会遭到破坏，但四川，也就是古代的蜀国，则因其多山的险峻地势而得以安享稳定。因此，即便是在唐代的五代十国时期，四川的酿酒业仍在稳定发展。

到了宋代，四川经济发展迅速，酒业的发展也较唐代更加兴盛，并出现了一年一度的专业性酒市集会。同时，酒的种类也逐渐增多。南宋诗人陆游宦游四川八年，到过四川不少州县，饮过四川许多美酒，对汉州的鹅黄酒、荣州的琥珀酒、眉州的玻璃春、郫县的郫筒酒、临邛的临邛酒等都十分赞赏。

宋代官府设置酒务，管理酒的酿造、销售和课税收入，而四川则成了"纳税大户"。有资料显示，宋高宗末年，全国酒课岁入1 400万缗，四川则提供了410~690万余缗，占全国酒课收入的29%~49%。时至今日，四川仍是我国白酒产量最多的省份。

相比之下，贵州酿酒的历史也毫不逊色。从现有资料来看，早在2100多年前的战国时代，在今天北盘江附近的夜郎国就生产一种枸酱酒。南北朝时期，这里已能酿出酒精浓度较高的酒。隋唐五代时期，贵州出现一种"女酒"。元明以后，特别是在清代三百年间，贵州酿酒的优良传统得到发扬光大。在清初的小说名著《镜花缘》里，记有当时全国的五十余种名酒，其中就有贵州的苗酒和夹酒。其他如钩藤酒、刺梨、糯米酒等也各具特色。这当中引人注目的是仁怀"茅台春"、"茅台烧"。这也是后来享誉中外的茅台酒的雏形。

最适合酿酒的自然环境

川黔区域，尤其是宜宾、泸州、仁怀一带，也就是"白酒金三角"的核心区域，是酒神非常眷顾的地区。

"白酒金三角"既是区域品牌概念，也是地域空间概念，是地球同纬度上最适宜酿制优质纯正蒸馏酒的生态区。它的核心区域位于北纬27°50′~29°16′、东经103°36′~105°20′长江（宜宾—泸州）、岷江（宜宾段）、赤水河流域；延伸区位于涪江和岷江流域沿线，以成都、德阳、绵阳、遂宁等地为承载点。

"金三角"区域气候温湿、水量充沛，周边群山环绕，位置封闭，常年温差和昼夜温差都很小，日照时间短，年平均气温在15℃~18.3℃间，相对湿度高达81%~85%。这样的生态环境为酿酒所用的微生物驯化提供了条件。边缘山区的老地层富含磷、铁、镍、钴等多种矿物质，也特别适合空气中的微生物和古窖池群中微生物共同构成立体的微生物群落。此外，这里的土壤种类丰富，独具特色，有水稻土、新积土、紫色土等六大类优质土壤，非常适合种植糯、稻、玉米、小麦、高粱等酿酒作物。特别是宜宾紫色土上种植的优质糯高粱（红粮），色泽红亮，颗粒饱满，所含淀粉大多为支链淀粉，吸水性强，易于糊化，出酒率和酒质远超过粳高粱。

"金三角"水系丰富，长江、岷江、赤水河横贯全境。赤水河更被誉为"美酒河"，是"金三角"核心区域酿酒的主要用水来源，因而也被称为中国白酒地理的酒核。中国半数以上的名酒都出于这条河流方圆500公里的范围内。"上游是茅台，下游望泸州，船到二郎滩，又该喝习酒。"这首流传于赤水河流域的民谚简单地勾勒出了赤水河两岸名酒云集的盛况。

赤水河水质好、硬度低、酸度适中，含多种微量元素。用这种入口微甜、无溶解杂质的水经过蒸馏酿出的酒特别甘美。每年的端午节至重阳节，雨季来临时河水呈赤红色，而重阳节至第二年端午节之间，河水则清澈透明，此时也正是投料、烤酒、取酒的主要时期，需要大量用水。为了保护酒厂水源，赤水河两岸严禁修建任何有污染的企业，至今赤水河水都可直接饮用。

值得关注的地区品牌

四川、贵州两省名酒众多。其中不少品牌都已走出国门，享誉海外。

除了赤水沿岸的茅台、郎酒、习酒外，向北沿长江沿岸有浓香酒代表——五粮液和泸州老窖，再向北到四川绵阳、射洪，则有沱牌曲酒、剑南春、全兴大曲、水井坊、丰谷酒，平昌有小角楼、江口醇，邛崃有文君酒、邛酒，万州有诗仙太白酒。往南到贵州安顺、都匀一带，则囊括了镇远青酒、都匀匀酒、平坝窖酒、安顺安酒、金沙窖酒、贵阳大曲、兴义贵州醇，向西至遵义则有药香型的董酒。

四川所产的白酒大多为浓香型，只有少数是酱香型。其原料多样，酿造工艺复杂，酒液纯净晶莹、无色透明、甘润清洌，酒体协调，香气浓郁，口味醇厚柔绵，余香不尽。最著名的有"六朵金花"，指五粮液、泸州老窖、剑南春、全兴大曲、郎酒、沱牌曲酒，值得关注。

相比之下，贵州省白酒产量不算太大，但名酒众多，以酱香型为主韵，产区分布非常广泛。尤其是遵义市、仁怀市一带，更是集中了全国知名的茅台酒、习酒、董酒、鸭溪窖酒等品牌。

五粮液

【五粮液 52°水晶装】 ★★★★★

李克评分： **100分**

李克点评： 纯正浓香，不好白酒的人也会一见倾心

观酒液： 5分
看包装： 5分
闻香气： 15分
尝滋味： 20分
潜力指数： 10分
零售终端行情指数： 5分
入选基准分： 40分

厂家： .... 四川五粮液集团有限公司
香型： .... 浓香型白酒
酒精度数： .... 52°
规格： 500ml
终端参考价： .... 1519元（瓶）
电商参考价： .... 1109元（瓶）

【52°五粮液 1618 陶瓷瓶】 ★★★★★

李克评分： **97分**

李克点评： 窖香浓郁，若与五粮液水晶瓶装调和着喝，风味更佳

观酒液： 5分
看包装： 5分
闻香气： 15分
尝滋味： 18分
潜力指数： 9分
零售终端行情指数： 5分
入选基准分： 40分

厂家： .... 四川五粮液集团有限公司
香型： .... 浓香型白酒
酒精度数： .... 52°
规格： 500ml
终端参考价： .... 1599元（瓶）
电商参考价： .... 1399元（瓶）

【15年五粮液】 ★★★★★

李克评分： **99分**

李克点评： 顶级五粮液爱好者的必喝佳酿

观酒液：	5分
看包装：	5分
闻香气：	14分
尝滋味：	20分
潜力指数：	10分
零售终端行情指数：	5分
入选基准分：	40分

厂家：	四川五粮液集团有限公司
香型：	浓香型白酒
酒精度数：	50°
规格：	500ml
终端参考价：	4980元（瓶）
电商参考价：	3480元（瓶）

【永福酱酒（老酱）】 ★★★★

李克评分： **93分**

李克点评： 一款充分展现五粮液酱香底蕴的力作，值得期待，建议品尝

观酒液：	5分
看包装：	5分
闻香气：	13分
尝滋味：	19分
潜力指数：	7分
零售终端行情指数：	4分
入选基准分：	40分

厂家：	四川五粮液集团有限公司
香型：	酱香型白酒
酒精度数：	53°
规格：	500ml
终端参考价：	1557元（瓶）
电商参考价：	1298元（瓶）

【产地】

四川宜宾。

【渊源】

四川出好酒，最耀眼的有"六朵金花"，其中又以五粮液为冠。如果说茅台酒是酱香型白酒的鼻祖，那么五粮液则是浓香型酒的集大成者。好山好水好工艺，厚重的历史，强大的市场号召力，名优白酒所应当具有的资源，五粮液一样不缺。

五粮液的产地宜宾，是著名的万里长江第一城，山清水秀，气候暖湿，降雨量丰沛，年平均相对湿度 81%～85%，这样的自然生态环境为优质白酒的酿制提供了无与伦比的先天条件。又因为宜宾古来便是一个多民族杂居的地区，各族人民分别延续了祖传的技艺，使得宜宾在各个历史时期所产的酒也有所不同。比如先秦时期有清酒，三国时期流行果酒，而真正接近五粮液的多粮酒的酿制，则是从南北朝开始的。

到了宋代，姚氏家族采用大豆、大米、糯米、高粱、荞子五种粮食酿造了"姚子雪曲"，这被公认为是五粮液最成熟的雏形。北宋诗人黄庭坚曾对"姚子雪曲"作出鉴评，赞美此酒"杯色增玉，白云生谷，清而不薄，厚而不浊，甘而不哕，辛而不蛰"。

公元 1368 年，也就是到了明朝，陈姓家族继承了姚氏产业，总结出陈氏酿酒秘方。对于这种酒，文人雅士仍以"姚子雪曲"称呼，而下层的平民则把它叫做"杂粮酒"。陈氏秘方本是传男不传女的，十多岁从乡下进城学识字的邓子均，是"陈氏秘方"第二代外姓传人。

1909 年，当时的四川宜宾县团练局局长雷东桓设宴，宜宾众多社会名流、文人墨客汇聚一堂，邓子均也携了"杂粮酒"赴宴。席间，酒坛一开，众人陶醉。晚清举人杨惠泉品尝后认为，此酒是少有的佳酿，但"杂粮酒"的名字过于凡俗，"姚子雪曲"虽雅致，却又不能体现酒的精髓，思索后提议改酒名为"五粮液"。自此，"五粮液"的大名开始随着酒香飘扬四海。

中华人民共和国成立后，中国专卖公司四川省宜宾酒厂成立，开始重点生产五粮液酒，但因工人对酿造工艺技巧没有掌握而屡屡受挫。有关领导多次登门拜访邓子均，邀请其出山。最终，邓子均献出了"五粮液"的酿造配方，并出任宜宾专卖公司技术指导，提出"先存母糟已坏，必须重新培育，方可保证酒质恢复原状"的建议，此后，"五粮液"迅速恢复生产，产量越来越大。同时，酒的配方也在不断完善，色、香、味更进一等，尤以余香四溢、回味悠长为人称道。

1959 年，中国专卖公司四川省宜宾酒厂改名为宜宾五粮液酒厂。1998 年，又改制为四川省宜宾五粮液集团有限公司。产品方面，五粮液目前拥有多个精品系列品牌，包括永福酱酒、五粮液老酒、五粮春、五粮醇、五粮液 1618、60°金奖五粮液。

【工艺】

五粮液采用小麦制曲，人工培窖，双轮低温发酵，量质摘酒，按质拼坛，分级储存等工艺。其中，最值得称道的是其独特的跑窖工艺和包包曲。

五粮液的跑窖循环工艺，为酿制有益微生物繁衍的连续性创造了有利条件，使发酵后的酒味更加醇和、醇厚、醇正、醇甜。五粮液拥有 600 多年的老窖池，古窖泥中的微生物种群多达数百种。由这些微生物参与发酵酿制而成的五粮液，其品质和口感自然不言而喻。

此外，五粮液独有的包包曲，集高温曲、中温曲的优势于一身，也是成其好酒的关键。包包曲作为糖化发酵剂，发酵的不同温度，形成了不同的菌系、酶系，有利于酯化、生香和香味物质的累积，促进酒产生陈味，达到"酒味全面"的作用。

一般的浓香型酒发酵时间大约在 45～60 天，五粮液则需 70 天。这使得五粮液的主体香味远远高于其他浓香型的酒，并且由于醇期长，酒中酸酯含量高，饮后不上头。

【风格】

科学合理的原料配方、精湛的酿造工艺和历经数百年的古窖池，再配以岷江江心清洌优良的水源，造就了五粮液摄人心魂的醇香甘美。五粮液香气浓郁，开瓶即可闻到一股香味，闻之舒适优雅，且散发持久。入口后，口味醇厚丰满，无燥辣感，无杂味。喝完酒后，口中仍有余香，回味绵长。

在 1963 年第二届全国评酒会上，评酒专家给五粮液的评价是"香气悠久，味醇厚，入口甘美，入喉净爽，各味协调，恰到好处"。对于"各味协调，恰到好处"的理解，酒评人士认为，五粮液烈、甘、清、辣、甜、香、醇诸味齐全而协调，其性情则是刚柔并济，淡中透浓，是儒家"中庸和谐"精神在酒文化中的体现。

【曾获荣誉】

1915 年，曾获巴拿马万国博览会金奖。1995 年，获巴拿马第十三届国际贸易博览会金奖。2002 年，在巴拿马第二十届国际商展上荣获白酒类金奖。其四次蝉联中国"国家名酒"称号。荣获国家优质产品金质奖章等。

【防伪】

真酒的密封性良好，摇晃后没有酒味外溢。相比之下，假酒的密封性较差，摇晃后有酒味外溢。另外，真酒属流水线生产，同一批次酒液高度基本一致。而假酒多以手工灌装为主，同一批次酒液高度线存有差距。

从包装方面来看，真酒的瓶盖螺旋接口清晰、分明、光滑，假酒的瓶盖则螺旋接口粗糙。真酒的塑料包装盒透明光滑，盒盖接口光滑，烫金字清晰，不易褪色，盒底也非常光滑，小字母字迹清晰匀称，假酒的包装盒盒盖接口粗糙，烫金字模糊、不整齐、易褪色，盒底粗糙有毛刺，小字母字迹不匀称等。真酒瓶盖的发光小点分布均匀，"五粮液"字体均匀、透明，细看有突条显露，假酒瓶盖发光点散乱不均，"五粮液"字体粗细不一。另外，真酒的上部金色全息激光条"SP"字母发光金色而明显，假酒则发光不清晰。

泸州老窖

【52° 泸州老窖特曲】 ★★★

李克评分： **88分**

李克点评： 高性价比精品

观酒液：	5 分
看包装：	5 分
闻香气：	12 分
尝滋味：	16 分
潜力指数：	6 分
零售终端行情指数：	4 分
入选基准分：	40 分

厂家：	四川泸州老窖集团有限责任公司
香型：	浓香型白酒
酒精度数：	52°
规格：	500ml
终端参考价：	360 元（瓶）
电商参考价：	178 元（瓶）

【52° 经典国窖1573】 ★★★★★

李克评分： **96分**

李克点评： 跨越四百余年历史的经典浓香

观酒液：	5 分
看包装：	5 分
闻香气：	14 分
尝滋味：	18 分
潜力指数：	9 分
零售终端行情指数：	5 分
入选基准分：	40 分

厂家：	四川泸州老窖集团有限责任公司
香型：	浓香型白酒
酒精度数：	52°
规格：	500ml
终端参考价：	1666 元（瓶）
电商参考价：	1389 元（瓶）

【国窖1573·中国品味】 ★★★★

李克评分： ··· **91分**

李克点评： 国窖家族众多参差不齐规格中的上乘之作

观酒液： ··· 5 分
看包装： ··· 5 分
闻香气： ··· 13 分
尝滋味： ··· 17 分
潜力指数： ··· 8 分
零售终端行情指数： ···························· 3 分
入选基准分： ····································· 40 分

厂家： ························ 四川泸州老窖集团有限责任公司
香型： ··· 浓香型白酒
酒精度数： ·· 52°
规格： ···500ml
电商参考价： ································· **2380元（瓶）**

【产地】

四川泸州。

【渊源】

泸州老窖的历史，与源远流长的巴蜀酒文化密切相关。从已出土的文物资料来看，古代巴蜀盛行"撒满文化"，巫师以酒使自己处于麻醉状态，以便与天神进行精神层面的沟通。因此，当时的酒具有一种神秘色彩。在制作工艺和口感方面，和四川深厚的酒文化与哲学相一致，泸州老窖所追求的也是一种"天人合一"、"五行共生"的和谐智慧。

泸州地区酿酒的历史起源甚早。在泸州出土的大量汉代崖墓内，发现了刻有"巫术祈祷图"的汉画像石棺以及汉代陶俑酒具。1999年，在泸州市区营沟头发掘出的一处古窖遗址内，又出土了大量唐五代时期的陶器酒具，其中包括二十几件独特的小型盛酒容器，这意味着在当时的泸州已经出现了不适宜大碗豪饮的高度酒。

宋代酒政森严，只有事前经过批准的酒户，才可向官府购买曲药制作白酒并出售，而且还要缴纳高额酒税。不过，泸州因"地连夷界"，长期没有实行这种专卖政策。当时，泸州的酒已经有明确的大酒和小酒之分。所谓小酒，指的是米酒。而大酒，则是指蒸馏酒，其原料、工艺及发酵方式都与今天泸州的浓香型曲酒非常相似。

到了元代，泸州出现了一位对浓香型白酒发展起着决定性作用的酿酒大师，这便是郭怀玉。他被认为是第一代浓香大曲酒的开山鼻祖。有史料记载："元帝泰定年间，泸州始有脱颖而出者，曰郭怀玉是也。十四岁学艺，四十八岁则酿制酿酒新曲药，名曰甘醇，用以酿出之酒，浓香甘洌，味醇可口，优于回味，更辅以技艺上之改造，至此而大曲成焉。"

明朝，施敬章研制出"窖藏酿制法"，推动大曲酒进入了向泥窖生香转化的第二代。此后，舒聚源酒坊的舒承宗，又探索出了从窖藏储酒到"醅糟入窖、固态发酵、酯化老熟、泥窖生香"的一整套大曲酒工艺，从而让浓香型大曲酒的酿制进入了较为成熟的阶段。而舒聚源酒坊所建的窖群，也就是今日我们所看到的1573国宝窖池群。

清朝，统治者出于节约粮食的考虑，曾几次颁布禁酒令，但泸州酒业再一次躲开了政策的影响，反而达到了空前的盛况。同治八年，豫记温永盛酒厂建立，酿造的三百年老窖大曲盛极一时。1915年，温永盛生产的泸州老窖特曲在美国旧金山巴拿马太平洋万国博览会上夺得金奖。

1950年，地方国营泸州曲酒厂成立，之后，包括温永盛曲酒联营社在内的四个私营社经过改造，成立了泸州市公私合营曲酒厂。1961年，地方国营泸州曲酒厂与泸州市公私合营曲酒厂合并为泸州市曲酒厂，1964年更名为四川省泸州曲酒厂，1990年8月更名为泸州老窖酒厂。1994年，泸州老窖股份有限公司在深圳证券交易所挂牌上市。2000年12月，泸州老窖集团有限责任公司成立。

目前，泸州老窖集团主导产品有国窖1573、百年泸州老窖、泸州老窖特曲及泸州老酒坊等。其中，国窖1573是中国白酒鉴赏标准级酒品和钓鱼台国宾馆特供酒，已经成为中国浓香型白酒超高档品牌的代表。

【工艺】

泸州老窖沿用千年窖池传统酿造工艺，以优质小麦配制中高温大曲，在黄泥老窖中固态发酵。它采用原窖酿造方式，讲究的是"以糟养窖，以窖养糟"，采用回马上甑、续糟混蒸、分层蒸馏、加回减糠、低温入窖等工艺，使得粮、糠、水、糟、温度、窖泥的比例和关系达到巧妙的集合。制曲的原料小麦要处理成烂心不烂皮的梅花瓣，制曲的时间最好是伏天，所采用的小麦制作的曲药为平板型，酿酒用的糠壳必须是二四瓣开的新鲜粗糠壳，颇为讲究。

当然，对于作为浓香型典范的泸州老窖而言，最值得骄傲的永远是其拥有几百年历史的老窖池。

浓香型白酒的特点是泥窖生香，在酒的发酵酿制过程中，窖池中会产生种类繁多的微生物和香味物质，窖龄越长，酒香也就越浓，因而推崇"千年老窖万年糟"的说法。而泸州老窖则拥有世界上最古老保存最完好的窖池。这里有建于1573年、连续使用四百多年的明代国宝窖池。这些明代的窖池虽然形状不规则，也不是很大，但是酒液几百年的浸染，赋予了窖泥浓郁的芳香。如果掬一捧"中国第一窖"的窖泥在阳光下细看，本来是灰白色的窖泥却显现出五颜六色。

除窖龄有关，酒质的好坏还与制作窖池的泥有关。泸州有一种独特的黄泥，无沙，黏性很强，是制作窖池的上等材料，无须作防渗处理就能保水。这样，窖内发酵产生的浆水不外泄，而渗入窖泥中的水分又足以满足微生物生命活动对水分和营养的需要。

【风格】

泸州老窖素以醇香浓郁、清洌甘爽、回味悠长、饮后尤香而闻名，具有浓香、醇和、味甜、回味长四大特色。

不过，泸州老窖的浓香和五粮液又有不同。泸州老窖带有一股浓厚的陈香味，这种味道和酱味有微微的相似之处。其窖香、老陈、糟香诸味调和，给味蕾一种舒适而悠远的感觉。

【曾获荣誉】

在 1963 年、1979 年、1984 年和 1989 年历届全国评酒会上，泸州老窖蝉联"国家名酒"称号。1979 年第三届全国评酒会上，泸州老窖大曲酒更被誉为"浓香型白酒的典型代表"。

【防伪】

真酒标签和礼品盒印刷精美，"泸州老窖"四个专用字凹凸饱满、清晰完整。礼品盒覆膜粘结牢固，表面干净、平整、不模糊、光洁度好、无皱褶、无起泡和粉箔痕，礼品盒粘合处有厂家代码为拼音字母。瓶盖形状完整，表面光洁，凹凸图案饱满，涂膜无划伤，色泽均匀。瓶盖内外表面有涂膜，内表面涂膜应区别于铝材质颜色。塑料打包带外观色泽均匀，花纹整齐清晰，无明显污染和杂质，且打包带上压印有"泸州老窖"四个专用字。此外，消费者还可登录泸州老窖官方网站，通过输入数字查询码来验证产品真伪。

郎酒

【红花郎酒 15 年】 ★★★★

李克评分： 92分

李克点评： 虽为酱香好酒，但市场行情不给力，2013年前景不明朗

观酒液：	5 分
看包装：	5 分
闻香气：	15 分
尝滋味：	18 分
潜力指数：	6 分
零售终端行情指数：	3 分
入选基准分：	40 分
厂家：	四川郎酒集团有限责任公司
香型：	酱香型白酒
酒精度数：	53°
规格：	500ml
终端参考价：	1296 元（瓶）
电商参考价：	1080 元（瓶）

【郎牌特曲 T9】 ★★★

李克评分： 85分

李克点评： 郎酒家族的小清新，趋势有待观察

观酒液：	5 分
看包装：	4 分
闻香气：	12 分
尝滋味：	15 分
潜力指数：	6 分
零售终端行情指数：	3 分
入选基准分：	40 分
厂家：	四川郎酒集团有限责任公司
香型：	浓香型白酒
酒精度数：	50°
规格：	500ml
电商参考价：	458 元

【52° 新郎酒 12 年】 ★★★

李克评分： 88分

李克点评： 兼香型白酒的典型代表

观酒液： 5分
看包装： 5分
闻香气： 13分
尝滋味： 16分
潜力指数： 6分
零售终端行情指数： 3分
入选基准分： 40分

厂家： 四川郎酒集团有限责任公司
香型： 兼香型白酒
酒精度数： 52°
规格： 500ml
终端参考价： 849元（瓶）
电商参考价： 708元（瓶）

【产地】

四川古蔺县。

【渊源】

四川省是浓香型名酒的天下，同时却又存在着一个地地道道的酱香型白酒品牌。在位于赤水河中游的古蔺县二郎滩，郎酒以其并不逊色于贵州茅台酒的扑鼻酱香，赢得了众多粉丝，也为川酒体系增添了一丝别样的韵味。

虽然靠近赤水河，郎酒的酿制用水却并不取自河水。古蔺二郎滩四周遍布崇山峻岭，深谷之中有一清泉流出，人们称之为"郎泉"。这泉水冬天热气蒸腾，暖如春水，夏日又冰寒彻骨，甜似果浆。下雨天，泉水不见浑浊，气候干旱之时也不会干涸。据史料记载，北宋时，当地人就已采用郎泉之水酿制优质曲酒，史称"凤曲法酒"，而郎酒的酿制用水也来源于此。只是后来，由于郎酒产量的扩大，郎泉之水已不能满足生产之需，郎酒厂便投资数百万元从天然溶洞中引来优质山泉。经测定，龙洞水与郎泉水水质极为接近。

20世纪初，荣昌商人邓惠川来到二郎镇，见当地酒业兴旺，便开办了"絮志酒厂"。1925年，邓惠川聘请"荣笔酒坊"师傅张子兴，采用茅台酒工艺酿制出了"回沙大曲"。1929年酒坊改名为仁寿酒坊，所出产品命名为"回沙郎酒"。1933年，雷绍清创办了"集义糟坊"，并雇请了茅台镇的三位酿酒师傅，同样酿出茅酒型的"回沙郎酒"，并命名为"郎酒"。1938年，邓惠川与莫邵成合办"成记惠川老糟房"。此时，郎酒飘香更远，畅销全国乃至东南亚地区。

1944年，惠川糟坊解体。1949年，集义糟坊散伙。郎酒一时销声匿迹。1957年，国营郎酒厂成立，恢复生产郎酒，由当年惠川糟坊和集义糟坊的两位老酒师负责生产和技术。1998年，四川郎酒集团有限责任公司成立。1999年国家质量监督局、标准样品委员会将39°酱香型郎酒作为中华人民共和国国家酱香型低度白酒标准样酒。

当然，郎酒并不局限于酱香型白酒的生产，目前已经开发出了"一树三花"：酱香、浓香、兼香，其中以酱香红花郎做主打，以兼香型新郎酒为次，再配以浓香型的如意郎、福郎等品牌。"红花郎"、"新郎酒"走高端路线，"老郎酒"、"郎牌特曲"代表郎酒中端产品线。2011年，郎酒集团还打造出了超高端藏品系列。

【工艺】

酱香型郎酒的酿造流程和茅台十分相似，概括起来大致有这样一些环节："高温制曲"、"两次投粮"、"凉堂堆积"、"回沙发酵"、"九次蒸酿"、"八次发酵"、"七次取酒"、"历年洞藏"和"盘勾勾兑"。最妙的是，酿造出的郎酒会送入天然岩洞"天宝洞"、"地宝洞"中，待三年后再将各种酒勾兑调味、装瓶包装出厂。天宝洞和地宝洞位于郎酒厂部右侧约两公里处的蜈蚣崖半山腰间，洞内冬暖夏凉，常年保持19℃左右的恒温。这样的储藏环境里可以促进酒体香化、老熟，使酱香、焦香、酯香、醇香协调，酒液柔和，香味浓郁。

【风格】

酱香型郎酒微黄清澈，酱香浓郁喷涌，酒体丰满醇和，净爽回甜，空杯留香味长，以优雅细腻著称，口感与茅台酒非常相近。即便是把这两种酒拿给专业的评酒人士品尝，仍然令人难以分辨。当然，如果细细品味的话，酱香郎酒和茅台的特点还是有一些区别的。

从闻香来说，茅台酒的酱香接近于豆酱味，酱香中带有一丝淡淡的鲜甜味，闻后使人食欲大开，大有垂涎之感。而郎酒的酱香则相对比较厚重，闻起来感觉非常舒服、优雅、淡定。

入口后，茅台的焦香味特别明显，后味甘爽。郎酒的焦味不明显，酱香厚实，郁而不涩，略带有隐隐的非常舒适的酸味。有了这酸味，酱味就被衬托得愈发厚实。

饭后，茅台酒香持续的时间长，香味伶俐清朗，而郎酒返香则醇和、郁实。

新郎酒口感浓头酱尾，兼香共享，浓香和酱香和谐、平衡。酒体具有香而不艳、甜而不腻、净而不淡的特点。口感醇厚绵甜、优雅细腻，高度不烈，低度不淡。

浓香型的郎酒口感和五粮液等浓香白酒相比，较为柔和清雅，回味悠长。

【曾获荣誉】

1963年，曾获首届四川省名酒评比金奖。1979年，获国家质量优质奖。1984

年,"郎"牌郎酒获国家产品质量金质奖章,荣获"中国名酒"称号。1985 年,获中华人民共和国商业部"金爵奖"。1989 年,53°郎酒蝉联"中国名酒"称号,39°郎酒则被确认为"中国名酒"并获国家金质奖。

【防伪】

真郎酒瓶标上写有"中国名酒"及"获国家金质奖章"字样。酒瓶贴上有一个特大而醒目的"郎"字,右下方有一个小号的篆体"酒"字,假冒者虽然也一般能把"郎"字模仿得十分逼真,但小字号的篆体"酒"字一般写不好,或者写成"曲"字、"窑"字。真郎酒的瓶贴上部有金质奖章图案,左下部有厂名"四川省古蔺郎酒厂"等字样。假郎酒没有奖章图案,厂名一般写成"四川省左蔺郎酒厂"。

郎酒商标属全注册商标(包括字体、色泽、图案等),有突出醒目的上红逐渐下黑的大"郎"字,"金牌图案"和郎字右下角的篆体"酒"字,这三部分有明显的凹凸感。瓶盖采用铝质良好的银白色一次性断裂防盗盖,顶面有"中国名酒"和大"郎"字以及"郎酒,中国名酒"的英文字母。特点是瓶盖光洁度好,盖内纯白色塑料垫子厚、硬,不易撬出。

沱牌酒

【水晶舍得酒 2012 珍藏版】················ ★★★

李克评分：·· 89 分

李克点评：总觉得缺了点什么，如能补全，将释放出全国流行的巨大潜能

观酒液：	5 分
看包装：	4 分
闻香气：	12 分
尝滋味：	16 分
潜力指数：	8 分
零售终端行情指数：	4 分
入选基准分：	40 分

厂家：	四川沱牌舍得酒业股份有限公司
香型：	浓香型白酒
酒精度数：	55°
规格：	500ml
终端参考价：	1588 元（瓶）

【产地】

四川省遂宁市射洪县。

【渊源】

射洪县丘陵遍地，酿酒历史悠久。"射洪春酒，擅名前代。工部诗称之。又费密（清初学者）称谢公东山得易酒法，归射洪造酿甚美。蜀人谓之谢酒。今之糟坛味甚香美，其遗制也。"《射洪县志》中所记载的射洪春酒，其酿制技艺正是沱牌曲酒的来源。

清朝光绪年间，酿酒世家李吉安在射洪城南的柳树沱镇开设了"吉泰祥糟坊"，"得射洪春酒真传"，引当地青龙山麓沱泉之水酿制大曲酒。吉泰祥的酒自产自销，后面是酿酒作坊，前面就是酒肆。由于其酒味浓郁，醇美甘爽，因而获得了极高的人气。每日酒肆内座无虚席，还有不少顾客买了酒回家饮用或馈赠给亲朋好友。

由于产量有限，每天都有一些前来买酒的客人遗憾地空手而归。李吉安见此有些愧疚，便制作了很多小木牌，上面写上"沱"字，并编上序号。当天没有买到酒的顾客领了"沱"字牌，来日凭此牌便可优先买酒。此后，这一购买方式成为吉泰祥的特色。民国初年，清代举人马天衢尝到此酒，赞叹不已，又看到店内的"沱"字号牌，便写下"沱牌曲酒"四字，让李吉安以此作为酒名。该名称便一直沿用至今。

1951年在吉泰祥糟坊的基础上成立国营射洪县曲酒厂，继续生产沱牌曲酒。1988年易名为沱牌曲酒厂。1995年，四川沱牌曲酒股份有限公司成立。2011年正式更名为四川沱牌舍得酒业股份有限公司，旗下有舍得、沱牌曲酒、珍藏沱牌、金沱牌、沱牌春等系列名酒。

【工艺】

沱牌曲酒以优质高粱、糯米为原料，以优质小麦、大麦制成高、中温大曲为糖化发酵剂，经老窖发酵、续糟混蒸混烧、储存勾兑等工艺酿制而成。

【风格】

沱牌酒浓香悠远，前香芬芳，中香浓郁，底窖香优雅舒适，层次分明。因此，在品尝时，最好的方式是先轻啜一小口，让酒液缓缓铺满舌面，感受其丰盈挺拔、醇厚绵软，然后再轻启咂辨，感受其滋味的纯而细、爽而滑。之后，酒味收敛，回甜之感涌来，咽下酒液后，余香渐渐而出。待酒味渐渐平和后，仍能感受到其悠长舒畅的余味。

【曾获荣誉】

1972年以来，沱牌曲酒系列产品先后多次被评为省优、部优。在1989年全国第五届白酒评比中，沱牌54°、38°曲酒双获国家金奖。曾获香港第六届国际食品展金瓶奖等。

【配菜建议】

沱牌曲酒窖香浓郁纯正，酒质绵软醇厚，入口清冽甘爽，其特殊的风格在于既甜且净，极易上口。品尝沱牌曲酒，最易川菜下酒，但口味又不能太重。如果菜的味道太浓重，就会把酒的甜净遮盖掉。以我个人经验来看，水煮牛肉、开水白菜、芙蓉鸡片、香酥鸭子、砂锅雅鱼、金钩肉丁、崩山豆腐等配菜最宜。

剑南春

【52°剑南春】……………………………★★★★★

李克评分：……………………………………**97分**

李克点评：性价均好的浓香型佳酿，不容错过

观酒液：……………………………………………5 分
看包装：……………………………………………5 分
闻香气：……………………………………………14 分
尝滋味：……………………………………………18 分
潜力指数：…………………………………………10 分
零售终端行情指数：…………………………………5 分
入选基准分：………………………………………40 分

厂家：……………………………四川剑南春集团有限责任公司
香型：………………………………………………浓香型白酒
酒精度数：…………………………………………52°
规格：………………………………………………500ml
终端参考价：………………………………………558 元（瓶）
电商参考价：………………………………………385 元（瓶）

【剑南春典藏 30 年（蓝宝石）】………★★★★

李克评分：……………………………………**93分**

李克点评：喝着比较舒服，有兴趣的朋友可以收藏一点

观酒液：……………………………………………5 分
看包装：……………………………………………5 分
闻香气：……………………………………………15 分
尝滋味：……………………………………………18 分
潜力指数：…………………………………………7 分
零售终端行情指数：…………………………………3 分
入选基准分：………………………………………40 分

厂家：……………………………四川剑南春集团有限责任公司
香型：………………………………………………浓香型白酒
酒精度数：…………………………………………52°
规格：………………………………………………750ml
电商参考价：………………………………………6880 元（瓶）

【产地】

四川省绵竹市。

【渊源】

绵竹素有"酒乡"之称,早在唐代就有闻名遐迩的名酒"剑南烧春"。这一酒名的由来,是因绵竹在唐代属剑南道,唐代人们又惯以"春"作酒的雅称。传说伟大诗人李白为喝到剑南烧春,曾在绵竹卖掉皮袄换酒钱,因而留下了"解貂赎酒"的佳话。北宋苏轼则称赞这种蜜酒"三日开瓮香满域"、"甘露微浊醍醐清"。此外,剑南烧春还作为宫廷御酒被载入《后唐书·德宗本记》。它也是唯一被载入正史的四川名酒。

宋代,绵竹酿酒的技术更加高超,酒的种类中也增加了"鹅黄"、"蜜酒"等。但到了明末清初,战乱不断,致使绵竹农业荒芜,剑南春酒的酿制也被中断,一直到清康熙年间才逐渐恢复,出现了朱、杨、白、赵等较大规模酿酒作坊。清末,绵竹酿酒作坊已有上百家,著名的大曲坊增加到18家。

进入20世纪初,绵竹大曲酒进一步发展,逐渐成为成都"酒坛一霸"。到40年代初,绵竹酒业进入历史高峰期,大曲酒作坊增至38家,老窖200多个,年产白酒达350多吨,远销重庆、南京、上海等地。1932年,"垣丰泰"大曲坊酿造的大曲酒首次被批准使用注册商标。

1951年5月,国营绵竹县酒厂宣告成立,这就是四川省绵竹剑南春酒厂的前身。1958年3月,酒厂从改变酿酒原料入手,试验出一种绵竹酿酒史上从未有过的新原料,用这种原料酿出了"芳、冽、甘、醇"等风味更为独特的酒,即今天声誉卓著的中国名酒"剑南春"。60年代,酒厂采用"双轮底发酵"工艺,完善"勾兑调味"技术,找出剑南春基础酒的最佳储存老熟期,至此,剑南春生产工艺完全成熟。

1964年,企业更名为四川省绵竹酒厂。1970年更名为四川绵竹县酒厂。1974年,剑南春酒开始出口,销往日本、香港、澳门等国家和地区。1984年,企业正式更名为四川省绵竹剑南春酒厂。

【工艺】

剑南春严格采取传统工艺,以高粱、大米、糯米、玉米、小麦为原料,以小麦制成的大曲为糖化发酵剂,由酿酒大师撷取"玉妃泉"之水,采用古黄泥老窖酿制,经陶坛窖藏七年老熟而成。其工艺流程包括:红糟盖顶、回沙发酵、去头斩尾、清蒸熟糠、低温发酵、双轮底发酵等。

剑南春酿酒用水全部取自城西的中国名泉——玉妃泉,泉水低钠无杂质,富含硅、锶等有益人体的微量元素和矿物质。

剑南春使用的曲,是采用千百年积累的传统工艺措施,并结合现代科学手段制成的独特品种。"天益老号"窖池中的微生物,千百年来生生不息,形成了别具一格、自成体系的微观生态环境。从现代微生物的角度看,"天益老号"古窖池群已不是简单的泥池酒窖，而是集发酵容器、微生物生命载体和孕育摇篮于一身。在漫长的酿酒过程中，每一轮窖藏投入酿酒的粮食，都是窖内微生物新鲜的养料；微生物吸收养料，得以不断生长繁殖并进行酿酒代谢，不仅形成了超出一般窖池400多种的酿酒微生物，而且规模宏大的古窖池群在集群的效应下，还形成了剑南春古窖车间特有的酿酒微生物环境，使剑南春酒形成了特殊的香味。

【风格】

剑南春有醇、香、浓、甜、净、长六大特点。酒液清澈透明，酒香浓郁协调，酒味醇厚回甜，酒体丰满饱和，入口清冽净爽，回味余香不尽，以醇甜柔顺、甘润爽口、诸味协调、香寓味中、余味悠长而闻名。

【曾获荣誉】

1979年获国家轻工部颁发"国家名酒"证书。1963年，剑南春酒被评为四川省名酒，获金质奖。1984年，获国家经委颁发"国家金质奖"证书。2001年，获中国食品工业协会颁"中国十大文化名酒"奖牌等。

【防伪】

正品剑南春酒封签整齐美观、印刷清晰，商标全部实行定点印刷，印刷质量高而且稳定，图案、文字均很清晰。盗印的商标多模糊不清或者套色不准确。

新包装剑南春除在外包装盒上打印有"纯粮固态发酵白酒标志"外，还采用世界领先的新型防伪技术。标签在紫光灯下会发出橘色荧光，微型的紫外线灯验钞机，甚至是餐厅里的紫外线灯灭菌杀虫器，都可以作为辨别工具。标签上有高精度防伪印刷的中、英文微缩文字，在放大镜下清晰可见。

全兴酒

【全兴大曲润藏6年】 ★★★

李克评分： **84分**

李克点评： 曾记否，当年"品全兴，万事兴"

观酒液： 5分
看包装： 4分
闻香气： 12分
尝滋味： 14分
潜力指数： 6分
零售终端行情指数： 3分
入选基准分： 40分

厂家： 四川全兴酒业有限公司
香型： 浓香型白酒
酒精度数： 52°
规格： 500ml
电商参考价： 168元（瓶）

【52°水井坊】 ★★★★

李克评分： **91分**

李克点评： 当年艳惊天下，如今不温不火，算是一款比较稳定的好酒

观酒液： 5分
看包装： 5分
闻香气： 13分
尝滋味： 18分
潜力指数： 6分
零售终端行情指数： 4分
入选基准分： 40分

厂家： 四川水井坊股份有限公司
香型： 浓香型白酒
酒精度数： 52°
规格： 500ml
终端参考价： 858元（瓶）
电商参考价： 840元（瓶）

【产地】

四川成都。

【渊源】

成都市位于四川盆地西北部，古代被称为蜀国、蜀州。这里土地肥沃，气候温和，农业兴盛，古来便是闻名千里的"佳酿之乡"。汉代古辞《蚕丛国诗》说："川产惟平，其稼多黍，旨酒嘉谷，可以养父。野惟阜丘，彼稷多有，嘉谷旨酒，可以养母。"生动地描绘出在西周末年至春秋之间，成都平原的人民丰收黍稷后酿酒敬老的场景。三国时，刘备建蜀汉于成都，曾下禁酒令，足见当时酿酒、饮酒之风已经兴盛。

到了唐代，成都名酒云集。这一点，透过诗人张籍的"万里桥边多酒家，游人爱向谁家宿"也可见一斑。北宋中期，朝廷在成都设立二十八处"酒务"，统制酿酒，实行专卖，每年征收酒税高达40余万贯，位居全国之首。

明末清初，一位姓王的小客商开店自酿自卖酒品，该商人立志要兴盛酒业，但却早逝。其后人在1786年，于水井街建起"福升全酒坊"，采用"薛涛井"水酿酒，名字就叫"薛涛酒"。1824年，为满足不断扩大的业务需求，福升全老板在城内暑袜街寻得新址，建立了新号，并更名为"全兴成"。全兴成继续普采名酒之长，对原来的薛涛酒进行加工，创出的新酿统称全兴酒。

1950年，当时的川西专卖局赎买了"全兴老号"等酒坊，并沿用其传统技术酿酒，仍称"全兴大曲"。1951年，国营成都(全兴)酒厂成立，至1980年代更名为"四川成都全兴酒厂"。1997年9月，企业重组，成立了四川成都全兴集团有限公司。同月，全兴集团上市。

【工艺】

全兴大曲选用优质高粱为原料，用以小麦制的高温大曲为糖化发酵剂，采用传统老窖分层堆糟法工艺，经陈年老窖发酵。发酵期60天，面醅部分所蒸馏之酒，因质差另作处理，用作填充料的谷壳，也要充分进行清蒸。蒸酒要掐头去尾，中流酒也要经鉴定、验质、储存、勾兑后，才包装出厂。

总的来说，全兴酒的酿酒技艺注重"火、水、曲、人"四字。火，即指酿制发酵的微妙火候，"摸温添水须看时，盛夏烤酒当夜深"。水，取一个"净"字，制成的酒自然清冽甘爽。曲，桃花盛开季节所制的"桃花曲"，盛夏制成的"伏曲"，两种曲都必须存放三个月以上，称为陈曲。人，指手艺熟练的酒师，配料讲究"稳、准、细、净"。

【风格】

全兴大曲酒质无色透明，清澈晶莹，窖香浓郁，入口清香醇柔，绵甜甘冽，落口极为爽净，属于浓香型大曲酒。

【曾获荣誉】

由于窖香浓郁，口感一流，全兴大曲在1963年的全国第二届评酒会上被评为中国八大名酒之一。在1984年的第四届全国评酒会上再次被评为国家名酒。1985年被评为四川省优质产品。

文君酒

【52° 文君酒】

李克评分： 78分
李克点评： 个人不看好此酒

观酒液：	5分
看包装：	4分
闻香气：	10分
尝滋味：	12分
潜力指数：	5分
零售终端行情指数：	2分
入选基准分：	40分

厂家：	四川省文君酒厂有限责任公司
香型：	浓香型白酒
酒精度数：	52°
规格：	500ml
终端参考价：	1080元（瓶）
电商参考价：	799元（瓶）

【产地】

四川邛崃。

【渊源】

邛崃古称临邛，自古以来便非常繁庶，曾有"天下南来第一州"的美誉。此地的酿酒史始于三千年前，盛产佳酿，因而引得历代文人骚客赋诗赞美。如唐代著名诗人李商隐就曾歌咏："君到临邛酒垆，近来还有长卿无？"

文君酒是我国白酒业颇具历史文化价值的品牌之一，其酒名来源于两千多年前的西汉富家女卓文君。文君与巴蜀才子司马相如一曲订终身。文君更冲破门第，放弃家族富贵，开设"文君酒肆"，取井水酿酒，当垆卖酒，成就了文坛一段佳话，而文君也成为中国历史名人中有据可查的最早的卖酒之人。

明朝万历年间，文君酒发轫于临邛寇氏烧房，现存明代万历老窖。清代光绪年间，此地的"大全烧房"以生产美人牌大曲酒而闻名。1923年有饮者认为酒质可与贵州茅台媲美，所以一度改用"邛崃茅台"之名，曾参加四川劝业会获得奖状和奖章。

1951年，在大全烧房作坊窖池的基础上，邛崃国营酿酒厂成立。1961年正式组建文君酒生产车间，并生产第一批口感醇香的"文君酒"。1985年正式定名为四川省文君酒厂。2007年，世界第一大奢侈品集团 LVMH（酩悦·轩尼诗—路易·威登）集团收购文君酒。2009年，文君高端新品"天弦"上市。2010年12月，首款限量版产品"大师甄选55"推出。2011年，文君展开国际策略，逐步进入亚太区包括香港、澳大利亚、日本在内的主要市场。

【工艺】

文君酒采用邛崃纯净甘洌的"通天泉"水，其生产工艺流程完整保留了传统古法精髓：制曲车间前身为拥有两百多年历史的"曾氏曲房"，至今坚持全手工制曲法。曲砖色泽金黄、外紧内松，有利于微生物充分发酵，给入窖的粮糟提供了更多发酵所需的菌种。此酒沿袭了拥有四百多年历史的原酿古法，采用续糟配料、老窖固态发酵、混蒸混烧、陈贮老熟等办法，在古老窖池中长达两个多月的发酵时间，做到酯化、生香及香味物质的充分积累，再经滴窖、分层蒸馏，只摘取少量顶级头酒和陶坛陈化，最终调配出品。

【风格】

文君酒醇香馥郁，浓中带酱。酒液清澈透明，酒色纯正。酒质柔和，酒体醇厚，甜润优雅，不刺喉，不尖辣，口感醇厚，入口十分舒适，饮后感觉飘逸清新，余香悠长。此酒蕴含众香，不仅融合了白酒的传统五香，同时还包含层次丰富的花香与果香，自然协调，芬芳持久。

【商标变迁】

1962年，注册文君酒商标。1966年改为邛临酒。1980年又复用文君酒。

【曾获荣誉】

"文君牌"文君酒是1985年四川省优质产品。1988年文君酒在巴黎第十三届国际食品博览会上获得金奖。1993～1994年，先后在多个国家及地区荣获十一枚国际金奖。

丰谷酒

【 丰谷酒王（透明装）】················ ★★★★

李克评分：·····················**94 分**

李克点评： 能带来意外惊喜的一款酒

观酒液：	5 分
看包装：	5 分
闻香气：	14 分
尝滋味：	18 分
潜力指数：	8 分
零售终端行情指数：	4 分
入选基准分：	40 分

厂家：	四川丰谷酒业有限责任公司
香型：	浓香型白酒
酒精度数：	48°
规格：	478ml
终端参考价：	711 元（瓶）
电商参考价：	680 元（瓶）

【产地】

四川绵阳。

【渊源】

绵阳古称绵州，位于四川"U"形名酒带上，自东汉年间便出产美酒。

据《三国志》记载，东汉建安年间，刘备应刘璋之邀率兵入蜀，刘璋迎至绵州，大摆宴席款待刘备，席间所饮的酒，是用丰谷泉酿制而成的，产商为富乐烧坊。喝惯了北方烈酒的刘备，尝到醇香、清洌、回甘的富乐烧坊美酒后如获至宝，常以此酒嘉奖打了胜仗的将士。在之后的唐宋元明几个朝代，这种酒的名气更日益兴盛，酿酒秘技也得以传承下来。

康熙十七年，也就是公元 1644 年，六十岁的王秉政到了绵阳丰谷镇，在传承千年的富乐烧坊酿酒秘笈的基础上，结合所学的汾酒和西凤酒的秘技，创建了"天佑烧坊"。

1701 年，王秉政病逝，他的儿子王法天继承父志，对天佑烧房的配料、制曲、酿制、出酒、品味、定级等都亲自把关，使得天佑烧坊美酒继续在川西北地区保持良好的声誉和销量。此后，天佑烧坊演变成天佑大曲烧坊，以生产"丰谷老窖大曲"畅销省内外各地,并与邻舍作坊"变陆丰烧坊"、"源鑫烧坊"合并,扩大规模。其产品逐渐以瓶装的形式在全国范围内热销。

中华人民共和国成立后,天佑烧坊更名为国营绵阳市酒厂。2001年改制更名为四川省绵阳市丰谷酒业有限责任公司。目前,其产品系列有丰谷壹号、丰谷酒王、丰谷典藏、丰谷特曲、年份系列、清朝系列、老窖系列、星级系列、纯酿系列等,多达百余种产品,畅销全国各地及安哥拉、韩国等国家。

【工艺】

丰谷酒延用老窖泥接种繁衍、老窖发酵、陶瓮储藏的方法,并结合现代微生物酿酒技术,精选优质高粱、大米、小麦、糯米、玉米酿制而成。

【风格】

窖香优雅而又浓郁,是一种特有的多粮浓香。口感醇厚绵甜,入喉净爽,诸味协调,尾味爽净悠长,饮后令人回味无穷。2010年4月,丰谷酒又研发出了"低醉酒度",该酒"醉得舒适,醒得快,感觉清新自然"。

【曾获荣誉】

2004年丰谷特曲、清朝丰谷酒分别被中国白酒专业协会授予"中国白酒典型风格金杯奖"和"中国白酒典型风格银杯奖"等称号。

小角楼

【52° 金角楼】 ★★★
李克评分： **87分**
李克点评： 非常实惠的一款自饮好酒

观酒液：	5分
看包装：	3分
闻香气：	12分
尝滋味：	16分
潜力指数：	7分
零售终端行情指数：	4分
入选基准分：	40分

厂家：	四川小角楼酒业有限责任公司
香型：	浓香型白酒
酒精度数：	52°
规格：	500ml
终端参考价：	**290元（瓶）**
电商参考价：	**239元（瓶）**

【产地】

四川省平昌县。

【渊源】

平昌，古时称为平州，位于川东北大巴山山脉的米仓山南麓，是川、陕、渝、湘的交界处。境内有一古刹，名小角寺，寺旁有一口古井，名为"八角井"。井水甘冽，非常适合酿酒。明朝万历年间，何氏兄弟在此地建坊制酒。不久，小角寺附近便酒旗纷纭，声名远扬。

清朝咸丰年间，吴镇中了恩科进士，把用小角古井水酿制而成的酒敬献给皇帝，咸丰饮后龙颜大悦。到了光绪当政，吴镇任云南布政使抚边有功，回朝面圣时，光绪问他家乡有何名胜，吴镇说："小角楼台照白衣，凤凰展翅扑蒙溪，鲤鱼扳子回头望，步步登高上云梯。"这首诗隐含了"白衣八景"，并以"小角楼"酒开头。

后来，吴镇还乡，将宫廷秘方和家乡酿技结合，辅以祖传老窖，开始酿制小角楼酒。他在寺旁建的酒坊便称为"小角楼作坊"，因其酒香悠远又被称为"香酒坊"。

中华人民共和国成立后，小角楼酒厂面世。在上世纪80年代中期，小角楼酒红遍大江南北。远在西北的新疆、甘肃等地到处流传着"席间若有小角楼，一杯两杯添劲头。席间若无小角楼，饭香菜佳人难留"的佳话。

到了90年代，酒厂开始走下坡路。截至1998年4月，小角楼酒厂已连续8年亏损，9个月停产。同年，年仅26岁的何成盛成为小角楼酒厂的党委书记兼厂长，开始了二次创业的历程。2001年酒厂改制为四川小角楼酒业有限责任公司。2006年荣获"中国驰名商标"。

【工艺】

小角楼系列白酒采用数百年传统酿制工艺，结合现代科技，以当地盛产的优质红粮为主料，佐以大巴山纯正山泉，通过多菌种发酵精酿而成。酿酒时以大巴山优质红粮为主料，谷壳为辅料，采用小麦制曲、混蒸续糟、泥窖固态发酵等办法，经上甑蒸馏、量质摘酒、按级并坛、定期贮存、精心勾兑而成，技巧讲究"轻撒匀铺、探气上甑、掐头去尾、中温馏酒、缓火蒸馏、大火蒸粮"。

【风格】

小角楼属于浓香型酒，但却将"浓、酱、清"三香合一，魅力独特。酒液清亮透明，口感绵甜爽净，饮后回味悠长。此酒口感不错，但后劲颇大。

叙府特曲

【柔雅叙府 15 年】 ★★★

李克评分： 86分

李克点评：此酒醇香馥郁，丰满细腻，回味悠长

观酒液： 5分
看包装： 4分
闻香气： 12分
尝滋味： 16分
潜力指数： 6分
零售终端行情指数： 3分
入选基准分： 40分

厂家： 四川宜宾叙府酒业股份有限公司
香型： 兼香型白酒
酒精度数： 53°
规格： 450 ml
电商参考价： 248元（瓶）

【叙府特曲】 ★★★

李克评分： 84分

李克点评：物美价廉，风味别致

观酒液： 4分
看包装： 2分
闻香气： 13分
尝滋味： 16分
潜力指数： 6分
零售终端行情指数： 3分
入选基准分： 40分

厂家： 四川宜宾叙府酒业股份有限公司
香型： 浓香型白酒
酒精度数： 52°
规格： 500 ml
电商参考价： 158元（瓶）

【产地】

四川宜宾。

【渊源】

四川宜宾叙府酒业股份有限公司坐落于全国著名的翠屏山森林公园内，拥有绝佳的生态酿酒环境。产区有优质老窖池数千口，其生产的浓香型叙府大曲酒销路甚广。此外，叙府酒业还生产多粮兼香型大曲酒。

【工艺】

此酒秉承宜宾数千年传统的酿造工艺，结合现代科技新成果，精选优质高粱、大米、糯米、小麦、玉米五种粮食为原料，采用传统固态发酵工艺精心酿造。

【风格】

窖香浓郁，绵甜净爽，饮后尤香。

【曾获荣誉】

1984年，叙府大曲酒曾荣获国家银质奖殊荣，同时被授予国家优质酒的称号。1988年，获首届中国食品博览会金奖。1994年，获第五届亚太国际博览会金奖等。

高州酒

【金潭玉液1985】 ★★★

李克评分： **87分**

李克点评： 口感平衡，物超所值

观酒液：	4分
看包装：	4分
闻香气：	13分
尝滋味：	17分
潜力指数：	6分
零售终端行情指数：	3分
入选基准分：	40分
厂家：	四川宜宾高州酒业有限公司
香型：	浓香型白酒
酒精度数：	52°
规格：	500 ml
电商参考价：	90元(瓶)

【产地】

四川宜宾。

【渊源】

运用古传秘方五粮浓香传统工艺酿造的"金潭玉液"系列酒，源于清朝乾隆年间"杨氏大曲烧坊"，距今已二百七十多年。

【工艺】

"金潭玉液"系列酒秉承多粮型传统工艺，选用中高温曲药，采用百年老窖，经长达90天固态发酵，分层起糟，分层蒸馏，分段摘酒，按质并坛，长期贮存，自然老熟后精心勾兑而成。

【风格】

无色透明，窖香浓郁，绵甜醇和，香味协调，余味净爽，多粮型浓香风格突出。

茅台酒

【53°茅台飞天酒】 ★★★★★

李克评分： **100分**

李克点评： 当仁不让的"国酒"品质

观酒液： 5分
看包装： 5分
闻香气： 15分
尝滋味： 20分
潜力指数： 10分
零售终端行情指数： 5分
入选基准分： 40分

厂家： 贵州茅台酒股份有限公司
香型： 酱香型白酒
酒精度数： 53°
规格： 500ml
终端参考价： 1998元（瓶）
电商参考价： 1699元（瓶）

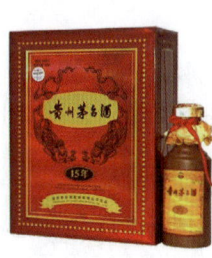

【53°茅台15年】 ★★★★★

李克评分： **99分**

李克点评： 经典铸就永远的价值

观酒液： 5分
看包装： 5分
闻香气： 15分
尝滋味： 19分
潜力指数： 10分
零售终端行情指数： 5分
入选基准分： 40分

厂家： 贵州茅台酒股份有限公司
香型： 酱香型白酒
酒精度数： 53°
规格： 500ml
终端参考价： 9576元（瓶）
电商参考价： 7980元（瓶）

【茅台 80 年陈酿】……………………★★★★★

李克评分：………………………………………**100分**

李克点评： 镇宅传世之宝

观酒液：	5 分
看包装：	5 分
闻香气：	15 分
尝滋味：	20 分
潜力指数：	10 分
零售终端行情指数：	5 分
入选基准分：	40 分

厂家：	贵州茅台酒股份有限公司
香型：	酱香型白酒
酒精度数：	53°
规格：	500ml
终端参考价：	**336000 元（瓶）**
电商参考价：	**319900 元（瓶）**

【产地】

贵州仁怀赤水河畔茅台镇。

【渊源】

清世宗时期采取川盐进黔的政策。当时山西盐商到边远的贵州省茅台镇经商，因不便携带汾酒，又喝不惯当地的烧酒，于是特地请了家乡的老酿酒师傅，利用赤水河的水和当地的粮食酿酒，这便是今日茅台酒的萌芽。

中华人民共和国成立前后，茅台酒生产低迷，仅剩三家酒坊，分别是成义酒坊（华茅）、荣和酒房（王茅）、恒兴酒坊（赖茅）。1953 年，贵州省将最大的恒兴烧房收购，并将另两家烧房合并进来，成立了贵州省人民政府工业厅茅台酒厂。1954 年 5 月，更名为地方国营茅台酒厂。1955 年，更名为贵州省茅台酒厂。1958 年，更名为中国贵州茅台酒厂。1996 年 7 月，更名为中国贵州茅台酒厂（集团）有限责任公司。2000 年，更名为中国贵州茅台酒厂有限责任公司。现贵州茅台酒及系列酒酒盒的厂名为贵州茅台酒股份有限公司。

上世纪 70 年代，为扩大产量，异地茅台开始试验酿制，在挑选了 50 个地方后，最后在遵义找到了一个山清水秀、没有工业污染的地方。据说遵义的酒厂把茅台酒的所有流程工序和设备都照搬了过来，请了制酒的老师傅，就连茅台酒厂的灰尘也装了一箱子。但在进行了数十次试验后，酿制出的酒虽然也堪称美味，但仍难与茅台匹敌。

【工艺】

茅台酒的酿制工艺可以概括为"三高三长"。

"三高"是指高温制曲、高温堆积发酵、高温馏酒。大曲在发酵过程中温度高达63℃，比其他白酒的制曲发酵温度高出10℃～15℃，这样便可形成以耐高温产香的微生物体系。茅台酒堆积发酵温度高达53℃。通过高温堆积发酵，形成了特殊的芳香物，并产生了氨基酸等营养物质。茅台酒的蒸馏酒温度高达40℃以上，比其他白酒高出10℃～20℃，这样既可以分离茅台酒经发酵的有效成分，又可以去除发酵过程中的副产物或不利物质，是茅台酒饮用不口干、不上头的一个重要原因。

"三长"是指基酒生产周期长、大曲贮存时间长、基酒酒龄长。其他名白酒的基酒生产周期只需几个月或十多天即可，茅台酒则长达一年，需两次投料、九次蒸馏，八次发酵，七次取酒。茅台酒大曲储存时间长达6个月才能使用，比其他白酒多存3～4个月，而且用量是其他白酒的4～5倍。茅台酒储存时间很长，一般在长达3年以上才能勾兑。这一漫长的储存过程有利于酒质本身的趋利避害，使酒体醇香味美。

【风格】

贵州茅台酒酒质晶亮透明，酱香浓郁，没有悬浮物及沉淀。开瓶后尚未饮用，便已觉得香气扑鼻，等到开怀畅饮后更觉满口生香，优雅细腻，口感醇厚。更令人称奇的是，饮完空杯后，香味不但没有消散反而更加突出，且经久不散。酒体柔绵醇厚，不刺喉，不上头，饮后感觉愉快舒畅，回味悠长。

【品鉴】

茅台酒的品鉴可以分为开封感其香、荡香观其色、咂香品其味、空杯嗅其香四部曲。酒瓶一开，奇香飘溢。闻香之后，倒酒入杯，荡酒细观其色，微黄显透明，纯净无沉淀。其后入口品味，又有三式：抿、咂、呵。抿，是将酒杯送到唇边，轻巧地、缓缓地呷一小口，在嘴里细细抿品。咂，是轻咂嘴巴，慢慢品味后而将酒咽下，自然发出咂或嗒之声。呵，是在咂的基础上迅速哈气，让酒气从鼻腔喷香而出。喝完后，空杯依旧香气扑鼻，携口中余味，凝神屏气，轻吸慢嗅空杯，然后深深吸气入肺腑，更是一番享受。

【功效】

茅台酒具有一定的保健价值，适量饮用可以起到舒筋活血、促进健康的作用。周恩来总理曾评价茅台酒"能消除疲劳，安定精神"。美国前总统尼克松曾盛赞"茅台酒能治百病"。

对于茅台酒的保健作用，著名作家成仿吾的《长征回忆录》也曾提到"因军情紧急，不敢多饮，主要用来擦脚，消除行路的疲劳。而茅台酒擦脚确有奇效，大家莫不称赞"。

【酒标变迁】

茅台酒的商标最初用木刻印刷,只是在一个花瓣形的图案内,书写"贵州省茅台酒"几个楷体字。后来改为连史纸铅印。成义酒房商标为"双德牌",荣和酒房为"麦穗牌",恒实酒房为"山鹰牌"。1952年统改为"工农牌"。1954年后,茅台有内销和外销两种商标:内销为"金轮牌"(即后来的五星牌),外销为"飞天牌"。"文革"时曾一度改为"葵花牌",而后又恢复为"金轮牌"、"飞天牌",并一直沿用至今。

【曾获荣誉】

曾获1952年"全国土产交流会名酒"称号。1953年,获全国第一届评酒会国家名酒金奖。1963年,获全国第二届评酒会国家名酒金奖。1979年,获全国第三届评酒会国家名酒金奖。1984年,获全国第四届评酒会国家名酒金奖。1987年,获全国包装装潢评比金奖。1989年,获全国第五届评酒会国家名酒金奖。1989年,获中国首届食品博览会金奖。1990年,38°茅台酒获轻工部金奖。1985年,获法国巴黎国际美食及旅游委员会金桂叶奖。1986年,获法国巴黎第十二届国际食品博览会金牌奖。1989年,获北京首届国际博览会金奖。1991年,获北京第二届国际博览会金奖。1992年,获日本东京第四届国际名酒博览会金奖。1992年,获首届美国国际名酒大赛金奖等。

【防伪】

茅台酒厂没有和其他任何厂家联营,也没有把它的商标许可权与任何厂家共享,更没有设立过一厂、二厂和分厂等。因此,凡是注明为联营厂、一厂、二厂、分厂生产的茅台酒肯定是假酒。

茅台酒全瓶贴"贵州茅台酒"注册商标,是用进口100克钢板纸印制的,500毫升容量酒瓶的商标纸规格为90毫米×125毫米。商标和背面印刷精美,色彩准确,切边均匀。假茅台的商标和背贴都是用普通纸张印刷的,各种图案配色混乱,层次不清晰,颜色偏淡,规格不一致,所用字体也与真商标有明显区别,出厂日期字迹有红色的,也有其他颜色的。

茅台酒的酒瓶是乳白色玻璃瓶,封口为大红色螺纹扭断式防盗铝盖,顶部有"贵州茅台酒"五个白字,瓶口无内塞。整瓶酒外包一张优质正方形皮纸,装在彩盒中。外包装彩盒用的是进口白版纸加细瓦楞,盒上字体和色泽与商标、背贴上一致。

假茅台的封口用深浅不同的红色胶帽,有透明无字的,也有假造"茅台"两字的,瓶盖有白色的,也有红色的。盖子壁纹各异,有黄色扭断式铝盖,也有塑料盖外套扭断式黄色铝帽的。内塞有螺旋式、带腰线、平顶等几种。外包装盒用的是不合格的劣质皮纸或其他材质的纸。

习酒

【习酒·窖藏1988】 ★★★★★

李克评分： **100 分**

李克点评： 酒桌新宠，2013年预期最流行

观酒液： 5 分
看包装： 5 分
闻香气： 15 分
尝滋味： 20 分
潜力指数： 10 分
零售终端行情指数： 5 分
入选基准分： 40 分

厂家： 贵州茅台酒厂（集团）习酒有限责任公司
香型： 酱香型白酒
酒精度数： 53°
规格： 500ml
终端参考价： 780 元（瓶）
电商参考价： 748 元（瓶）

【习酒·金典金质】 ★★★★★

李克评分： **96 分**

李克点评： 有喜事，喝习酒

观酒液： 5 分
看包装： 5 分
闻香气： 14 分
尝滋味： 18 分
潜力指数： 9 分
零售终端行情指数： 5 分
入选基准分： 40 分

厂家： 贵州茅台酒厂（集团）习酒有限责任公司
香型： 酱香型白酒
酒精度数： 53°
规格： 500ml
电商参考价： 328 元（瓶）

【习酱酒·红色1935】 ★★★★★

李克评分： ··· **99分**

李克点评： 习酱酒，好不好，睡觉起来就知道。醉得慢，醒得快，喝它一斤都不晕

观酒液：	5分
看包装：	5分
闻香气：	15分
尝滋味：	20分
潜力指数：	10分
零售终端行情指数：	4分
入选基准分：	40分
厂家：	贵州茅台酒厂（集团）习酒有限责任公司
香型：	酱香型白酒
酒精度数：	53°
规格：	500ml
终端参考价：	**800元（瓶）**

【产地】

贵州习水县。

【渊源】

说起来，赤水河真是伟大，这条河流孕育出了众多名优白酒。就在距离蜚声中外的茅台酒50公里处的二郎滩，便有一个被誉为"二茅台"的白酒品牌——习酒。

习酒所在的习水县习酒镇从前叫二郎庙村。1952年，郎庙酒厂成立，生产"回沙郎酒"。1966年，酒厂试制成功并开始生产浓香型大曲酒，次年转为国营。1977年，酒厂更名为习水酒厂，产品也更名为习水大曲。

由于贵州省拥有酿制酱香白酒的独特环境资源，因此自上世纪80年代起，习酒便开始研制酱香型产品，并在1984年试制成功酱香型白酒，命名为"习酒"。此后，酒厂浓酱两种产品生产齐头并进，尤其是浓香型产品，更是获得了业内极高的赞誉。1992年，当地"建并撤"时设立新建镇，命名为"习酒镇"，可见当时习酒影响力之大。

1994年，贵州习酒股份有限责任公司成立。1997年，茅台开始实施兼并习酒的工作。1998年10月，中国贵州茅台酒厂（集团）习酒有限责任公司挂牌成立。至此，习酒已经成为茅台酒的一个子品牌。但因其"打造贵州第一浓香型白酒品牌"的定位，其酱香型产品也区别于茅台，主打中档市场，因而在当地仍然具有较强的品牌号召力。目前，习酒公司比较畅销的产品包括：老习酒、五星习酒、金质习酒、银质习酒等，均为中端产品。

【工艺】

习水酒厂生产浓香、酱香两种香型的白酒。

浓香型习酒创新采用了"原窖分层堆糟法"、"多粮和单粮工艺分型发酵"、"复合蒸馏技术"、"截流黄水双轮底发酵"、"多粮型工艺和单粮型工艺并进路线"，以及"回沙窖发酵、回酒发酵、回优质糟醅发酵、回特殊香泥浆发酵"等独特的工艺，将原始、古老、合理的传统酿造工艺与现代科技完美地结合在一起，使其具有独特的风格。在酿制过程中，把蒸馏所得的新酒再行"复蒸"，可以更大程度地去除酒液中含有的有害物质，使酒体更为纯净、协调、柔和。

酱香型习酒则借鉴茅台酒酿制方法，采用传统酱香型工艺，两次投料，露地糖化，石窖发酵，清蒸回烧，七次取酒，八次发酵，九次蒸煮，按质装坛，陈储最少三年。从原料进厂到产品出厂，至少需要五年时光。蒸馏时接酒的温度高达40℃以上。酿酒窖池的土壤是赤水河流域红色沙壤土，呈微酸性，做酿酒窖泥最适宜微生物生长，并能产生特殊的芬芳。

【风格】

浓香型的习酒优雅醇厚、协调丰满、绵柔爽净、窖香浓郁，既鲜明区别于以泸州老窖和五粮液为代表的川酒风格，又不同于苏、鲁、豫、皖浓香型白酒共有的淡雅品味，独树一帜。

酱香型的习酒优雅细腻，协调丰满，回味悠长，香而不艳，饮后舒畅，且空杯留香不息，具有了茅台酒的很多宝贵品质，性价比颇高。

【曾获荣誉】

1986年，习酒曾获贵州省名酒金樽奖。1988年，获商业部优质产品金奖，同年在全国第五届评酒会上荣获国家优质酒称号及银质奖。1989年，获香港中华文化名酒博览会金奖。1992年，在美国洛杉矶国际酒类展评交流会上获金鹰金杯奖。1993年，获国际名酒香港博览会特别金奖。

赖贵山酒

【赖贵山酒（百年纪念）】……………★★★★★

李克评分：……………………………**100分**
李克点评：低调重现茅台镇酱酒的传世风味

观酒液：	5分
看包装：	5分
闻香气：	15分
尝滋味：	20分
潜力指数：	10分
零售终端行情指数：	5分
入选基准分：	40分

产地：	贵州省仁怀市
厂家：	贵州赖贵山酒业有限公司
香型：	酱香型
酒精度数：	53°
规格：	1000ml
终端参考价：	3480元（瓶）

【产地】

贵州仁怀市茅台镇。

【渊源】

　　赖贵山酒产于贵州省仁怀市茅台镇的核心产酒区——上坪村。上坪村是典型的河谷地带，风景秀丽，依山傍水，出佳酿本就是情理之中。应该说，赖贵山酒的闻名，一半源于其上佳的口感，另一半则来源于它与茅台酒的渊源。

　　1826年，赖正衡，也就是赖贵山的曾祖父，在茅台村创办了"茅台烧春坊"，一时远近闻名。1904年，赖贵山出生了，乳名唤作"赖茅"。1921年，年仅17岁的赖贵山与其兄赖永初、弟赖雨生一起重振祖业，收购了一处周姓酒坊，称为"衡昌烧坊"，采用祖传秘方研制出风味独特的赖家茅酒，并以赖贵山乳名"赖茅"命名。1915年，赖茅酒荣获巴拿马国际博览会金奖。

　　1922年，赖贵山带着300瓶"赖茅"酒，乘海轮到香港试销，结果一炮打红。1929年，赖氏三兄弟把酒坊改名为"恒兴烧坊"，正式创立"赖茅"品牌，并在报纸上刊登"赖茅不赖，享誉中外"以及"席上无赖茅，空对美佳肴"的广告。

　　中华人民共和国成立后，"恒兴烧坊"连同"成义"、"荣和"两家烧坊合并，成立了国营贵州茅台酒厂，原"恒兴烧坊"成为茅台酒厂的第一车间。1984年，赖贵山率子赖世豪创办了"赖氏酒厂"，恢复赖茅酒的生产，并于1986年正式合法批量走向市场。2011年，赖氏后人把由赖贵山创办的酒命名为赖贵山酒。

【工艺】

赖贵山酒为传统大曲坤沙工艺，以赤水河畔所产的优质高粱为原料，利用小麦制曲做糖化发酵剂，分两次投料，遵端午制曲、重阳投料之古法，经九次蒸煮、八次发酵、七次取酒，历时整整一年才得基酒；然后按酱香、醇甜及窖底香三种典型体和不同轮次酒分别经三年以上的储存，再精心勾调，方能包装出厂。

【风格】

赖贵山酒口味独特，既有浓香型白酒的口感，又有酱香型酒的回味，不燥辣，不辣喉，不烧心，也不上头，容易上口，优雅细腻，酒体醇厚，回味悠长，空杯留香。

国台酒

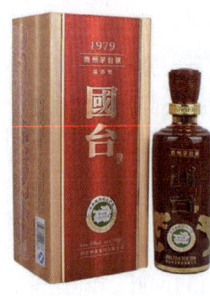

【国台 1979】 ·· ★★★

李克评分：·· **87 分**

李克点评： 奈何生在茅台镇

观酒液：	5 分
看包装：	4 分
闻香气：	12 分
尝滋味：	16 分
潜力指数：	6 分
零售终端行情指数：	4 分
入选基准分：	40 分
厂家：	贵州国台酒业有限公司
香型：	酱香型白酒
酒精度数：	53°
规格：	500ml
终端参考价：	**825 元（瓶）**
电商参考价：	**688 元（瓶）**

【产地】

贵州仁怀茅台镇。

【渊源】

1999 年，中国中药龙头企业天士力集团在茅台镇收购了一家老字号酒厂，成立国台酒业集团，着力打造酱香国台酒品牌。2007 年，集团正式推出国台酒。目前，国台酒大曲酱香年产能达到 3 000 吨，储藏老酒近万吨。

【工艺】

国台酒遵循传统茅台镇酱香工艺，精选上等糯高粱，汲取赤水河的洞泉水，重阳下沙，历经九次蒸煮、八次发酵、七次取酒，经勾兑窖藏等复杂工艺而成。要求高温制曲，高温堆积，高温馏酒。

【风格】

酱香突出，开瓶就喝略冲，酒体醇厚协调，优雅细腻，回味悠长，留香持久。

【曾获荣誉】

　　2004年，国台酒曾荣获第五届布鲁塞尔国际金奖。2005年，荣获由全国公务接待系统联谊会授予的"全国公务接待健康用酒"荣誉称号。2007年，再获此称号，并在广东国际酒饮博览会上获金奖。2009年，获"中国糖酒食品畅销品牌"称号。

珍酒

【53° 珍酒珍壹号】 ★★★★

李克评分： **91 分**

李克点评： 酒体较醇厚，入口酱香明显，后味较长

观酒液：	5 分
看包装：	5 分
闻香气：	13 分
尝滋味：	16 分
潜力指数：	8 分
零售终端行情指数：	4 分
入选基准分：	40 分
厂家：	贵州珍酒酿酒有限公司
香型：	酱香型白酒
酒精度数：	53°
规格：	500ml
电商参考价：	1580 元（瓶）

【产地】

贵州遵义市北郊。

【渊源】

珍酒原名茅艺酒。

上世纪 70 年代，有关领导人下达了茅台酒要发展到万吨的批示。但通过调查发现，茅台镇地处大娄山脉西段北侧，山路崎岖，坡陡弯急，交通极为不便，并且沿河两岸均系滑坡地带，如果在原有基础上扩大茅台酒产量难度非常大。于是，中央和贵州省有关部门决定在外地建厂以弥补茅台生产量的不足。

经过综合考察后，最终把异地茅台的厂址选在了遵义市北郊十字铺一带。原因是，这里离茅台镇仅 130 余公里，四面环山的地形以及水质、土壤等自然环境与茅台镇都非常相似。

1975 年 10 月，贵州茅台酒异地试验厂正式投料。为了确保产酒和茅台酒的风格品质一致，除了从茅台酒厂选派专家外，技术人员、生产骨干也均从茅台酒厂精选而来。最初的很多原料、辅料、生产设备等也都是从贵州茅台酒厂搬运来的。

经过 10 年的努力探索，异地茅台酒于 1985 年 10 月通过国家科委鉴定："该酒色清、透明、微黄，酱香突出，味悠长，空杯留香持久。香味及微量元素成分与茅台酒相同，具有茅台酒基本风格……"方毅副总理为此欣然题词："酒中珍品——祝贺贵州茅台酒异地生产试验鉴定成功。"于是，试制茅台酒定名为"珍酒"，厂名更改为"贵州珍酒厂"。

2009年8月28日，华泽集团以8 250万元成功竞拍收购了贵州珍酒厂100%的股权，并改制原贵州珍酒厂，组建成立了贵州珍酒酿酒有限公司。

【工艺】

珍酒用优质高粱、小麦为原料，配以当地甘洌泉水，采用中国传统独特工艺，经科学精酿、长期窖藏、精心勾兑而成。其整个酿制过程完全按照茅台酒酿制工艺，遵循自然变化，因地制宜，顺应春、夏、秋、冬的自然交替规律，将酿酒工艺与节气变化完美结合，采用端午采曲，重阳投料，一年一个生产周期的工艺流程。全年两次投料，九次蒸煮，八次发酵，七次取酒，再经多年陈储，通过国家级酿酒大师精心勾调而成。

【风格】

该酒具有正宗酱香型白酒的典型风格，质清、微黄透明，酱香突出，优雅，酒体较醇厚、细腻，入口酱香明显，后味较长，略带苦涩，空杯留香较持久，和茅台酒风格相似。

【曾获荣誉】

1986年，曾获贵州省名酒银樽奖。1988年，获轻工部出口优秀产品金奖；同年，在全国第五届评酒会上获"国家优质酒"称号及银质奖。1992年，获美国洛杉矶国际酒类展评交流会金杯奖。此外，还曾获"中国酒文化名酒"称号、中国食品博览会金奖、北京国际博览会金奖、全国轻工业博览会金奖、香港国际食品博览会金奖、世界名优特产品国际金奖、太平洋国际贸易博览会金奖等。

【防伪】

购买整箱珍酒时，可通过发送箱标上16位数字防伪码进行识别。箱标位于外箱侧面。若购买单瓶珍酒，刮开位于瓶盖的塑封膜正上方的酒标防伪涂层，便可看到16位数字防伪码，把16位编码发送短信到相应查伪平台。

购买单瓶珍酒时，也可通过将瓶标至于荧光下进行识别。在荧光下，瓶标珍酒标识的位置，可直接用肉眼观察到"珍酒"二字。

董酒

【1987年59°窖藏国密董酒】·········★★★★

李克评分：···**95分**
李克点评： 药香型白酒的衡量准绳，无愧"国密"二字

观酒液：···5 分
看包装：···5 分
闻香气：··15 分
尝滋味：··18 分
潜力指数：···8 分
零售终端行情指数：·······································4 分
入选基准分：··40 分

厂家：··贵州董酒股份有限公司
香型：··董香型白酒
酒精度数：··59°
规格：··500ml
电商参考价：··**7699元（瓶）**

【产地】

贵州遵义。

【渊源】

董酒属大曲其他香型优质白酒。由于酒质芳香奇特，被人们誉为其他香型白酒中"药香型"或"董香型"的典型代表。

董酒厂所在的董公寺地处贵州高原主体北端，地势以低山丘陵和宽谷盆地为主，冬无严寒，夏无酷暑，土地肥沃，绿树成荫，清泉漫流，是一个非常适宜酿酒的地方。清代末期，董公寺的酿酒业已有相当规模，仅董公寺至高坪20里的地带，就有酒坊10余家，其中又以程氏酒坊所酿的小曲酒最受欢迎。

1927年程氏后人程明坤，把前人传承下来的酿酒配方加以改善，以百草和名贵中药制曲，形成芳香类药群为主，补气、补血、滋阴类药群为辅的特别风味，被称为"程家窖酒"、"董公寺窖酒"，一时酒名远扬，成为遵义名产。1942年，"董公寺窖酒"改名为"董酒"，并将散装销售改为瓶装销售，在川、黔、滇、湘等地区颇有名气。

董酒属于小规模生产，仅有两口可容三至四万斤酒醅的窖池和一个烤酒灶。其工艺秘不外传。中华人民共和国成立前夕，因种种原因，程氏小作坊关闭，董酒也在市场上消失。中华人民共和国成立后，经当地政府多次出面动员，程明坤欣然为董酒生产献技献艺，董酒再现酒坛。

1989年，董酒厂被授予国家二级企业称号，并于1994年在贵州省工商行政管理局登记注册，成立了遵义董酒股份有限公司。由于股权变更，又于2000年5月重新登记注册为贵州振业董酒股份有限公司。2001年1月25日，正式更名为贵州振业董酒股份有限公司。2007年4月，董酒再次完成股权变更，并成立了贵州董酒股份有限公司。

【工艺】

董酒采用优质高粱为原料，以水口寺地下泉水为酿制用水，它以优质高粱为主要原料，配以小麦、大米及多味名贵中药材，制成大曲、小曲，采用小曲小窖制取酒醅，大曲大窖制取香醅，酒醅香醅串蒸。其工艺简称为"两小、两大、双醅串蒸"，再经量质摘酒，分级陈酿，科学勾兑，严格检验，精心包装而出厂。董酒使用的药材多达26种。

【风格】

董酒既有大曲酒的浓郁芳香，又有小曲酒的柔绵、醇和、回甜，还有微微的、淡雅舒适的药香和爽口的微酸。酒体丰满协调，酒液清澈透明，香气优雅舒适，入口醇和浓郁，饮后甘爽味长。饮用后，喉不干燥，口内生津，过量也不上头。

【曾获荣誉】

1963年被命名为贵州省名酒。1986年获贵州省名酒金樽奖。1984年获轻工部酒类质量大赛金杯奖。1988年获轻工部优秀出口产品金奖。1963年、1979年、1984年、1988年在全国第二、三、四、五届评酒会上荣获"国家名酒"称号及金质奖。1991年在日本东京第三届国际酒、饮料酒博览会上获金牌奖。1992年在美国洛杉矶国际酒类展评交流会上获华盛顿金杯奖。

1983年，国家轻工部将董酒工艺、配方列为科学技术保密项目，并将秘密等级提升为"机密"级。1996年、2006年国家科学技术部、国家保密局又重申这一项目为"秘密"，并将保密期限规定为"长期"。

【功效】

董酒除香型独特外，其滋补的功能也为其赢得了众多赞誉。中药在制曲过程中被微生物分解、合成而形成的微量成分达一百多种。这使得酒体具有了综合性保健功能，适当饮用对内科、外科、神经科、儿科、妇科、泌尿科及心脑血管等疾病有防治作用，还可祛寒通络、促进血液循环、消除疲劳。

【防伪】

假董酒商标印刷质量差，色彩不准，工艺粗糙，字体有明显差异，粗细不匀。

有些假冒商标虽也打拱烫金，但字不凸起。董酒为金属防盗盖。真品董酒商标是全瓶贴注册商标，一套两张，一张大一张小。大张商标近似桃形，镶黑边，上边大部分为白底，中间有草书"董酒"两个金字，右上角为"贵州董酒"四个字的汉语拼音，拼音下方有金色齿轮图案框住的"优"字；白底左下方篆刻印章为红色的"中国名酒"字样。假冒董酒的商标是假的，且瓶颈标上的"董"字和瓶贴的"董酒"两字以及"优"字和齿轮图案，均未打拱烫金，字色也不是金色而是黄色。字体与真酒有明显差别，笔画粗细不均。有些假酒虽然也打拱烫金，但是字不凸起。酒瓶也是假的。假酒往往采用与董酒相似的瓶子或回收的董酒瓶，重新封口上胶，再贴上伪造的商标标识。

鸭溪窖酒

【52° 鸭溪窖老酒】················★★★★

李克评分：··································**92分**

李克点评： 贵州浓香型白酒的入门之选

观酒液：·····································5分
看包装：·····································5分
闻香气：····································14分
尝滋味：····································17分
潜力指数：···································7分
零售终端行情指数：····························4分
入选基准分：································40分

厂家：·························贵州鸭溪酒业有限公司
香型：······························浓香型白酒
酒精度数：·································52°
规格：··································500ml
终端参考价：·························647元（瓶）
电商参考价：·························498元（瓶）

【产地】

贵州遵义市鸭溪镇。

【渊源】

鸭溪窖酒因产于鸭溪镇而得名。

贯通仁怀、金沙、毕节交通要道的鸭溪镇原名鸭子口，是川盐入黔的古盐道。它位于北纬27°～28°之间，坐落在雷山脚下。这里气候温润，冬暖夏凉，很适宜酿酒微生物的繁殖、生长。雷山泉水清洌甘美，用它煮饭可三日不变质，冷饮生水不拉肚子，用来酿制窖酒也是味美醇和。因此，当地人尊称此水为"雷神水"。

八百多年前，鸭溪镇就盛产美酒。清乾隆年间，大学问家洪亮吉任贵州提学使。有一次途经鸭溪，见街市繁华，醇酒飘香，遂赋诗《鸭溪行馆》。可见那时的鸭溪，酒文化正日渐形成。到了清朝道光年间，当地酒业更是达到了顶峰。

1922年前后，赖永峰在鸭溪的雷山脚下引入茅台酒的工艺，结合当地技术，生产出色、香、味具有茅台风格的"回沙雷泉大曲"，后改名为"雷泉酒"。产品一问世就名声大噪，在香港等地被称为"二茅台"，并成为官府的专用酒。

1933年，赖家作坊的高徒何清荣、何清华兄弟开设荣华酒坊，在雷泉窖酒的基础上改进酿制工艺，聘赖氏酒坊的酒师酿制回沙荣华酒，1940年代改为"荣华窖酒"。此酒比雷泉酒质更胜一筹，受到中外爱酒人士的争相购买。

中华人民共和国成立前夕，鸭溪镇的酒业处于奄奄一息状态。1952年，地方政府以荣华窖酒为基地，集合雷泉、荣华两坊酒师，成立公私联营的鸭溪窖酒厂，生产鸭溪窖酒。1956年转为国营酒厂。1957年，鸭溪窖酒厂改为国营企业。1990年代末期，鸭溪窖酒厂因诸多原因逐渐步入低谷。2006年，鸭溪窖酒厂由北京银仓投资公司全面收购。

【工艺】

本酒以优质高粱为原料，加上适量的糯谷，以优质小麦在中温下制成大曲作为糖化发酵剂，采用肥泥窖作为糖化发酵池，万年糟酿制，多次发酵、多次蒸馏，把蒸馏出的酒量质储存，分期窖藏，然后精心勾兑而成。

【风格】

鸭溪窖酒虽属浓香型大曲酒，但品起来却又浓香入口、酱香回味，具有窖香浓郁、绵柔爽净、甜而不腻、香而不暴、余味悠长的独特风格，被誉为"酒中美人"。

【曾获荣誉】

鸭溪窖酒1981年被评为贵州优质产品。1986年，在第四届贵州省名酒评比中，再次获得"贵州名酒"称号，还荣获省政府颁发的金奖。1989年，获得普罗夫迪夫国际博览会金奖。它还曾获得过中国文化名酒、轻工部出口产品金奖等荣誉。

贵州醇

【52° 贵州醇三星】························★★★

李克评分：·······························88分

李克点评：可惜……

观酒液：	5分
看包装：	5分
闻香气：	13分
尝滋味：	15分
潜力指数：	7分
零售终端行情指数：	3分
入选基准分：	40分
厂家：	贵州醇酒业有限公司
香型：	浓香型白酒
酒精度数：	52°
规格：	500ml
电商参考价：	98元（瓶）

【产地】

贵州兴义市。

【渊源】

兴义市位于滇、桂、黔的结合部，自古以来就是西南地区重要的商贸中心，素有"黔桂锁钥"之称。这里山峦起伏、河流纵横，具有明显的喀斯特地貌。气候属于中亚热带湿润气候，冬无严寒，夏无酷暑，终年温暖湿润。

贵州醇沿袭的是南北盘江流域民族民间传统的一种白酒酿制方法。南北盘江流域的各民族拥有悠久的酿酒历史，如布依先民自古就有好饮低度酒的习俗。当地居民把这种低度酒称为"土酒"、"便当酒"。这种土酒原料考究，酒曲独特，具有口感醇香、回味绵长、不上头、不伤身等特点。

1950年，兴义县酒精厂成立，是一个仅20余人的小作坊式企业，其酿酒方法传承了土酒悠久的酿制方法。1952年，酒厂更名为兴义县酒厂。1988年更名为兴义市酒厂。1991年更名为贵州醇酒厂。从1950~1970年代的20年时间里，酒厂发展缓慢。1970年代初，开始生产浓香型优质白酒。1983年，酒厂投入巨资，改进生产工艺，突破了浓香型白酒38°的底限，酿成了当时国内酒度最低的白酒——35°贵州醇。2008年，兴义市人民政府将其列为市级非物质文化遗产保护名录。2009 年 6 月，被列入黔西南第三批非物质文化遗产保护名录，以确保酿酒工艺得到更好的传承。2000 年，酒厂推出"奇香贵州醇"。2012 年，贵州醇酒业有限公司成立。

【工艺】

贵州醇以优质高粱、小麦为原料，以大曲为糖化发酵剂，配以当地甘洌泉水，采用传统固态发酵工艺酿制而成。"奇香贵州醇"则将西方葡萄白酒的酿制工艺融入中国白酒的传统发酵工艺中。

【风格】

贵州醇微黄透明，酒香持久浓郁，绵甜爽口，回味清爽悠长。此酒加冰、加水后色味不变，饭后醒酒快。

【曾获荣誉】

获 1984 年中国酒类质量大赛铜杯奖。

青酒

【青酒 10 年洞藏】 ★★★★

李克评分： **95 分**

李克点评：窖香陈韵激昂奔放，是青出于蓝的黔型浓香珍酿

观酒液：	5 分
看包装：	5 分
闻香气：	14 分
尝滋味：	19 分
潜力指数：	8 分
零售终端行情指数：	4 分
入选基准分：	40 分
厂家：	贵州青酒集团有限责任公司
香型：	浓香型白酒
酒精度数：	52°
规格：	500ml
电商参考价：	230 元（瓶）

【产地】

贵州镇远县。

【渊源】

镇远是一座历史悠久的文化古城，自古以来就是云贵通往湖广及中原的咽喉要道。镇远人好酒，以酒敬客是这里古老的风俗。

县内有一个青溪镇，由于独特的喀斯特地貌，镇内众多溶洞内流淌着清澈的地下河水，水质清亮爽口，含有多种对人体有益的微量元素和矿物质。土质也是很适合酿酒的酸性红土。因此，自古以来，这里酿制的白酒就小有名气。一千多年前，这里就曾出产了一种名叫"钓藤"的美酒。

1955 年，青溪几家白酒作坊联营组建了青溪酒厂。酒厂规模不大，工艺遵循传统的酿酒技术，生产工具也非常原始，自然产量也不大。次年，酒厂由公私合营转为国营。

在此后的几十年里，青溪酒厂缓慢地发展，产量逐年扩大，但产品的名气却没打响。直到 1980 年代初，随着湘黔铁路的修建，青溪白酒才被越来越多的消费者所认识，主要产品包括青溪大曲、泉酒、五里香、金樱大曲等。其中，浓香型青溪大曲销量最好。与此同时，酒厂的规模不断扩大，技术水平也得到了改进，从而大大提高了产能。1986 年，贵州掀起了大力发展贵州名酒的高潮。青溪大曲还获得了"贵州名酒"的称号。其中，38°青溪大曲成为贵州省第二家研制成功的低度浓香白酒。

1988 年，青溪酒厂搬迁扩建。新的青溪酒厂开始把传统的酿酒工艺与科技酿酒结合起来，酒质和产量大幅度提升，产品开始销往省外市场。1997 年，青酒系列产品问世，把贵州青酒推向了全国知名品牌的高度。"喝杯青酒，交个朋友"的广告语逐渐深入人心。2000 年，青溪酒厂改制，组建成立了贵州青酒集团有限责任公司。

【工艺】

此酒以优质的高粱为原料，利用从新庵石洞中涌出的优质矿泉水，继承了传统的名酒酿制技术，并置于喀斯特山洞内经 15 年窖藏自然老熟，然后才精制出厂。

【风格】

贵州青酒酒体晶莹透亮，芳香浓郁。入口醇绵爽甜，细腻醇和，尾净怡畅。饮后酒香浓郁悠长，不易醉。

【曾获荣誉】

1984 年 12 月，曾获贵州省人民政府优秀新产品奖。1986 年获"贵州名酒"称号。

安酒

【安酒多彩贵州酒】★★★

李克评分：85分

李克点评：曾经的"贵州第二瓶好酒"

观酒液：	4分
看包装：	4分
闻香气：	12分
尝滋味：	15分
潜力指数：	7分
零售终端行情指数：	3分
入选基准分：	40分
厂家：	贵州安酒集团有限公司
香型：	酱香型白酒
酒精度数：	53°
规格：	500ml
电商参考价：	680元（瓶）

【产地】

贵州省安顺市。

【渊源】

安顺与世界闻名的黄果树瀑布相距仅五十公里，在贵州省的中部，属于亚热带地区。东南季风使得安顺冬无严寒，夏无酷暑，雨量充沛，空气湿润，再加上安顺四周喷泉遍布，长流不息，水质清澈透明，因而极宜酿酒。这里的民风也是极好饮酒，酿酒工艺世代相传。明朝初年，朱元璋"调北征南"后，使得江南一带的酿酒技艺与安顺汉、苗、布依等民族的酿酒技术和经验充分结合，形成了独具一格的酿酒特色。

今天的安酒，其前身是上世纪30年代的周记酒坊"醉群芳"的"周茅"。40年代初，拥有祖传制曲秘方的周姓商人开设了"醉群芳酒坊"，所产美酒称为"周茅"。"周茅"将酱香型白酒的生产工艺应用到了浓香型白酒的生产中，由利用240余味中药配成的家传秘方"百味散"制成曲药，借鉴了"华茅"和"赖茅"的酿制工艺，酒香浓郁，口感上佳，因而远近闻名。

1953年，当地政府在利民酒厂的基础上成立了国营安顺酒厂，开始生产新"周茅"。1958年，新"周茅"被正式定名为"安酒"，出口东南亚，大获好评。

已故白酒专家周恒刚评价安酒："银河倒挂三千尺，安酒开坛十里香；此酒只应天上有，人间能得几回尝！"由于距离著名的黄果树大瀑布较近，以黄果树瀑布为注册商标，所以又称为"瀑布美酒"。

【工艺】

安酒选用优质高粱和上等糯米，以小麦陈曲为糖化发酵剂，又以万年糟做配料，老窖发酵，混熏混烧，经由量质摘酒、分级储存、精心勾兑而成。

【风格】

此酒观之无色透明，闻之窖香较浓，品则醇和甘洌，爽口不燥。其最大的特点是浓中带酱，余香特别长，饮用后特别怡神舒爽，喝醉了也不上头。有人说，安酒是唯一不能烧菜的白酒，因为一旦加入菜中，会夺尽菜的香味。

苏皖产区：淮河银三角

淮河发源于河南省桐柏山，是中国第三大河流。它流经河南、湖北、安徽、江苏四省，主流最终汇入江苏省境内的洪泽湖，全长1 000公里。大自然的恩赐，使得淮河两岸白酒业异常发达，从而形成了全国著名的"淮河流域白酒带"。

和川黔板块白酒"金三角"相比，苏皖板块"银三角"的点并不是太清晰，且辐射的地理范围也稍大些，主要包括生产"三沟一河"的苏北地区，生产古井贡酒、双轮池酒、高炉家酒等的安徽亳州市，以及生产迎驾贡酒的安徽六安市霍山县。总体来看，淮河流域无论水质、气候、土壤，都特别适合微生物的生长，使苏皖地区特别适合酿酒。

苏皖地区的酿酒史

宿迁是江苏最重要的白酒产地之一，酿酒历史悠久。明朝著名诗人邹辑的《咏白洋河》中就写道："白洋河下春水碧，白洋河中多沽客。"这里的白洋河指的就是宿迁南小河口至现在洋河镇的一条小溪。此外，在宿迁市还发现了一处明末的酿酒作坊遗址，出土了酒坛、酒壶、酒杯、酒糟等，这些都说明，至少在明代，宿迁的酿酒技术就已经非常成熟。因为酿酒优势突出，区域内名酒雄起，2012年8月，宿迁被中国轻工业联合会和中国酒业协会正式授予"中国白酒之都"称号。

淮安市涟水县高沟镇的酿酒历史也非常悠久。据《高沟镇志》记载，楚汉相争时刘邦兵败于高沟一带，曾到高沟酒坊沽酒压惊，并留下了"佳酿分解忧，壮志兮填胸"的古风。立朝后，他又派人取酒高沟宴请文武，并列之为贡品。位于灌南县的汤沟镇酿酒史起始于北宋年间，成名于明朝末年，也生产出了享有盛誉的历史名酒。

地处江淮的安徽北接中原，酿酒的生态环境和江苏相似，而其可追溯的酿酒历史则比后者更远。早在春秋时期，大思想家韩非子周游今天的濉溪县时，著有《宋人酤酒》篇，称此地"为酒甚美，悬帜甚高"。东汉建安年间，曹操将其家乡谯县(今天的亳州市)产的"九酝春酒"敬献给汉献帝刘协，并呈递《上九酝春酒法奏》(酿酒的方法)。宋朝时，安徽各地涌现出了一批名酒。张能臣的《酒名记》列举了北宋时的名酒共二百余种，其中安徽产酒七种，包括宣州琳腴酒、双溪酒、庐州金城酒、金斗城酒、杏仁酒、颍州银条酒。元朝时期，安徽各地的酿酒业蒸蒸日上，宣州、庐州、宿州都是美酒之乡。

明清时期，皖中和皖北地区开始大规模酿制烈性烧酒，以庐州、亳县、濉溪为中心，普遍建造烧酒作坊。庐江县仅三河乡境内便有"烧锅十二家"。位于古淮渡口的濉溪镇，集中了数目较多的酿酒作坊，清朝时已达三十余家，均生产烈性烧酒，这便是著名的"口子酒"。到清朝，亳县的公兴糟坊所酿的"减酒"最为优良，这便是古井贡酒的前身。除此之外，明清时期的安徽名酒还有很多，如《客座赘语》中提到的"徽州之白酒"、《调鼎集》中提到的"宣州逗酒"，《镜花缘》中提到的"和州苦露酒"和"徽州甲酒"。中华人民共和国成立时，一些手工作坊，通过没收、赎买、改造成为一批国营酒厂。至1950年，全省已有国营酒厂三十七家。

纯浓香型的最佳产地

白酒生产由于采用不同的设备、不同的工艺、不同的原料，以及自然条件的差异，形成了不同的香型，同一香型中又形成了不同的流派。和四川浓香型白酒的浓中带酱不同，江苏省、安徽省的淮河以南、长江下游一带主要由长江、淮河冲积而成，地势低洼，海拔一般在10米以下，水网交织，湖泊众多。这里山势起伏，雨多风大，年平均湿度和温差比四川相比较大，空气中的微生物含量要少，因此，这里生产出的白酒虽然同为浓香型，但却比川酒淡雅柔和，形成了自己纯浓雅香的独特风格。

拿江苏省最有名的白酒产地宿迁来说，地处暖温带和亚热带的分界区，属暖温带季风性气候，其水源、土壤、空气，尤其是酿酒的微生菌群生态环境，成了酿酒的风水宝地。其中，泗洪县更是天生的酿酒之地。在中新世纪时期，这里是一个有广泛水域、以森林为主的植被地区，后由于地质运动，大量生物沉入地下，长期发酵后，地下水中含有多种微生物，非常适合酿酒，而土质也很适合作生产曲酒的窖池泥。

苏皖地区的白酒主要采用"混烧老五甑法"生产工艺，泥窖固态发酵，续糟醅配料，混蒸混烧。与香气大、窖香浓郁突出且浓中带陈的川派酒不同，江淮白酒酒质甜，口感软，很适合当地人的口感，搭配江南的河鲜更是妙极。

值得关注的品牌

苏皖板块内部竞争激烈，聚集了洋河、古井贡、金种子、口子窖、迎驾、今世缘等优秀的白酒企业。前些年，在川酒、黔酒以及北方诸多名酒的无限风光对比下，苏皖白酒在全国市场的表现稍显落寞。但近几年来，苏皖白酒，尤其是江苏的白酒却突然华丽转身，成为中国白酒市场的新霸主。

江苏地区的名酒主要集中在苏北地区。江苏传统的名酒"三沟一河"，即洋河、双沟、高沟（今世缘）和汤沟，全部在苏北产区。而苏南地区基本不出产名白酒。目前江苏白酒比较有影响的品牌还有洋河酒业集团推出的洋河蓝色经典，双沟酒业集团推出的苏酒，以及国缘、吴韵汉风。另外，泗洪的分金亭酒、徐州的沛公酒也值得关注。

皖酒中，安徽亳州的古井贡酒醇厚浓郁，挂杯"三口干"，是不少"酒鬼"的心头之好。安徽口子窖也是纯浓香酒的代表。它的特点是浓郁的"透瓶香"，而且虽然香冽，但是入口很柔和。此外，种子酒、迎驾酒、高炉家酒、皖酒以及宣城市的宣酒都非常值得一试。

洋河大曲

【52°洋河梦之蓝 M6】 ★★★★★

李克评分：98分

李克点评：成功开启中国白酒的"茅五洋"时代

观酒液：5分
看包装：5分
闻香气：15分
尝滋味：20分
潜力指数：8分
零售终端行情指数：5分
入选基准分：40分

厂家：江苏洋河酒厂股份有限公司
香型：浓香型白酒
酒精度数：52°
规格：500ml
终端参考价：1197元（瓶）
电商参考价：998元（瓶）

【46°洋河天之蓝】 ★★★★

李克评分：95分

李克点评：好酒，入口绵醇，好喝不上头，喝着舒服

观酒液：5分
看包装：5分
闻香气：13分
尝滋味：18分
潜力指数：10分
零售终端行情指数：4分
入选基准分：40分

厂家：江苏洋河酒厂股份有限公司
香型：浓香型白酒
酒精度数：46°
规格：480ml
终端参考价：616元（瓶）
电商参考价：399元（瓶）

【50° 贵宾洋河】 ★★★★

李克评分： 91分

李克点评： 清新细腻的高性价比好酒

观酒液：	5 分
看包装：	4 分
闻香气：	13 分
尝滋味：	17 分
潜力指数：	8 分
零售终端行情指数：	4 分
入选基准分：	40 分

厂家：	江苏洋河酒厂股份有限公司
香型：	浓香型白酒
酒精度数：	50°
规格：	500ml

电商参考价： 225元（瓶）

【产地】

江苏省宿迁市宿城区洋河镇。

【渊源】

洋河大曲因产于洋河镇而得名。洋河镇是江苏省一个非常古老的集镇。它地处江苏省宿迁市的宿城、宿豫、泗洪三县区交汇处，面临徐淮公路，背靠京杭运河，交通畅达，酒史漫长。由于洋河镇紧靠古黄河，多次河水淤积，使得沙土层较厚，天然水经过了沙土层的过滤之后变得清纯甘冽，杂质少，且没有了土腥味。沙土层下面是肉红色的黏土，这种土含有一种能产生窖香前驱物质的芽苞杆菌，用它做发酵池，酒醅更加醇香。

据传，洋河大曲在唐代就已享有盛名，明末清初更是闻名遐迩。据《泗阳县志》记载，明朝著名诗人邹辑曾著一首《咏白洋河》："白洋河下春水碧，白洋河中多沽客，春风二月柳条新，却念行人千里隔，行客年年任往来，居人自在洋河曲。"相传在明末清初时期，名将史还曾用此酒击退清兵。

到了清朝雍正年间，洋河大曲在江淮一带热销。传说乾隆皇帝第二次下江南途中，曾为洋河酒特地在附近的宿迁行宫停留。他品尝洋河大曲后，龙颜大悦，并挥毫写下了"洋河大曲，酒味香醇，真佳酒也"，还指定此酒为皇室贡品。清光绪年间，洋河镇的酿酒糟坊多达27家。当时曾有9个省的客商在此设立会馆，省内外70多位商人客居于此竞酿美酒。中华人民共和国成立前，因连年战争，洋河大曲的生产逐渐凋敝。

中华人民共和国成立后，当地政府在几家私营酿酒作坊的基础上，建立了国营洋河酒厂。改革开放后，又改制为江苏洋河酒厂股份有限公司。几十年来，洋河酒厂几经改造、扩建，现已成为我国著名的名酒厂家。著名诗人黄东成赞扬洋河大曲酒说，"心醉人未醉，名酒，不妨连饮三杯。品一口，含满嘴酒香，三杯落肚，够百日回味！"

2003年9月，洋河酒厂又研制开发出了"洋河蓝色经典"，在中国白酒市场迅速吸引了众多目光。而洋河酒厂的"蓝色经典"商标也被国家工商行政管理总局认定为中国驰名商标。

【工艺】

洋河大曲用陈年老窖发酵，发酵期60天，面醅部分蒸馏的酒因为质量较差另作处理，用作填充料的谷壳也要充分进行清蒸。蒸酒要掐头去尾，中流酒要经鉴定、验质、储存、勾兑后，才包装出厂。

【风格】

洋河大曲酒具有色、香、鲜、浓、醇五种独特的风格，具有"入口甜、落口绵、酒性软、尾爽净、回味香"的特点。酒液无色透明，酒香醇和，尾净尤为突出，既有浓香型的风味，又有独自的风格。醇香浓郁，余味爽净，回味悠长，是江淮派浓香型白酒的卓越代表。

【曾获荣誉】

1915年，三义酒坊所酿之酒在美国旧金山巴拿马赛会上获银牌奖。1929年，裕昌源酒坊的大曲酒在工商部中华国货展览会上获二等奖。1979年、1984年、1989年洋河大曲在全国第三、四、五届评酒会上荣获"国家名酒"称号及金质奖。1984年，获轻工部酒类质量大赛金杯奖。1990年，获香港中华文化名酒博览会特奖和金奖。1992年，获美国纽约首届国际博览会金奖。1963年、1984年、1989年荣获"中国名酒"称号，并被授予国家金质奖等。

【防伪】

洋河大曲为全瓶贴注册商标。商标分为四种："羊禾牌"图案是一只小羊，外面环以禾穗；"洋河牌"图案是"羊禾牌"的图案再加注"洋河"两个字；"敦煌牌"图案是敦煌壁画中的飞天仙女；"美人泉牌"图案是江河图加注"美人泉"三个字。在"羊禾"、"洋河"、"敦煌"、"美人泉"四种商标上都加印"注册商标"字样，落款为"江苏泗阳洋河酒厂出品"或"中国江苏洋河酒厂出品"。酒体无色透明；商标瓶贴端正，封口烫贴。在整箱出厂的洋河大曲包装箱内，都有出厂检验合格证。如果通过以上方法仍然不能判断酒的真假，可以登录洋河酒厂官网进行防伪查询。

双沟酒

【双沟醴泉（黑方）】..................★★★★★

李克评分：..................**100分**

李克点评： 平时喝半斤，双沟醴泉喝八两

观酒液：..................5分
看包装：..................5分
闻香气：..................15分
尝滋味：..................20分
潜力指数：..................10分
零售终端行情指数：..................5分
入选基准分：..................40分

厂家：..................江苏双沟酒业股份有限公司
香型：..................浓香型白酒
酒精度数：..................40.8°
规格：..................1000ml
终端参考价：..................**13000元（瓶）**

【绵柔苏酒（绿苏）】..................★★★★★

李克评分：..................**99分**

李克点评： 绵柔白酒的代表之作

观酒液：..................5分
看包装：..................5分
闻香气：..................15分
尝滋味：..................20分
潜力指数：..................10分
零售终端行情指数：..................4分
入选基准分：..................40分

厂家：..................江苏双沟酒业股份有限公司
香型：..................浓香型白酒
酒精度数：..................40.8°
规格：..................480ml
参考价格：..................**1200元（瓶）**

【双沟珍宝坊圣坊】 ★★★★

李克评分：······················94分

李克点评：名副其实的珍酿

观酒液：	5 分
看包装：	5 分
闻香气：	14 分
尝滋味：	18 分
潜力指数：	8 分
零售终端行情指数：	4 分
入选基准分：	40 分

厂家：	江苏双沟酒业股份有限公司
香型：	浓香型白酒
酒精度数：	42°
规格：	500ml
终端参考价：	368元（瓶）
电商参考价：	338元（瓶）

【产地】

江苏省宿迁市泗洪县双沟镇。

【渊源】

　　双沟地区被公认为是中国酒的源头，是因为这里出土了醉猿化石。据推断，一千多万年前，在双沟地区生活的亚热带原始森林中的古猿人，因为喝了自然发酵的野果浆液而醉倒不醒，而后成为化石。这一推断也佐证了酒之始祖——猿酒的存在。

　　事实上，双沟也的确是一块非常适合酿酒的宝地。它位于淮河下游，地势平坦，土地肥沃，属暖温带季风性气候，四季分明，雨水丰沛。曾有二百多名国内外地质和考古专家对双沟地区进行了"天、地、生、人"四个方面的考证，得出的结论是：双沟地区除了因盛产秫、豆、稻、麦等酿酒原料外，还与得天独厚且不可复制的地理环境和良好的气候有关。这里是最具酿酒天然环境和自然酒起源的地方。

　　和如今大多数名酒一样，双沟酒的兴盛也是始于明末清初。康熙年间，以盐业、茶叶贸易为主的晋商经常流转于江淮下游一带。来自山西太谷县的一位贺氏商人路过双沟时，发现这里紧靠淮水又东临湖泊，环境宜人，而且盛产秫、豆、稻、麦等酿酒原料，于是打消了去扬州做生意的念头，回到山西招募了一批酿酒师傅，在双沟镇上创办了"全德糟坊"，将祖传的酿酒技术和双沟当地的传统方法相结合，酿出了浓香扑鼻的双沟大曲酒。

由于"全德糟坊"的产品质量上乘，且老板以德为本，宽厚待人，生意越做越兴隆。不少商人纷纷在此开设酒坊。最多的时候，镇上有大大小小的酒坊四十多家。后来，"全德糟坊"又相继兼并了镇上"永记"、"广元"等数家大型酒坊，规模进一步扩大。双沟大曲的名声也逐渐远播江淮且蜚声海内外，当时民间曾广泛传颂着"看景看扬州，喝酒喝双沟"之说。

康熙65岁寿诞，"全德糟坊"特制三坛上等佳酿赴京贺寿。康熙饮后大喜，分别将标有1号、2号、3号标签的三坛酒，谕旨为专与朝觐外使饮用的"帝坊"、专与群臣饮用的"圣坊"和专与民同乐饮用的"君坊"。

1910(清宣统二年)，"全德糟坊"酿制的双沟大曲参加南洋劝业会的展评，被评为名酒第一，荣获金质奖牌，从此名扬海内外。而双沟镇的酒业也因此而更加繁荣。1941年前后，抗战进入了艰苦的年头，刘少奇、陈毅、邓子恢、张爱萍、彭雪枫等老前辈们在双沟一带时，经常驻足"全德糟坊"，运筹帷幄，指挥战斗。

1950年，在"全德糟坊"的基础上，宿县专署泗洪县酒厂成立。1955年成立地方国营泗洪县双沟酒厂。1980年，改为江苏省泗洪双沟酒厂。其后又几经更名，现为江苏省双沟酒业股份有限公司。目前，公司主推产品有苏酒、双沟珍宝坊、青花瓷等系列。

【工艺】

双沟大曲选取优质高粱为原料，并以小麦、大麦、豌豆等制成的高温大曲为糖化发酵剂，选育出产酯能力强的菌株，进行纯种培养，接入到制曲原料中制成强化大曲。该酒采用传统混蒸工艺，经人工老窖长期适温缓慢发酵分层出醅配料，适温缓慢蒸馏，分段品尝截酒，分级密闭储存，经过精心勾兑和严格的检验合格后灌装出厂。为保证双沟大曲特有的风格，还生产一部分双轮底酒用于勾兑；再生产少量的特殊风味的调味酒用于调味，并对甑桶进行了大胆革新，发明了双层底算甑桶。

【风格】

双沟大曲有鲜明的地域文化个性特征，其色香品味格高雅，酸甜苦辣涩和谐，有"色清透明、香气浓郁、风味纯正、入口绵甜、酒体醇厚、尾净余长"等特点。

【曾获荣誉】

1910年，在南洋劝业会上被评为国际名酒第一，荣获金质奖章。1955年，在全国第一届酿酒工业会议上被评为甲等佳酒第一名。1963年，在全国第二届全国评酒会上，被评为中国优质酒第一名。1979年，在全国第三届评酒会上，53°双沟大曲、39°双沟特液同时被评为国家优质酒。1984年，在全国第四届评酒会上，53°双沟大曲被评为国家名酒，获金奖。1989年，在全国第五届评酒会上，53°双沟大曲、39°双沟特液、46°双沟大曲被评为国家名酒，荣获金质奖章。

今世缘酒

【今世缘国缘 V9】 ★★★

李克评分：89 分

李克点评：做足口感工夫，必将突围而出

观酒液：5 分
看包装：4 分
闻香气：14 分
尝滋味：15 分
潜力指数：7 分
零售终端行情指数：4 分
入选基准分：40 分

厂家：江苏今世缘酒业股份有限公司
香型：浓香型白酒
酒精度数：68°
规格：500ml
电商参考价：3980 元（瓶）

【今世缘典藏十五年】 ★★★

李克评分：84 分

李克点评：窖香略欠火候，其余中规中矩

观酒液：5 分
看包装：4 分
闻香气：9 分
尝滋味：16 分
潜力指数：7 分
零售终端行情指数：3 分
入选基准分：40 分

厂家：江苏今世缘酒业股份有限公司
香型：浓香型白酒
酒精度数：41.8°
规格：500ml
终端参考价：378 元（瓶）
电商参考价：338 元（瓶）

【产地】

江苏省涟水县高沟镇。

【渊源】

高沟镇地处淮北平原，位于淮安、宿迁、连云港三市交界处，是具有千年历史的文明古镇、商贸重镇、文化大镇和著名的酒乡。各朝各代，均有许多名士盛赞高沟美酒。如大诗人陆游就曾在"天泉糟坊"墙壁上题诗赞曰："天赐名手，地赐名泉。高沟名酒，名不虚传。"

高沟地区盛产高粱，早在汉朝时期，当地的人们便开始用高粱酿酒。一开始，先民所酿制的是小酒。所谓小酒是以蒸熟的红高粱为原料，加上酵母入缸发酵七天左右取出酿酒。这种方法酿制出的酒味辣而苦，颜色淡黄，有些浑浊。经过不断改进，小酒逐渐被淘汰，代之而起的是清冽甘甜的大曲酒。高沟大曲的酿制，为高沟地区带来了繁荣，使这个原不出名的高家沟，成为远近闻名的酒乡。

清朝乾隆二十八年（1763年），镇西街的徐用宣创办"长春糟坊"，开始批量生产大曲酒。产品除在当地售卖以外，还销往盐城、阜宁、兴化、泰州、南通、江西等地。此后的数年间，"正茂糟坊"、"天泉糟坊"、"汇泉糟坊"、"公兴糟坊"等相继营业。到民国初年，高沟镇已有八家规模较大的"八大糟坊"，它们分别是"天泉"、"裕源"、"公兴"、"涌泉"、"钜源"、"广泉"、"源盛"、"涌泰"。其中又以"天泉"、"裕源"、"涌泉"三家规模最大。

1915年，"裕源糟坊"酿制的高沟大曲一举夺得巴拿马国际博览会金奖。高沟大曲名声大振，销路更广。两淮、盐城、泰州、扬州、南通、南京、上海、山东、湖广等地，处处都飘着高沟大曲的酒香。在上海、南通等地，还有人开设"高沟酒家"，专以高沟大曲招徕宾客，可见其名气之响，受欢迎程度之高。

1949年，"天泉"、"裕泉"、"永泉"、"公兴"等八家糟坊集中合并，成立了高沟酒厂。1984年，酒厂开始投产低度酒。1996年8月，高沟酒厂实施了品牌战略，成立了今世缘酒业有限公司。目前公司主推"国缘"、"今世缘"和"高沟"等系列白酒。

【工艺】

高沟大曲以优质高粱为原料，以麦曲为糖化发酵剂，使用当地得天独厚的甘甜泉水，采用传统工艺，经低温缓慢发酵（优质酒为45～70天）、分层蒸馏、分级储存、精心勾兑酿制而成。

【风格】

高沟大曲风格独特，酒体无色透明，芳香浓郁，酒香沁脾。入口绵，落口甜，醇香浓郁。尾子爽净，回味悠长。

【曾获荣誉】

1915年，裕源糟坊酿制的高沟大曲一举夺得巴拿马国际博览会金奖。1984年，在全国第四届评酒会上，名列全国浓香型白酒第二名。1995年被国家技术监督局认定为全国浓香型白酒标准样品。其子品牌"今世缘"是"中国驰名商标"，为"中国十大文化名酒"、"中华婚宴首选品牌"、"江苏省接待用酒"。

汤沟酒

【汤沟窖藏特壹号】 ★★★★

李克评分： 92分

李克点评： 醇厚协调，有潜力

观酒液：	5分
看包装：	5分
闻香气：	12分
尝滋味：	17分
潜力指数：	9分
零售终端行情指数：	4分
入选基准分：	40分

厂家：	江苏今世缘酒业股份有限公司
香型：	浓香型白酒
酒精度数：	52°
规格：	500ml
参考价格：	658元（瓶）

【汤沟两相和（地和）】 ★★★

李克评分： 87分

李克点评： 柔和细腻，口感合适

观酒液：	5分
看包装：	4分
闻香气：	12分
尝滋味：	16分
潜力指数：	7分
零售终端行情指数：	3分
入选基准分：	40分

厂家：	江苏今世缘酒业股份有限公司
香型：	浓香型白酒
酒精度数：	42°
规格：	450ml
参考价格：	237元（瓶）

【产地】

江苏连云港市灌南县汤沟古镇。

【渊源】

汤沟美酒产于齐天大圣的家乡——连云港花果山水帘洞西南约60公里处的古镇汤沟。

汤沟镇东近大海，气候温热，雨量充沛，秦代时曾是一片汪洋。宋代前后，此地泥土淤积，逐渐变成一片湖泽密布、水甜土香、物产丰富之地，而微香甘爽的"香泉"也随之出现。"香泉"水质微甜，呈弱酸性，富含镁、锰、钾等多种矿物质微量元素，硬度适中，有利于糖化、发酵。同时，汤沟镇的自然环境以及泥土中都含有很多种有益于酿酒的微生物，再加上盛产品质优异的"汤沟红"糯高粱，适合酿制美酒的必要元素一个不缺。

据史志记载，远在北宋之前汤沟就有酒坊。陕西酿酒名师黄玉生途径汤沟镇时，在一口鳖状池塘边挖了一口井，以此井水酿酒，并创办了"玉生糟坊"。这口井渗出的水清凉甘爽，芳香浓郁，故而得名"香泉"。

明朝末年，汤沟镇逐渐富庶起来，酿酒业也渐成气候，鼎盛时有13家糟坊，其中以"玉生糟坊"酿制的酒最香醇。清朝康熙年间，汤沟酒名声更响。据说《长生殿》的作者洪昇曾北上曲阜看望老友孔尚任，路过汤沟古镇时，品尝了美味的汤沟佳酿，酩酊之间写下了"南国汤沟酒，开坛十里香"的千古绝句。后来，"玉生"、"永记"、"义源"等七家糟坊的规模日益扩大，清政府为了加强对酿酒业的管理，增加酒税，合并七家酒坊，在"香泉"井的原址上成立了"汤沟酒坊"。1924年，国民党中央政府实业部将其更名为"义苑永记酒厂"。当时产品经滨海县"殷福记商号"远销日本和东南亚一带。中华人民共和国成立前夕，十三家糟坊风雨飘摇，仅剩的七家也濒临倒闭。

中华人民共和国成立后，灌南县人民政府联合了原来的七家糟坊，成立了地方国营灌南汤沟酒厂。20世纪60年代后期，汤沟酒厂发展缓慢。从1979年起，汤沟大曲声誉鹊起，在省和国家历次评比中频频获奖。1986年，酒厂更名为"江苏汤沟酒厂"。2001年6月，改制为国家控股的"江苏汤沟酒业有限公司"。2004年9月，汤沟酒业进行了产权制度改革，成立了"江苏汤沟两相和酒业有限公司"。汤沟酒酿制技艺还被江苏省人民政府批准为第一批省级传统手工技艺类非物质文化遗产。

【工艺】

汤沟曲酒与汤沟特液均选取优质高粱为原料，以高温大曲为糖化发酵剂，采用传统的老五甑工艺，分级储存，经精心勾兑而成。其所用的"桃花曲"非常著名，曲香味纯正，芬芳馥郁，含有多种有益于酿酒的微生物，且量比协调，为曲中珍品。

【风格】

汤沟曲酒酒液色清透明,窖香浓郁,香气优雅,醇厚协调,酒体丰满完美,浓香突出。口感绵甜爽净,回味悠长,尾子干净,长饮口不渴,醉酒后也不觉得头晕。

【曾获荣誉】

1915年,曾荣获莱比锡国际博览会银质奖。1979年,荣获江苏省评酒会第一名。1989年,53°汤沟特曲、38°汤沟特液参加第五届全国评酒会,双双荣获国优。1992年,53°汤沟特曲荣获中国名优酒博览会金奖等。

沛公酒

【46° 沛公紫砂】

李克评分： 78分
李克点评： 内质外在均可更上层楼

观酒液：	5分
看包装：	3分
闻香气：	9分
尝滋味：	15分
潜力指数：	4分
零售终端行情指数：	2分
入选基准分：	40分

厂家：	江苏沛公酒业有限公司
香型：	浓香型白酒
酒精度数：	46°
规格：	500 ml
电商参考价：	225元(瓶)

【产地】

江苏省徐州市沛县。

【渊源】

沛县早在秦代时已有酿酒业。刘邦曾在此担任泗水亭长，号称沛公，常喝得酩酊大醉。后来做了皇帝，淮南王叛乱，刘邦亲征，路过家乡沛县时，召父老子弟畅饮，酒酣时即席赋《大风歌》。此后，这里所产美酒，被取名为"沛公酒"，并和《大风歌》一起著称于世。

到了清代，"沛公酒"依旧风姿不减。在同治十三年编纂的《徐州府志》中就列有"沛公酒"。南京城的酒肆内，也插有"徐沛高粱酒"的酒旗。1932年前后，沛县的酿酒业到达巅峰状态，共有四十二家酒坊酿制白酒，以"丰怡和酒坊"最为知名。中华人民共和国成立后，当地政府集合各酒坊的酿制经验和技术，于1950年组建了"国营沛县酒厂"。1985年，恢复投产"沛公酒"。1988年，酒厂更名为"江苏省沛公酒厂"。目前为江苏沛公酒业有限公司，先后推出了镀铜沛公、紫砂沛公、金沛公、金紫砂沛公、沛公魂、精曲沛公等三十余个品种，产品畅销全国二十多个省份，远销东南亚及港澳台地区，被盛赞为"艇内彗外，风味绝佳"。

【工艺】

沛公酒采用传统工艺和现代酿制技术，选用上等高粱为原料，采用双轮底发酵，久蓄陈酿，配以天然优质含碘矿泉水，经精心勾调而成。

【风格】

此酒具有"低而不淡，香而不艳"的特点，酒液色清透明，芳香浓郁，入口绵甜净爽，茅头浓尾，具有芝麻香的风格。饮后口不渴、不上头，后劲也不大，是典型的江苏白酒。

【曾获荣誉】

20世纪30年代曾在巴拿马评酒会上获得较前名次。1987年，有两项产品获江苏省优质食品奖。1988年，在中国首届食品博览会上有两项产品分获金牌和银牌。1990年，获轻工部优质食品奖。1992年，荣获国际食品博览会金奖。1994年，荣获"中国名牌"称号。1995年，荣获江苏省食品博览会金奖。

【配菜建议】

沛公酒适合大口饮。搭配此酒，最经典的伴侣自然是当年刘邦也深爱的狗肉。狗肉有多种吃法，或煮或炖，而鼋汁狗肉则最能衬托沛公酒的独特风味。此外，配霸王别姬（鳖、鸡）、卤肥肠、九转肥肠、干烹肉、干烹鸡、炒螺蛳肉、酥炸溪虾、软炸虾仁也不错。

古井贡酒

【古井贡酒16年窖藏年份原浆】……★★★★★

李克评分：……………………………………… 97 分

李克点评：位列"老八大"名酒，自我犒赏的经典之选

观酒液：……………………………………………… 5 分
看包装：……………………………………………… 5 分
闻香气：……………………………………………… 14 分
尝滋味：……………………………………………… 19 分
潜力指数：…………………………………………… 9 分
零售终端行情指数：………………………………… 5 分
入选基准分：………………………………………… 40 分

厂家：………………………………… 安徽古井贡集团有限公司
香型：……………………………………………… 浓香型白酒
酒精度数：…………………………………………… 50°
规格：……………………………………………… 500ml
终端参考价：………………………………………… 558元（瓶）

【古井贡酒10年陈酿】……………★★★★

李克评分：……………………………………… 94分

李克点评：老名酒，底子厚，工夫深

观酒液：……………………………………………… 5 分
看包装：……………………………………………… 5 分
闻香气：……………………………………………… 14 分
尝滋味：……………………………………………… 18 分
潜力指数：…………………………………………… 8 分
零售终端行情指数：………………………………… 4 分
入选基准分：………………………………………… 40 分

厂家：………………………………… 安徽古井贡集团有限公司
香型：……………………………………………… 浓香型白酒
酒精度数：…………………………………………… 55°
规格：……………………………………………… 750ml
电商参考价：………………………………………… 730元（瓶）

【52° 古井 1979 纪念酒】 ★★★★

李克评分： 92 分

李克点评： 浓郁纯正，品质上佳

观酒液：	5 分
看包装：	5 分
闻香气：	13 分
尝滋味：	16 分
潜力指数：	9 分
零售终端行情指数：	4 分
入选基准分：	40 分
厂家：	安徽古井贡集团有限公司
香型：	浓香型白酒
酒精度数：	52°
规格：	500ml
终端参考价：	688 元（瓶）
电商参考价：	588 元（瓶）

【产地】

安徽省亳州市古井镇。

【渊源】

古井镇原名减店集，位于亳州市西北部、黄淮平原的南端，盛产小麦、高粱、大麦、豌豆等优质酿酒原料。这块由河流冲击而形成的平原经历了连续而广泛的沉积，因而地层富含有机物，利于微生物繁殖，酸碱度适宜白酒酿制。地下水富含锗、锌、锶等多种有益微量元素，正是酿制古井贡酒的上佳水质。从气候方面来看，古井镇光照充足，气候温和，雨量适中，光、热、水组合条件较好，从而形成了有本地特色的微生物群系。

据考古界在该地区发掘出土的陶质酒器及谷物发酵器皿表明，亳州的酿酒历史至少有三千多年。公元 196 年，曹操将家乡的"九酝春酒"敬献给汉献帝刘协并上表酿制方法。这是"九酝春酒"作为贡品最早的文字依据，而该酒便是今天"古井贡酒"的源头。

到了宋代，减店集已成了有名的产酒地。据考证，宋朝时，该地区酒课（税）在 10 万贯以上，位居全国第四，足见其酿酒业之盛。明代万历年间，减店集更成为酿酒中心，糟坊林立，酿酒作坊多达四十多家，其中最出名的是怀姓人家酿制的美酒"怀家一枝花"，它的作坊名字叫"公兴糟坊"。有大臣将减酒进贡朝廷，皇帝钦定此酒为贡品，"贡酒"之名由此而得。

清朝康熙年间，减店集各糟坊都采用老五甑的酿酒工艺，酒的品种也由单一的大曲酒发展到色酒、老酒、药酒等多种系列。民国年间，各种酒依然生产，但浓香大曲渐渐显示出其出色的特征，压倒了其他酒种。而到了清末，由于战争不断，又有苛捐，百姓不堪重负，致使糟坊荒芜，酿酒业开始凋敝。

1958年，当地政府多次拨款，在具有一千多年历史的"公兴糟坊"原址上兴建了减店酒厂，并把失散的"公兴糟坊"传人聚集在一起，发掘出了南北朝时期的古井和明代酿酒用的发酵池，在减酒传统的"老五甑"操作法的基础上，又运用了科学配方和技术革新，终于酿制出了有独特风味的古井佳酿。1959年，酒厂改组为国营企业，并改名为安徽亳县古井酒厂。1986年改名为亳州古井酒厂。1992年7月，组建安徽古井实业集团。1995年1月，成立安徽古井集团有限责任公司。1996年，安徽古井贡酒股份有限公司成立。

【工艺】

古井贡酒使用"两花一伏"大曲发酵，储存期不少于6个月，将中温曲、高温曲和中高温曲分别按不同比例混合在不同轮次中使用。酿造每年生产三轮次，前两轮发酵周期各为2个月，第三轮发酵周期为8个月，并采用"三高一低"（入池淀粉高、入池酸度高、入池水分高、入池温度低）和"三清一控"（清蒸原料、清蒸辅料、清蒸池底醅、控浆除杂）的独特技术，按不同发酵周期再经分层出池、层层出醅和特殊的甑桶蒸馏，又经小火馏酒，量质摘酒，分级储存，摘出窖香、醇香、醇甜三个典型的酒分别入陶坛储存，经尝评、分析、勾兑和陈酿后包装出厂。从原料投入到产品出厂不少于5年。

【风格】

品酒家把古井贡酒誉为"酒中牡丹"。该酒具有"色清如水晶、香醇似幽兰、入口甘美醇和、回味经久不息"的独特风格。其呈香、呈味的酯类物质，在种类和含量上普遍多于其他浓香型大曲酒，所含有的香味物质种类和含量也比其他浓香型酒多，在醇甜柔顺中透出幽香，形成了古井贡酒幽香淡雅的浓香型独特风格。

【商标变迁】

1960年2月26日，古井酒厂按级申请注册"古井牌"古井贡酒商标。1967年，开始使用简易新商标"古井酒"。1973年，恢复使用古井贡酒商标。

【曾获荣誉】

古井贡酒先后四次蝉联全国评酒会金奖，荣获国家名酒称号。1988年在第十三届巴黎国际食品博览会上荣登榜首。1992年，古井贡酒获美国首届葡萄酒白酒国际博览会金奖。1992年，"古井牌"古井贡酒和古井特曲在首届安徽省著名商标评比中双获"省著名商标"称号。

【防伪】

真酒的瓶贴为全张注册商标，使用的是"古井贡"注册商标。注册商标图案为圆形，图上左侧为槐树，树下靠右侧有古井，上为蓝天白云。圆周为双圈烫金，两旁有"注册商标"四个字。瓶贴上有白底红色烫金的"古井贡酒"的四个字的隶书。厂名处是纸底白色方形字印刷体。瓶贴背面打印有出厂日期、批量和检验合格证。假酒的瓶贴上的图案图形与真的相似，但是没有注册；酒箱内的出厂日期和批量不一致，还缺少装箱单。真酒的封口用的是黄色铝质断裂盖，光滑而圆整，上面印有古井图案和"注册商标"字样。假冒酒也有使用真瓶装假酒的，但一般瓶盖都断裂，封口不整齐。

口子酒

【41° 口子窖 20 年珍藏】 ★★★★

李克评分： 90 分
李克点评： 口感记忆很鲜明

观酒液：	5 分
看包装：	5 分
闻香气：	13 分
尝滋味：	16 分
潜力指数：	7 分
零售终端行情指数：	4 分
入选基准分：	40 分

厂家：	安徽口子酒业股份有限公司
香型：	兼香型白酒
酒精度数：	41°
规格：	500ml
终端参考价：	519 元（瓶）
电商参考价：	428 元（瓶）

【产地】

安徽省淮北市濉溪县口子镇。

【渊源】

　　口子酒的得名缘于一种地理现象。山谷、堤岸等大的豁口叫做"口子"，淮北的"口子镇"就是濉水溪河交汇冲击形成的一个千年古镇。这里遍布山丘、湖洼，土壤肥沃，雨量充沛，地处中纬度，属暖温带半湿润季风气候区，温湿的自然气候和适中的降水量为微生物的生长和繁殖提供了良好的条件。濉溪的地下水资源也很丰富，而且清澈纯净，清冷透骨，无悬浮物，入口微甘，硬度适中，素有"清泉先含三分味，掘土三尺可闻香"的美誉。

　　两千多年前，口子镇的人开始酿酒。春秋战国时期，宋侯血盟会诸侯喝的酒就是口子酒。战国末期，韩非子周游列国来到濉溪，在《宋人酤酒》中描绘了当时酒业繁荣的盛况："悬帜甚高，为酒甚美……童叟怀钱提壶，往返不绝。"南宋时期，由于金兵南进，淮北地区的酿酒业受到战乱的摧残，但是口子酒名气却越来越大。

　　明清时期，口子酒的明末隐士任柔节有一句赞美口子酒的话至今为人传诵，

"隔壁千家醉，开坛十里香"。

民国初年，酿酒作坊遍布大街小巷，达七十二家之多，其中比较有名的酒坊有"协聚"、"允成"、"福泉"、"广益"、"南豫泰"等酒坊。在口子的百年地窖里，至今藏着一些神奇的小酒坛子，据说装的是明末清初的珍酿。

1949年5月18日，政府赎买了私人酿酒作坊"小同聚"等酒坊，创立了"国营濉溪人民酒厂"。1951年，国营濉溪人民酒厂在老濉河东岸"祥兴泰"、"协源公"、"协顺"、"协昌"等古酒坊基础上征地扩建，这就是现在的安徽口子酒业股份有限公司东关分厂。1997年，由淮北市口子酒厂、濉溪县口子酒厂合并成立安徽口子集团公司。2002年12月，成立安徽口子酒业股份有限公司。目前，公司主要有口子窖、老口子、口子坊等产品系列，主打兼香型产品。

【工艺】

口子窖制曲工艺十分精细，分为高温曲和中温曲两种。中温曲俗称"红心曲"，又称为"菊花曲"，具有浓厚的曲香味。制曲过程十分艰难，三伏天里制曲师要在炎热的曲堆边苦守三十六个日日夜夜，不断翻曲。据说只有三年以上得到真传的制曲师才能做出这种曲。高温曲俗称"香曲"，是在传统高温制曲工艺的基础上加以突破和创新而研发出的超高温曲，最高曲坯品温升至摄氏67℃以上，在蒸馏时能够带入酒中，使酒更为纯净并有粮香。

口子酒的操作方法为"续渣混蒸老五甑"，挖掘传统的大蒸大回蒸酒工艺，将发酵后窖池内的糟坯配上高温堆积润料过的高粱，按比例搭配，五次入甑蒸酒，两次轮回发酵。酒蒸出后，采取分渣取酒、按质储存的方式，按醇甜、窖底香、芳香三种原型酒分别储存。储存工艺被称为"三步循环储存法"，即酒蒸出后根据等级不同分别存放，其中用于调制口子窖的优级酒需先储存于地上不锈钢大罐内，放置一年再转储于地下酒库，进行窖藏老熟，达到一定的年限后，再一次移至不锈钢罐内进行口感微调，然后放置半年使酒体稳定。

【风格】

口子酒有"琥珀色"、"喝不尽"的特色，闻起来"透瓶香"、"隔宿香"。它的口感独特，层次丰富，入口浓香，中间清怡，尾香酱香馥郁，具有浓香的锋锐、酱香的蕴藉和清香的从容。酒醇厚粘绵，盈杯不溢，粘稠挂杯，入口绵甜，清洌甘爽，醇厚协调，细腻纯正，回味悠长。

【曾获荣誉】

1979年，曾在第三届评酒会上被评为国家优质酒。1988年，获首届食品博览会金奖及第五届评酒会优质奖。1991年，获北京第二届国际博览会金奖。1992年，获巴黎国际名优酒展评会特别金奖和曼谷国际名酒博览会金奖。

迎驾贡酒

【迎驾贡酒 20 年生态年份酒】·········· ★★★★

李克评分： ·································· **92分**

李克点评： 绵甜甘冽，特色好酒

观酒液：	5 分
看包装：	5 分
闻香气：	13 分
尝滋味：	17 分
潜力指数：	8 分
零售终端行情指数：	4 分
入选基准分：	40 分

厂家：	安徽迎驾贡酒股份有限公司
香型：	浓香型白酒
酒精度数：	50°
规格：	500ml
电商参考价：	**400 元（瓶）**

【产地】

安徽省霍山县佛子岭镇。

【渊源】

迎驾贡酒具有悠久的历史文化底蕴。据《霍山县志》记载，公元前 106 年，汉武帝南巡，渡过淮河，沿淠河逆流而上，进入衡山国，也就是今天的霍山县一带。官民到城西糟坊村附近的水陆码头迎接圣驾。当地官员选一民间绝色美女捧美酒进献汉武帝，帝饮后大悦，赞道"迎驾酒天香液"也！"迎驾酒"由此得名。

1955 年，霍山县佛子岭酒厂成立。1997 年，改制为安徽迎驾酒业股份有限公司，主营迎驾生态年份酒、迎驾之星、百年迎驾、星级迎驾贡、迎驾糟坊等系列产品。

【工艺】

沿用传统五粮型酿制工艺，以优质高粱、大米、糯米、小麦、玉米为原料，以偏高温大曲为糖化发酵剂，其曲心温度在 61℃～64℃之间，使酒曲产生老练带酱味的曲香。酿制过程采用续渣混蒸、跑窖循环、泥池老窖发酵、底换底、二高一低一长等技术，工艺流程为润料→粉碎→加水拌和→装模→踩曲→凉汗→入室安曲→培菌管理→打堆→出曲→入库储存。粉碎要求烂皮不烂心的梅花瓣；采用十年以上窖龄的泥池老窖为发酵池。

原酒使用陶坛分级储存。成品酒勾调采用储存一年以上的优质原酒为基酒，用储存五年以上的专用调味酒进行勾调。勾调加浆用水采用保护区域内经过锰砂、石英砂、活性碳三级过滤处理的东淠河水。

【风格】

酒体清亮透明，窖香、陈香协调，酒体饱满、醇和、老练、优雅，入口绵甜甘爽、回味悠长。

【曾获荣誉】

2007年，迎驾贡酒产品被国家质量监督检验检疫总局认定为"国家地理标志保护产品"。2008年，迎驾酒传统酿制技艺被列入"安徽非物质文化遗产名录"。2010年，"迎驾"商标被国家工商行政管理总局认定为"中国驰名商标"。2011年，"迎驾"商标被商务部认定为"中华老字号"。

皖酒

【百年皖酒王】 ················· ★★★

李克评分：·························· **89分**

李克点评：名字过于讨巧，掩盖了酒质的光芒

观酒液：·················	5分
看包装：·················	5分
闻香气：·················	13分
尝滋味：·················	16分
潜力指数：················	7分
零售终端行情指数：············	3分
入选基准分：···············	40分

厂家：··············· 安徽皖酒制造集团有限公司
香型：························· 浓香型白酒
酒精度数：··························· 42°
规格：······························ 500ml
电商参考价：···················· 288元（瓶）

【产地】

安徽省蚌埠市。

【渊源】

蚌埠位于安徽省北部，辖区大部分处于淮北平原南端，属亚热带季风气候和温带季风气候的交界地带，因而雨量充沛，四季分明，冬夏温差显著。

1949年，安徽蚌埠酒厂成立。此后历经多年改制，形成今天的安徽皖酒集团。目前，集团生产的系列皖酒有八十多个品种，以浓香型为主，主要包括皖酒王系列、百年系列、皖国系列和精品皖酒系列。其中，32°皖酒王以其"低而不淡"的品质在白酒中高端市场占据了一席之地。

【工艺】

皖酒选用东北优质高粱，采汲深层地下矿泉水，运用传统的"老五甑"工艺，经多轮次发酵，分五次蒸馏提酒酿制而成。

【风格】

酒液透明，口味绵甜爽净，酒体丰满，有微微的、淡雅舒适的窖香。饮后回味悠长、不上头。

【曾获荣誉】

连续多年被安徽省消费者协会评为"省消费者喜爱的白酒"称号。2000年，荣获"安徽省消费者协会推荐的优质白酒"称号。

宣酒

【53°中国宣酒】················★★★

李克评分：················**83分**

李克点评： 芝麻香型特色鲜明，值得期待

观酒液：················5分
看包装：················4分
闻香气：················10分
尝滋味：················15分
潜力指数：················6分
零售终端行情指数：················3分
入选基准分：················40分

厂家：················安徽宣酒集团股份有限公司
香型：················芝麻香型白酒
酒精度数：················53°
规格：················500ml
终端参考价：················1080元（瓶）

【宣酒特贡10年窖藏】················★★★★

李克评分：················**95分**

李克点评： 口感佳，未来发展潜力不容小觑

观酒液：················5分
看包装：················5分
闻香气：················14分
尝滋味：················18分
潜力指数：················9分
零售终端行情指数：················4分
入选基准分：················40分

厂家：················安徽宣酒集团股份有限公司
香型：················浓香型白酒
酒精度数：················41.2°
规格：················460ml
终端参考价：················188元（瓶）

【产地】

安徽省宣城市。

【渊源】

今日的宣酒,所沿袭的是唐代纪氏"老春酒"的江南小窖酿制工艺。据史书载,大唐天宝年间,宣城酿酒业大小作坊达百余家,其中就以纪叟名气最响。纪叟,名春,字东轩,祖上曾为朝中高官,因遭奸佞所陷,隐居民间,以酿酒为业。纪春辗转至宣城时,发现敬亭山气候宜人,雨水充沛,水源上佳,便定居在此,开起了酿酒作坊,产品则以自己的名字命名为"老春酒"。

老春酒有一个著名的"粉丝",就是伟大诗人李白。李白是诗仙,也是酒仙,游历山水时总不忘畅饮当地美酒。他来宣城,七游"江南诗山"敬亭山,每次来都必到纪春家中酣饮。后来,纪春去世,李白作了一首《哭宣城善酿纪叟》:"纪叟黄泉里,还应酿老春,夜台无李白,沽酒与何人?"由于李白对此酒的推崇,老春酒还一度被列为贡品。

清代中后期,宣城地区酿酒技艺发生了重大变化,由小药曲酿制的老春酒逐渐演变为小曲加麦曲的黄酒生产工艺。

中华人民共和国成立后,把宣城零散的酿酒小作坊合营,成立国营性质的酒厂。1962年,宣酒厂发掘出七口古窖池(宣酒古窖),在继承唐代纪氏酿制传统工艺的基础上,以原来的宣酒古窖泥为种泥,扩大培养新的宣酒小窖,并传承了古小窖的酿制工艺,历年珍藏,延迟开封,创造性地形成了现今独特的宣酒小窖酿制工艺。今天的宣酒依然坚持纯手工酿制。

2004年,国营宣酒酒厂重组,成为民营安徽宣酒集团股份有限公司,也就是今天的宣酒集团。目前,该公司主导产品为宣酒特贡系列和芝麻香型的中国宣酒。

【工艺】

宣酒小窖酿制工艺具体包括小曲制作、包包曲制作、原酒制作和勾调四大技艺,是传统手工酿制的典型代表,核心为小曲培菌、大曲续糟、小窖发酵、香醅串蒸。在生产过程中,宣酒特别注重优质酒分段摘取和历年储存。在由固态酒醅蒸出原酒的过程中,严格控制流酒温度与速度,遵循"掐头去尾"工序。在提香措施上采用传统的桶式蒸馏,要求缓慢蒸馏,目的是让五粮中的香味融入酒体中,使之口感丰富。

【风格】

宣酒原酒既有大曲酒的浓郁窖香,又有小曲酒的绵柔、醇和、甘甜,后味还略带酱香。宣酒特贡酒液无色透明、窖香优雅、陈香舒适、醇和绵柔、香味和谐、回味爽净、酒体丰满、风格典型。醉酒不口干,醒酒比较快。"芝麻香·中国宣酒"则清亮透明、优雅飘逸、绵柔醇厚、协调自然、余味悠长。

【曾获荣誉】

  2007 年，曾被评为"中国文化名酒"。2009 年，宣酒纪氏古法酿制技艺入选安徽省非物质文化遗产名录。2010 年，被评为安徽省最具市场竞争力的白酒品牌。2010 年，被评为中国十大最具增长潜力的白酒品牌，以及安徽省消费者最喜爱的十大白酒品牌等。

高炉家酒

【高炉家和谐年份酒 15 年】

李克评分： 75分
李克点评： 此酒酒质需进一步改善，发展空间大

观酒液：	3 分
看包装：	3 分
闻香气：	11 分
尝滋味：	13 分
潜力指数：	3 分
零售终端行情指数：	2 分
入选基准分：	40 分
厂家：	安徽双轮酒业有限责任公司
香型：	浓香型白酒
酒精度数：	46°
规格：	460ml
终端参考价：	510 元（瓶）
电商参考价：	388 元（瓶）

【产地】

安徽省涡阳县高炉镇。

【渊源】

涡河两岸气候温和、四季分明，拥有良好的自然地下水系。由于日照时间长，水分充足，当地出产的小麦、大麦、高粱等农作物颗粒饱满，营养丰富。每当丰收之时，当地人民便用祖传的工艺酿出美酒。出酒是大日子，家家张灯结彩隆重其事，用上好的陶罐将酒封存起来，贴上红纸，并写上自家姓氏。很多商人远游四方，家乡的美酒也就因此被带到了各地。

高炉镇有关酒的传说很多。据说早在春秋时期，老子就曾在此开坊酿酒，与天下骚客文人共同探讨人生。也有史料记载，三国时期，曹操屯兵高炉镇，就地办糟坊酿酒，每打胜仗，就用美酒犒赏三军。

明清时期，高炉镇的私家酿酒作坊多达百十家，也因醇厚地道的酒质而美名远扬。末代皇帝溥仪曾御笔钦书"汉三杰闻香下马，高炉酒十里飘香"。

解放战争时期，高炉镇正处于国共两党争夺之地，很多商家、财主纷纷出逃，酿酒业陷入低谷。当时，仍坚持酿酒且规模较大的主要有广和、会海、永源公等。

1949 年，当地政府接收高炉私营"广和"酒坊，成立安徽高炉酒厂。1950

年,又租借"永源公"糟坊酒池、工具及厂址,并更名为"国营涡阳高炉酒厂"。1995年,高炉酒厂联合涡阳印刷厂、制药厂等企业组建了安徽双轮集团。2009年,安徽双轮酒业有限责任公司成立,主要生产双轮、高炉、高炉家、和谐年份等系列产品,覆盖了高、中、低各个档次市场。

目前,在双轮酒业的车间内,存有十二口清代酒窖池。这十二口酒窖池酿出来的酒,酒质绵甜、醇厚、柔和,与其他的酒窖酿出来的酒相比,浓香更突出。

【工艺】

高炉家酒以优质高粱为原料,用上等小麦、大麦、豌豆制成糖化发酵剂,采用偏高温制曲,通过两轮同法不同料续渣混蒸发酵,一轮塑酒体清晰,二轮提醇香馥郁,发酵期120天以上,具有曲老、池老、甑老、工艺老的特点。

【风格】

高炉家酒具有浓头酱尾的特点,酒体澄澈透明,窖香细腻醇厚,入口先是一股优雅馥郁的浓香,回味却是隽永悠长的酱香韵味。喝完后不口干、不上头。

【曾获荣誉】

2002年,曾被安徽省消费者协会评定为"消费者喜爱的白酒"。2002年,荣获中国专利技术金奖。2003年,荣获"全国质量信得过产品"称号。2004年12月,被安徽省消费者协会评为"商务畅销白酒品牌"。2010年6月,荣获"中国优质产品"称号等。

金种子酒

【徽蕴金种子酒十年】················ ★★★

李克评分：················ **81分**

李克点评： 前景有待观察

观酒液：	5分
看包装：	5分
闻香气：	11分
尝滋味：	14分
潜力指数：	4分
零售终端行情指数：	2分
入选基准分：	40分

厂家：	安徽金种子集团有限公司
香型：	浓香型白酒
酒精度数：	46°
规格：	500ml
终端参考价：	**568元(瓶)**

【产地】
安徽省阜阳市。

【渊源】
　　安徽金种子酒业股份有限公司的前身是始建于1949年的阜阳县酒厂。"金种子"商标荣获"中国驰名商标"、"全国十大公众喜爱商标"。金种子品牌荣获"安徽十大强省品牌"。公司拥有"金种子"、"种子"、"醉三秋"、"和泰"、"颍州"等五大白酒品牌。其中40°柔和种子酒和40°恒温窖藏地蕴醉三秋酒先后被认定为省级新产品。

【工艺】
　　此酒将现代高新技术与传统的"老五甑"酿制工艺完美结合起来，采用"高、中温制曲"、"高温润料"的办法，遵循"二次堆积"、"低温长期发酵"、"多轮发酵"、"量质摘酒"等规范化的工艺技术流程，经三年以上恒温窖藏老熟后，再精心勾兑而成。

【风格】
　　金种子酒的风格属于柔和型的浓香型白酒，其口感绵柔、不刺喉、不冲头，具有醇香典雅、甘润挺爽、诸味协调、尾净悠长的风格。

【防伪】

　　看包装图案文字是否清晰，如果字迹、图案模糊不清则为假酒；如果商标没有"R"、没有"种子"或"三秋"字样则有可能为假酒。酒瓶上如有泥或有明显碰伤，酒体有浑杂物，则可能为假酒。每箱酒外箱及每瓶酒盒上都有所在区域编码，如没有则可能为假酒；如有区域编码与本区域地名不符则可能为窜货酒。

两湖江西产区：汉水铁三角

翻开酒史可以发现，但凡美酒云集、酒史悠远之地，一是非常富庶，只有这样才能有多余的粮食用来造酒；二是水资源丰富而且优质，这是酒味纯净甘甜的重要先决条件；三是区域内地势起伏，有丘陵或是山脉，从而能够形成适当的风力风向来培育适合发酵的微生物环境。这几个条件，两湖、江西都一一具备。

两湖地区自古以来便是鱼米之乡，所谓"湖广熟，天下足"。湖南位于长江中游，洞庭湖之南，又因湘江贯穿全境，所以简称为"湘"。这里气候湿热，雨量充沛。八百里洞庭湖为农作物栽培提供了很好的生态环境。湖南水资源丰富，境内有湘江、芷江、沅江、澧水四条河流，合称"四水"。

湘酒历史十分悠久，至今已有四千多年。早在西晋太康元年（280年），产于衡阳酃湖的酃醁酒就被列为朝廷贡品。晋代文学家谢惠连有"饮湘美之醇酵"，唐代杜甫有"夜醉长沙酒，晓行湘水春"，清代黄末骥说"长沙水酒，自古有名"……

湖北介于北纬29°05′~33°20′之间，夏王朝时期，夏文化的影响就已到达江汉地区。商朝建立后，湖北即被纳入商的版图。西周时期，湖北境内已出现诸多小国，春秋战国时期，南方诸国逐渐统一于楚。在历史车轮行进的过程中，此地的酒文化也在不断地发酵与积淀。

据史料载，秦汉时，荆楚大地已是著名的酒乡，当时生产的"宜城醪"是饮誉神州的名酒。曹植在《酒赋》中写道："其味有宜城醪醴，苍梧缥清。"秦汉以后，湖北地区出产的其他酒都难与匹敌的酒叫做"楚醪"。唐朝时，荆楚更是名酒辈出。《唐国史补》卷下列举天下名酒产地十一处，名品十三个，其中就有久负盛名的湖北江汉地区的"宜城之九酝"和"郢州之富水"。到了宋代，湖北白酒酿造业得到了发扬光大。宋代张能臣《酒名记》中有六个州名下均记录了宜城酒。

江西省位于长江中下游南岸，是长江三角洲、珠江三角洲等发达地区的共同腹地，自古以来素有"物华天宝，人杰地灵"之誉。它地处于北纬24°~29°之间。境内除北部较为平坦外，东西南部三面环山，中部丘陵起伏，成为一个整体向鄱阳湖倾斜而往北开口的巨大盆地。全境有大小河流二千四百余条，其中，赣江、抚河、信江、修河和饶河为江西五大河流。

严格来说，江西并非产酒之地和酒的消费大省，在全国能叫得响的品牌也较少。不过，这里却出土了遗迹最全、遗物最多、时间跨度最长的作坊遗址——李渡烧酒作坊。其横跨元、明、清至近现代，可以说是中国古代烧酒生产工艺演进的一部编年史。

和川酒的浓香、黔酒的酱香、北酒的清香相比，两湖江西板块的白酒很难找出一个具有代表性的香型。到清末为止，两湖和江西都属于南方不产好酒的区域。目前的中部名酒基本都研制于上世纪70年代末，历史短，因而可以有更多的创新基因。

对于品酒者或收藏人士而言，酱香型的武陵酒，浓香型的德山大曲、湘窖酒，兼香型的白沙液，馥郁香型的酒鬼酒，都比较值得关注。湖北白酒中，白云边酒、枝江大曲、黄山头、稻花香等名酒都值得持续关注。江西白酒中，除了大名鼎鼎的四特酒，李渡酒也不能忽略。

白云边酒

【白云边公元 1979 纪念酒】············★★★

李克评分：··························**85分**

李克点评： 细腻优雅，兼香名门

观酒液：·····························5 分
看包装：·····························4 分
闻香气：····························10 分
尝滋味：····························15 分
潜力指数：···························7 分
零售终端行情指数：·····················4 分
入选基准分：························40 分

厂家：················湖北白云边酒业股份有限公司
香型：···························兼香型白酒
酒精度数：···························53°
规格：···························500ml
电商参考价：····················848 元（瓶）

【45°白云边酒 20 年陈酿】·········★★★★★

李克评分：··························**97分**

李克点评： 细腻优雅，兼香名门

观酒液：·····························5 分
看包装：·····························5 分
闻香气：····························15 分
尝滋味：····························19 分
潜力指数：···························9 分
零售终端行情指数：·····················4 分
入选基准分：························40 分

厂家：················湖北白云边酒业股份有限公司
香型：···························兼香型白酒
酒精度数：···························45°
规格：···························500ml
终端参考价：····················438 元（瓶）
电商参考价：····················398 元（瓶）

【产地】

湖北省松滋市。

【渊源】

白云边酒的产地松滋市东临江汉平原，西倚巫山岭余脉，南接武陵，北滨长江，海拔68.4米，气候温和，多刮东南风。此地土壤肥沃，泉水甘甜，自古以来就是酿酒胜地。据考古发现，松滋地区早在新石器时代就出现了酿酒业。大溪文化后期，松滋的先民对酿酒、饮酒已习以为常。有古书记载，松滋"自晋、唐以来，开设酒肆，历有年所"。

白云边酒的得名来源于李白的一首诗。公元759年，李白与友人到了今天的松滋市境内，一边观览洞庭烟波浩渺的景色，一边畅饮当地的美酒，写下"南湖秋水夜无烟，耐可乘流直上天，且就洞庭赊月色，将船买酒白云边"的七言绝句。1974年，松滋县酒厂投产新酒，从这首诗中获得灵感，便将所产新酒命名为"白云边酒"。1981年，松滋县酒厂更名为白云边酒厂。1994年6月，成立湖北白云边股份有限公司。

【工艺】

白云边酒以精选的糯高粱为原料，吸取了酱香型白酒的工艺特点，把其高温曲、高温堆积和浓香型白酒的工艺特点混蒸续米渣、泥窖发酵，创造性地结合在一起。酒曲以小麦为主要原料，为了促进制曲前期酱香物质的形成，加入了一定的母曲，并在配料中又增加了少量高粱。加入的母曲必须选用优良曲块粉碎而成。所用的小麦也必须粉碎。出窖后的酒醅要进行蒸馏，按汽上甑，加水密封，接取50度以上的蒸馏酒。这种酒需经长年窖贮，窖贮时间愈久，酒质愈感醇厚香美，一般需窖贮一年以上，三年以上老酒质地尤佳。

【风格】

白云边酒是一种"兼香型"风格，闻之清香，进口浓香，回味酱香，三香俱全。观之酒液清澈，入口醇甜爽厚，酒后回甜爽净，后味绵长。酒质厚，味醇浓，无杂质，饮后不会上头。

【曾获荣誉】

在1979年、1984年、1989年连续三次蝉联全国白酒质量评比银奖。1991年，被轻工部确定为全国浓酱兼香型白酒的典型代表。2006年，获"中国白酒工业十大竞争力品牌"，同时，兼香型白云边酒还被中国食品工业协会正式认定为中国白酒兼香型的代表。

【防伪】

目前，白云边酒最畅销的是年份系列酒。正品白云边9年、12年、15年酒上都有18位数字组成的防伪码，可以通过发短信来辨别产品真伪。正品白云边12年和15年酒盒上的防伪标识上部是个温变区域，用打火机一烧会显现出红色的"白云边"三个字，这三个字不会消失。

枝江大曲

【枝江酒大师原酌】

李克评分： **79分**
李克点评： 滋味醇和雅正，但窖香不甚明显

观酒液：.. 5分
看包装：.. 5分
闻香气：.. 8分
尝滋味：.. 12分
潜力指数：.. 6分
零售终端行情指数：.. 3分
入选基准分：.. 40分

厂家：.. 湖北枝江酒业股份有限公司
香型：.. 浓香型白酒
酒精度数：.. 52°
规格：.. 1500ml
电商参考价：.. 7000元（瓶）

【52° 五星枝江】 ★★★

李克评分： **88分**
李克点评： "杀口"劲道净爽有力，实为兼香型白酒中少见

观酒液：.. 5分
看包装：.. 5分
闻香气：.. 12分
尝滋味：.. 16分
潜力指数：.. 7分
零售终端行情指数：.. 3分
入选基准分：.. 40分

厂家：.. 湖北枝江酒业股份有限公司
香型：.. 浓香型白酒
酒精度数：.. 52°
规格：.. 500ml
终端参考价：.. 345元（瓶）
电商参考价：.. 338元（瓶）

【产地】

湖北省枝江市。

【渊源】

枝江市在江汉平原的西头,长江中游的北岸,因"长江自此分支"而得名。此地平原与山丘交错,雨量充沛,长年温湿,且土壤肥沃,物产丰富。这里产酒的历史非常悠久,曾出土了春秋早期青铜器时代贵族们用来盛酒的铜方壶,可见当时枝江地区的人民已经掌握了酿酒的技术。

到了明清,枝江商贸发达,酿酒业也特别兴盛。据史料记载,"江口所制烧春酒,味佳且有名"。江口是枝江市一个古老的小镇,而"烧春酒"便是如今枝江大曲的前身。

1817 年,一位叫张元楠的秀才,在江口开设了一家酿酒作坊,取名"谦泰吉糟坊",专门酿制高粱白酒,称之为"堆花烧酒"。据《楚州府志》记载,"今荆郡枝江县烧春甚佳"。此后,江口满街兴办酒糟坊,枝江烧酒名冠荆楚。1892 年,翰林学士雷以栋品尝此酒后赞不绝口,认为"此酒比贡酒还胜一等,真乃况世佳酿",并将张元楠所赠的酒转送皇帝。皇帝品尝后夸"烧春,好酒"。从此,湖北每年精选上等好酒"进贡"皇上的,都是枝江"烧春酒"。

1927 年,"谦泰吉"声名远扬,生意越做越好。南来北往的客商常常将船舶停在江口,排长队买上几坛"烧春酒"。当时此酒还有一则广告:"选聘技师,精心酿造。橘精玫瑰,醉上香蕉。酝酿福寿,提精醒脑。虎骨加皮,追风活效。堆花烧酒,薄利多销。交换货物,特别公道。招待客气,不欺老少。诸尝试之,方知微妙。"

1949 年 7 月,江口解放,10 月,"谦泰吉"改名为"维生公"糟坊。

1951 年 8 月,枝江县收编"维生公",改名为国营江口酒厂。

1952 年 8 月,酒厂转为地方国营企业,更名为枝江酒厂。

1998 年,湖北枝江酒业股份有限公司正式挂牌成立。目前,该公司主导产品有枝江大曲、枝江小曲两大系列酒。

【工艺】

枝江大曲根据时令季节的变化而制定酿制步骤,例如在三月桃花盛开的季节中制温"桃花曲",盛夏时再制偏高温曲的"桑落曲"。制曲时粉碎小麦成梅花瓣状,要求烂心不烂皮,曲砖经人工反复踩制后进入曲房培菌,经晾、翻、堆、烘等数道工艺后成曲,而后再存放 3 个月才能用于酿酒。"枝江大曲"长期采用陶坛储存新酒,对酒的老熟具有催陈作用。

【风格】

湖北宜昌地域有一则民谣,可以粗见枝江酒的风格:"川酒烈,鄂酒香,又烈又香数枝江。"枝江大曲无色透明,窖香浓郁;入口绵甜醇厚,落口爽净,回味净长;品后不上头、不口干、不烧心。

【曾获荣誉】

多次荣获省部级优质产品奖,连续两届蝉联湖北省名牌产品。

黄山头

【黄山头 1988 大师珍藏】 ★★★★

李克评分： **91 分**

李克点评： 初识楚酒第一杯，就是从黄山头开始的，记忆犹新

观酒液：	5 分
看包装：	5 分
闻香气：	12 分
尝滋味：	17 分
潜力指数：	8 分
零售终端行情指数：	4 分
入选基准分：	40 分
厂家：	湖北黄山头酒业有限公司
香型：	浓香型白酒
酒精度数：	46°
规格：	500ml
终端参考价：	268 元（瓶）
电商参考价：	228 元（瓶）

【产地】

湖北省公安县藕池镇。

【渊源】

藕池镇位于北纬 30° 左右，在江汉平原的东南部，也即湘、鄂两省的交界处，因盛产莲藕而得名。自古以来商贾云集，因而又有"小汉口"之誉。它拥有丰富的森林资源，以及清澈纯净的藕池湖水，属中亚热带北缘季风性湿润气候，四季分明，具有霜期短、日照长、雨量充沛的气候特点，特别适合酿酒。

据史料记载，藕池镇的酿酒历史可追溯到北宋年间。宋乾道六年（公元1170年）九月，爱国诗人陆游赴夔州通判任时，"过石首而不入，泊藕池，品酒生情"，写下"雨中系舟作"的不朽之作。到了清朝，藕池镇的酿酒业盛极一时，声名日盛。1913 年，黄山头酒问世，但因战乱频繁，其发展也陷入困境。中华人民共和国成立后，黄山头酒获得新生，1949 年，成立了"石首人民制酒厂"。1952 年，黄山修建了举世闻名的荆江分洪工程，国际友人常来此参观游览，"黄山头大曲"开始成名。1965 年，酒厂改名为"藕池曲酒厂"。1991 年，更名为"湖北省藕池曲酒厂"。1994 年，改制成立"湖北黄山头酒业股份有限公司"。2008 年，湖北凯乐科技股份有限公司全资收购黄山头酒业有限公司。

【工艺】

黄山头酒选用优质高粱为原料，以优质小麦曲作为糖化发酵剂，继承传统的混蒸续糟发酵工艺，泥窖固态发酵，分段摘酒，高度储存，经精心勾兑、调味而成。酒厂运用"人工老窖"新技术对窖池进行改造，从而使成品酒去掉了泥腥味，风味更加完美。

【风格】

黄山头酒窖香浓郁而优雅，开瓶即闻酒香。入口绵甜甘爽醇厚，香味协调自然，尾味余长净爽。

【曾获荣誉】

1978 年，曾获得湖北省浓香型白酒第一名。1988 年，获首届中国食品博览会金奖。1989 年，获首届北京国际博览会银奖。1992 年，获香港国际博览会金奖。1994 年，获首届国际酒类商品博览会金奖。

稻花香酒

【52° 稻花香清样】 ★★★★

李克评分： 93分

李克点评： 浓酱相宜，平衡优雅有特点

观酒液： 5分
看包装： 4分
闻香气： 14分
尝滋味： 18分
潜力指数： 8分
零售终端行情指数： 4分
入选基准分： 40分

厂家： 湖北稻花香酒业股份有限公司
香型： 兼香型白酒
酒精度数： 52°
规格： 500ml
电商参考价： 1980元（瓶）

【产地】

湖北省宜昌市。

【渊源】

宜昌是古代巴楚文化的发祥地和交汇地，有着丰厚的历史文化底蕴。它的闻名更多是因为三峡大坝和葛洲坝，有关白酒的记载则不多。稻花香酒就是在这样一片古老和现代气息并存的大地上产生的。

稻花香酒的名字来源于辛弃疾的名句"醉扶怪石看飞泉，酿成千顷稻花香"。此酒的历史并不长。1982年，蔡宏柱在湖北宜昌县（今宜昌市夷陵区）龙泉镇青龙村创办了青龙酱油厂。几年后，蔡宏柱接手了宜昌县小溪塔酒厂，将其与青龙酱油厂、双龙饮料厂、土门酒厂合并，成立了宜昌县柏临酒厂。1992年，宜昌县柏临酒厂更名为湖北稻花香集团公司，停产酱油，全年生产白酒逾千吨。同期，稻花香酒横空出世。它融合了楚人传统的"烧酒"技术，以及巴人"咂酒"的酿制技艺，一经上市便引来消费热潮。到1990年代末时，稻花香酒已经成为湖北白酒市场的领导性品牌。目前，稻花香酒走出湖北，已经销售到安徽、江苏、广东、浙江、湖南等全国各个省和地区。

【工艺】

稻花香酒选用优质红高粱、玉米、糯米、大米、小麦五种粮食,取红高粱的香浓、大米的净爽、糯米的醇厚、小麦的冲劲、玉米的甜绵,以独特的"包包曲"为糖化发酵剂,取"龙眼"优质矿泉水,采用传统的混蒸、混烧、泥窖发酵工艺精心酿造,实行分层起糟,分层蒸馏,量质摘酒,分级并坛,长期储存,精心勾调而成。

【风格】

稻花香酒大部分产品都是浓香型白酒,属于淡雅柔和的浓香型。酒液清澈透明,窖香浓郁,口感柔和,甘洌醇厚,绵甜净爽,回味悠长,具有复合香和陈酒味。此外,稻花香还有少量产品属于浓酱兼香型。

【曾获荣誉】

1997年,曾获首届香港国际酒文化节特别金奖。2000年,被授予"中国白酒新秀著名品牌"。2004年,被评为中国白酒质量优秀产品。2006年,稻花香酒顺利通过国家"绿色食品"和"纯粮固态白酒发酵"认证。

黄鹤楼酒

【52° 黄鹤楼 20 年秘酿】 ★★★

李克评分： **89 分**

李克点评： 内在品质上佳，包装有待改进

观酒液：	5 分
看包装：	4 分
闻香气：	12 分
尝滋味：	16 分
潜力指数：	8 分
零售终端行情指数：	4 分
入选基准分：	40 分
厂家：	武汉天龙黄鹤楼酒业有限公司
香型：	浓香型白酒
酒精度数：	52°
规格：	500ml
终端参考价：	837 元（瓶）
电商参考价：	698 元（瓶）

【黄鹤楼 20 年原浆酒】 ★★★★

李克评分： **91 分**

李克点评： 大师调配出的精品，浓香的韵调老到而悠长。

观酒液：	5 分
看包装：	4 分
闻香气：	13 分
尝滋味：	17 分
潜力指数：	8 分
零售终端行情指数：	4 分
入选基准分：	40 分
厂家：	武汉天龙黄鹤楼酒业有限公司
香型：	浓香型白酒
酒精度数：	45°
规格：	500ml
终端参考价：	488 元（瓶）
电商参考价：	380 元（瓶）

【产地】

湖北省武汉市。

【渊源】

武汉由武昌、汉口和汉阳三镇组成。早在汉代，三镇酿酒之风已盛。宋代熙宁年间，鄂州（即汉口镇）的酒税高达五万贯以上。而到了清代，武汉的酿酒业更加兴隆，仅汉口镇就有上百家酒坊。所出产的酒品类繁多，如冰橘烧、桂花烧、状元红、女贞、百益、煤溜、佛手露、竹叶青等，其中就包括了今天黄鹤楼酒的前身——汉汾酒。

《武昌府志》有一段记载了"汉汾酒"的来历："夏口人刘某……康熙元年，以高粱为料，作药酿酒，时人亦称汉汾酒"。在当时的湖北，汉汾酒已经属于高档酒类，其酿制技艺和山西汾酒如出一辙。根据《湖北通志》记载："汾酒以高粱为质，仿山西制法，用大曲酿之。南酒亦以高粱或大麦为料，其酿则专用小曲。故酒皆清辣，而汾酒味较醇厚，价亦倍昂。"

1929年，德泰源酒坊的"汉汾酒"在工商部中华国货展览会上获一等奖。

1933年，康成造酒厂和协康汾酒厂被列为《近代中国实业通志》中的全国名酒厂。

1952年，当地政府以"老天成糟坊"等几家优质酒坊为基础，建成了武汉酒厂，同时沿用传统工艺生产汉汾酒。1962年又在此基础上投产特制汉汾酒。

1984年，湖北黄鹤楼古迹重建，特制汉汾酒于是改名为特制黄鹤楼酒。8年后，武汉酒厂也更名为**武汉黄鹤楼酒厂**。

1980年代，是黄鹤楼酒最为辉煌的时期。在1984年和1988年的两届全国评酒会上，黄鹤楼酒均被评为国家名酒。谈到清香型白酒，业界有"南楼北汾"的说法。"南楼"指的便是黄鹤楼酒，可见此酒的地位。那时候，小瓶黄鹤楼卖1块3角5分，价格不算低，但买的人却趋之若鹜。"一块三毛五"成了小黄鹤楼酒的代号，街头巷尾，品酒者无人不知。那是一个没有黄鹤楼酒不成席的年代，哪家人如果摆酒请客，桌上没有黄鹤楼酒，就很没面子。

2004年下半年，阔别市场近十年的黄鹤楼酒重出江湖。黄鹤楼以清香型白酒起家，但鉴于浓香型白酒的火爆行情，天龙黄鹤楼火速推出了两款浓香型白酒。此后，原有清香型特色产品系也陆续上市。新黄鹤楼酒从几元钱的低档酒摇身一变成了身份显赫的高档酒。2005年，黄鹤楼酒销售突破亿元。

2012年，在江西省第三届陈年茅台酒暨中国名酒拍卖会上，一瓶上世纪70年代产的黄鹤楼牌黄鹤楼酒被拍出16万元人民币的高价，成为该场拍卖会的"标王"。

【工艺】

清香型黄鹤楼以优质高粱为原料，用豌豆、大麦、小麦踩制成大曲作为糖化发酵剂，采用传统清蒸两次清工艺、轻固态地缸发酵、缓慢蒸馏、分段摘酒、分级入库、长期储存、勾兑调味而成。

浓香型黄鹤楼酒在生产原料配比上提高了糯米、大米两种原料的比例，降低了其基酒的出酒率，将淀粉出酒率控制在 70% 以内。在摘酒工艺上采用掐头去尾法，然后进行储存醇熟。

【风格】

清香型酒液清澈透明，酒味清香纯正，入口醇厚绵软，后味爽净，回味悠长。

浓香型黄鹤楼酒闻香优雅，既有别于川酒高度浓烈的浓郁，也不同于苏鲁豫皖酒的淡雅，具有一种绵雅的风格，低而不淡，高而不烈，香而不艳，绵而不逊，甜而不腻，净而不寡，不上头，不易醉，喝醉后醒酒比较快。

酒鬼酒

【52° 酒鬼酒内参】 ★★★★★

李克评分： 98分

李克点评： 神秘而尊贵的好酒

观酒液： 5分
看包装： 5分
闻香气： 15分
尝滋味： 20分
潜力指数： 9分
零售终端行情指数： 4分
入选基准分： 40分

厂家： 湖南酒鬼酒股份有限公司
香型： 其他香型
酒精度数： 52°
规格： 500ml
电商参考价： 1280元（瓶）

【酒鬼酒52° 和谐馥郁】 ★★★★

李克评分： 91分

李克点评： 湘派兼香的代表作

观酒液： 5分
看包装： 5分
闻香气： 13分
尝滋味： 16分
潜力指数： 8分
零售终端行情指数： 4分
入选基准分： 40分

厂家： 湖南酒鬼酒股份有限公司
香型： 馥郁香型白酒
酒精度数： 52°
规格： 475ml
终端参考价： 328元（瓶）
电商参考价： 258元（瓶）

【产地】

湖南吉首市。

【渊源】

吉首市隶属于湘西自治州。湘西峰峦险峻，山川秀美，沟壑纵横，在古代有"武陵蛮地"和"五溪蛮地"之称。湘西有着优越的酿酒气候，它位于东经109.10°～110.55°、北纬27.44°～29.47°之间，属亚热带湿润季风气候，空气温润，气候温和，四季分明，热量充足，雨水集中，降雨充沛。湘西黄壤的铁、钙含量低，黏度适宜，持水性强，是生产窖泥的优质泥种。而且，湘西水资源很丰富，有"十丈一泉，百丈一井，千丈一瀑"的说法。

得益于这些天然的资源，境内居住的土家族、苗族、侗族、瑶族、白族等少数民族历来就善酿美酒，许多村寨都有自己的酿酒师傅，凭借着传自祖辈的绝活，酿制出一坛坛令人眼花缭乱的美酒。因此，湘西素有"醉乡"之称，而横穿湘西的酉水则被称为"酒河"。

湘西的酿酒史至少可以追溯到春秋战国时期。这一点，通过在酉水流域的龙山县里耶战国古城遗址、里耶大板商代文化遗址和东汉古城遗址、魏家寨西汉古城遗址及古墓葬群、古丈县河西镇白鹤湾战国楚墓群等遗址出土的大量酒器就可以得到佐证。由于湘西先民崇拜"洞神"，敬神必奉美酒，于是形成了厚重的民族洞窖文化，并在各类敬祭和仪典活动中，创制出了中国最早的"洞藏酒"。

1956年，吉首酒厂成立。1989年更名为"吉首酿酒总厂"。吉首酒厂成立初期，主打产品湘泉酒在湘西及周边地区名气极盛。当时，著名画家黄永玉对湘西著名酿酒人王锡炳说："你能否在酿制湘泉酒之后，再酿出一种更好的酒来？如能的话，到时我给酒设计包装和命名。"两年后，湘泉人终于酿制出了一种好酒。黄永玉得知后，非常高兴，他把一只40公分见方的内藏充实口颈束的小麻袋拿给王锡炳，并说："这就是新酿出好酒的瓶型。"于是这只"小麻袋"就成了酒鬼酒包装的创意蓝本，而该酒也遵循黄永玉的建议，命名为"酒鬼酒"。

1991年，酒厂更名为"湖南省湘西湘泉酒总厂"。1996年更名为"湖南湘泉集团有限公司"。1997年，湘泉集团将酒鬼酒、湘泉酒和陶瓷三家公司的资产独家发起，创立"湖南酒鬼酒股份有限公司"。目前，主打子品牌包括酒鬼酒系列和湘泉酒系列，而酒鬼酒则是湘泉酒的上品。

【工艺】

酒鬼酒采用老窖发酵和药曲糖化的独特工艺，融酱香型酒的高温大曲和堆积发酵、浓香酒的泥窖续渣增香等众家所长。它取酒鬼酒工业园内的龙、凤、兽三眼春夏不溢、秋冬不涸、冬暖夏凉的清泉酿制，以颗粒多粮原料配方，粮醅二次清蒸清烧，以小曲培菌糖化、高温曲堆积筛选菌群、中偏高温曲入窖，以续渣老窖发酵提质增香，并采用民间洞穴藏酒之法，在素有"华夏洞王"美誉的奇梁洞中建设了"酒鬼酒洞藏文化酒基地"，使酒鬼酒在恒温、恒湿、通风的自然环境里天然净化、陈酿老熟，再经大师精心勾调而成。

【风格】

酒鬼酒的风格是别具一格的馥郁香，兼具浓香型的芳香馥郁、酱香型的细腻蕴藉、清香型的纯净、米香型的优雅。酒色清亮透明，窖香芬芳馥郁，口味醇甜柔和，酒体丰满圆润，自然协调，浓香带酱，酱不露头，后味爽净悠长。

【曾获荣誉】

1988年，曾获中国首届食品博览会金奖。1989年，获北京首届国际博览会银奖。1993年，获第七届法国波尔多世界酒类专业博览会最高荣誉金奖。1994年，获比利时布鲁塞尔国际博览会金奖和北京亚太国际贸易博览会金奖。1995年，被世界名牌消费品认定委员会认证为"世界名牌消费品"。

【防伪】

1996年3月以前的540ml酒鬼酒和1996年5月前的250ml酒鬼酒为食用明胶封口，而假酒则采用石蜡、松香、牛皮胶等封口。此后的真酒产品，用进口软木塞封口，上印有"鬼"字样，其表面完整。假酒则用非进口软木，或用已开启过的软木塞。真酒瓶颈部捆扎麻绳，一根能够扯下，一根不能。酒鬼酒的瓶口及外包装纸盒盒底封口处贴有全息激光防伪标，盒底为长方形标，瓶口为圆形标，纸盒口则用电码防伪签封口，轻轻将防伪签的表层拨开，便可见一串（排成两行）总共21位的数码，可拨通防伪查询电话查询所购产品的真伪。

白沙液

【白沙液品鉴 1993 珍藏版】················ ★★★
李克评分：·· **83分**
李克点评： 昔日"兼香之源"，何时重振雄风？
观酒液：·· 5分
看包装：·· 5分
闻香气：··· 11分
尝滋味：··· 13分
潜力指数：·· 6分
零售终端行情指数：······································· 3分
入选基准分：·· 40分

厂家：······························· 湖南白沙酒业销售有限公司
香型：··· 兼香型白酒
酒精度数：·· 52°
规格：··· 500ml
电商参考价：····································· 1380元（瓶）

【产地】

湖南省长沙市。

【渊源】

长沙古称为潭州。从出土的文物考证结果来看，西汉时，长沙已经出现了酿酒业。而从唐代开始，长沙美酒便开始频繁出现在诗人的笔下。唐代诗人杜甫曾作"夜醉长沙酒，晓行湘水春"。戎昱诗曰："松醪能醉客，慎勿老湘潭。"李商隐也曾作"松醪一醉与谁回"。松醪是指用松肪或松花酿制的酒。宋代酒业兴盛，熙宁年间酒课达五万贯以上。据清代《长沙县志》记载，民间素有"六月六日造新米饭酿陈酒"的风俗。1912年，当地的王德兴、李乾和、汤新茂、谭衡春等酒坊颇闻名。1935年，长沙市有酒坊十三户。

在长沙市天心阁下白沙街的东隅有一口井，名为白沙古井。这口井的历史颇为悠久，清《一统志》载，白沙古井，"在县东南二里，广二尺许，清香甘美，不溢不竭"，被誉为长沙第一泉。毛泽东写的词句"才饮长沙水，又食武昌鱼"的长沙水即指白沙井水。1952年，长沙市政府在老酒坊的基础上建成了长沙酒厂，酒厂的曲酒车间就坐落在白沙古井之畔。1973年开始投产白沙液酒，但当时尚无酒名。

1974年，毛泽东到湖南考察，品尝了长沙酒厂酿的酒，回味无穷，于是便问起这酒的来源和酒名。在得知此酒还没有名字后，毛泽东说："这酒是取白沙古井之水酿造成的酒，酒质味道都不错，叫'白沙液'好了。"自此，白沙液酒得名，并成为湖南名酒。据说，白沙液至今仍保存有当年毛泽东品尝过的产于1974年的三十年以上的老酒上千吨。

1980年代，此酒热销甚至一瓶难求，并注册了"白沙液"商标。90年代后，长沙酒厂开始走下坡路。1994年，长沙酒厂注销，随后被长沙啤酒厂兼并，1995年更名为白沙液酒厂。2004年，长沙白沙酒业有限责任公司成立。

【工艺】

白沙液遵循传统工艺，选用优质高粱、小麦、糯米，整粒浸泡糊化，专取白沙泉水精工酿制，采用高、中温曲混合使用，六蒸五馏，四次取酒，高温堆积，回沙发酵，分批分质摘酒，久经窖藏而成。

【风格】

白沙液兼有酱香型和浓香型的口感特征。酒液无色透明，曲香浓郁，入口有稻谷微甜之感，下喉则甘美醇和，后味回甜，口有余香，经久不息。

【曾获荣誉】

1988年，曾获首届中国食品博览会金奖。1991年，获第二届北京国际博览会金奖。1992年，获首届曼谷博览会金奖。1993年，获德国KTC金奖。1993年，获国际名酒香港博览会金奖。1994年，获第五届亚太博览会金奖。

武陵酒

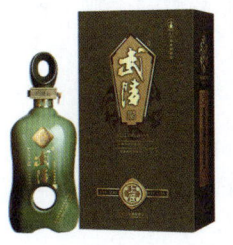

【 53° 武陵上酱 】

李克评分： 79分

李克点评： 产品表现不突出，尚需更进一步

观酒液：	4 分
看包装：	4 分
闻香气：	10 分
尝滋味：	12 分
潜力指数：	6 分
零售终端行情指数：	3 分
入选基准分：	40 分
厂家：	湖南武陵酒有限公司
香型：	酱香型白酒
酒精度数：	53°
规格：	500ml
电商参考价：	2800 元（瓶）

【产地】

湖南省常德市。

【渊源】

常德，古称武陵，位于北纬 30° 附近，正是中国最适合酿制白酒的地带。唐五代时，武陵的崔氏酒非常有名，此酒汲水之井称为崔婆井，成为酿酒遗迹。1952 年在此旧酒坊的基础上建成常德市酒厂，所产之酒以古地名命名，也就是"武陵酒"。

1960 年代末，湖南省革委会决定酿制一款与茅台口感、品质相当的接待专用酒。这一任务最终交给了当时的常德酒厂。酒厂效法茅台酒的酿制工艺，终于在 1972 年酿制出了酱香武陵酒。

1987 年，酒厂改名为武陵酒厂。2004 年，泸州老窖股份有限公司入主，组建湖南武陵酒有限公司。2007 年，全新推出优雅酱香武陵酒系列，分为武陵上酱、武陵中酱、武陵少酱三个品种。上酱主要定位于高端政务和商务用酒，中酱主要定位于中高档，少酱定位比较大众化，价格适中。此外，武陵酒业还生产部分浓香型和兼香型白酒。

【工艺】

　　武陵酱香酒采用传统酿制工艺，端午踩曲，重阳投料，同一批原料要经过九次蒸煮、八次加曲、八次堆积发酵、八次入池发酵、七次取酒，整个过程历时整整一年。出产白酒要经三年以上陈酿窖存，加上勾兑存放，从原料到成酒，至少要五年时间。

【风格】

　　虽同为酱香酒，武陵酒和茅台酒的口感却有不同。武陵酒口感更柔和、优雅，其酒香包含了酱香、窖底香、果香三种香型，若论酱香的蕴藉悠远浓郁，则不及茅台酒。

【曾获荣誉】

　　1973年，曾获"湖南省名酒"称号。1979年、1984年、1989年，分别在全国第三、四、五届评酒会上荣获"国家优质酒"称号及银奖。1990年，获首届轻工博览会金奖。1991年，荣获第二届北京国际博览会金奖。

【防伪】

　　武陵酒瓶身张贴有防伪标，刮开防伪标贴下部的涂层，即有一组18位防伪码，为每一瓶武陵酒确定了唯一的身份编码，可用多种途径（短信、免费电话、登录官方网站）对防伪编码进行查询。外包装盒两侧采用的是国际最新的"拉断式"毁盒防伪方式，只有拉断防伪锁，才可继续打开武陵酒外包装。外包装盒的咬合式防伪，使包装盒上下两部分永久性地咬合在一起，只有破坏包装盒，方能完全打开酒盒。瓶口采用独特的"扳断式"金色防伪锁扣，只有扳断瓶口金色防伪锁扣，才可以继续开启酒瓶。瓶口内外圈陶瓷环"撬断式"防伪，只有用武陵酒自带的专用开瓶器，撬断瓶口陶瓷环，破坏酒瓶，才可品尝到武陵酒。

湘窖酒

【52° 湘窖】 ★★★

李克评分： **89分**

李克点评： 窖香浓郁，酒体丰富、有层次

观酒液： 5 分
看包装： 4 分
闻香气： 12 分
尝滋味： 18 分
潜力指数： 7 分
零售终端行情指数： 3 分
入行基准分： 40 分

厂家： 湖南湘窖酒业有限公司
香型： 浓香型白酒
酒精度数： 52°
规格： 500ml
电商参考价： 598 元（瓶）

【开口笑 15 年陈酿】 ★★★

李克评分： **88分**

李克点评： 与其偷着乐，不如开口笑，好酒，好彩头

观酒液： 5 分
看包装： 5 分
闻香气： 11 分
尝滋味： 17 分
潜力指数： 7 分
零售终端行情指数： 3 分
入行基准分： 40 分

厂家： 湖南湘窖酒业有限公司
香型： 浓香型白酒
酒精度数： 52°
规格： 500ml
终端参考价： 358 元（瓶）
电商参考价： 258 元（瓶）

【产地】

湖南省邵阳市。

【渊源】

古城邵阳是湘酒的发源地。邵阳古称宝庆,又名邵州,北障雪峰之险,南屏五岭之秀,盆地珠连,丘陵起伏,好酒名扬天下。北宋诗人彭汝砺的《邵阳集》中就有"村醪薄滋味,市俗固安便"的赞美。

1957年,邵阳市酒厂成立,生产邵阳大曲。该酒自60年代以来一直是地方名酒。

2003年,酒厂被湖南金六福酒业有限公司(华泽集团)收购,更名为湖南湘窖酒业有限公司。目前,公司产品有湘窖、开口笑、邵阳和营养开口笑等四大系列品牌。

【工艺】

湘窖酿酒用水取自状元沙洲地下50米花岗岩之下,沿袭传统的制曲工艺,以檀香木制作曲匣,人工踩压,以稻壳铺底、稻草铺面,自然接种而成。酿制工艺遵循"古遗六法",并将粮、曲置于低于地面二点五米的陈年老窖中自然发酵生香,采用麻坛促使酒体老熟、陈化。

【风格】

湘窖酒为浓香型白酒,其窖香浓郁,陈香优雅,粮香舒适,入口绵甜甘冽,落口爽净,酒体醇厚完美,回味悠长。

【曾获荣誉】

1988年,邵阳大曲曾荣获中国首届食品博览会金奖。1995年,获国际食品博览会金奖。1996年、1999年、2002年、2005年,先后四次被评为湖南省名牌产品。2004年,52°湘窖获得湖南省酿酒行业优质产品奖,于2007年再次获得同一奖项。

德山大曲

【御品德山 50 年代】 ★★★★

李克评分： 92 分

李克点评： 被低估的经典

观酒液：	5 分
看包装：	4 分
闻香气：	13 分
尝滋味：	18 分
潜力指数：	8 分
零售终端行情指数：	4 分
入选基准分：	40 分
厂家：	湖南德山酒业有限公司
香型：	浓香型白酒
酒精度数：	52°
规格：	500ml
电商参考价：	266 元（瓶）

【产地】

湖南省常德市。

【渊源】

常德地处洞庭湖平原，物产丰饶，具有优越的酿酒生态环境，自古至今出产美酒无数，是湖南省著名的酒乡。早在清朝和民国时期，东门外的百年老字号"马万隆糟坊"就以生产"德酒"闻名。

1952 年，在马万隆等糟坊基础上，德山酒业建厂，按照湘派古法技艺潜心酿制，1959 年研制出德山大曲酒。目前，公司拥有德山大曲、滴水洞、御品德山三大品牌。

【工艺】

德山大曲是浓香型大曲酒，它以优质高粱为原料，用小麦大曲作酯化剂，结合传统酿制工艺精心酿制，经多年存放、精心勾兑而制成。

【风格】

德山大曲清澈透明，醇香浓郁，味道绵甜爽净，回味优雅后味长久。

【曾获荣誉】

在 1963 年、1984 年、1988 年，曾先后三次获"中国优质酒"称号。1989 年，获北京国际食品博览会金奖。1998 年，荣获"湖南省名牌产品"称号。

浏阳河酒

【52° 浏阳河 30 年陈酿】

李克评分：	**75 分**
李克点评：	特色不甚明显的酒
观酒液：	4 分
看包装：	3 分
闻香气：	9 分
尝滋味：	12 分
潜力指数：	5 分
零售终端行情指数：	2 分
入选基准分：	40 分
厂家：	湖南浏阳河酒业有限公司
香型：	浓香型白酒
酒精度数：	52°
规格：	475ml
终端参考价：	827 元（瓶）
电商参考价：	788 元（瓶）

【产地】

湖南省长沙市。

【渊源】

浏阳河酒，源于唐代药圣孙思邈"造酒助龙"的美丽传说。自诞生之日起就有低温洞藏的传统，到了宋朝更是蔚然成风。20 世纪初，以"美利昌"作坊所酿制的浏阳河烧酒播誉潇湘。1956 年，当地人民政府在旧酒坊的基础上建成了浏阳河酒厂，1993 年更名为浏阳市酒厂，以生产"浏阳河曲酒"而闻名。1998 年，中商集团从浏阳酒厂收购浏阳河酒酒厂，与中国酒业大王五粮液集团携手，成立湖南浏阳河酒业有限公司，"浏阳河"上市。

【工艺】

浏阳河酒依托宜宾五粮液酒厂生产，完全采用五粮液的基酒，以高粱、大米、糯米、小麦、玉米为主要原料，使用"包包曲"，采用"跑窖循环"、"固态续糟"、"双轮底发酵"等发酵技术，以及"分层起糟"、"分层蒸馏"、"按质并坛"等工艺步骤。

【风格】

浏阳河酒属于柔雅型的浓香型白酒，口感较五粮液柔和、清淡。

四特酒

【52° 四特东方韵雅韵】················★★★★★

李克评分：··························· **96分**

李克点评： 味道好，到江西你不容错过的一款酒

观酒液：·································· 5 分
看包装：·································· 5 分
闻香气：································· 14 分
尝滋味：································· 18 分
潜力指数：································ 10 分
零售终端行情指数：························· 4 分
入选基准分：······························ 40 分

厂家：······················· 江西四特酒有限责任公司
香型：······························ 特香型白酒
酒精度数：································· 52°
规格：·································· 500 ml
终端参考价：······················· 517 元（瓶）
电商参考价：······················· 428 元（瓶）

【产地】

江西省樟树市。

【渊源】

樟树地区是名酒之乡，当地人尚酒之风兴盛。不论乡下、城里，几乎家家有酒、户户飘香。最初，樟树地区所产的酒以醴醪或黄酒为主。唐宋后，随着酿酒技艺的提升，出现了蒸馏法酿酒，才生产出了浓度更高、香味更浓的"土烧"。唐朝后期，"四特土烧"（也称"清江土烧"）已见于典籍记载。明时江西的大科学家宋应星还把"四特土烧"的工艺写进了《天工开物》。

有关四特酒的得名有几个不同版本的典故。一说是，夏代灭亡后，曾饱受夏欺凌的吴人欣喜若狂。吴王下令所有吴城民间的酿酒师傅，一定要酿制出上等的美酒祭祖。酿酒师傅依据吴部落贵族先祖的"酿酒图谱"，取九龙泉水和优质稻米，再经过九九八十一天方才酿出了甘醇的美酒。吴王品尝后大加赞赏，评价此酒与祭祖宰杀的四特（特，古称健壮的公牛）同等珍贵，因而取名为"四特"。时至今日，在樟树市还有一尊酒价值四头牛的民间传说。

另一说是，清朝光绪年间，娄德清与陈源茂酒坊合伙经营成立了一家"娄源隆"酒坊。初期，"娄源隆"酒坊采用"四特土烧"传统的小曲酿制蒸馏白酒的工艺，虽然酒质优于镇上其他酒坊的酒，但是没有从根本上产生差别。"娄修隆"于是在原来酿制工艺的基础上广泛吸取外地名酒的特点，重视勾兑，掺入一定数量的南昌高粱，使酿出来的白酒风味较其他酒作坊的酒高出一筹。此后，"娄修隆"又不断研究了制曲技术，采用高粱、糯谷作原料，实行固定发酵，精心酿制，延长储存期。酿出的酒格外香醇，色清亮并呈淡绿色，既具有汾酒、汉酒的特点，又有别于汾酒和汉酒，大受消费者欢迎。"娄源隆"也一跃成为樟树镇最受欢迎的酒坊。

为防止假冒，娄德清在"娄源隆"的酒坛上贴上了四个"特"字，表明这是真正纯正的"四特酒"，又表明此酒特别优质，"四特酒"因此而得名。到1930年代，"娄源隆"的四特酒年产量已高达几十万斤。

中华人民共和国成立后，政府在原"娄源隆"酒坊的基础上，于1952年成立了国营樟树酿酒厂，既秉承传统工艺，坚持原生地制曲、原生地酿制、原生地储藏、原生地灌装，又融入现代科学技术，使四特酒始终保持着独特风味和优异的品质。1983年，酒厂更名为江西樟树四特酒厂。2005年，改制为四特酒有限责任公司。目前，该公司主打产品包括四特珍藏系列、四特年份酒系列、四特东方韵系列、四特1898系列、四特星级系列、四特老窖系列等。

【工艺】

四特酒采用樟树地区优质矿泉水，精选江南特产的富含淀粉、植物性蛋白、维生素等营养成分的精制大米为原料，不经粉碎、浸泡，直接与酒糟混蒸，使精大米的香味带入酒中。工艺采用"老四甑"经典操作法，每次出窖蒸酒时，将每个窖池的酒糟拌入新投入的原料，分成四甑蒸馏，蒸后其中三甑料重新拌曲入窖发酵，另一甑作为丢糟扔出，这种操作概括为"三进四出"。其工艺特点可以概括为"整粒大米为原料，大曲面麸加酒糟，红褚条石垒酒窖，三香具备犹不靠"（三香即酱香、浓香、清香）。

【风格】

四特酒集浓香、酱香、清香于一体，其香味组分含量及量比关系与其他各类白酒明显不同，有"浓头酱尾清中间"的美誉，具有"亮似钻石透如晶，芬芳扑鼻迷逗人，柔和醇甘无杂味，滋身清神类灵芝"四大特色。

【曾获荣誉】

1963年、1980年、1983年，先后三次被评为江西省名酒，两次荣获"江西省优质产品"称号。1984年，在轻工部酒类质量大赛中荣获银奖。

【防伪】

真品四特酒的包装材料图案印刷非常清楚。"四特酒"三个字和拼音是凸出纸面的。假酒包装制作粗糙，图案印刷模糊，字和拼音都是平面的。真酒瓶盖上"四特"二字呈凹形，假的"四特"二字呈凸形。

李渡酒

【李渡酒 10 年陈】 ★★★

李克评分： 81分

李克点评： 兼香型的特质未能充分表现出来

观酒液： 5分
看包装： 4分
闻香气： 10分
尝滋味： 13分
潜力指数： 6分
零售终端行情指数： 3分
入选基准分： 40分

厂家： 江西李渡酒业有限公司
香型： 兼香型白酒
酒精度数： 45°
规格： 450ml
电商参考价： 183元（瓶）

【产地】

江西省南昌市。

【渊源】

李渡酒因产于南昌进贤县李渡镇而得名。李渡镇地处抚河中下游，紧靠抚河堤岸，环境优美，土地肥沃，米质好，具有酿酒的良好环境。这里有着一千五百多年的酿酒历史，元末明初，李渡酒曾有"赶圩李家渡，打酒买豆腐"的说法。2002年中国十大考古发现之一的李渡烧酒作坊遗址，被考证为具有八百多年的历史，至今仍陈香绵延，窖香四溢。清朝末年，李渡万茂酒坊广集民间酿酒技术，在糯米酒的基础上，引进了用大米为原料、大曲为糖化发酵剂，用缸和砖结构的老窖发酵制白酒的新工艺。

1955年，李渡酒厂实行公私合营，由九家私营作坊合并成公私合营民生酒厂，这就是李渡酒业公司的前身。2002年，国有企业进行改革，引进了以经营房地产为主的香港投资方进行正式改制，由于市场竞争激烈，加上投资方不够专业，李渡酒一度失去了自己的特色。2008年，华泽集团并购李渡酒业，重新组建了江西李渡酒业有限公司，李渡酒的人气开始逐渐恢复。

【工艺】

　　李渡酒采用续糟混蒸原窖发酵操作法，分为手工操作和机械操作：手工操作按"三进四出"的操作方法生产；机械操作按入池做四甑回糟和十二甑粮糟的操作方法生产，先是清蒸稻糠、加曲粉、投粮、拌料、装甑、蒸馏、摊凉、入池、出池、入窖、勾兑、灌装、成品。

【风格】

　　李渡酒属于兼香型白酒，和谐、净爽、秀雅，具有色泽清亮、香气浓郁、柔绵醇和、清冽干爽、醇厚纯正、回味悠长的特点。

【曾获荣誉】

　　曾获"江西省名酒"、"江西省优质白酒"、"消费者最喜爱的白酒"称号，并获巴黎国际食品博览会金奖等。

临川贡酒

【临川贡酒 6 年陈酿】 ★★★

李克评分： **87 分**

李克点评： 喝着比较舒服的一款酒

观酒液：	5 分
看包装：	5 分
闻香气：	12 分
尝滋味：	15 分
潜力指数：	6 分
零售终端行情指数：	4 分
入选基准分：	40 分
厂家：	江西临川酒业有限公司
香型：	浓香型白酒
酒精度数：	45°
规格：	500 ml
终端参考价：	160 元（瓶）

【产地】

江西省抚州市。

【渊源】

临川的酒文化源远流长。单就临川贡酒的历史而言，据说可以追溯到北宋以前。公元 1075 年，当时的北宋宰相王安石以临川所产美酒敬献宋神宗，深得皇帝喜爱，从而被列为皇宫贡酒。1958 年，江西临川酒厂成立，沿袭临川地区传统酿酒工艺生产临川贡酒。由于口感纯正、干烈，此酒逐渐打开市场。2001 年，酒厂改制，主打产品年份酒系列。

【工艺】

临川贡酒以优质大米为原料，采用传统酿酒工艺，并结合现代酿酒技术，经泥窖固态发酵、续糟配料、混蒸混烧、双轮发酵、木甑蒸馏、量质摘酒、精心勾兑而成。

【风格】

此酒纯净清澈，闻香优雅，入口醇厚甘绵，酒度低而味不淡，多喝也不上头。

【曾获荣誉】

曾获"全国食品行业名牌产品"、"江西省名牌产品"等称号，并获马来西亚金虎奖。

鲁豫产区

山东省位于黄河下游，京杭大运河的中北段，古代为齐鲁之地，河南则是中华文明和中华民族的发源地。早在春秋战国时代，这两地的经济文化就已经相当发达，因此，其酒史悠远是再合理不过的事了。

鲁豫酒史

1979年，山东莒县陵阴河大汶口文化墓葬中出土了大量酒器，包括酿酒发酵所用的大陶尊、滤酒所用的漏缸、储酒所用的陶瓮，等等。据分析，墓主生前可能是当时一位职业酿酒者。可见，在远古时代，这里已经出现了专业的酿酒师。

然而，虽然历史悠久，但最初的鲁酒名声却不怎么好，全然没有齐鲁文化的锋芒和霸气。这坏名声来源于"鲁酒薄而邯郸围"的典故。据说战国时代，楚宣王强盛，令诸侯朝见。其他诸侯都到了，唯独鲁恭公迟到了。这还不算，鲁国奉上的酒味道极其寡淡。楚宣王十分不快，言辞之下侮辱了鲁恭公。鲁恭公据理力争，说"我是周公的后代，对周王室有功。我肯来给你送酒已经是很给面子了，你还敢说我的酒薄，不是太过分了吗？"说完，他拂袖而去。这下可惹恼了楚宣王。于是，楚国便联合齐国带兵攻鲁。至此，鲁酒的"淡薄"也与这段历史一起流传下来。

我猜想当时鲁恭公带去的酒很可能是掺了水的，真正的鲁酒味道应当还不错。又或者，到了唐代，鲁酒的工艺已经大大进步，总之，在酒仙李白心目中，鲁酒不失为佳酿。他的诗中曾多次提到鲁酒，且均怀着喜爱之情，毫无贬义。一次尝过琥珀色的鲁酒和活蹦乱跳的金紫色的汶水之鱼之后，李白诗兴大发，写下了《酬中都小吏携斗酒双鱼于逆旅见赠》的热情洋溢的诗篇，赞美琥珀鲁酒，其热情不亚于对兰陵美酒琥珀光的赞美。

相比鲁酒的源远流长，豫酒的历史也毫不逊色。河南位于中国中东部、黄河中下游、太行山脉以东。因大部分地区位于黄河以南，故称河南。远古时期，黄河中下游地区河流纵横、森林茂密、野象众多，河南被形象地描述为人牵象之地，这就是象形字"豫"的根源。这里是中华民族最为重要的发祥地和发源地，是华夏历史文明传承的创新区。从夏到北宋，先后有二十个朝代建都或迁都于此，长期是全国的政治、经济、文化中心。

应当说，豫酒文化是中国酒文化的根脉，酒祖仪狄、杜康造酒始于河南，仰韶文化、贾湖文化、宋河道教文化、大河文化、赊店文化等也都与造酒有关。刘伶醉酒、汉光武帝刘秀赊酒旗建立东汉王朝等美好传说，及曹操"何以解忧，唯有杜康"等历代文人骚客一大批诗词歌赋，让河南酒史熠熠生辉。

浓香、芝香争艳

山东是产粮大省，白酒产量自然不俗。这里所产的酒主要有浓香和芝香两种风格。

浓香型酒采用人工老窖、传统老五甑工艺、固态发酵、单粮或多粮酿制。与浓香白酒大省四川相比，由于气候条件不同，酿酒微生物群也不同，鲁酒在保持传统浓香型白酒风格的前提下，更加窖香淡雅、醇和绵甜，注重味的醇和、绵甜和柔净。

芝麻香型酒是全国白酒十大香型之一，也是鲁酒风格的典型。这种香型兼有清、浓、酱三种香型的特点。山东的芝麻香型酒又可以分为两大流派：一派是以景芝白干、特级景芝白干为代表的淡雅型芝麻香酒。这种酒是在传统景芝白干工艺技术的基础上，采用特有的曲种、独特的配料和工艺酿制的。其口感清正淡雅、爽净，芝麻香优雅。另一种是窖香型的芝麻香酒。这种酒是在浓香型酒的基础上，采用独特的配料和生产工艺，原酒经长期储存而成。

河南白酒同样以浓香型为主，普遍采用老五甑混蒸混烧分层蒸馏、分段量质摘酒、分级入库、原出原入的工艺操作法，并且以单粮为主导。豫酒的风格和鲁酒有相似之处，同样具有窖香优雅的特点，同时口感绵柔，回味悠长。这种风格特征的形成缘于河南典型的北方气候、独特的微生物种群和独特的工艺。河南气候干燥，昼夜温差大。曲房空间微生物春秋多、夏冬少。生产工艺方面，浓香型豫酒采取低温入窖，夏季平地温，入池酸度较低，用曲量较大，以中高温曲为主或中温与高温大曲配合使用。这些都是促使豫酒雅香风格形成的原因。

值得关注的品牌

山东各个区域白酒酿制业的特征不同。鲁西地区白酒酒厂众多，比较知名的有孔府家酒、景阳冈、泰山特曲、古贝春等。鲁中地区的趵突泉、扳倒井、黄河龙还不错，景芝白干更是不容错过。鲁南地区最有名的是临沂的兰陵酒。此外，胶东地区青岛所产的琅琊台也是一款好酒，值得品尝。

河南省比较不错的酒有清香型的宝丰酒，浓香型的宋河粮液、张弓酒、林河酒、杜康酒、仰韶酒以及赊店老酒等等。

景芝白干

【62° 一品景芝 30 年原浆】 ★★★★

李克评分： **91 分**

李克点评： 62° 的奔放，值得去品味

观酒液：	5 分
看包装：	5 分
闻香气：	12 分
尝滋味：	16 分
潜力指数：	9 分
零售终端行情指数：	4 分
入选基准分：	40 分

厂家：	山东景芝酒业股份有限公司
香型：	芝麻香型白酒
酒精度数：	62°
规格：	500ml
终端参考价：	4438 元（瓶）
电商参考价：	3699 元（瓶）

【53° 一品景芝尚品】 ★★★★

李克评分： **90 分**

李克点评： 虽不好芝麻香，但此酒一品三味，给我深刻印象

观酒液：	5 分
看包装：	5 分
闻香气：	13 分
尝滋味：	15 分
潜力指数：	8 分
零售终端行情指数：	4 分
入选基准分：	40 分

厂家：	山东景芝酒业股份有限公司
香型：	芝麻香型白酒
酒精度数：	53°
规格：	500ml
终端参考价：	1425 元（瓶）
电商参考价：	1188 元（瓶）

【产地】

山东省安丘市景芝镇。

【渊源】

以独特的芝麻香型傲步酒坛数百年的景芝白干，因产于景芝镇而得名。

景芝镇，远古时代属东夷范围，明代大学者顾炎武称之为"齐鲁三大古镇"之一。古镇西边是丘陵，东边是山区，中间是肥沃的平原，处于潍河、浯河、渠河三河并流地带，富含有益的微生物菌群。景芝镇有一口"松下古井"（位于现景芝酒业院内），适宜用作酿酒水源，故而当地盛传"三产灵芝真宝地，松下古井见酒泉"和"景芝水含三分酒"的说法。

景芝镇酿酒的历史非常悠久。据分析，1957年当地出土的七十四件文物和两年后在大汶口出土的大批文物中，酒器占了一半左右。这些文物说明，该镇酿酒的历史已经有四千多年。

关于景芝烧酒，目前能够查到的最早的文字记载在清朝。公元1743年，乾隆皇帝在位，当时的山东巡抚喀奏报查禁烧酒时曾涉及景芝，奏章称："察知私踩私烧聚集之所，如阿城、张秋、鲁桥、南阳、马头镇、景芝镇、周村、金岭镇、姚沟并界联江省之夏镇，向多商贾于高房邃室踩曲烧锅，贩运渔利……"

抗战之前，景芝酒达到鼎盛时期，镇上有七十二家烧锅，其产品泛称景芝高烧。1915年景芝高烧，作为山东省唯一白酒代表参加了巴拿马万国博览会。抗日战争爆发后，景芝镇沦陷，这里很快成为我党与敌斗争的战场。1943年，八路军鲁中军区敌工部在景芝设立"元亨利酒店"，作为地下工作据点。

1945年，景芝镇解放。1948年，当地政府集七十二家烧锅作坊于一体成立国营酒厂，景芝高烧改成景芝白干。1952年，更名为山东景芝酒厂。1993年，改制为股份制企业。

景芝白干对于白酒界的贡献，除了其是中国历史最悠久的烧酒之外，更因为其创立了一种独特的香型。1957年，白酒专家首次在景芝酒中发现芝麻香因子，并在1965年开始启动对芝麻香型白酒的探索和研究。1995年，轻工部发布了以景芝酒业为主的芝麻香型白酒行业标准，它代表着芝麻香型的正式确立。这为鲁酒确立了一张名片，结束了鲁酒无代表香型的历史。2007年，芝麻香型国家标准经国家质检总局和国家标准化管理委员会颁布实施。

值得一提的是，景芝酒业在主打芝麻香型白酒生产的同时，还推出了景阳春酒，这也是山东省第一个浓香型粮食酒。

【工艺】

景芝酒采用清蒸续渣、泥底砖窖、大麸结合、多微共酵、三高一长（高氮配料、高温堆积、高温发酵、长期储存）等工艺，讲究粉碎"呈梅花瓣，无孢生"，配料"无团糟、无白眼"，装甑要"轻、松、匀、薄、准、平"，蒸馏要"缓气蒸馏，大气追尾"，糊化要"熟而不粘，内无生心"等。

【风格】

景芝白干的芝麻香型兼具浓、清、酱三大香型的特点,具有突出的焦香、轻微的酱香,有近似焙炒芝麻的香气。口感优雅舒适,酒体醇厚,柔顺悠长,细腻协调。品尝景芝酒的温度很有技巧,酒温 20℃时,其芝麻香味较为突出,口感最好。

【曾获荣誉】

1984 年,曾荣获轻工部酒类质量大赛银奖。1996 年,被评为中国首届八大大众名白酒。2006 年,被商务部认定为首批中华老字号。

【防伪】

进入山东景芝酒业官方网站"产品服务"栏进行查询。

【配菜建议】

品尝景芝白干时,搭配的菜肴应力求清淡,以突出典雅的芝麻酒香。山东淄博名吃酥锅、春卷、德州扒鸡等都可用来下酒。把颇有韧劲的山东煎饼以及武城旋饼等面食在席间享用,也可凸显酒香。此外,像鲶鱼炖茄子、猪肉炖酸菜、雪鱼炖豆腐等炖菜,再如鸳鸯戏水龙凤汤、云片猴头、奶汤鸡脯、奶汤鸡块、奶汤银肺、奶汤鱼翅、奶汤圆鱼、清蒸加吉鱼、清汆蛎子、清炖加吉鱼、菊花火锅、芙蓉鸡片、南炒鸡丁等都非常适合。

兰陵酒

【兰陵王至尊】

李克评分: 73分

李克点评: 再喝的时候,已经找不到二十年前初次品尝时的滋味了

观酒液:	5分
看包装:	3分
闻香气:	8分
尝滋味:	10分
潜力指数:	5分
零售终端行情指数:	2分
入选基准分:	40分
厂家:	山东兰陵企业(集团)总公司
香型:	浓香型白酒
酒精度数:	52°
规格:	660ml
终端参考价:	**1980元(瓶)**
电商参考价:	**1500元(瓶)**

【产地】

山东省苍山县兰陵镇。

【渊源】

兰陵位于临沂市西南部,与江苏省接壤,是中国古代名邑,据说是因附近土陵兰草繁茂、兰花芳香而得此美名。兰陵的酿酒史始自商代,古卜辞中对"鬯(chàng,古代祭祀用的酒,用郁金草酿黑黍而成。——作者)其酒"的记载,便是兰陵美酒的最早见证。1995年,江苏徐州出土了具有两千多年历史的兰陵酒,进一步印证了兰陵悠久的酿制历史。

兰陵美酒的魅力征服了众多名人。北魏时期农学家贾思勰对兰陵美酒生产工艺进行了科学分析,并载入世界第一部农业科学经典《齐民要术》之中。到了唐代开元盛世,农业的进步促进了兰陵酒业的飞速发展。诗人李白到山东游历,痛饮神往已久的兰陵美酒,并写下了"兰陵美酒郁金香,玉碗盛来琥珀光;但使主人能醉客,不知何处是他乡"的千古绝句。

相较于李白的浪漫洒脱，明代医学泰斗李时珍对兰陵酒的描述则更具学术味："兰陵美酒，清香远达，色复金黄，饮之至醉，不头痛，不口干，不作泻。共水秤之重于他水，邻邑所造俱不然，皆水土之美也，常饮入药俱良。"

1948年11月，兰陵解放后，当地政府在兰陵古镇东醴源私人酒坊基础上，联合八家私人大酒坊和三十余家私人作坊，组建了山东兰陵美酒厂。1950年，恢复兰陵美酒的生产，第一批酒色淡、香味短。此后开始逐渐改进工艺。1957年后，质量有所波动，色浊味苦，落口寡淡。1993年春，当地政府组建成立山东兰陵企业(集团)总公司。1994年，改组为兰陵美酒股份有限公司。从市场竞争力来看，90年代，兰陵酒的发展一度陷入低谷，此后缓慢恢复。

【工艺】

兰陵美酒采用的原料多为优质高粱、小麦、大米、糯米、玉米等五粮，酿制工艺古今少有变化，需经整米、淘洗、煮米、凉饭糖化、下缸加酒、封缸储存、起酒等制作过程，采用老窖双轮发酵，原酒出锅后，要在陶罐中储存三年以上方可勾兑。

【风格】

此酒最大的特点是浓香扑鼻，开瓶时喷涌而出的芳香浓馥优雅，酒液色泽清亮、透明，入口则感清爽甘洌，齿颊留香，回味无穷，具有低而不淡、浓而不烈以及甜净、顺爽、温厚的风格，是以浓香为主的多粮复合香型。喝过不头疼、不口干。

【曾获荣誉】

1915年，在美国旧金山召开的巴拿马万国博览会上，兰陵美酒荣获金奖。1916年，在首届中华国货展览会上，兰陵美酒又获二等奖。

孔府家酒

【52° 孔府家酒儒雅香小红花】……★★★

李克评分：……………………………………81分

李克点评：独特的儒雅香型白酒，滋味绵甜醇和，好酒！

观酒液：………………………………………4分
看包装：………………………………………4分
闻香气：………………………………………12分
尝滋味：………………………………………13分
潜力指数：……………………………………5分
零售终端行情指数：…………………………3分
入选基准分：…………………………………40分

厂家：………………………山东曲阜孔府家酒业有限公司
香型：………………………………………儒雅香型白酒
酒精度数：……………………………………52°
规格：…………………………………………500ml
终端参考价：………………………………698元（瓶）
电商参考价：………………………………588元（瓶）

【52° 孔府家酒府藏10年】……★★★

李克评分：……………………………………85分

李克点评：酒质醇绵，酒香浓郁，浅斟小酌实在享受。

观酒液：………………………………………4分
看包装：………………………………………4分
闻香气：………………………………………12分
尝滋味：………………………………………14分
潜力指数：……………………………………7分
零售终端行情指数：…………………………4分
入选基准分：…………………………………40分

厂家：………………………山东曲阜孔府家酒业有限公司
香型：………………………………………浓香型白酒
酒精度数：……………………………………52°
规格：…………………………………………500ml
电商参考价：………………………………300元（瓶）

【产地】

山东省曲阜市。

【渊源】

"鲁酒薄而邯郸围"的典故告诉我们,春秋战国时期曲阜已有酒品出现。今日的孔府家酒,源于孔府自家私酿酒坊。最初,孔府私酿酒坊酿制的白酒是历代孔子后裔进奉宫廷和馈赠达官贵人的专用酒,后因到孔府走访的达官贵人较多,又逐步转为宴席用酒。

据说,清代乾隆皇帝有一次到曲阜祭孔时,顺便看望了他的女儿于氏,也即孔宪培之妻。孔宪培便拿出了孔府家酒款待岳父。乾隆饮后连连赞赏,并嘱咐孔宪培日后赴京务必带上几坛家酒。此后,曲阜酿酒业日益兴盛。1923年建成的"洪顺源烧锅",1926年建成的"义和顺烧锅",都颇有声誉。

1958年,当地政府在"潘氏烧锅"基础上建成了曲阜酒厂。1985年,曲阜酒厂充分挖掘孔府酒坊的酿制技术,结合现代酿酒科学技术,研制出浓香型低度白酒——孔府家酒,一炮走红。1993年,成立孔府家集团。此后,著名演员王姬一句"孔府家酒,让人想家"的广告语,让此酒红遍大江南北,远销东南亚及欧美国家。不过,几年后,此酒开始走下坡路。2007年,孔府家完成企业重组。2012年,联想控股酒业全资收购孔府家酒。

【工艺】

孔府家酒把传统的老五甑酿酒工艺与现代技术有机结合,选用优质高粱为原料,以小麦制成大曲为糖化发酵剂,引老龙头泉水为酿酒用水,采用传统浓香型工艺,经清蒸续渣、人工老窖发酵、低温入池、双轮底增酯、分层蒸馏、按质取酒、分级陈储、降度除浊、精心勾兑等工序而酿成。此外,企业还在2012年推出了儒雅香孔府家酒。此酒吸收了清香型白酒的"高温润料"、"清蒸混烧",酱香型白酒的高温堆积工艺。

【风格】

低度浓香型孔府家酒酒液晶莹剔透,窖香馥郁,酒质醇绵,甜柔爽口,尾子干净,余味香长。因为酒度较低,所以入口不冲。儒雅香孔府家酒融清香的柔和、浓香的艳丽、酱香的优雅、芝麻香的舒适于一体,清澈透明,入口芬芳。

【曾获荣誉】

1987年,曾被评为山东省优质产品。1988年,在全国第五届评酒会上获"国家优质酒"称号及银奖。1989年、1990年,分别在比利时布鲁塞尔第二十九、三十届世界优质产品评选会上获最高金奖等。

【防伪】

其防伪瓶盖表面字体加热到50℃以上时,字体消失或变色;冷却至常温时恢复原有颜色。用验钞紫外线灯照射表面,隐形的防伪码或字体即可显示,开瓶时盖体即毁。

扳倒井酒

【53° 国井贡品】 ★★★

李克评分: 87 分

李克点评: 尽展柔滑、醇郁、华丽的串香神韵

观酒液: 5 分
看包装: 4 分
闻香气: 12 分
尝滋味: 15 分
潜力指数: 8 分
零售终端行情指数: 3 分
入选基准分: 40 分

厂家: 山东扳倒井股份有限公司
香型: 复粮芝麻香型
酒精度数: 53°
规格: 500ml
电商参考价: 558 元

【产地】

山东省高青县。

【渊源】

在山东高青县高城镇的西关村内,有一口远近闻名的神秘水井。这口井的最独特之处在于井筒和地面并不垂直,仿佛被人扳倒一样呈倾斜状。井深一丈五尺,涝年不溢,旱年不涸,井水能够沿着倾斜的井壁从井口汩汩地向外流出来,水质清凉甘甜。扳倒井酒便发端于这里。

高青县地处暖温带的鲁西北平原,自古湖泊密布、湿地连片、植被茂密,是一个天然的酒窖。同时独特的悬河地形和流水灌溉方式,培育出了质量上乘的大米、糯米等酿酒原料。四季分明、冷暖有度的特定气候条件,还使得山东盛产冬小麦。这种小麦由于历经寒暑,生长期长,营养丰富,因而品质格外优良。扳倒井酒中选用的制曲、酿酒的原料里就有这种冬小麦。

清朝初期,扳倒井边有玉堂号等酒坊七家。他们汲取扳倒井井水,并用圆井形窖池酿国井扳倒井酒,生产规模和酒品名气在山东首屈一指。经过数次技艺改进,其所产的酒渐渐奠定了芝麻香型的风格。

1957年,高青县酿酒厂建立。1978年,酒厂以传统的固态发酵法生产粮食酒，同时以蒸馏釜技术生产地瓜干白酒。1980年后，随着酿酒技术的逐步提高，酒厂先后采用串香工艺、活性干酵母、双轮底、多轮底发酵等技术，促进了白酒质量的提高。其主要生产串香白酒、高粱大曲、高青二曲、苑青酒、芦湖酒等。1995，以高青县酿酒厂为核心企业，组建了山东扳倒井集团。1999年，进行公司制改制，成立了山东扳倒井股份有限公司。目前，该公司拥有"国井"、"扳倒井"两大品牌，主要生产芝麻香、淡雅浓香两大香型白酒。

【工艺】

芝麻香型扳倒井酒，以多种粮食为原料，将高温大曲与多种微生物麸曲联合使用，采用独特的井窖发酵技术，入窖前高温堆积、高温发酵、高温流酒，最后分层蒸馏、分段接酒、地窖储存。

浓香型扳倒井酒则以传统浓香型大曲酒生产工艺为基础，采用二次窖泥技术、八分发酵和井窖工艺等发酵技术，通过混蒸混渣、续糟发酵、分段摘酒等操作，按照量质摘酒、分级储存进行生产。

【风格】

复合型芝麻香扳倒井酒芳香馥郁宜人，绵软醇厚，香味协调，芝麻香优雅。

浓香型扳倒井酒则集窖香、糟香、粮香、曲香、陈香于一体。

趵突泉酒

【34° 趵突泉芝麻香】

李克评分：　　　　　　　　　　　　　　　　**77分**
李克点评： 品尝芝麻香的入门产品

观酒液：　　　　　　　　　　　　　　　　　　5分
看包装：　　　　　　　　　　　　　　　　　　3分
闻香气：　　　　　　　　　　　　　　　　　　9分
尝滋味：　　　　　　　　　　　　　　　　　　12分
潜力指数：　　　　　　　　　　　　　　　　　5分
零售终端行情指数：　　　　　　　　　　　　　3分
入选基准分：　　　　　　　　　　　　　　　　40分

厂家：　　　　　　　　　山东济南趵突泉酿酒有限责任公司
香型：　　　　　　　　　　　　　　　　芝麻香型白酒
酒精度数：　　　　　　　　　　　　　　　　　34°
规格：　　　　　　　　　　　　　　　　　　　490ml
终端参考价：　　　　　　　　　　　　　　428元（瓶）

【产地】

山东省济南市。

【渊源】

济南趵突泉酿酒有限责任公司始建于明朝崇祯年间，战争年代由鲁中军区掌管，中华人民共和国成立后历经公私合营，1958年建成国有企业，1999年改制为民营企业。目前，该公司主要生产芝香型、浓香型、兼香型白酒，主导产品"趵突泉特酿"。

【工艺】

趵突泉芝麻香白酒的发酵窖池采用人工窖泥铺底，砖窖，配料以高粱为主，配加小麦、麸皮，采用高温大曲及河内白曲、酵母、细菌曲等作为发酵剂。露天高温堆积，高温发酵，分层蒸馏，分级储存。

【风格】

趵突泉芝麻香白酒属馥郁型芝麻香白酒，融合了浓香、酱香以及清香型白酒的特点。酒液透明，香气秀雅，醇厚丰满，优雅细腻，香味馥郁。

古贝春酒

【53° 国蕴六道】················★★★

李克评分：·····································**84分**

李克点评： 风格突出，能带来意外惊喜

观酒液：	5分
看包装：	4分
闻香气：	11分
尝滋味：	15分
潜力指数：	6分
零售终端行情指数：	3分
入选基准分：	40分

厂家：	山东古贝春集团有限公司
香型：	酱香型白酒
酒精度数：	53°
规格：	500 ml
终端参考价：	2086元（瓶）
电商参考价：	1688元（瓶）

【产地】

山东省武城县。

【渊源】

古贝春酒是山东古贝春有限公司生产的主导产品。清末民国初期，古武城有三大酿酒作坊闻名，分别是何家的"小米香"、胡家的"杂粮酒"、柴家的"红高粱"。

1952年，政府集以上三家作坊为一体建酒厂，1958年定名为"国营武城县酒厂"，1999年改制为山东古贝春有限公司。目前产品涵盖浓香、酱香、兼香多种类型，有古贝春、古贝元、国蕴三大主导品牌。

【工艺】

古贝春酒选用高粱、小麦、大米和江米、玉米为选料，以中高温包包曲为糖化发酵剂，每年的5、8月制曲，经人工老窖发酵、分层起糟、单独蒸馏、量质摘酒而成。

【风格】

古贝春酒是北方浓香多粮型白酒，酒体清澈透明，复合香优雅，柔和圆润，舒适爽净，回味绵长。入口不辣，饮后不口干、不上头。

琅琊台酒

【71° 纯粮小琅高】 ★★★★★

李克评分： 100分

李克点评： 饮时如在草原上策马奔腾，畅快极致！

观酒液： 5 分
看包装： 5 分
闻香气： 15 分
尝滋味： 20 分
潜力指数： 10 分
零售终端行情指数： 5 分
入选基准分： 40 分

厂家： 山东青岛琅琊台集团股份有限公司
香型： 浓香型白酒
酒精度数： 71°
规格： 100ml × 4
电商参考价： 1780 元

【产地】

山东青岛胶南。

【渊源】

琅琊古属齐国封地。传说，越王勾践卧薪尝胆打败吴国后，在公元前472年迁都琅琊，并把吴越之地的酿酒方法带到了琅琊。琅琊人民按照越王勾践传授的酿酒方法，取琅琊泉水精工酿制成酒，取名"琅琊红"。

唐宋，琅琊地区的酿酒业达到前所未有的巅峰。不少文坛巨人都曾登临琅琊台，品尝此地美酒，并留诗赞美。

1958年，当地政府挖掘古琅琊酿酒技艺，将原有的小作坊合并后组建了胶南酒厂，1985年成为青岛第一酿酒厂，1994年创立青岛琅琊台酒业股份有限公司，1996年组建青岛琅琊台酒业(集团)股份有限公司。目前，名气最响的产品是70°琅琊台原酒和71°琅琊台小琅高两大系列。

【工艺】

琅琊台酒采用"老五甑"工艺、回槽多轮发酵技术和串蒸技术酿制而成。

【风格】

琅琊台酒属于北方浓香型白酒的代表，酒体丰满，口味醇厚，原汁原味，高而不烈，留香持久，虽度数高，但不上头。

宋河粮液

【50° 宋河粮液国字九号】 ★★★★

李克评分： 95分

李克点评： 窖香浓郁，绵甜爽净，回味悠长

观酒液：	5分
看包装：	4分
闻香气：	14分
尝滋味：	19分
潜力指数：	9分
零售终端行情指数：	4分
入选基准分：	40分

厂家：河南宋河酒业股份有限公司
香型：浓香型白酒
酒精度数：50°
规格：500 ml
终端参考价：1288元（瓶）
电商参考价：980元（瓶）

【宋河粮液秘藏3号】 ★★★

李克评分： 81分

李克点评： 酒味协调平衡，酒劲略嫌冲头

观酒液：	3分
看包装：	4分
闻香气：	12分
尝滋味：	15分
潜力指数：	4分
零售终端行情指数：	3分
入选基准分：	40分

厂家：河南宋河酒业股份有限公司
香型：浓香型白酒
酒精度数：50°
规格：500 ml
终端参考价：204元（瓶）
电商参考价：169元（瓶）

【产地】

河南省鹿邑县枣集镇。

【渊源】

鹿邑县枣集镇是道教创始人老子的故乡。春秋时期，这里就出现了酿酒业。据史料记载，孔子曾两次从曲阜老家赶来拜会老子，每次相聚，两人都是一边论道一边饮酒。连饮数杯后，孔子往往大醉酩酊，一觉睡足三日。但老子却依旧神采飞扬。孔子自觉失态，认为"惟酒无量，不及乱"，意思是说，酒不限量，但以不醉乱为好。

传说，老子得道成仙后，送河给百姓，当地人称之为"送河"，并汲取河水酿酒。宋代，宋太祖以国号"宋"为此河命名，乃称"宋河"。唐代，高祖李渊、太宗李世民及玄宗等帝王，每年清明都会到鹿邑太清宫老子的故居祭拜，所用的酒就是枣集镇酿的。

到了明代，有山西的酿酒师来此地，同时也带来了晋酒的酿制技艺，宋河酒的品质更见提升。清代，鹿邑县"秫以为酒，名为蒸酒"，各镇均有酿制。目前，宋河酒业还保存着明清时代的酿制窖池数十口。

中华人民共和国成立前，枣集镇大大小小的酿酒作坊有十八家，镇里处处酒香扑鼻。1968年，当地政府在二十余家酿酒作坊的基础上，建成了河南省鹿邑县曲酒厂，生产鹿邑大曲。1970年开始生产宋河粮液。酒名的确定原因，是因酒厂坐落在古宋河之滨，采用宋河水以及当地高粱酿酒。此后，酒厂也易名为河南省宋河酒厂。

2009年底，宋河酒厂被辅仁药业集团全资收购，宋河酒业成为辅仁药业集团全资子公司，主要生产"宋河粮液"、"鹿邑大曲"及其系列产品。

目前，宋河粮液是河南省知名度最高的白酒，也是省内最具代表性的浓香型白酒。此酒的浓香，具有绵柔、淡雅、平和的风格。这主要是由黄淮流域地理环境和酿制工艺所决定的。鹿邑县四季分明，温度适宜，特别有利于各种酿酒类微生物的栖息繁殖。科学合理的窖池容积、人工窖泥的培养和应用、多菌种的窖池养护，奠定了宋河主体风格的物质基础。此外，中、高温混合制曲工艺也是形成宋河良液独特浓香风格的一大因素。

【工艺】

宋河粮液选用当地高粱为原料，在遵循传统老五甑工艺的同时，又采用了串香、双轮底发酵的新工艺，坚持人工制曲，量质摘酒，分级入库，陶罐及橡木桶年份窖藏。

【风格】

此酒的主要特点是香、甜、绵、净，酒液无色透明，窖香优雅舒适，味道绵柔淡雅，回香悠长甘爽，尾子干净。

【曾获荣誉】

1979年，曾被评为河南名酒。1984年，获轻工部银奖。1988年，在全国名酒评比中，荣获国家金奖和"中国名酒"称号。1991年，获日本东京国际饮料酒类博览会金奖。1992年，获墨西哥国际工业博览会金奖及法国巴黎国际名优酒展评会特别金奖。

【防伪】

真的宋河粮液包装盒颜色纯正，字迹清晰、规范。"中国名酒宋河粮液"系舒同手迹，字迹清晰、规范，烫金准确。酒瓶是高白料异型玻璃瓶，色泽纯正，表面光滑透亮，无气泡，无不透明砂粒，合缝线无凸出，瓶身端正，瓶口及纹线无立棱。商标颜色纯正，文字和汉语拼音清晰、规范、醒目；"宋河"二字系舒同手迹，字迹清晰、圆润；烫金准确，立体感强，切边准确、规范，背面有出厂日期、批号。瓶盖采用进口铝合金防盗盖，上方有一篆体"宋"字，侧面有磨光的"宋河 SONGHE"字样，成品酒瓶盖上方贴有中国食品工业协会统一监制的激光全息防伪标志。

宝丰酒

【52° 宝丰国色清香鉴品】 ★★★

李克评分： 85分

李克点评： 酒香清雅纯正，口感饱满圆润

观酒液：	5分
看包装：	4分
闻香气：	12分
尝滋味：	14分
潜力指数：	7分
零售终端行情指数：	3分
入选基准分：	40分
厂家：	河南宝丰酒业有限公司
香型：	清香型白酒
酒精度数：	52°
规格：	500 ml
终端参考价：	202元（瓶）
电商参考价：	168元（瓶）

【产地】

河南省平顶山市宝丰县。

【渊源】

宝丰县古称龙兴。很多研究人士把这里作为中国酒的起源，原因是，传说中发明酒的仪狄便在此出生。商周时，宝丰是古应国的属地，在古应国遗址上先后出土了文物万余件，其中酒具、酒器就有三千多件，可见宝丰酒业历史之久、规模之大。

隋唐时，宝丰酒业进一步发展。唐朝还把宝丰酒定为贡酒，通过当时的东都洛阳送到长安。到了宋代，这里的酿酒业更加发达，可谓"万家立灶，千村飘香"，仅酒务（宋朝官方专门经营酒的地方）就设有商酒务、封家庄、父城、曹村、守稠桑、宋村等多处。另有史料记载，"1917年，各处多以高粱酿酒，名曰蒸酒，宝丰产者为多，辅于外省"。

1947年，宝丰县解放。驻宝丰某部队排长陈宏达和县城仓巷街的教师傅惠中，在逃亡地主私人酒馆的基础上，筹办建立了"第五军分区酒局"。1949年，中华人民共和国成立后，政府再次恢复历史名酒宝丰酒的生产，起名为"地方国营宝丰县裕昌源酒厂"。1952年，鲁山县酒厂并入裕昌源酒厂，隶属河南省酿造工业公司，厂名改为"河南省酿造工业公司宝丰酒厂"。1954年酒厂再度更名为"国营许昌专区酿造厂"。1955年又更名为地方国营宝丰酒厂。

宝丰县酿酒自古是沿用传统的浓香型工艺，只是与川酒用大米作为主粮不同，宝丰酿酒用的是小麦。1970年代，宝丰酒厂开始试验清香型白酒工艺，获得成功后由国家投资，宝丰酒厂开始大规模搬迁、新建，酒厂也更名为"河南省宝丰酒厂"。

到了90年代初，清香型白酒消费区域市场渐渐被以川酒为代表的浓香型白酒所代替。于是，宝丰酒业跟风，大规模扩大浓香型白酒生产，清香型白酒的产量则日渐萎缩，市场占有率逐步走低。2004年，宝丰酒厂被私营企业主收购，更名为"宝丰酒业有限公司"，开始重新主打清香型产品。2006年4月，宝丰酒业有限公司改制重组。

【工艺】

宝丰酒，以优质高粱为原料，大麦、小麦、豌豆混合制曲，陶瓷地缸发酵，采用"清蒸二次清"的酿制工艺，经续渣操作、水泥池地窖发酵、甑桶蒸馏、量质摘酒、长储陈酿、精心勾兑等工序而酿成。此酒酿制工艺要求清字开头，净字收尾。所谓"清"，就是红高粱不配糟，纯粮清茬发酵；"净"，就是发酵容器、生产场地和设备强调清洁卫生，将特制的陶缸埋于地下，再将蒸好的高粱和粉碎的酒曲拌匀后入缸发酵，所有酿酒原料不跟泥土接触。

【风格】

宝丰酒属于清香型白酒，具有清香纯正、甘润爽口、回味悠长的特点。

【曾获荣誉】

曾于1956年被评为河南名酒。1979年、1984年，在全国第三、四届白酒评比中，先后获得"国优白酒"称号，并获国家银奖。1989年，荣获国家金奖，晋升十七大中国名酒。2002年，39°、46°清香型宝丰酒，被授予"中华人民共和国国家标准样品"称号。

河南杜康

【50°酒祖杜康 12 窖区】★★★★★

李克评分：99分

李克点评：杜康酒系列中最好喝的一款酒

观酒液：5分
看包装：5分
闻香气：15分
尝滋味：20分
潜力指数：10分
零售终端行情指数：4分
入选基准分：40分

厂家：河南洛阳杜康控股有限公司
香型：浓香型白酒
酒精度数：50°
规格：500 ml
电商参考价：580元（瓶）

【52°国花杜康经典高贵】★★★

李克评分：89分

李克点评：滋味纯正，不负经典之名

观酒液：5分
看包装：5分
闻香气：12分
尝滋味：15分
潜力指数：8分
零售终端行情指数：4分
入选基准分：40分

厂家：河南洛阳杜康控股有限公司
香型：浓香型白酒
酒精度数：52°
规格：500 ml
终端参考价：598元（瓶）
电商参考价：498元（瓶）

【杜康酒盛世国花 12】 ★★★

李克评分： ················· **86分**

李克点评： 口感醇雅别致，柔和不上头

观酒液：	5分
看包装：	4分
闻香气：	11分
尝滋味：	14分
潜力指数：	8分
零售终端行情指数：	4分
入选基准分：	40分

厂家：河南洛阳杜康控股有限公司
香型：浓香型白酒
酒精度数：50.2°
规格：500 ml
终端参考价：151元（瓶）

【产地】

河南汝阳、伊川。

【渊源】

　　杜康酒是我国历史名酒，因酿制者杜康而闻名。东汉许慎《说文解字》中说："杜康作秫酒。"传说杜康是黄帝属下的牧羊工，他从"空桑秽饭，酝以稷麦，以成醇醪"中得到启发，酿制出了开天辟地的第一杯秫酒，被黄帝提拔为宫中的膳食官。魏武帝曹操赋诗："慨当以慷，忧思难忘；何以解忧？惟有杜康。""竹林七贤"之一的诗人阮籍也云："不乐仕宦，惟重杜康。"表达的都是对于美酒的热爱。

　　上世纪70年代，周恩来总理发布"复兴杜康"的指示后，伊川、汝阳两地分别兴建了现代化大型酿酒企业，并都以"杜康"作为品牌。两个酒厂相距十多公里，它们的产品都曾在国内外白酒市场上受到欢迎。

　　2009年底，汝阳杜康、伊川杜康两家酒厂合二为一，"杜康酒"之名从此一锤定音。

【工艺】

　　选用优质高粱为原料，以纯小麦制成的大曲为糖化发酵剂，采取水质味甜纯净、硬度较低的天然泉水为酿酒用水，其酿酒工艺为高温制曲，经混蒸混烧、老窖续渣、低温入池、多轮取醅、分层回酒、量质摘酒、按类储存等一连串工序后，再精心勾兑而成。

【风格】

　　属于浓香型大曲酒，酒液清澈透明，酒质柔绵纯净，酒香浓郁不散，入口甘爽不烈，回味悠长不尽。

张弓酒

【张弓编钟】 ★★★

李克评分： 83分

李克点评： 香气表现一般，但胜在滋味醇厚

观酒液： 4 分
看包装： 3 分
闻香气： 11 分
尝滋味： 16 分
潜力指数： 6 分
零售终端行情指数： 3 分
入选基准分： 40 分

厂家： 河南省张弓酒业有限公司
香型： 浓香型白酒
酒精度数： 52°
规格： 600 ml
终端参考价： 1577 元（瓶）
电商参考价： 1388 元（瓶）

【产地】

河南省商丘市宁陵县张弓镇。

【渊源】

"东西南北中，好酒在张弓！"这句响亮的广告语从幽默可爱的相声大师马季口中喊出后，张弓酒的名气也随之叫响。很多人或许不知道中国有商丘，但却知道有张弓酒。

张弓镇在宁陵，位于豫东平原，属于黄淮流域。呈微酸性的土壤，非常适合种植酿酒原料——高粱和小麦。此地全年平均气温约4℃～14℃，除夏季气温较高外，气候温和。地下水纯净、硬度低（含钙、镁离子较低），较适合于做酿酒用水，酿酒资源可以说是得天独厚。

夏、商、西周时期，葛伯国在那里定都，至今，这里仍然流传着葛伯氏部族用玉液祭祖敬天的传说。春秋时期的张弓镇非常繁华，酒坊林立，香气四溢。

对于张弓酒的来历，当地有一个传说：商代，在宁陵县一个村寨里有一位名叫张弓的勇士。张弓戍守边关，家中娇妻惦念，每逢吃饭都要盛出一碗饭并摆上筷子放在桌上，就像丈夫在家一样。饭后，她又不忍心扔掉，就放在瓮里，渐渐地竟积攒了满满一大瓮。

张弓荣归故里后，妻子向他叙说相思之苦，并拉他去看瓮中饭食。感动的张弓执意要尝一尝这些剩饭。于是妻子下厨给他重新蒸煮。不曾想，神奇的事情发生了，从笼里流出来的水散发出浓郁的香味。张弓一尝，甘爽清冽，醇香可口，连饮满满两大碗后即沉沉睡去。两天后，张弓醒来，感到浑身通泰，连声赞好。四周邻居闻声后都来尝，以后更如法炮制，家家生产此酒。地方官吏也觉得此酒甚美，便拿去进贡商王，商王赐名"张弓酒"。据说西汉末年，王莽篡政，刘秀被其追杀，逃至张弓镇，曾畅饮张弓酒。称帝后，刘秀便封张弓酒为宫廷御酒，使得该酒更加美名远扬。

多年的酿酒历史，使得张弓镇的微生物群经过了长期的自然淘汰、驯化、优选过程，也培育起了适合张弓酒酿制的环境。

1951年，当地政府在几个酿酒作坊的基础上组建成立了张弓酒厂。70年代，张弓酒厂开始研制低度浓香型白酒。38°、28°酒虽度数低，但却保留了张弓酒的风味特征，因而在浙江、福建等地广受青睐。已故酒界泰斗周恒刚老先生对张弓酒的评价是"低度酒低而不淡，高度酒高而不暴"。

1996年，在原来酒厂的基础上组建成立了河南省张弓集团。2003年改制为河南省张弓酒业有限公司。

【工艺】

张弓酒以优质高粱为原料，用小麦、大麦混合制曲为糖化发酵剂，用纯净古泉井水加浆，通过固体发酵、老五甑混合蒸烧，精工酿制出优质基础酒，然后加浆降度，冷冻过滤。

张弓大曲采取传统的人工制曲工艺，中、高温大曲配合使用。中温大曲采用中温偏高的培曲温度，高温大曲制曲工艺采取麦草堆盖和较高的制曲温度。坚持清蒸辅料，高温润料，双轮底工艺，坚持低温入池，量质摘酒，夹泥发酵。在储酒方面，张弓酒采用木酒桶储酒。酒桶所用木质都是经过精心选定的优质红木，在长期储酒过程中红木中微量的芳香成分溶入酒中，从而使酒中有一些特殊芳香成分。

【风格】

张弓酒属于浓香型白酒，浓香中又略带中、高温曲香味。酒体澄清透明，窖香浓郁，诸味协调，绵甜爽净，醇厚丰满，尾净味长，既有江淮一带浓香型酒所共有的优雅绵柔净爽，又有其特有的醇厚丰满、窖香、曲香相结合的特点。饮后口不干，头不痛。

【曾获荣誉】

曾在第四、五届全国白酒评比中获银奖。1979年，被评为河南省名酒。2004年，荣获"河南省名牌产品"称号。

赊店老酒

【赊店老酒元青花】················★★★

李克评分：················**84分**

李克点评： 酒香醇，滋味甘，市场潜力较好

观酒液：················5分
看包装：················4分
闻香气：················12分
尝滋味：················14分
潜力指数：················6分
零售终端行情指数：················3分
入选基准分：················40分

厂家：················河南赊店酒业有限公司
香型：················浓香型白酒
酒精度数：················52°
规格：················500 ml
电商参考价：················268元（瓶）

【产地】

河南省社旗县。

【渊源】

社旗县北部有一个赊店镇。此镇最早开埠于明朝万历年间，到清朝乾嘉年间达到鼎盛时期，是当时全国四大商业重镇之一，与景德镇等齐名。古镇在南阳盆地东边，地势平坦，北倚黄河，南临长江，温差明显，降雨量丰富。其酒史至少有三千多年。

据说赊店镇原本叫神泉镇。公元22年，刘秀起兵反莽兴汉，来到神泉镇的刘记酒坊，商议起兵大计，但却缺少一面帅旗。刘秀无意间抬头，看到了刘记酒名迎风招展的酒幌，上面一个斗大的"刘"字分外抢眼。刘秀大喜，于是借了酒幌当做帅旗，一路猛杀后，终于建都称帝。当了皇帝后的刘秀想起了当初刘记酒坊赊旗有功，于是将这间酒坊赐名"赊旗店"，神泉镇也因此改名为赊店镇。

此后各代，赊店镇酒美名在外。在姚雪垠的《李自成》书中，张献忠与李自成共商反明大计，说到兴致高处便大喊"拿赊店好酒来！"。据说乾隆皇帝曾微服私访赊店镇，并在此开"永隆统"酒坊。乾隆离开赊店后，将酒坊交给刘姓伙计经营。光绪年间,"永隆统"第三代传人已成为中原第一酿酒大户,还联合"永禄美"、"工泉美"等十大酒坊成立了酒仙社。

1949年10月,政府在"永隆统"、"永禄美"、"工泉美"三家私营酒坊的基础上成立了"河南省酿酒工业公司赊店镇酒厂",1954年,合并南阳龙泉寺酒厂、唐河县源潭酒厂。1965年,周恩来总理将"赊旗县"改名为"社旗县",赊店镇酒厂也随之改名为河南省"国营社旗县酒厂"。

1992年,酒厂更名为"河南省赊店酒厂"。1997年元月,再次更名为河南赊店(集团)有限公司。到2001年,赊店集团改制成立河南赊店酒业有限公司。2009年,公司又改制成立河南赊店老酒股份有限公司。

【工艺】

赊店老酒在保持传统"老五甑"单粮生产工艺的基础上,运用当地上等高粱、优质小麦为原料,采取多粮发酵、回酒发酵、双轮底发酵、混蒸续渣法生产工艺,即取发酵好的酒醅与粮粉按比例混合,边蒸粮边蒸酒,出甑后经摊凉,加曲入窖,混渣发酵。此酒采用特制的土陶坛及陈年木海久储,自然老化。

【风格】

赊店老酒为浓香型白酒,酒体丰满,清澈透明,浓郁芳香,醇和协调,纯正爽净,饮后不上头、不刺喉。

仰韶酒

【仰韶彩陶坊（天时）】……………………… ★★★

李克评分：……………………………………… **82分**

李克点评： 调酒的喝法较独特，但不易流行

观酒液：	5分
看包装：	4分
闻香气：	12分
尝滋味：	14分
潜力指数：	5分
零售终端行情指数：	2分
入选基准分：	40分

厂家：	河南仰韶酒业有限公司
香型：	其他香型白酒
酒精度数：	大46°、小70°
规格：	450ml+50ml
电商参考价：	1188元（瓶）

【产地】

河南省渑池县。

【渊源】

河南省三门峡市渑池县仰韶村是仰韶文化的发源地，仰韶酒因出产于此而得名。

仰韶文化是黄河中游地区重要的新石器时代文化。它的持续时间大约在公元前五千年至三千年之间。在这一时期，农业繁荣，粮食开始出现剩余，因而具备了酿酒的必要条件。在仰韶文化遗址上，就出土了很多酿酒器具与饮酒器。

清朝时期，渑池地区最有名的白酒是醴泉春。清乾隆十一年《渑池县志》载："治东里许，玉皇庙沟，有水能助酒味，酿酒家多取之，所酿之醴泉春味极甘美。"民主革命的先行者孙中山先生对这种美酒就推崇有加。不过，中华人民共和国成立前，这里大多数酿酒作坊都以单一式、零散型手工作坊式生产为主，没有形成规模化生产。

1975年，政府派专人拨专款在渑池县醴泉源头仰韶文化遗址南侧，在原有酿酒作坊的基础上建立起了河南省仰韶酒厂。酒厂在发掘继承醴泉春传统的基础上，采用醴泉甜水，用人工培养老窖泥池，用上等原料优质高粱，吸取名家名酒之长，开始酿制仰韶酒。

1993年11月，以仰韶酒厂为核心的河南仰韶酒总公司宣告成立。

1996年10月，仰韶集团宣告成立。2004年，河南仰韶酒业有限公司成立。

【工艺】

仰韶系列酒以传统老五甑多轮发酵工艺，辅以现代人工老窖泥池技术，经精工酿制而成，融合了浓香、清香、酱香、芝麻香型等白酒的工艺特征。它以九种粮食为原料，使用复合曲及强化菌种，高温堆积，泥底石窖高温发酵，清蒸混烧，缓火蒸馏，低温流酒，断花摘酒，掐头去尾，分段量质摘取，按质并坛。陶缸密封储存期至少在两年以上。

【风格】

仰韶酒分为两大系列：一是以仰韶窖香为主的兼香型产品，具有浓香的醇厚，酱香的优雅，清香的灵秀；另外一种是以仰韶酒为主的浓香型产品，其窖香浓郁，甜绵爽净，醇和回甜，尾净味长。

四五老酒

【四五老窖 5 年】·················· ★★★
李克评分：·························· **89 分**
李克点评：完美诠释何为"物美价廉"，何为"超值"

观酒液：································ 5 分
看包装：································ 4 分
闻香气：································ 13 分
尝滋味：································ 17 分
潜力指数：······························ 6 分
零售终端行情指数：···················· 4 分
入选基准分：·························· 40 分

厂家：················ 河南祥龙四五酒业有限公司
香型：································ 浓香型白酒
酒精度数：································ 52°
规格：·································· 500 ml
终端参考价：·························· 68 元（瓶）

【产地】

河南省周口市。

【渊源】

1949 年，河南省四五酒厂成立。1998 年以后，传统的张弓、宝丰、鹿邑大曲、林河、伊川杜康和汝阳杜康等河南名酒开始萎缩，大部分企业亏损，四五酒厂自然也没能幸免。到 2004 年，"四五"销售额已经下滑到只有 1 200 万元。2005 年，香港祥龙投资有限公司收购了该厂，并将其改制为河南祥龙四五酒业有限公司。2008 年 9 月 5 日，河南祥龙四五酒业有限公司在新加坡证交所主板挂牌上市，成为河南省首家实现上市的白酒企业。目前，公司主导产品有豫商系列、四五老窖、四五老酒系列等。

【工艺】

四五系列酒采用传统老五甑酿制工艺，并加入现代技术元素，取优质小麦、高粱等为原料，以中高温大曲为糖化发酵剂，经泥池老窖固态纯粮发酵长达四十五天而成。

【风格】

窖香浓郁，入口柔和、净爽。

华北产区

华北地区位于北纬32°~42°之间，在大兴安岭、青藏高原以东，内蒙古高原以南，秦岭淮河以北。无论是区域白酒品牌的数量，还是其在全国白酒市场中的地位，华北板块都比不得四川、贵州、江苏。不过，因为有山西汾酒的存在，华北板块永远是白酒研究人士难以忽略的地区。

高端市场晋酒独大

华北地区的地质地貌类型非常丰富，东部是低山丘陵，中部是平原，西部是高原，北部是山地。这样的地理分布促成了其暖温带半湿润的大陆性气候。当地四季光照充足，冬夏温差较大，盛产小麦，而这也是当地酿制白酒的主要原料。

华北五省都产酒，但历史最悠久、所产酒最富有贵气的省份无疑要属山西。其酒史可以追溯到西周以前。北朝时，王室饮用的酒品也都产自山西。《山西通志》里记载此地酒的品种非常丰富，"酒有羊羔、玉露、豆酒、火酒之名。羊羔、玉露尤美"。

另外，河北的酒史也很悠远。据史料记载，三千多年前，当地的酿酒技术就已经相当成熟，能够成功地制作和储存酒曲。

清香型白酒的天下

华北地区微生物含量和种类比川、黔等多山地区少，加之酿酒原料和传承工艺的差异，造成了华北地区清香型白酒唱主角的局面。基本上，每个省份都有清香型白酒品牌。山西的汾酒自不必说，这是清香型白酒甚至是中国白酒的鼻祖。其他省份和地区比较知名的，诸如北京的二锅头、河北的衡水老白干等，也都是典型的清香型酒。

清香型白酒的特点可以概括为"清、正、甜、净、长"五个字。这与华北地区的人们直爽豁达的性格非常契合。

值得关注的品牌

目前，除汾酒外，华北地区的白酒品牌均属于二线地位，销售范围基本上也都集中于本地和周边地区。并且，除了汾酒依靠老白汾系列在中高档市场上近年来取得明显突破外，其他清香型白酒明显缺乏中高档主导产品，市场表现多为三十元以下的中低档酒。和低廉的价格相比，很多酒的口感是非常"物超所值"的。

我个人认为，内蒙古的白酒中，值得关注和品尝的品牌有河套老窖、宁城老窖、蒙古王酒。山西除汾酒外，长治潞酒、汾阳王酒、竹叶青酒也值得品尝。北京的二锅头不容错过。天津的津酒口感辣，略有上头，口味清淡的朋友可能不适合。但河北省的衡水老白干、板城烧锅酒、丛台酒都是物美价廉的好酒，绝对不能错过。

汾酒

【53°30年青花瓷汾酒】 ★★★★★

李克评分： **100分**

李克点评： 浴火重生的清香之祖

观酒液： 5分
看包装： 5分
闻香气： 15分
尝滋味： 20分
潜力指数： 10分
零售终端行情指数： 5分
入选基准分： 40分

厂家： 山西杏花村汾酒集团有限责任公司
香型： 清香型白酒
酒精度数： 53°
规格： 500ml
终端参考价： 823元（瓶）
电商参考价： 768元（瓶）

【45°国酿30年竹叶青酒】 ★★★

李克评分： **87分**

李克点评： 养生酒的首选

观酒液： 5分
看包装： 5分
闻香气： 11分
尝滋味： 14分
潜力指数： 8分
零售终端行情指数： 4分
入选基准分： 40分

厂家： 山西杏花村汾酒集团有限责任公司
香型： 清香型白酒
酒精度数： 45°
规格： 500 ml
电商参考价： 824元（瓶）

【产地】

山西省汾阳市杏花村。

【渊源】

但凡饮酒之人，极少不爱茅台。不管白酒企业界存在多少争议，在一众酒痴心目中，茅台"国酿"的地位是难以撼动的。但不知有多少人知道，贵州茅台酒其实是从汾酒演化而来的。清代康熙年间，山西盐商到贵州，但山高路远，携带汾酒不便，而喝惯了汾酒的晋商又对当时贵州当地的土酒难以下咽，故而才用汾酒的酿制工艺，结合贵州当地的水、粮，最终成就了酱香经典茅台酒。

从这个角度来说，汾酒是茅台之宗。

同时，汾酒也是中国白酒之宗。杏花村遗址酿酒容器的出土表明，早在六千年前的仰韶文化中期，这里就已经出现了人工谷物酒，而这也标志着中国乃至世界真正意义上的酒文化的诞生。

国酒文化的诞生地出现在山西杏花村并非偶然。汾阳地处晋西，这里土地肥沃，气候温和，水质甘美，物产丰富，因而从很早开始就有剩余的粮食用来酿酒。而从杏花村遗址上出土的仰韶文化晚期、龙山文化早期和晚期，以及夏代的器具文物来看，自远古开始，杏花村一带的饮酒风气就很普遍，并且随着时代的发展，其酿酒工艺水平也在不断提高。

如果把汾酒看做是杏花村一带酒的统称，而不是一个品牌，那么算起来，汾酒已有四千年左右的悠久历史。在这段漫长的时期内，汾酒曾有三段时期最为辉煌：一是在一千五百年前的南北朝时期，汾酒作为宫廷御酒受到北齐武成帝的极力推崇，因而也被载入《二十四史》。二是晚唐著名诗人杜牧《清明》诗中的"借问酒家何处有？牧童遥指杏花村"，让汾酒在华夏大地上声名远扬。三是在1915年的巴拿马万国博览会上，汾酒荣获了甲等金质大奖章，从而打开了国际知名度。

当然，一千五百年前我国尚没有蒸馏酒，史料所载的"汾清"、"干酿"等均系黄酒类。到了宋代以后，由于炼丹技术的进步，蒸馏设备开始出现，从而为蒸馏高度烧酒的酿制创造了条件。

明清以后，北方的白酒业发展很快，逐步代替了黄酒的主力地位，此时杏花村汾酒已是蒸馏酒并蜚声于世。清代李汝珍所著《镜花缘》第九十六回的曲牌中，列举了当时全国知名酒类五十余种，其中就以汾酒为首。

1875年，近代汾酒生产的典型代表宝泉益酿酒作坊成立。1915年，宝泉益所产的汾酒荣获巴拿马万国博览会甲等金质大奖章，声誉更进一步提高；同年，宝泉益易名为义泉泳。

1919年，阎锡山责令其副官集资设立晋裕汾酒有限公司。这也是中国第一批具有现代企业特征的股份制酿酒企业。1932年，晋裕汾酒有限公司收购义泉泳酿造厂，从此晋裕汾酒有限公司成为杏花村传统酿酒业的唯一代表。

1949年，当地政府在收购晋裕汾酒有限公司义泉泳酿造厂和德厚成酿造厂的基础上，成立了国营山西杏花村汾酒厂。1987年6月29日的《新华通讯社稿》

中指出,"杏花村汾酒在全国有四最:一是每年的出口量大,等于全国其他名酒出口量的总和;二是名酒率最高,达99.97%,全国每斤名酒中就有杏花村汾酒厂的半斤;三是成本最低,因而也就价廉物美;四是得奖最多"。

1993年山西杏花村汾酒厂改组为杏花村汾酒(集团)公司。1993年,山西杏花村汾酒(集团)公司拿出生产主体部分组建了山西杏花村汾酒厂股份有限公司,并公开上市发行。这是我国第一家上市的白酒企业。2002年,公司改制为山西杏花村汾酒集团有限公司。杏花村内用于酿酒的古井至今犹存,井旁墙壁上刻有明末清初著名学者傅山题写的字匾"得造花香"。

目前,汾酒集团拥有"杏花村""竹叶青"两个驰名商标,以生产经营汾酒、竹叶青酒为主营业务。经过了多次的工业改良后,汾酒品、味更胜从前。除在全国各地及香港、澳门地区热销外,汾酒还远销到新加坡、日本、澳大利亚、英国、法国、波兰、美国等四十多个国家。

【工艺】

杏花村汾酒采用晋中地区、吕梁地区无污染的优质高粱,用大麦、豌豆制成的青茬曲作为糖化发酵剂,取古井和深井的优质水为酿酒用水。发酵仍沿用传统的古老地缸发酵法。酿制工艺为独特的"清蒸二次清"。操作特点则采用二次发酵法,即先将蒸透的原料加曲埋入土中的缸内发酵,然后取出蒸馏,蒸馏后的酒醅再加曲发酵,将两次蒸馏的酒配合后方为成品。

著名微生物和发酵专家方心芳先生,曾把汾酒酿制的工艺归结为"七大秘诀",即"人必得其精,水必得其甘,曲必得其时,高粱必得其实,陶具必得其洁,缸必得其湿,火必得其缓"。

【风格】

汾酒是清香型白酒的典型,因而业内又将清香型称为"汾香型"。对于汾酒的风格,著名作家梁衡有一段极妙的比喻:"杏花村汾酒它不求那浓那烈,只求这纯这真,属于清香型的典型代表。其他酒或如艳丽少妇,或如浓妆重抹,这杏花村汾酒呢,则如窈窕淑女,淡梳轻妆。"

该酒酒液晶亮清澈,气味芳香馥郁,入口醇厚甘洌柔和,回甜爽口。虽然酒度高却无强烈刺激之感,不辣喉,不冲鼻,不上头,饭后余香回味无穷。

【品鉴】

饮汾酒的诀窍在于温热、少量、慢饮。汾酒属清香型白酒,香味淡,酒度高。如果温酒的温度过高,酒中的很多物质就会挥发掉,影响酒的香味和口感。最佳的温度应是40℃,此时的酒与人的体温相近,饮时入口绵、香味浓。

此外,要想领略汾酒的深厚魅力,还应当小口慢饮,首先应当集中精力,先闻闻香味,再呷上一点细细品尝,慢慢领略酒液的甘美清香。酒咽到舌根上,就可以感受到酒的甜,再咽到胃里,一股余香味就会顺食道回荡到口中。

还有一点需要注意,饮汾酒时切记空腹。汾酒酒度较高,空腹饮进,胃中无食物，酒精直接刺激胃壁，很容易造成酒精胃炎症。同时，汾酒也不宜与其他酒混饮。

【曾获荣誉】

1915年，在巴拿马万国博览会上获中国白酒品牌甲等大奖章。1952年、1963年、1979年、1984年、1989年，先后在五届全国评酒会上均被评为名酒。1989年、1991年，分别获第一、二届国际博览会金奖。1998年，获年度"山西名牌产品"称号等。

潞酒

【潞酒 1936】·· ★ ★ ★
李克评分：·· **82 分**
李克点评： 口感颇有几分汾酒的神韵

观酒液：·· 5 分
看包装：·· 3 分
闻香气：·· 10 分
尝滋味：·· 13 分
潜力指数：·· 7 分
零售终端行情指数：································ 4 分
入选基准分：·· 40 分

厂家：······································ 山西长治市潞酒有限公司
香型：······································ 清香型白酒
酒精度数：······························ 42°
规格：······································ 450 ml
电商参考价：·························· 65 元（瓶）

【产地】

山西省长治市。

【渊源】

提起山西名酒，世人必说汾酒。但很少有人知道，在古代山西，有一种酒，其名气口感均可与汾酒匹敌，这便是潞酒。《山西通志》中有"酒之美者"、"汾潞之火酒盛行于世"的记述，可见潞酒与汾酒的地位相当。

潞酒因产于潞州而得名。北周时期，上党郡设置潞州。潞酒下辖上党、长子、屯留、潞城、壶关、黎城、襄垣等地区。其中的上党县就是今天的长治市。

早在中唐时期，潞酒就已形成其独特的风格。相传唐玄宗李隆基任潞州别驾期间，潞州各县的酿酒业就已经很发达了，烧酒坊多达五十余家。唐玄宗即位后把潞州视为发迹之地，曾数次到潞州"宴父老"，而当地的官员也就是以潞酒款待皇帝的。

到了宋朝徽宗年间，潞酒名气更盛，在晋、冀、鲁、豫等地都享有很高的声誉。从明代起，潞酒的营销网络已经遍及华北地区。山西陵川县与河南林县交界处有座小山叫小南天，古代为晋豫交通要道。当时运输不便，酒商是靠肩挑把一担担潞酒运送出去的。因此,有"潞酒一过小南天,香飘万里醉半山"的词句。明末清初,潞酒已经远销到四川涪州(今天重庆市涪陵区)。

在1953年之前,并没有专门的潞酒厂,潞酒只是当地糟坊所有产品的统称。1953年,成立长治酒厂。现在生产的潞酒,是1958年长治市潞酒厂整理传统酿制方法,几经试验,融合传统酿制技艺和现代科学技术酿制的。90年代末,酒厂改制为有限公司。当时的潞酒风头已经弱。2011年夏,山西省天利实业集团为潞酒公司注入股权资金,并对公司进行了重组。

【工艺】

潞酒以潞州当地优质高粱为原料,用优质大麦、小红豆制成大曲为糖化发酵剂,其工艺为地缸分离,适温发酵,清蒸续渣,经分段接酒、储存老熟、精心勾兑而成。在操作上把握"稳、准、细、净、冷、热、潮、燥"等要诀。

【风格】

此酒系清香型大曲酒,无色透明,清香醇正,绵软醇厚,余香较长。最独特之处在于有浓厚的梨花香气。

【曾获荣誉】

曾荣获"山西名酒"、"轻工部优质产品"等称号,并获全国食品博览会银奖等。

红星二锅头

【金牌红星二锅头】 ★★★

李克评分： **83分**

李克点评：传说中的"小二"，是很多人饮酒记忆的源泉

观酒液：	5 分
看包装：	2 分
闻香气：	11 分
尝滋味：	15 分
潜力指数：	6 分
零售终端行情指数：	4 分
入选基准分：	40 分
厂家：	北京红星股份有限公司
香型：	清香型白酒
酒精度数：	36°
规格：	450 ml
终端参考价：	108 元（瓶）
电商参考价：	98 元（瓶）

【产地】

北京市。

【渊源】

外地人到北京旅游，问特产，出租车师傅的推荐一定少不了烤鸭和二锅头。从某种意义上说，二锅头已经不仅仅是京味特产，它已经成为北京的文化名片之一。它和长城、故宫等一起，构成了北京人骨子里根深蒂固的骄傲。

二锅头是中国第一个以制作工艺来命名的白酒。这名字乍听上去有些陋俗，但却与北京人豪爽、直接甚至有些玩世不恭的洒脱颇为契合。有些老北京还会把二锅头称为"二得(dei，平声)子"。寒冬腊月热炕头，温一壶二锅头，就着热气腾腾的饺子吃，是老一辈北京人心中最惬意不过的事。

二锅头的制作技艺并不复杂，是北方常见的烧酒，最早叫"烧锅"，又称"烧刀子"。清朝康乾盛世时，以高粱为原料的烧酒行业，以其成本低、度数高、储存时间长、贩运方便等优势得到了更为迅猛的发展。有史料记载，当时北京的酒坊"灶火如屋，突烟腾上，数里外皆见之"。其中，前门外赵存仁等三兄弟创建的

"源升号"酒坊最有名气。

康熙十九年（公元 1680 年），"源升号"赵氏三兄弟，为了提高烧酒质量而进行了工艺改革。在蒸酒时，把玉米、高粱等发酵后，上锅蒸出的酒是一锅酒，蒸完后的料拌入酒曲和原料，再度发酵，然后再上锅蒸，此时蒸出的酒就是二锅酒。在蒸酒过程中，先流出的酒叫"酒头"，度数高，但含有杂质，最后流出的酒，叫"酒尾"，也称为"酒梢子"，度数低，味道淡，最后部分能喝的酒度数只有十几度。赵氏兄弟提议，酒头和酒尾另作处理，仅选取二锅蒸酒的"酒头"，因为这段酒口味最为纯正，无异味，无杂质，虽然浓度高，但喝来却不烈，是真正的醇厚绵香。

这种更纯净、更香醇的酒一问世，就显示出了其强大的生命力。一时间，京城饮二锅头成风。与此同时，开始酿制二锅头的酒坊也多了起来，但若论品质，还是以"源升号"最佳。这种最正宗的二锅头酿制技艺，始终采用师徒口传心授的方式，一代一代继承下来。

到了清代末期，二锅头的工艺已传遍北京各地，颇受文人墨客赞誉。吴延祁在诗中赞道："自古人才千载恨，至今甘醴二锅头。"将二锅头比作"甘醴"。目前，不少酒厂蒸馏时都采取"掐头去尾"的方法，就是从二锅头的工艺原理借鉴而来的。

1949 年，红星酒业的前身华北酒业专卖公司实验厂成立，全面接收了北京最具代表性的十二家酿酒老烧锅，全面继承了北京二锅头的传统酿制工艺。为迎接中华人民共和国的成立，首批红星二锅头酒在 1949 年 9 月投放市场。1965 年，在国营北京酿酒厂的基础上成立了北京酿酒总厂。1993 年，北京酿酒总厂更名为北京红星酿酒集团。2000 年 8 月，"红星"通过改制重组设立了北京红星股份有限公司。2007 年 4 月，"北京二锅头酒酿制技艺"入选"北京市级非物质文化遗产名录"。2008 年 6 月，"蒸馏酒传统酿制技艺·北京二锅头酒传统酿制技艺"入选"国家级非物质文化遗产名录"。

由于在香味和味道上更加接近白兰地，二锅头也成为众多外国酒客的心头之好。在美国、加拿大以及澳洲的华人商场，二锅头都有销售。而在国内，因其甘洌醇厚的酒质，以及低廉的价位，二锅头更成为"大众的好酒"的代名词。时至今日，它依然是中国北方老百姓心目中难以替代的高性价比烧酒。

【工艺】

二锅头酒以优质红高粱、大麦、豌豆、纯净水为原料，以麸曲和酵母为糖化发酵剂，采用传统的"老五甑"工艺，经原料清蒸、辅料清蒸、低温入池，适当发酵，蒸馏出酒后掐头去尾截取中段，经长年窖存而成。

【风格】

二锅头是清香型白酒，酒液清亮透明，香气芬芳，酒体醇厚，入口甘润、爽冽，酒力强劲，后劲绵长，回味悠长。

【防伪】

商标采用水印防伪技术，透过自然光线可清楚看到"HX"水印图形。56°瓶盖为彩色印刷，顶部有前门楼图案，图案清晰明快，前门楼黑色部分用可逆温变防伪技术，加温或用明火烧烤后黑色消失，温度降低后黑色恢复正常。瓶盖侧面有一荧光防伪点，在紫外线灯照射下可见红色"红星"字或"HXGF"。特制瓶顶部采用祈年殿图案，瓶盖侧面荧光防伪为"HXGF"四个字母。

【配菜建议】

老北京人喝二锅头酒并不讲究什么配菜，一盘花生米，一碟子高碑店豆腐丝、酱牛肉，甚至随手拍两根黄瓜了事，但都能喝出二锅头的京味。此外，卤煮火烧、爆肚、白水羊头、全聚德烤鸭等北京小吃，也可拿来为二锅头助兴提味。冬天吃饺子，也可以当作下酒菜。北方有句俗语就叫"饺子就酒，越喝越有"。

牛栏山二锅头

【53° 牛栏山珍品 30 年二锅头】……… ★★★★

李克评分： 92分

李克点评： 未经稀释的京派文化风味

观酒液： 5 分
看包装： 5 分
闻香气： 13 分
尝滋味： 16 分
潜力指数： 9 分
零售终端行情指数： 4 分
入选基准分： 40 分

厂家： 北京牛栏山酒厂
香型： 清香型白酒
酒精度数： 53°
规格： 500ml
终端参考价： 258 元（瓶）
电商参考价： 238 元（瓶）

【产地】

北京市顺义县牛栏山镇。

【渊源】

二锅头酿酒工艺在北京的很多酒厂都被广泛应用。因此，二锅头酒的品牌也有不少。但能和红星二锅头比肩的，目前只有牛栏山一家。

中国的海河水系共有五大河，潮白河是其中之一。这条河在西南方向流经牛栏山进入平原，后经顺义、通县进入北运河。由于水质清澈甘甜，适合酿酒，因此河畔的牛栏山便具有了先天的酿酒条件。1982 年，牛栏山出土了一批西周时期的青铜器酒具，据考证为当时燕国贵族使用的饮酒器皿，可见其历史之悠久。

在现有的文字史料中，顺义县的酿酒史可以追溯到康熙年间。当时，"造酒工：做是工者约百余人 (受雇于治内十一家烧锅)。所酿之酒甘冽异常，为平北特产，销售邻县或平市，颇脍炙人口，而尤以牛栏山酒为最著"。

1952 年 10 月，当地政府在"公利"、"福顺"、"洪义"等烧锅酒厂的基础上，正式成立了国营牛栏山制酒厂。1970 年代初期，该厂先后自行研制出红粮大曲、北京大曲、北京特曲等酒类产品。其中，北京特曲、北京大曲被评为市级优秀产品，因此，该厂厂名一度改为"北京市曲酒厂"。

对于牛栏山二锅头和红星二锅头的关系，可能很多人还不知晓。中华人民共和国成立后很长一段时间内，政府对酒类实行专烧专卖，生产二锅头酒的仅有红星酒厂一家。1965年以后，北京实行行业归口管理，由北京酿酒总厂统一管理北京市酒类生产以及输出酿酒技术，扶持各郊区县组建酒厂，传授二锅头酿制技艺。在被帮助的酒厂中，就有顺义牛栏山酒厂。1998年，顺义牛栏山酒厂顺利通过改制，更名为"北京顺鑫农业股份有限公司牛栏山酒厂"。

前些年，红星二锅头一直稳坐北京低端白酒销量第一，但近几年来，特别是在中端市场，牛栏山二锅头已迎头赶上，甚至以微弱优势超越红星牌。通常来说，红星二锅头的粉丝大多是资深的"老酒腻子"，他们对红星二锅头有一种微妙的情感，把喝牛栏山二锅头认为是对红星的一种背叛。而钟情于牛栏山的，年龄层次则较年轻，原因是，牛栏山二锅头的酒度相对红星牌稍低，口感更加柔和，即使是不胜酒量的人也能对付二两。这比较符合现代人对白酒的口味标准。

【工艺】

牛栏山二锅头的工艺和红星二锅头相同，仍沿用古老的"地缸"发酵法，不接触泥土，保持酒味纯净。它以大麦、小麦、豌豆制成的低温曲为糖化发酵剂，恪守传统的清蒸清烧、清蒸二次清等酿造工艺。为保证产品质量，在进入发酵工艺之前，还要通过"粉碎清蒸"的工艺过程，首先把杂质和果壳去掉，然后通过确定合理的发酵温度和发酵时间把多余的蛋白质消耗掉。盛原酒容器采用的是陶坛和不锈钢桶，有效地保证了原酒的长期存放；其勾调用水需经反渗透处理，在勾调之前首先对原酒逐坛品尝，确定合适的基酒，然后在勾调中充分利用各基酒的不同风格特点相互组合。

【风格】

牛栏山二锅头具有地道二锅头所特有的清、香、爽、净。酒体清香甜净且协调，清雅柔和，纯正爽净，口感柔和，香气绵长。

【曾获荣誉】

2003年，曾荣获中国食品工业协会颁发的中国白酒典型风格金杯奖。2004年2月，获第五届中国国际葡萄酒及烈酒评酒会特别金奖。

津酒

【38° 津酒帝王风范】

李克评分： 77分
李克点评： 香气较生涩，劲道不够透发

观酒液：	5分
看包装：	3分
闻香气：	9分
尝滋味：	12分
潜力指数：	5分
零售终端行情指数：	3分
入选基准分：	40分
厂家：	天津津酒集团
香型：	浓香型白酒
酒精度数：	38°
规格：	700 ml
电商参考价：	236元（瓶）

【产地】

天津市。

【渊源】

天津位于华北平原海河五大支流的交汇处，东临渤海，北依燕山。作为中国北方最大最早的沿海开放城市，在天津的历史长河中，也流淌着悠久的酒文化。

明代永乐年间，天津正式设卫。建卫后，天津是南粮北运的重要集散之地，当地大小烧坊的酿酒原料也因而供应充足，这直接推动了天津酿酒业的发展。《天津志略》说："天津烧锅最盛时多达二十七家，大直沽竟占十六家。所制白干酒质高味醇，世称佳酿。"

当时大直沽附近用高粱为主要原料酿制的烧酒被称为直沽烧酒或直沽老白干。由于粮食资源丰富，早期的直沽烧酒已经采用多粮工艺，口感也比其他地区的烧酒更胜一筹，具有了清香型白酒风格的雏形。除了京津地区的上层名流外，福建、广东等南方的商人也十分看好这种烧酒，纷纷到天津建造酒厂。

1953年9月，各家烧锅合组为国营天津酿酒厂，厂址选在西沽与丁字沽交界处，原因是此处土质为弱酸性黄黏土，黏性强，适合筑窖和喷窖，且土壤里富含磷、铁、镍、钴等多种矿物质。而且，地下水充足，清澈甘洌，富含锂、锶、锌、硒等多种对人体有益的微量元素和矿物质，非常适宜酿制美酒。

建厂之初，天津酿酒厂继承"打闷头浆"、"回杀"等传统"老五甑"工艺。在上世纪70年代以前，华北板块的白酒消费和产品结构一直以清香型白酒为主导。之后，川酒崛起，名声大振，受此影响，消费者的口味也逐渐向浓香型白酒转变。在此背景下，坚持多粮型生产工艺的津酒，在传承"老五甑"传统工艺基础上，采用"淀粉吸附"、"低温冷冻"等工艺，在北方率先生产出低度浓香型白酒，并命名为津酒。

1999年，酒厂建立集团，更名为天津津酒集团有限公司。目前，其主导产品有"津牌"津酒系列、"直沽牌"高粱酒系列、"新港牌"佳酿酒系列等。

【工艺】

津酒精选高粱、大米、糯米、玉米、小麦等五种粮食精华，采用"续渣混蒸、万年糟"、"双轮底发酵"及"人工老窖技术"等发酵技术，通过"分层起糟"、"分层蒸馏"、"分段摘酒"等操作，按照"量质摘酒，按质并坛"进行生产。

【风格】

津酒的低度浓香型白酒非常符合现代白酒口感需求，不仅具备浓香型白酒的醇和、优雅细腻的"绵"的特点，还吸收了清香型酒的清、爽、醇、净的"雅"的特征，可谓北派绵雅型白酒的典型代表。其口感绵柔、舒适，入口丰满，香气回味无穷。

【曾获荣誉】

1997年，被天津市政府授予"天津市名牌产品"称号。38°浓香型津酒在1984年全国第四届名酒评比中荣获"国家优质酒"称号，并颁发银质奖章。

衡水老白干

【67°衡水老白干蓝花瓷】 ★★★★

李克评分： 95分

李克点评： 仿佛青铜质感般的高度酒珍品

观酒液：	5分
看包装：	5分
闻香气：	14分
尝滋味：	19分
潜力指数：	8分
零售终端行情指数：	4分
入选基准分：	40分

厂家：河北衡水老白干酿酒（集团）有限公司
香型：老白干香型白酒
酒精度数：67°
规格：750ml
终端参考价：120元（瓶）
电商参考价：108元（瓶）

【40.8°衡水老白干十八酒坊醇柔8年】 ★★★

李克评分： 86分

李克点评： 刚柔并济，精致舒畅

观酒液：	5分
看包装：	4分
闻香气：	11分
尝滋味：	14分
潜力指数：	8分
零售终端行情指数：	4分
入选基准分：	40分

厂家：河北衡水老白干酿酒（集团）有限公司
香型：老白干香型白酒
酒精度数：40.8°
规格：480ml
终端参考价：178元（瓶）
电商参考价：146元（瓶）

【产地】

河北省衡水。

【渊源】

衡水市位于河北省东南部，是华北平原上一个并不起眼的小城市。但衡水老白干的存在，却又让我们不得不对这个小城市刮目相看。如果你对一个从没到过此地的中国人提到"衡水"二字，他很可能会脱口而出三个字的后缀：老白干！

衡水市属暖温带大陆性气候，这里的滏阳河地下水清澈透明，纯净甘甜。特有的微生物群及气候条件，给世人留下了芬芳千年的美酒。这里的酿酒历史最早可以追溯到汉代。唐中宗神龙年间，大诗人王之涣曾在桃县任主薄，桃县也就是现在的衡水。据说王之涣非常喜爱此地烧酒，吟诗作赋时，常要饮酒助兴。

老白干的真正得名是在明朝。嘉庆年间，衡水有名的酒坊共十八家，其中又以"德源涌"的酒最受青睐。有酒客喝完后赞叹："真洁，好干！"，其后，此酒便取名"老白干"。其中的"老"指其生产历史悠久，"白"是说酒体无色透明，"干"则指用火燃烧后不出水分，这代表了酒体的纯净无杂。

到了清代，衡水老白干为全国五十五种名酒之一。1915年，名酒汇聚巴拿马万国博览会，"德聚坊"也携衡水酒参展，并荣获金质大奖章。这在《衡水乡土志》中也有记载："衡民谋食四方者，木工为多，陶工次之，制曲酿酒尤为特色，巴拿马赛会得有奖章。"

抗日战争爆发后，百业凋零，衡水老白干的生产也逐渐萎缩。1946年，衡水解放。政府把当时的十八家个体酿酒作坊收归国有，成立了"冀南行署国营制酒厂"。1996年，河北衡水老白干酿酒(集团)有限公司成立。

最初，对于衡水老白干的香型，业界普遍认为其应当归属为清香型。比如全国著名酿酒专家王元太就曾说，衡水老白干是"清香类里醇厚型的典范"。不过，衡水老白干集团却认为，该酒生产的工艺和清香型还是有所区别的。比如衡水老白干酒的最佳储存期一般为3～6个月，储存期短，周转快，相比之下，清香型酒储存期较长。衡水老白干发酵期一般在28～30天，用纯小麦踩制的中温大曲，糖化力较高，而不少清香型白酒则采用以大麦、豌豆为原料踩制的混合低温大曲作为糖化发酵剂。

因此，衡水老白干酿酒(集团)有限公司牵头对老白干酒的生产工艺、大曲分离、微量成分的剖析等项目进行了深入研究，2001年，衡水老白干酿酒(集团)有限公司正式向国标委提出了制定标准的申请。2004年12月，国家发改委发布公告，批准了《老白干香型白酒》行业标准。至此，老白干香型成为我国白酒的第十一种香型。

【工艺】

衡水老白干酒以优质高粱为原料，使用优质深井水，采用纯小麦踩制的中温大曲为糖化发酵剂，沿袭传统的"老五甑"和"两排清"工艺，低温入池，地缸发酵，酒头回沙，混蒸馏酒，分段摘酒，分级储存，经精心勾兑而成。它具有发酵期短、产酒率高、储存期短等特点。生产中还采用稻壳为辅料，用以疏松酒醅、增大发酵界面、降低淀粉浓度，以吸收水分，并利于发酵。使用之前清蒸四十分钟以上，使之去除邪杂味，有害物质得到分解。

【风格】

衡水老白干香气清雅，自然协调，绵柔醇和，回味悠长，闻着清香，入口甜香，饮后余香。具有味浓而不烈、度低绵软而不淡、入口回味悠长的特点。

【曾获荣誉】

1915年，曾荣获巴拿马万国博览会甲等金质大奖章。1979年，被评为省内名酒，并获得著名商标产品证书。

【防伪】

真品衡水老白干的商标印刷精致，图案清晰。整个商品标签文稿清晰，商标、厂名、厂址、条形码等内容清楚完整。有荧光防伪标志、蓝色湿润白字隐去防伪标志、易碎纸加热显字防伪标志。标签背面或盒盖内有13位生产批号。假（仿）冒产品的商标印刷粗糙，图案模糊；标签上商标、厂名、厂址、条形码等内容不全或文字根本不同；标签背面没有生产批号或与真品不一致。大多数假（仿）冒产品均为酒精勾兑而成，饮用时刺激感较强。

板城烧锅酒

【板城烧锅皇上皇酒】 ★★★

李克评分： **88分**

李克点评： 金玉其外，优质更在其中

观酒液：	5分
看包装：	5分
闻香气：	12分
尝滋味：	16分
潜力指数：	7分
零售终端行情指数：	3分
入选基准分：	40分
厂家：	河北承德乾隆醉酒业有限责任公司
香型：	浓香型白酒
酒精度数：	52°
规格：	500ml
终端参考价：	188元（瓶）

【产地】

河北省承德市。

【渊源】

承德是驰名中外的旅游胜地，这里的避暑山庄是我国现存最大的古典皇家园林。和避暑山庄同样闻名的，还有承德的板城烧锅酒。

承德位于燕山脚下、滦河上游，塞罕坝一方面挡住了来自西伯利亚的寒风，同时又将滦河、潮白河流域上溯的季风暖流阻挡在坝下，因而造就了承德气候湿润、雨量充沛、地下水丰富等优越的酿酒自然条件。早在清朝康熙年间，承德县内的赵家烧锅酒就颇为著名。

乾隆年间，皇帝带着纪晓岚微服私访，来到承德板城庆元亨酒坊畅饮。酒酣之时，乾隆诗兴大发，出了上联"金木水火土"让纪晓岚对下联。聪慧的纪晓岚当即对出下联"板城烧锅酒"。这一下联不仅把木、土、火、金、水以汉字偏旁分别嵌入"板城烧锅酒"中，还使得上下联体现出了五行相克又相生的关系。乾隆皇帝连声称赞："好联！好酒！"并乘兴御笔亲书赐予小店，自此，"板城烧锅酒"因而得名。

1956年，承德县联合厂建立，与庆元亨老烧锅合并，生产白酒。1962年，联合厂改为承德县食品厂。1980年3月，改为承德县酒厂，成为专业生产白酒的企业。不过，整个80年代，酒厂始终处于徘徊状态，其白酒产品也未走出承德县。

从80年代末期开始，酒厂将板城烧锅酒的传统工艺与现代技术相结合，相继推出了新品"金山亭"、"乾隆醉"，且均以与承德避暑山庄和清朝旗人有关的景点或人物作为注册商标，为产品融进了深厚的文化内涵，使得新品大卖。为抵制假货，保护产品声誉，1995年12月，承德县酒厂注册了黑体字"板城"商标。2001年10月，又注册并使用了溥杰先生手书体"板城"商标。

2001年，酒厂改制成立承德乾隆醉酒业有限责任公司，主要生产板城烧锅酒、乾隆醉、紫塞明珠三大系列。

2002年，乾隆醉酒业聘请著名影视明星为产品形象代言人，在中央电视台、河北省电视台以及全国各地方电视台及承德本地电视台等多家媒体投放大量广告，宣传"板城烧锅酒"。一时间，"板城烧锅酒"香遍大江南北。

【工艺】

板城烧锅酒以优质的红高粱为主要原料，以纯小麦大曲为糖化发酵剂，采用传统老五甑工艺和现代微生物技术相结合，经固态泥池双轮发酵，以中温大曲为糖化发酵剂，经人工窖泥、双轮发酵、量质摘酒、分级储存、自然老熟、精心勾兑而成。

板城烧锅酒所用原料都来自内蒙古、辽宁等地区的优质红高粱、小麦。酿酒之水来自滦河之滨地下深层水，水质清冽晶莹，富含硅、锶等多种有益微量元素。其储酒容器是酒海、条篓等传统容器和数千吨的不锈钢罐群。酒海和条篓是用木料或竹条编制而成的，内壁糊上几十层牛皮纸。牛皮纸先用猪血浸泡，泡透后一层层糊到竹篓内，干燥后经过反复清洗，达到坚固耐用的效果。

【风格】

较之于传统的浓香型，板城烧锅酒的香型属于淡浓香型。它酒体纯正，酒液清亮如晶，窖香浓郁，落喉爽净，回味悠长，饮后口不干、不上头。

【曾获荣誉】

曾先后被评定为"中国驰名商标"、"中华老字号"、"中华文化名酒"、"中国非物质文化遗产"等。

丛台酒

【20 年丛台酒】 ★★★

李克评分： 81 分

李克点评： 优点不突出，也无明显缺点的一款产品

观酒液：	5 分
看包装：	3 分
闻香气：	10 分
尝滋味：	14 分
潜力指数：	6 分
零售终端行情指数：	3 分
入选基准分：	40 分
厂家：	河北邯郸丛台酒业股份有限公司
香型：	浓香型白酒
酒精度数：	39°
规格：	500ml
电商参考价：	418 元（瓶）

【产地】

河北省邯郸市。

【渊源】

邯郸，战国时期曾为赵国的都城。它地处华北平原，太行山东麓，气候温和，土地肥沃，水质甘甜，自古就是名酒之乡。赵武灵王时期，赵酒就被列为珍品。

邯郸得以出产美酒，和当地的优质泉水有很大关系。据《邯郸县志》记载："酒务泉，在城西十里，水甘洌，昔赵王于此酿酒。"和中国白酒的发展历程相统一，邯郸的酒也经历了一段由发酵酒到蒸馏酒的演变过程。作为高粱蒸馏白酒，今天的丛台酒很可能是起源于明代的"贞元增烧坊"。

"贞元增烧坊"以高粱为酿酒原料，使得当地酒质提高到了一个全新的水平，受到明清两代皇帝的御封。

1915 年，"贞元增烧坊"生产的高粱酒远渡重洋，参加了巴拿马万国博览会，并荣获甲等金质大奖章。

1945 年，抗日战争全面胜利，邯郸也随之被解放。中央局和边区政府批准以"贞元增烧坊"为中心，合并收购其他十五家私人烧锅，成立了邯郸市酒厂，编入晋冀鲁豫边区政府贸易总公司，由部队派员直接管理。1960年代，邯郸市酒厂组织技术人员七下泸州，学习正宗浓香型曲酒工艺。1994年10月，旧厂改制为股份制企业。

丛台酒的得名，是因酒厂坐落在战国时代的赵国丛台附近。邯郸酒厂建立初期、中期，主要生产邯郸大曲酒。公司目前的主导产品丛台酒，是在原产的邯郸大曲酒传统工艺基础上，吸收国内名酒的先进经验，去粗取精，酿制而成。

【工艺】

丛台酒属于浓香型单粮酒，以华北特产的红色糯高粱为原料，用小麦制曲，稻皮作副料，采取高温制曲，清蒸辅料，回醅发酵，回酒发酵，分批蒸烧，缓慢蒸馏，分级摘酒，分质储存，经精心勾兑而成。其主要工艺特点是精选主料，清蒸辅料，老五甑续糟，泥池老窖，固态发酵，低温流酒，量质摘酒，分级入库，陶坛陈储，科学勾调。

【风格】

丛台酒具有浓香型白酒的典型风格。酒质无色透明，闻之芳香浓郁，入口绵软，落口甜净，回味悠长，喝着平稳、不上头。

【曾获荣誉】

1979年，曾在第三届全国评酒会上被评为全国优质酒。1984年，在全国轻工部酒类质量大赛中荣获银质奖杯。1988年，在第五届全国评酒会上再度被评为全国优质酒，并荣获国家质量银奖等。

刘伶醉酒

【 52° 刘伶醉天润 】

李克评分： 77分

李克点评： 历史悠久，但酒质需要进一步改进

观酒液：	5分
看包装：	4分
闻香气：	10分
尝滋味：	12分
潜力指数：	4分
零售终端行情指数：	2分
入选基准分：	40分
厂家：	河北保定刘伶醉酿酒股份有限公司
香型：	浓香型白酒
酒精度数：	52°
规格：	500 ml
电商参考价：	199元（瓶）

【产地】

河北省保定市徐水县。

【渊源】

保定的徐水县西靠太行山，东临白洋淀，古代曾是"燕赵旧分界，宋辽古战场"。此地气候宜人，水质甘美，物产丰富，自古就有"酿美酒，赠甘醇"的习俗。

传说晋朝"竹林七贤"之一刘伶，因不满晋朝统治者的专横统治，千里迢迢来到徐水访老友张华。张华以当地出产的美酒款待，《徐水县碑志》记载，刘伶常"借杯中之醇醪，浇胸中之块垒"，并乘兴赋诗，最终醉死在此。至今，徐汇县还有一座刘伶墓。

北宋熙宁年间，徐水地区的酿酒业已经非常发达。当时，年纳税三万贯者有两处，一是安肃（今天的徐水县），二是广信（今徐水遂城），这足以说明当时徐水酿酒风气之盛。

《徐水县新志》里说："清道光年间，城内有烧锅（造酒厂）七家，年产酒三万斤，远销北平（今北京）、保定一带，以'润泉涌'烧锅最负盛名。""润泉涌"烧锅前边开店，后面酿酒，所产佳酿远近闻名。

1948年，徐水解放后，在"润泉涌"烧锅的基础上建起了国营徐水县制酒厂。1974年，酒厂更名为徐水县刘伶醉酒厂。2001年更名为河北刘伶醉酒厂。2010年12月，中国巨力集团成功收购"刘伶醉"。2012年1月，刘伶醉酿酒股份有限公司正式成立。

目前，刘伶醉酒厂区仍在使用一座保存完好的宋金时期古烧锅遗址。其中的十六口古发酵池已有近九百年连续使用的历史。

【工艺】

刘伶醉酒采用传统混蒸混烧老五甑工艺，精选高粱、大麦、小麦、大米、小米、糯米、玉米、豌豆、绿豆九种粮食，以中高温大曲为糖化发酵剂，经泥池老窖、固态低温长期双轮发酵、缓火蒸馏、量质摘酒、分级储存、精心调制而成。储酒用传统酒海，基酒储藏不少于三年，调味酒不少于五年。

【风格】

刘伶醉酒清澈透明，或有微黄色。此酒窖香浓郁，绵甜醇和，酒体浓厚，尾净香长，饮后回甜，是典型的浓香型白酒。独特的九粮酿制方式，使得酒体丰满，风格独特，具有"唇初沾而馨绵，口将咽而醇甜，入喉则生津，酒足则神爽"的特点。著名酿酒和品酒权威周恒刚老先生曾称赞刘伶醉酒："香绵恰似观音柳，味冽如同罗汉松。"

【曾获荣誉】

于1979年、1985年、1987年，先后三次被评为河北省名酒。1992年，获巴黎博览会特别金奖。2001年，获"中国白酒著名创新品牌"称号。

河套老窖

【52° 河套王 20 年】 ★★★★

李克评分： 90 分

李克点评： 香味协调，口感甘洌净爽，看好其发展潜力

观酒液：	5 分
看包装：	5 分
闻香气：	12 分
尝滋味：	16 分
潜力指数：	8 分
零售终端行情指数：	4 分
入选基准分：	40 分

厂家：	内蒙古河套酒业集团股份有限公司
香型：	浓香型白酒
酒精度数：	52°
规格：	500 ml
电商参考价：	599 元（瓶）

【产地】

内蒙古自治区巴彦淖尔市。

【渊源】

河套老窖由内蒙古河套酒业公司生产，始自1952年，它是北方浓香型白酒的又一代表作。

1952年，杭锦后旗制酒厂正式创立。1991年，杭锦后旗制酒厂更名为内蒙古河套酒厂。1997年，企业进行了股份制改革，更名为内蒙古河套酒业集团股份有限公司。2006年10月，成立内蒙古河套投资有限责任公司。目前，该企业已成为内蒙古酿酒行业的龙头企业。它拥有3 422口窖池，是中国北方最大的浓香型白酒生产基地。河套王原酒生产基地被中国酿酒工业协会认定为"中国北方第一窖"。

目前，该企业主打产品有以"河套王"系列、"河套老窖"系列为代表的浓香型白酒，以"河套宴酒"为代表的清香型白酒，以及以"御膳春"为代表的营养滋补型三大系列，品种达300多个。河套品牌连续7年被世界品牌实验室列入"中国500最具价值品牌"榜单。

【工艺】

河套老窖，选用优质高粱、小麦、大麦、稻米、糯米为原料，利用公主泉泉水，采用大曲泥窖发酵工艺制成。

【风格】

河套老窖属浓香系列酒，开瓶香喷四座，饮之溢香满口，口感香甜绵软，具有窖香浓郁、绵甜甘洌、香味协调、尾净余长的风格。

【配菜建议】

河套酒风格粗犷，最佳的搭配也应是当地粗犷的内蒙古菜肴，如扒鸡茸发菜、羊背子、烤羊腿、手抓羊肉、烧牛蹄筋、扒山虎、红烧牛头、大炸羊、草原八珍、手扒羊肉、奶汁烤白菜、大烩菜、猪骨头烩酸菜、资山熏鸡、肉干等。

蒙古王酒

【52° 蒙古武士头盔型天尊】 ★★★

李克评分： 83分

李克点评： 总体感官体验不错，唯香型不甚明显

观酒液： 5分
看包装： 4分
闻香气： 10分
尝滋味： 14分
潜力指数： 7分
零售终端行情指数： 3分
入选基准分： 40分

厂家： 内蒙古蒙古王实业股份有限公司
香型： 浓香型白酒
酒精度数： 52°
规格： 500 ml
终端参考价： 238元（瓶）

【产地】

内蒙古通辽市。

【渊源】

酒是蒙古文化的符号之一。蒙古民族爱饮酒，也擅长酿酒，自元代起便创造出神秘的"糟坊"、"宣徽"等酒中珍品，并形成了独具特色的"六蒸六酿"酿制工艺。据《蒙古酒烤》记载："酒经六蒸六酿工艺流程者为上品。"

1921年，"东泰隆西烧锅"建立。1953年，更名为通辽市制酒厂。80年代，通辽市制酒厂技术人员把元代的"糟坊"工艺与现代酿制技术相结合，以百年窖池为发酵基因，取科尔沁草原无污染优质红高粱和优质矿泉水源，酿制出了高品质的蒙古王酒。

此酒的酿酒原料是生长于东北的红高粱等优质作物，由于日照充分，昼夜温差大、土地肥沃、生长周期长等，这些原料均是酿酒的上等原料。酿酒用水则是科尔沁地区深层的地下矿泉水，这种水清纯甘甜，微量元素丰富，没有工业污染和生活污染，也是酿酒的上乘用水。因此，蒙古王酒一经面市便打开了内蒙古白酒市场。

1995年，酒厂改制为通辽市辽河酒业有限公司。1996年，更名为"内蒙古蒙古王酒业有限公司"。

【工艺】

蒙古王酒选用科尔沁草原优质无污染的红高粱、小麦为主打原料，采用固态发酵、混蒸混渣、续糟、老五甑工艺，以人工窖泥老窖酿酒。原酒采用传统陶坛储存，以减少新酒杂味，促进新酒老熟，使原酒口味协调。

【风格】

蒙古王酒属于浓香型白酒，具有窖香浓郁、入口绵甜、诸味协调、余味悠长的特点。

【曾获荣誉】

1994年，曾获布鲁塞尔国际食品博览会金奖。1996年，获"内蒙古名牌产品"称号。2003年，获中国白酒典型风格银奖。2007年，获"中华历史文化名酒"称号。

宁城老窖

【宁城老窖 15 年陈】………………… ★★★★★

李克评分：……………………………… **96 分**

李克点评： 货真价实的"塞外茅台"

观酒液：	5 分
看包装：	5 分
闻香气：	15 分
尝滋味：	19 分
潜力指数：	7 分
零售终端行情指数：	5 分
入选基准分：	40 分

厂家：	内蒙古顺鑫宁城老窖酒业有限公司
香型：	浓香型白酒
酒精度数：	38°
规格：	500ml
电商参考价：	268 元（瓶）

【产地】

内蒙古赤峰市宁城县。

【渊源】

相信中国四十岁以上的男人都会记得那句广告语："宁城老窖，塞外茅台！"这也是曾经第一个登上中央春节联欢晚会的名酒品牌。

宁城老窖的产地在赤峰市宁城县八里罕镇。这里四季分明，气候温和，湿度适中，酒曲极易发酵。同时，塞北的红高粱光滑圆润、籽粒饱满，实在是再合适不过的酿酒原料。据史料记载，八里罕镇的酿酒历史足有一千多年，早在辽代就有多处大规模的酿酒作坊，比较著名的有"隆盛泉"、"天巨泉"、"景泰泉"酒坊等。其中，"隆盛泉"酒坊就是宁城老窖的前身。

1958 年，宁城县八里罕酒厂在老酒坊的基础上成立。1978 年，改称为地方国营宁城县八里罕酒。1989 年，更名为内蒙古宁城县八里罕酒厂。1993 年，又更名为宁城老窖酒厂，同年 8 月，改组为内蒙古宁城集团公司。1998 年，"宁城老窖"上市。2001 年 4 月 26 日，公司变更为内蒙古宁城老窖生物科技股份有限公司。

80～90 年代，宁城老窖的酒香曾征服了众多酒痴。而在 1987 年，原国家副主席乌兰夫亲笔题词"塞外茅台"后，宁城老窖更是享誉全国。

【工艺】

　　宁城老窖选用内蒙古优质高粱为原料，以河内白曲制成麸曲，以多种生香酵母为糖化发酵剂，引"隆盛泉"、"景泰泉"、"天聚泉"三口古泉水为酿酒用水，采用人工泥窖发酵，经量质摘酒、分级陈储、合理勾兑、精心调配等工序酿制而成。其所用的优质红高粱籽粒饱满，成酒率极高。老窖窖池经多年使用，菌种丰富，配以宁城老窖秘传的"百香曲"，能在酿制过程中生成多种香味物质。

【风格】

　　宁城老窖具有麸曲浓香型白酒的特点，酒体丰厚，清澈透明，酒质清冽，闻之沁人心脾，入口荡气回肠，尾子爽净，饮后余香绵绵。喝后不上头、不口干、不刺喉、不辣舌。

西北产区

行走西北多年的朋友告诉我,当地人劝酒常说一句话:酒嘛,水嘛;醉嘛,睡嘛!意思是说,酒就是水而已,有什么好怕的?就算喝醉了,倒头睡一觉便是,又有什么好怕的?这并不是西北人用来猛灌客人酒时的虚伪说辞,而是他们内心对酒的真实折射。对他们而言,饭吃不饱没关系,酒没喝到尽兴是大事。

西北酒的感性基因

西北地区包括陕西、甘肃、青海、宁夏、新疆共五个省及自治区。这是一片半干旱的地域,年降水量从东向西递减,最东部400毫米左右,往西便逐渐减少到50毫米以下。地形以高原、盆地和山地为主,植被由东向西为草原、荒漠草原、荒漠。

严格来说,西北的大多数地方都并不是很适合酿酒。这也是西北地区名酒少的主要原因。但西北人骨子里对酒的热爱,使得这块土地的酿酒业从来也不寂寞。中国有句老话:穷盐罐子富酒瓶。意思是说,人再穷盐罐子不能没盐,人富才能有酒喝。但这句话放到西北人身上却不太适用。他们不管贫富,一律好酒,虽然富人有富人的喝法,穷人有穷人的喝法。但对于他们而言,没有了酒,生活还有啥滋味呢?

对于外地而来的客人,西北的东道主往往不会顾及其家乡的酒俗,而是大大咧咧"满上,满上",声嘶力竭地劝酒,"逼"着客人一滴不剩。喝吐了,喝醉了,他们不会认为你失礼,但如果你拘着架子,他们反而会觉得尴尬。这便是西北豪放热情的酒文化。

西北烈酒"凤"最香

西北人爱酒,但并不是爱所有的酒。正如其火辣辣的性格一样,西北人的味蕾所钟爱的,是那种浓香猛烈的酒。而这,也是西北酒的典型风格。在我国最西北的新疆,当地人喝的酒一般都在46°以上,42°以下的酒基本无人问津。

在遵循"挺拔猛烈"统一风格的基础上,陕西、甘肃、青海、新疆、宁夏等地产白酒又因工艺和材料有所差异。比如青海生产青稞,地产酒也以青稞酒为主。这种口味的酒非常适合当地人的口感,以至于很多人都不愿意接受外地名酒。宁夏因其地理的特殊性,不少地产酒企业自己不酿酒,直接买回四川原酒进行勾兑,然后经过包装后再投入市场。

西北地区最好的酒,至少是最有名的,都产在陕西,比如西凤、太白酒等。西凤酒凭借其独特的凤香稳坐八大名酒之列,与山西汾酒齐名。仿照西凤酒所做的太白酒位于陕西省眉县,这里的太白山冰斗湖的湖水非常宜于酿酒,做法和西凤酒十分类似,香气也是芬芳协调。

值得关注的品牌

　　西北地区酒的品牌不少，不过高档酒不多。以陕西为例，品牌有西凤酒、太白酒、城固酒、西安特曲、秦川特曲、隋唐玉液、泸康酒等，但高档宴请一般都用西凤酒。此外，太白酒、西安特曲也可以品尝一下。青海有互助、西宁老窖、金塔等三十多个品牌，其中互助的青稞酒口感最好。新疆有伊力特和肖尔布拉克两大品牌。

西凤酒

【52° 西凤酒凤香经典 30 年】 ★★★★

李克评分： **91分**

李克点评：啜一口西凤，暴烈峻拔的劲爽瞬间绽放

观酒液：...5 分
看包装：...5 分
闻香气：..12 分
尝滋味：..17 分
潜力指数：...8 分
零售终端行情指数：...4 分
入选基准分：...40 分

厂家：................................陕西西凤酒集团股份有限公司
香型：...凤香型白酒
酒精度数：...52°
规格：..500ml
终端参考价：...1568 元（瓶）
电商参考价：...1258 元（瓶）

【西凤酒 1956 日月藏】 ★★★★

李克评分： **90分**

李克点评：入口净爽，入喉甘洌，香气峻挺，非常有潜力

观酒液：...5 分
看包装：...5 分
闻香气：..12 分
尝滋味：..16 分
潜力指数：...8 分
零售终端行情指数：...4 分
入选基准分：...40 分

厂家：................................陕西西凤酒集团股份有限公司
香型：...凤香型白酒
酒精度数：...45°
规格：..500 ml
电商参考价：..200 元（瓶）

【产地】

陕西省宝鸡市凤翔县。

【渊源】

西凤酒产自凤翔县柳林镇。凤翔县古代被称为"雍",直到唐代肃宗年间才改称"凤翔",据说是取周文王时"凤凰集于岐山,飞鸣过雍"的传说。凤翔一带产酒历史悠远——当然,最先出现的肯定不是白酒。据凤翔出土文物中的周代和战国时期的罄、觚、廷爵、蚕、铜壶等酒器证实,当时的凤翔已有酿酒业的兴起。但当时不存在凤翔的称谓,也就没有"凤酒",所产美酒唤作"秦酒"。

据史料记载,秦王政二十五年七月,秦军攻破齐国,统一天下,秦王以秦酒举行了隆重的开国登基称帝大典。从此秦酒便成了秦王朝的宫廷御酒。

到了汉代,秦酒更名为柳林酒,更加闻名遐迩。公元前139年张骞出使西域时,就曾带着柳林酒馈赠友邦。唐代,西凤酒更被视为珍品。有一个酒醉蜂蝶的故事,很能说明凤翔美酒的魅力。据说唐仪凤年间,吏部侍郎裴行俭送波斯王子回国,到了凤翔县柳林镇亭子头村附近,忽然发现路旁蜜蜂蝴蝶坠地而卧。裴行俭非常奇怪,查明原因后才知道,原来是柳林镇上一家酒坊的陈坛老酒刚开坛,浓郁的香味随风飘至五里外的亭子头村,醉倒了此地的蜂蝶。裴行俭大为震惊,回朝以后将此酒献于唐高宗,皇帝饮后大喜,赐封此酒为唐皇室御酒。

北宋文学家苏东坡任职凤翔签书判官时,在凤翔东湖喜雨亭落成之日,以柳林美酒款待宾客,酒后作出"花开酒美喝不醉,来看南山冷翠微"的佳句盛赞。此外,苏东坡还自学酿制柳林酒的技艺,在粮食丰收的秋天酿酒品尝。

到了清代,凤翔美酒已经以"凤酒"著称。在"八百里秦川"的宝鸡、岐山、眉县及凤翔县等酿制的烧酒都是采用这一名称,其中又以凤翔所产的酒最好喝,名气也最大。在1929年编的《工商部中华国货展览会实录》中有这样的记载:"'凤翔县兴盛德之凤翔烧酒'获二等奖"。1934年编的《第三届铁展陇海馆专刊》云:"陕省则以凤翔、岐山、宝鸡等县所产凤酒最优质,味醇馥,与山西汾酒不相上下。"

战乱年代,凤翔酒业也遭到破坏。到1949年时,柳林镇仅剩下七家小酒坊。1956年,政府在凤翔县新民酒厂的柳林镇两个生产小组的基础上建成了西凤酒厂,次年按传统工艺投产西凤酒。在计划经济时期,西凤酒不论产量和销量,始终排在全国前十位。

在保生产和提高品质的同时,西凤酒也在产品定位方面做过积极的努力。最值得一提的当是其香型的确定。在全国第一、二届评酒会上,西凤酒都被列为国家名酒。但在1979年的第三届评酒会上,西凤却名落孙山,原因是当时评酒会已经按照香型为白酒评分,但西凤酒的香型概念尚未确立。此后,西凤酒经过科技协作,把独特的凤香型作为自己的特色,结果在第四、五届评酒会上都被评为国家名酒。1992年,轻工部主持召开了"西凤酒香型(凤香型)论证会",于同年正式确定了白酒的一大新香型——凤香。

西凤酒的确好喝，对于西北人而言尤其如此。上世纪80年代的西安，随便找家馆子，都能看到憨憨的西北大汉痛饮西凤酒。若到陕西人家里做客，饭桌上预备的势必也是西凤酒。或许正是因为这种火热的人气，使得西凤酒产生了"酒香不怕巷子深"的心态，结果在90年代白酒行业面临巨大冲击的环境下，西凤酒也以一种非常快的速度走下坡路，无论是销量，还是品牌认知度，都远远落后于当时的茅台、五粮液等一线品牌。

1999年，国有陕西省西凤酒厂改制成为陕西西凤酒集团股份有限公司。从2001年开始，西凤酒突破了传统的凤香型工艺，研发了凤兼型白酒，在继承西凤酒"醇厚挺爽"风格的同时，还具有"柔顺绵甜"的口感。

近年来，西凤酒业仍然远远落后于其他名酒，在全国白酒行业销售排名已落后到十五名以后。公司爆出的4.2亿元的巨额亏损更是让西凤酒业的种种经营弊端暴露出来。未来，西凤酒还能走多远，成了业界广泛讨论的话题。

【工艺】

西凤酒制酒生产要经过立窖、破窖、顶窖、圆窖、插窖、挑窖六个阶段。它以当地特产高粱为原料，用大麦、豌豆制曲。工艺采用续渣配料老五甑法，发酵窖分为明窖与暗窖两种。蒸馏得酒后，再经三年以上的储存，然后进行精心勾兑方出厂。一年为一个生产周期。

西凤酒用土窖池发酵，窖池每年更新一次，去掉窖壁、窖底、老窖皮，再换上新土，这样既有生长乙酸菌的条件，又能严格控制其成分占比，使酒浓香不露头。西凤酒的传统发酵期很短，只有11~14天，但其中的微量香味成分并不少。西凤大曲属中高温曲，选用清香大曲的制曲原料而不采用清香大曲的培养工艺，采用了高温培曲工艺而不选用浓酱香大曲的制曲原料。

西凤酒的传统容器是用当地荆条编成的大篓，内壁糊以麻纸，涂上猪血等物，然后用蛋清、蜂蜡、熟菜子油等物以一定的比例配成涂料涂擦，之后晾干，称为"酒海"。这种容器不仅具备造价低廉、存量大、利于酒熟化的特点，而且在酒的储存过程中，酒海的内涂料会溶解一些成分到酒里，使酒有蜜香味，从而成就独特的凤香型。目前，酒厂采用水泥酒海储存酒，但里面刷的涂料没变。

【风格】

凤香型西凤酒清而不淡，浓而不艳，集清香、浓香的特长于一体。酒液无色、清澈透明，清芳甘润、细致，入口甜润、醇厚、丰满，有水果香，且香与味、头与尾和谐一致。初喝时会感到酸甜苦辣香五味，不过酸而不涩，苦而不黏，辣不呛口，香不刺鼻，尾净味长，适合喜饮烈性酒的人。饭后回甘明显，不上头，不干喉。

【曾获荣誉】

1910年，曾在南洋劝业赛会上荣获银奖。1915年，在巴拿马万国博览会上获金奖。1952年，在第一届全国评酒会上被评为四大名酒之一。1963年，在第二届全国评酒会上被评为八大名酒之一。1979年，在第三届全国评酒会上被评为国家优质酒。1984年，在第四届全国评酒会上被评为国家名酒。1989年，在第五届全国评酒会上被评为国家名酒。1992年，在巴黎国际食品博览会上获金奖。

【配菜建议】

品尝西凤酒，若搭配陕西风味小吃一定别有风味。葫芦鸡、粉蒸牛羊肉、腊牛羊肉、炒粉鱼、挠挠凉粉、炒凉粉、牛羊肉泡馍、辣子蒜羊血、羊血饸饹、粉汤羊血、水盆羊肉、葫芦头泡馍、水盆大肉、石子馍、菜豆腐、菜疙瘩、乾县锅盔、酱辣子、豆腐脑、生氽丸子、炒烩麻食、煎饼、咸馓子、荠菜春卷等都是佐酒佳肴。

太白酒

【10 年老太白】

李克评分： .... **75 分**
李克点评： 产品过度包装，应该更关注好不好喝

观酒液：	5 分
看包装：	3 分
闻香气：	9 分
尝滋味：	10 分
潜力指数：	5 分
零售终端行情指数：	3 分
入选基准分：	40 分

厂家：	陕西省太白酒业有限责任公司
香型：	凤香型白酒
酒精度数：	50°
规格：	500ml
终端参考价：	168 元（瓶）
电商参考价：	145 元（瓶）

【产地】

陕西省眉县金渠镇。

【渊源】

即便是第一次听到太白酒的人，也应该猜得到，这酒多少和酒仙李白有点关系。当年，李白就是在畅饮太白酒之后，才神笔著作《蜀道难》。据说，"太白酒"的命名也是为纪念李白所定。

眉县一带气候适宜，土质肥沃，是中华民族最早的发源地之一。炎黄先民在这里发明原始农业和原始制陶业的同时，也开启了中国最早的原始酒文化。1983年，在眉县金渠镇出土了新石器时代的酿酒、饮酒陶器，经专家鉴定已有六千余年的历史，这也是迄今为止我国及世界发现的最古老的酒器。西周时期，这一带酒业非常兴旺，所产太白酒已成为王室御酒。《诗经》中"申伯信迈，王饯于眉"的诗句，讲的就是周成王在眉县用太白酒为申伯信饯行的故事。

唐代以前，太白酒的生产工艺多采用液态法或半固半液法，所产酒为发酵酒。唐代时期眉县出现了蒸馏工艺，从而推动了太白酒的风格定型。由于太白山具有六月积雪的奇特景观，因而吸引了历代不少文人墨客登山揽胜，揽胜之后又往往饮酒吟诗赞景，因此太白酒的名气也就越来越响，传播得也越来越远。唐代以后，长安、汴梁及关中一带大都市，所开酒店都悬挂着"太白遗风"、"太白酒家"的酒幌。

到了清朝，眉县酒业进一步发展，仅金渠、齐镇一带的大小作坊就有三十多家，太白酒的口感也更醇美。

1956年春，当地政府在太泉、溢成海、福长号、德盛茂、裕德海、义永丰六家私人酿酒作坊的基础上，组成公私合营眉县太泉酒厂，所产太白酒作为地方名贵药酒的基础酒，远销到东南亚及美国、加拿大等国家。

1964年，酒厂更名为地方国营宝鸡专区太白酒厂。1968年9月，又更名为地方国营眉县太白酒厂。1991年，再次更名为陕西省太白酒厂。

2006年，太白酒厂改制成立陕西省太白酒业有限责任公司。近年来，酒厂在坚持传统生产工艺的同时，研究开发了清香、浓香、兼香三大香型的五大系列六十多个品种。当然，最有名的还是具有陕西独特风味的凤香型酒，很多人常会在太白酒和西凤酒之间难以选择，原因是，虽然西凤酒名气更响，送礼更有面子，但太白酒的味道也着实不错，而且价格较为实惠。

【工艺】

凤香太白酒选用优质高粱为原料，以大麦、豌豆制曲作为糖化发酵剂，配以土暗窖固态续渣分层发酵，采用混蒸混烧传统老六甑工艺精心酿制，酒海储存，经自然老熟、科学勾兑而成。一年为一个生产周期。

【风格】

酒液无色清亮透明，无悬浮，无沉淀。清雅而不淡薄，浓郁而不酽腻，香味和谐，优雅舒适。入口后感觉香味浓厚丰满，口感圆润，挺拔有劲。酸、甜、苦、辣、香五味俱全，却各不出头。后味干净，回味舒适，满口留香。

白水杜康

【白水杜康 15 年古窖】

李克评分：·· **78 分**
李克点评：香气浓郁协调，滋味绵甜但欠纯正

观酒液：·· 4 分
看包装：·· 3 分
闻香气：·· 10 分
尝滋味：·· 12 分
潜力指数：·· 6 分
零售终端行情指数：·· 3 分
入选基准分：·· 40 分

厂　家：·· 陕西杜康酒业集团有限公司
香　型：·· 浓香型白酒
酒精度数：·· 52°
规　格：·· 450 ml
终端参考价：······································· 598 元（瓶）

【产地】

陕西省白水县。

【渊源】

明清和民国年间，白水县酿酒业发达。但随着战争硝烟弥漫，酒业逐渐衰败。1975 年，陕西省白水杜康酒厂重建。2002 年，企业改制后更名为陕西白水杜康酒业有限责任公司。

建厂前期，白水杜康主要生产凤香型白酒。但 1980 年代后，随着白酒市场的发展变化，各地消费者对白酒的口味选择也各有不同。因此，科技中心根据不同的消费口味，相继开发研制了清、浓、兼香型产品。

【工艺】

采用现代化工艺，选用优质大麦、小麦做曲，以优质高粱为原料，采取土窖续渣法发酵、老五甑混蒸混烧而得原酒，后经陶缸酒海陈储，自然老熟后精心勾兑而成。

【风格】

凤香型杜康酒酒液清澈透明，酒香浓郁优雅，酒味醇和协调。清香型产品则芳香纯正，入口绵甜，醇厚柔和，五味协调，回味悠长，饮后留香。

长安酒

【珍品长安老窖 30 年】·················· ★★★

李克评分：················· **83 分**

李克点评： 酒香协调平和，酒体丰满透发

观酒液：	5 分
看包装：	4 分
闻香气：	11 分
尝滋味：	13 分
潜力指数：	7 分
零售终端行情指数：	3 分
入选基准分：	40 分

厂家：············ 陕西长安酒业有限公司
香型：············ 浓香型白酒
酒精度数：············ 50°
规格：············ 460 ml
终端参考价：············ 148 元（瓶）
电商参考价：············ 105 元（瓶）

【产地】

陕西省西安市。

【渊源】

西安古称长安，早在唐代便有"长安老坛"酒香四溢。1971 年，长安酒厂成立，并聘请了古酒"长安老坛"传人张德富先生和弟子张军武为酿制调酒师。2004 年，公司改制成立陕西长安酒业有限公司。长安酒业继承和发扬古长安传统酿酒技艺，结合现代先进的酿制技术，精心酿制了长安老窖、精品长安老窖、御品长安老窖、中华红长安老窖等众多浓香型产品。

【工艺】

多粮生产，双轮底发酵。

【风格】

长安酒主要为浓香型白酒，具有清亮透明、窖香浓郁、醇甜甘洌、回味悠长的风格。

【曾获荣誉】

长安大曲 1986 年曾获陕西省优质产品奖。1994 年,长安老窖获首届中国食品博览会金奖。2003 年,长安老窖荣获"西安市名牌产品"称号。2006 年,长安老窖被评为陕西省名牌产品。

老榆林酒

【老榆林东方红臻品一号】 ·············· ★★★

李克评分： ······································· **82分**

李克点评： 浓郁芳香，绵而不辣

观酒液：	5分
看包装：	3分
闻香气：	11分
尝滋味：	14分
潜力指数：	6分
零售终端行情指数：	3分
入选基准分：	40分

厂家：	陕西榆林市普惠酒业集团
香型：	浓香型白酒
酒精度数：	48°
规格：	500 ml
终端参考价：	500元(瓶)

【产地】

　　陕西省榆林市。

【渊源】

　　老榆林酒由榆林市普惠酒业集团生产。该集团的前身是榆林市酒厂，1999年改制，成立榆林市普惠酒业集团有限公司。榆林市位于陕西省最北部，地处陕、甘、宁、蒙、晋交界地带。此地水美，加之黄土高原出产的无公害粮食，使得老榆林酒在当地市场口碑很好。

【工艺】

　　精选小麦、大麦、高粱、豌豆等原料，以传统工艺结合现代酿酒技术精制而成。

【风格】

　　老榆林酒为浓香型白酒，清冽透明，柔润芳香，醇正甘美，回味悠长。

【曾获荣誉】

　　2004年，曾被评为西北地区白酒行业知名白酒。2005年，被评为陕西省知名品牌，同年被中国酿酒工业协会评为全国浓香型白酒优秀产品和全国白酒质量安全诚信推荐品牌。

陇南春

【金徽 18 年陈酿】············★★★★

李克评分：············**91 分**

李克点评： 口感丰满细腻，酒香优雅纯正，奔放中透着精致

观酒液：	5 分
看包装：	5 分
闻香气：	13 分
尝滋味：	16 分
潜力指数：	8 分
零售终端行情指数：	4 分
入选基准分：	40 分
厂家：	甘肃金徽酒业集团有限责任公司
香型：	浓香型白酒
酒精度数：	52°
规格：	500 ml
终端参考价：	618 元（瓶）

【产地】

甘肃省陇南市徽县。

【渊源】

徽县地处秦岭南麓，嘉陵江上游。据史料记载，早在西汉时期，这里就开始酿酒。南宋绍兴四年（公元 1134 年），名将吴玠在仙人关抗金大捷后，众将士用金兵头盔盛徽酒畅饮，从此"金徽酒"名声远扬。大唐盛世，徽酒业更加壮观，酒坊林立。

到了明清时期，山西、陕西大量移民来徽，并将"西凤酒"、"汾酒"的生产工艺带来，从而使得徽酒技艺更加完善。清道光初年，山西人在徽开办了"隆盛丰"烧锅坊，以汾酒工艺酿制白酒，其口味清冽爽口，香甜纯正，酷似汾酒，所以当时人称"徽酒"为"徽汾"。同治年间，陕西礼泉人张胡又创办了"万盛魁"烧坊，以泸州老窖工艺生产浓香型白酒。"万盛魁"烧锅坊的开办，也奠定了徽酒为浓香型白酒的基础。

清朝末年，徽县白酒酿造业盛极一时，全县有大小烧坊数十家，以"永盛源"、"宽裕成"、"全隆聚"、"三合公"、"恭信福"等影响最大。民国初年，战乱不息，百业萧条，徽县粮食生产大幅度减少，酿酒所用的粮食短缺，致使许多烧坊倒闭。不过，到中华人民共和国成立前夕，徽县有白酒烧坊三十三家，仍占据省内白酒市场很大份额。

　　1951年9月，国家投资在昔日的徽酒老字号"恭信福"作坊的基础上，通过公私合营的方式建立了地方国营徽县酒厂。1954年4月，徽县酒厂与侯家坝酒厂合并，定名为徽县侯家坝酒厂。1960年正式使用"金徽酒"商标。1965年3月更名为"甘肃省徽县酒厂"。1976年1月试制成功"试验酒"，1977年正式定名为"陇南春"。1985年，酒厂更名为甘肃陇南春酒厂。1997年7月改制为国有独资的甘肃陇南春酒业（集团）有限责任公司。此后，又改制成民营股份制白酒酿制企业，更名为甘肃金徽酒业有限责任公司。目前主导产品有"金徽"、"陇南春"两大品牌。

【工艺】

　　陇南春选用优质泉水、高粱、小麦、大米、玉米等原料，以大曲为糖化发酵剂，以新鲜稻壳为辅料，采用传统的老六甑操作法，经过老窖发酵、缓慢蒸馏、按质摘酒、分级储存，定期陈酿后，再精心勾兑而成。

【风格】

　　陇南春酒属于浓香型大曲白酒，此酒窖香浓郁，入口绵甜甘爽，香味协调，尾净悠长。

伊力特曲

【伊力王酒旗舰 30 年窖藏】················★★★★★

李克评分：···97 分

李克点评：此酒酒质清澈，甘绵醇厚，优雅细腻，回味悠长

观酒液：··5 分
看包装：··5 分
闻香气：···15 分
尝滋味：···18 分
潜力指数：···10 分
零售终端行情指数：····································4 分
入选基准分：··40 分

厂家：······························新疆伊力特实业股份有限公司
香型：··浓香型白酒
酒精度数：··50°
规格：···680 ml
电商参考价：······································1588 元（瓶）

【伊力老窖 15 年窖藏】······························★★★

李克评分：···86 分

李克点评：酒液通透，浓陈优雅，香味舒适，滋味绵顺醇甜

观酒液：··5 分
看包装：··5 分
闻香气：···11 分
尝滋味：···15 分
潜力指数：··7 分
零售终端行情指数：····································3 分
入选基准分：··40 分

厂家：······························新疆伊力特实业股份有限公司
香型：··浓香型白酒
酒精度数：··52°
规格：···500 ml
电商参考价：··178 元（瓶）

【产地】

新疆伊犁哈萨克自治州新源县。

【渊源】

伊力特曲产自天山脚下四面环山的伊犁盆地东部，巩乃斯草原上的肖尔布拉克。美丽的巩乃斯草原三面环山，怀抱着巩乃斯河。此地山清水秀，雨量充沛，冬暖夏凉，空气一尘不染。纯净的天山冰雪消融后，经过冲积扇的过滤，从肖尔布拉克涌出。水质富含多种微量元素。伊犁盆地的粮食品质优异，淀粉含量高，是酿酒用的上佳原料。

1955年，十团农场副业加工厂成立酿酒组，1956年正式生产。1957年，在肖尔布拉克建酿酒车间，原酿酒组由于养猪迁址到肖尔布拉克，从加工厂分出，称十团酿酒厂。1962年，"伊犁白酒"瓶酒包装首批投放乌鲁木齐市、伊宁市、新源县市场，初次打开销路。1964年12月1日，酒厂所产白酒注册为"伊犁牌"商标。1966年，伊力特曲面市。

1976年，十团酒厂更名为七十二团伊犁大曲酒厂。1979年10月31日，酒厂变更商标注册为"伊力牌"，但仍延用"伊犁牌"至1991年7月。酒厂更名为新疆伊犁大曲酒厂。

1991年7月31日，酒厂启用注册商标"伊力牌"。1992年5月16日，原新疆伊犁大曲酒厂更名为新疆伊犁酿酒总厂。1999年5月27日，伊力特实业股份有限公司成立。

目前伊力牌系列酒已形成四个品种，有伊力特曲、伊力老窖、伊力特酿、伊力大曲。

除本地销售外，还销往广州、北京、上海等省市，以及台湾、香港地区，并出口到俄罗斯、东南亚和澳大利亚等国家和地区。

【工艺】

伊力特曲用小麦豌豆制曲，以优质高粱、玉米、大米为原料，以天山之雪水，采用传统老五甑工艺及现代科技，经陈年老窖发酵，长年陈酿，精心勾兑而成，坚持采用纯粮酿造和自然发酵。

【风格】

伊力特曲属浓香型白酒，其晶莹透明，香气浓郁，入口甘美，不刺喉。风格刚而不烈，柔而不弱，享有"新疆茅台"之美誉。

肖尔布拉克酒

【肖尔布拉克红国藏】 ★★★★

李克评分： 95分

李克点评： 原汁原味的"新疆酒乡"风味

观酒液：	5分
看包装：	5分
闻香气：	14分
尝滋味：	20分
潜力指数：	8分
零售终端行情指数：	3分
入选基准分：	40分

厂家：	新疆伊犁肖尔布拉克酒业有限责任公司
香型：	浓香型白酒
酒精度数：	53°
规格：	500 ml
电商参考价：	320元(瓶)

【产地】

新疆伊犁哈萨克自治州新源县肖尔布拉克。

【渊源】

肖尔布拉克镇坐落在风光秀美的巩乃斯河谷，西望伊宁，东接那拉提草原。这是一个天造地设的不可多得的酿酒生态圈。横亘的南北天山犹如伸展的双臂，呵护着这里数万平方公里没有任何污染的土地，使该区域形成了一个天然闭合的生态环境，特别适合酿酒微生物的繁衍和纯化。略偏轻碱的天山冰川融水，解决了白酒酿制发酵过程中需要抑酸的技术难题，以致酿出的酒产量高、酒质好，形成了独有的口感和风格。

在历史的长河中，最早关于酒文化的记载当初来自《穆天子传》的爱情故事。张骞通西域后，丰富了中华民族的历史，也带来了关于西域种植葡萄和酿酒的记录。《史记·大宛列传》中记载："安息在大月氏西可数千里，其俗土著，耕田，田稻麦，葡萄酒。"由此足见西域酒文化是中华酒文化很重要的一部分。

肖尔布拉克酒业(集团)是在1956年建立的新源县巩乃斯酒厂和1988年成立

的肖尔布拉克三分厂的基础上组建的，以浓香型白酒酿制和销售为主的大型民营股份制企业。

从 2000 年起，肖尔布拉克就多次派人赴茅台酒厂考察学习。学习引进酱香型工艺技术，开始试制酱香型白酒。在行业科研机构及科研人员的共同努力下，经过多次试验，终于试制成功了具有新疆特色的酱香型白酒。肖尔布拉克成为新疆第一家酿制酱香型白酒的厂家。

【工艺】

肖尔布拉克酒采用混蒸续渣的老五甑传统酿制工艺，泥窖发酵。

【风格】

窖香浓郁，绵甜爽净，回味悠长。

古城老窖

【古城原酒】

李克评分： **79分**
李克点评： 香气舒适，品之亦有独到之处

观酒液： 4分
看包装： 4分
闻香气： 10分
尝滋味： 12分
潜力指数： 6分
零售终端行情指数： 3分
入选基准分： 40分

厂家： .... 新疆第一窖古城酒业有限公司
香型： .... 浓香型白酒
酒精度数： .... 53°
规格： .... 500 ml
电商参考价： .... 500元（瓶）

【产地】

新疆昌吉市奇台县。

【渊源】

奇台坐落于天山北麓、准噶尔东南缘，在历史上，是沟通东西方的"丝绸之路"的要冲。早在新石器时代，这里已经形成了原始的村落，这一点从县内出土的红陶、石坊轮、石磨、石锄等新石器文物便可知晓。奇台属中温带大陆性干旱气候，冬季长而严寒，夏季短而炎热，春秋季节不明显，气候总体上偏干燥。

奇台县环境独特，境内自然风貌集沙漠、戈壁、绿洲、山谷、草原、森林和冰雪等自然景观为一体。天山冰雪融化而带来的纯净地下水，含有多种有益于人体的矿物质。当地产的高粱、玉米因光照充足而淀粉含量高、面筋质强，均是酿酒的上等原料。据考证，在距今两千一百多年前的西汉时期，新疆古城奇台已有酿酒手工业。明朝永乐年间的《西域番国志》中称，"奇台一带间食米面，稀有菜蔬，小酿酒醴"。

清代乾隆中期，奇台的酿酒业发展非常快。住在古城的客商，从山西引进"老五甑"酿酒工艺，结合"西凤酒"的操作方法，生产出色味醇正的清香型古城白酒。据《奇台县志》记载，当时"段氏在县城东大街市口开永生泉酒作坊，罗氏开大生泉酒作坊，晋人张氏在北斗宫开设杏林泉酒作坊……"其中，以杏林泉酒最受欢迎。古时白酒行业之间的竞争也很激烈，酒家在一起，都要验酒比试，验酒论酒。用几个酒盅盛满酒，点火烧试，如果三盅酒最后烧剩一盅水，就称为"三点一"。如果四盅酒烧剩一盅水就叫"四点一"。点数越高，说明酒质越醇越好。当时，从来没有哪家酒的质量胜过"杏林泉"出产的白酒。

新疆和平解放前夕，奇台县城有大小白酒烧坊二十余家，包括恒泰源、温义升、鲁之海、宝庄全、杏林泉、永兴泉、万和泉、协和泉、大丰泉、万裕隆、庆合泉、义顺隆、义兴合等。杏林泉所酿制的白酒仍是当时的佼佼者。

1952年，奇台县人民政府在杏林泉等私营烧酒作坊基础上实行了公私合营，成立了国营奇台县白酒厂。此后，酒厂又改制成立新疆第一窖古城酒业有限公司。目前，公司生产清、浓、酱、兼香四个香型的白酒，其中清香型的古城大曲和浓香型的古城老窖最好喝。

【工艺】

古城老窖选用当地优质高粱、玉米等，采用老五甑酿制工艺，小麦高温制曲，高粱为原料，泥窖发酵，精心酿制，分级摘酒，精心勾兑。

【风格】

古城老窖酒系列属于浓香型酒。开瓶窖香浓郁，入口绵顺甜净，尾净悠长。

【曾获荣誉】

古城大曲酒曾蝉联新疆维吾尔自治区第二、三届评酒会"优质酒"称号，还曾两次获国家商业部银爵奖。2000年，精品古城老窖、精品古城特曲双双荣获第二届国际酒文化节白酒类金奖。2007年，新疆第一窖、古城老窖分别荣获"中国历史文化名酒"和"中国文化名酒"称号。

互助青稞酒

【15 年八大作坊青稞酒】·················· ★★★

李克评分：·························· **83分**

李克点评： 酒香芬芳，滋味甘醇，充满力量感

观酒液：	5 分
看包装：	4 分
闻香气：	11 分
尝滋味：	14 分
潜力指数：	6 分
零售终端行情指数：	3 分
入选基准分：	40 分
厂家：	青海互助青稞酒股份有限公司
香型：	清香型白酒
酒精度数：	46°
规格：	500 ml
电商参考价：	368 元（瓶）

【产地】

青海省互助县威远镇。

【渊源】

龙王山下的威远镇是一个土肥地沃、泉清水美、粮丰草茂的富饶之地。它地处祁连山东段南麓一块山峦环抱、地势平坦、地肥水美的三角洲，祁连山湿润洁净的空气为它带来了充沛的云雨，而高原特有的强日照又使这里宜于万物生长，盛产瓦蓝色青稞、黑色燕麦、绿色豌豆。从酿酒的角度讲，气候、环境、水质、原料，它几乎占尽了酿酒所必需的各种优越条件。远在四百余年的明末清初以前，互助民间就有以青稞为原料用土法酿酒的历史。

青稞酒，藏语叫做"羌"，是用青藏高原特有粮食——青稞——酿制而成的。其实在西藏和四川也都能品尝到青稞酒，不过多是家酿的，酒精味道比较淡；而且不同地方酒不一样；即使在同一地方也有截然不同口味的青稞酒。这主要是酿酒工艺的影响。

清代，互助一带的酿酒工艺进一步完善，以当地盛产的青稞为主要原料酿制出了清香甘美、醇厚爽口的威远烧酒，并逐步形成实力雄厚的"天佑德"、"义永合"、"世义德"、"文玉合"、"义合永"等八大作坊，其中又以"天佑德"酒坊最为著名。

1956年，政府以"天佑德"为主整合了八大作坊，组建了互助县酒厂，1992年，更名为青海青稞酒厂。1995年，组建了青海青稞酒集团公司，2001年，企业通过改制更名为青海青稞酒业（集团）有限责任公司。

2005年7月17日，集团引进青海华实投资管理集团公司，共同组建青海互助青稞酒有限公司。目前，其主要产品含互助、天佑德、八大作坊、永庆和等系列。

【工艺】

互助青稞酒以青藏高原优质青稞为原料，选用威远古井天然无污染的优质矿泉水，采用"清蒸清烧四次清"的传统固态发酵工艺，独特的花岗岩制成的发酵窖池，经精心蒸馏、量质摘酒、长期储存陈酿而成。

【风格】

互助青稞酒属清香型白酒，酒液清亮透明，酒香清雅纯正，入口绵甜柔和，饮后头不痛、口不渴，具有独特的青稞清香风格。

【曾获荣誉】

2000年，"互助牌"系列酒被国家认定为"中国白酒新秀著名品牌"和"中国知名白酒信誉品牌"。

东北产区

东北地区主要包括吉林、辽宁、黑龙江三省。这里冬夏温差极大，冬天的东北地区在内蒙古高压控制下，西北风盛行，气候寒冷干燥，从而养成了东北人饮酒御寒的习惯。加上东北三省土地肥沃，盛产粮食，为白酒的发展奠定了良好的基础。

游牧民族的酒文化

根据可以考证的史料，东北白酒的发祥地在辽代长春州的大安一带。大安位于松嫩平原，是嫩江、洮儿河、霍林河汇流之地，土地肥沃，河谷宽阔，粮食充足，农作物以高粱为主。这里曾是辽皇的行宫，塞外的都城，是辽代政治经济文化中心。"大安"二字还曾作为古代帝王的年号。因此，早在一千多年前，这里的白酒酿制业就已形成了一定规模。

辽金时期，北方的统治者对酒的管理十分严格，《辽史食货志》记载"禁诸职官不得造酒"，金史《食货志》也记载"禁其农时饮酒"，辽史《食货志》则载"凡市井之赋各归头下，唯酒税赋纳上京"。当时，朝廷已把酒税作为财政收入的主要来源。

宋德辉《一江两河与白城古代文明》中记载，"辽代酿酒分官酿和私酿两种，官酿是政府建造的酿酒场所，主要供应皇室人员和高级官吏们饮用。辽代朝廷在宫内设酒人，专门管理用酒"。由此可见，"春捺钵"期间辽代皇帝饮用的酒，应是当时官酿的特贡酒。在大安市出土的鸡冠壶、长颈瓶、鸡腿坛、凤首瓶、辽三彩和仿定白瓷等辽代文物，大都是饮酒器具。

不凛冽，不痛快

东北地区寒冷多风，气候干燥，要制酒只能用烧锅蒸煮、入窖发酵、人工蒸馏而成。此外，在选用曲种、发酵时间、蒸馏火候等方面也要选择气候、湿度相对合适的季节。和东北地区的气候一样，这里的白酒风格也是醇厚凛冽，与江南白酒的优雅浓香迥然不同。在东北，五六十度的高度白酒比比皆是。

严格来说，东北的白酒风格和北京的二锅头类似，都属于凛冽北酒，但东北酒的口感更辣更猛，以至于很多人入口后，除了辣之外，味蕾已经品尝不出其他的味道了。但是，在东北人眼里，"这才叫酒啊！"在他们看来，能让很多人醉倒发酒疯的啤酒，充其量只能算是一种饮料而已。

除了特定的历史和自然环境，东北人好客的性情也构成了当地酒文化的一部分。但凡有客人远道而来，喝酒是必不可少的招待方式。就算没有客人来，他们也很少一个人喝闷酒，大多是几个人找上一些理由聚到一起，高谈阔论，饮酒助兴。而且，他们喝酒喜欢用大碗，时时透出一副不醉不休的劲头。正是这样的习惯，造就了东北酒文化的独特性格。

值得关注的品牌

东北出产的高粱、玉米生长期长，营养丰富，是不少名优白酒品牌的选料之地，但东北地区自己却不产高档酒。黑土地、老村长、榆树大曲等销量不错的白酒都属于中低端品牌，包装简易，营销成本也不高。

在东北白酒中，具有全国性影响力的品牌很少。比较值得关注的有辽宁的道光廿五、凤城老窖、老龙口，吉林的洮南香酒、洮儿河酒、榆树大曲，黑龙江的玉泉酒、北大仓酒等等。

北大仓酒

【北大仓君妃】················★★★

李克评分：···············**83分**

李克点评： 口感初品不适应，多喝几口就好了，表现尚佳

观酒液：	5分
看包装：	4分
闻香气：	11分
尝滋味：	14分
潜力指数：	6分
零售终端行情指数：	3分
入选基准分：	40分

厂家：	黑龙江省北大仓集团有限公司
香型：	酱香型白酒
酒精度数：	50°
规格：	410 ml
电商参考价：	250元（瓶）

【产地】

黑龙江省齐齐哈尔市。

【渊源】

齐齐哈尔市在古代叫做卜奎城。每到春天，风卷黄沙，尘土飞扬，遮天蔽日，树木顷折，故素有"风刮卜奎"之说，过去被称为"北大荒"。不过，今日的齐齐哈尔已成为有名的"北大仓"。

1914年，"聚源永烧锅"成立，这是当时东北地区酿酒最早、享有盛誉的八大酒坊之一，也是采用贵州茅台工艺技术建立的黑龙江第一家酱香型酒坊。中华人民共和国成立后，烧坊改制为公私合营企业，1951年又改制为地方国营企业，成立了齐齐哈尔制酒厂。

1957年，为打造齐齐哈尔地方名酒，酒厂派人到各地名酒厂考察，最终决定试制茅台型风格白酒，1958年试制成功。企业先后五次派人到贵州茅台酒厂学习，在采用茅台酒工艺技术的基础上，结合北方气候和自然条件，形成了具有独家特色的酱香型优质酒酿制技术工艺。品酒人士认为此酒"闻之香扑鼻，近似茅台香味；饮之入口柔软，回味绵长"。

1981年，酒厂更名为齐齐哈尔北大仓酒厂。1997年初，组建了黑龙江北大仓酒业有限公司，同年又组建了黑龙江北大仓集团有限公司。目前已形成适应不同层次消费的三种系列产品，即以酱香型产品为主体、兼香型和浓香型产品为辅的高中低度、高中低档和大中小包装的系列产品。

【工艺】

北大仓酒以当地特产的"大蛇眼"高粱为原料，用大麦、小麦、大豆、玉米等制成的大曲为糖化发酵剂，在借鉴茅台酒酿制工艺的基础上，结合本地工艺精心酿成。原料高粱从投料酿酒发酵开始，需经六轮次，每次一个月，发酵分层取酒，保留高温制曲、高温堆积、高温发酵、高温馏酒和长期储存这"四高一长"的传统特点，酒液经三年以上陈储，再配以陈年老酒按比例精心勾兑而成。

【风格】

该酒既有酱香型大曲白酒的典型风格，又具有北方白酒的特点。酒质清亮透明，无沉淀，呈微黄色，酱香突出，幽香纯正，入口醇正，醇甜绵软，圆润爽口，余香悠长。

【品鉴】

鉴赏北大仓酒的诀窍和茅台酒有相似之处，通常分为以下几步：

第一步，观色。北大仓酒晶莹剔透，澄清透明，酱香型北大仓呈现温润的宝石黄，没有丝毫杂质。

第二步，闻香。将酒杯举起，置于鼻下，轻嗅其气味，先呼气，再对酒吸气，但不要对酒呼气。北大仓酒中的呈香物质丰富，香气协调，有愉快感，主体香突出，且无其他邪杂气味，溢香性好，一倒出就香气四溢，芳香扑鼻。入口则香气充满口腔，咽下后口中仍留有余香。

第三步，品味。将酒杯送至嘴边微微倾斜，使杯中酒液缓势流入大约为4～10毫升，待酒液在口中停留3～5秒后咽下，用舌头抵住前颚，将酒气随呼吸从鼻孔排出，以检查酒味是否刺鼻。初尝后可适当加大入口量，以鉴定酒的回味长短、尾味是否干净，以及是回甜还是后苦，并鉴定有无刺激喉咙等不愉快的感觉。

老村长酒

【45° 老村长窖藏原浆】……………… ★★★

李克评分：………………………………… **89分**

李克点评： 典型的东北酒，猛烈直爽，可以尝试

观酒液：………………………………… 5分
看包装：………………………………… 5分
闻香气：………………………………… 12分
尝滋味：………………………………… 15分
潜力指数：……………………………… 8分
零售终端行情指数：…………………… 4分
入选基准分：…………………………… 40分

厂家：……………………… 黑龙江省老村长酒业有限公司
香型：………………………………… 浓香型白酒
酒精度数：……………………………… 45°
规格：………………………………… 500 ml
参考价格：……………………………… 88元（瓶）

【产地】

黑龙江省双城市。

【渊源】

老村长酒产自中国东北黑龙江，为东北较为知名的白酒品牌，由黑龙江老村长酒业公司生产。该公司的前身为双城酿酒厂。

【工艺】

老村长酒特选松嫩平原红高粱、糯米、大米、小麦和玉米为原料，选用冰雪岩溢水，集原始酿制工艺及现代技术精酿而成。生产周期超过150天。

【风格】

此酒为浓香型白酒，喝起来有些辣口。

黑土地酒

【黑土地一壶饮】················ ★★★

李克评分： **81分**

李克点评： 自酌小饮的超值之选

观酒液：	5分
看包装：	3分
闻香气：	10分
尝滋味：	12分
潜力指数：	7分
零售终端行情指数：	4分
入选基准分：	40分

厂家： 黑龙江省鹤城酒业有限公司
香型： 浓香型白酒
酒精度数： 42°
规格： 125 ml×4
终端参考价： 198元

【产地】

黑龙江省齐齐哈尔市甘南县。

【渊源】

黑土地是土地的一种，一般分布在四季分明的寒温带，其含有的有机质是黄土地的十倍，肥力高，适合农业耕作，所出产的粮食营养也更加全面和丰富。甘南县位于北纬47°～48°之间，地处世界三大黑土带之一。而黑土地酒，就是在这块土地上，用产自黑土地里的优质粮食所酿制的一款佳酿。

1927年，甘南县私营"永兴福"烧锅创办。甘南县解放后，1947年甘南县民政局接管了"永兴福"烧锅，并于1951年改制为国营甘南县制酒厂。2001年，改制为黑龙江鹤城酒业有限公司。目前，黑土地酒除满足本省需求外，还远销到辽宁、吉林、内蒙古、河北、北京、天津、河南、山东、山西、陕西、江苏等地。

【工艺】

黑土地酒精选东北特产"大蛇眼"高粱为主料，采用1 800米深的岩溢泉水，沿用传统酿制工艺，经泥地发酵、手工分摘、陶坛窖藏而成。

【风格】

黑土地酒是浓香型白酒，其酒液清澈透明，芳香馥郁，香味协调，余香悠长，饮后不上头。

洮南香

【洮南香和谐 15 年】·················· ★★★
李克评分：······················· **81分**
李克点评： 香味协调，入口透发有力

观酒液：··················	5 分
看包装：··················	4 分
闻香气：··················	10 分
尝滋味：··················	12 分
潜力指数：·················	7 分
零售终端行情指数：············	3 分
入选基准分：················	40 分
厂家：··········	吉林省洮南香酒业有限责任公司
香型：·················	浓香型白酒
酒精度数：················	42°
规格：··················	500 ml
终端参考价：···············	156 元（瓶）

【产地】
吉林省洮南市。

【渊源】
　　洮南市位于吉林省西部的科尔沁草原。这块土地物华天宝，人杰地灵，洮蛟两河、松嫩二江赋予了它灵润优质的水资源，黑土地盛产的红高粱颗粒饱满，它们共同创造了甘洌醇香的"洮南香酒"。
　　洮南市洮南香酒业有限公司是由始建于 19 世纪初的"东海涌"小烧锅发展而来的，主要生产浓香型白酒。由于洮南香酒商标上有只咆哮威猛的老虎，因此在松原、长春地区，不少人都把"洮南香"叫成"老虎头"。

【工艺】
　　洮南香酒以上等红高粱为主料，利用得天独厚的优质水资源，采用传统老五甑工艺操作法，添加大枣、枸杞、桂圆精心酿制而成。

【风格】
　　酒液清澈透明，窖香浓郁，入口绵甜，香味协调。该酒还具有一定的营养价值。

【曾获荣誉】
　　1963 年，曾被评为"吉林名酒"。此后多次被评为省优、部优，并在轻工部酒类大赛中被评为优质白酒、获银奖等。

龙泉春

【龙泉春龙抬头】················ ★★★
李克评分：················ **86分**
李克点评： 酒质表现尚佳

观酒液：	5 分
看包装：	5 分
闻香气：	10 分
尝滋味：	14 分
潜力指数：	8 分
零售终端行情指数：	4 分
入选基准分：	40 分
厂家：	吉林省辽源龙泉酒业股份有限公司
香型：	浓香型白酒
酒精度数：	39°
规格：	500 ml
电商参考价：	380 元（瓶）

【产地】
吉林省辽源市。

【渊源】
辽源市原名西安县。其酿酒业发端于清代，主产高粱烧酒和黄酒。1906年，"天益涌"老号成立。1948年，政府在"天益涌"烧锅的基础上，成立了西安县制酒厂，后来又定名为"辽源市龙泉酒厂"。1958年，酒厂到四川一些酒厂取经，学习了浓香型白酒的生产工艺，开始生产龙泉春酒。2002年10月，龙泉酒业成功改制为民营企业，重新组建了吉林省辽源龙泉酒业股份有限公司。

【工艺】
龙泉春酒采用松辽平原所产优质高粱为原料，集合传统和现代酿制技艺，经混蒸混醅蒸烧、热水喷浆、低温入窖、老窖双轮底发酵、分层蒸馏、按质摘酒、分级陈储陈酿后，再精心勾兑而成。

【风格】
龙泉春属于麸曲型浓香白酒，酒液无色透明，窖香浓郁，入口醇和绵润，甘甜爽洌，尾香净长。

【曾获荣誉】

  1974年，曾获"吉林省名酒"称号。1984年、1988年，先后两次获全国评酒会银奖。1990年，荣获首届轻工部博览会金奖。1992年，获巴黎国际名优酒展评会特别金奖。

老龙口酒

【老龙口红宝石酒】················ ★★★

李克评分： **84分**

李克点评： 口感一般，表现尚可

观酒液：	5分
看包装：	5分
闻香气：	12分
尝滋味：	13分
潜力指数：	6分
零售终端行情指数：	3分
入选基准分：	40分

厂家：	辽宁省沈阳市老龙口酒厂
香型：	浓香型白酒
酒精度数：	45°
规格：	500 ml
终端参考价：	240元（瓶）

【产地】

辽宁省沈阳市。

【渊源】

从生态和地理的角度而言，东北地区距北纬30°上下的美酒带是有一段距离的。这在很大程度上导致了它和川黔苏皖等地区相比，白酒无论是产量、历史还是口感，都明显逊色得多。不过，产自沈阳的老龙口酒倒是因其长达三百多年的酒史以及甘洌美妙的口感，显得极为出众。

沈阳地处辽河流域中部，浑河北岸。这里同样也是一处历史悠久的地方，早在七千二百年前，在今天的北运河北侧，便有新乐先民在此生息。此外，沈阳曾是清代的都城，因此，人口、手工业和商业的发展速度在关东地区都是数一数二的。

"老龙口"始建于公元1662年康熙元年。这年春天，山西富商孟子敬在小东门外投资兴建了一处酿酒作坊，取名为"义龙泉烧锅"。因产品芳香爽口、醇厚怡人而广受欢迎，后来还被大清朝廷指定为"宫廷贡酒"。

1752年，"义隆泉烧锅"改为"德龙泉烧锅"，1871年，又改为"万隆泉烧锅"。在长达两个世纪的时间里，康熙、雍正、乾隆、嘉庆、道光五帝先后十次东巡盛京（沈阳）御用贡酒生产地。酒坊也一直生意兴隆，所生产的美酒质量屡有提高，畅销不衰。直到清朝末年，在一系列战事的破坏下，酒坊历经沧桑，发展受到限制。不过，传统的酿酒工艺依然代代相传，从未间断。

1949年，沈阳特别市政府专卖局购买了"万隆泉烧锅"的全部资产。因其位于当时今沈阳龙城之东口，故又以老龙口为名，定为沈阳特别市专卖局老龙口制酒厂，又在同年改名为老龙口制酒厂，成为国有企业。1951年，酒厂改名为沈阳市烧酒一厂。1960年，改为沈阳市老龙口酒厂。到1966年，又改名为太阳升酒厂。1973年1月，恢复为沈阳市老龙口酒厂。2000年10月，沈阳老龙口酒厂与新加坡T&C公司合资成立沈阳天江老龙口酿造有限公司。至今，酒厂仍在使用清初建成的窖池群酿酒。

【工艺】

今日的老龙口酒依然遵循三百年前的酿制工艺。它在原址使用原井水酿造白酒，沿用传统端午踩曲和用曲工艺，使用百年窖池发酵，采用传统"混蒸混烧老五甑"操作法，并使用百年酒海陈酿后精心勾调而成。

【风格】

老龙口酒是东北浓香型白酒的典型代表，它香气优雅，入口醇和绵甜，绵软甘洌，浓头酱尾突出，酒体丰满醇厚，回味悠长。

道光廿五

【道光廿五精品皇袍】 ★★★

李克评分： **81分**

李克点评： 酒香有特色，滋味不够丰富

观酒液：	5分
看包装：	4分
闻香气：	11分
尝滋味：	12分
潜力指数：	6分
零售终端行情指数：	3分
入选基准分：	40分

厂家：	辽宁省道光廿五满族酿酒责任有限公司
香型：	陈香型白酒
酒精度数：	38°
规格：	500 ml
电商参考价：	**170元（瓶）**

【产地】

辽宁省锦州市。

【渊源】

锦州位于东北地区西部。东北地区素以物产丰饶闻名，尤其是鹿血一直被东北游牧民族视为长生补养的珍贵之物。当地人用鹿血黏糊宣纸为内层贴在木材上，创造出了独特的储酒工具——酒海。"道光廿五"酒便是用这种特殊的工具储存老熟的。

道光廿五的制酒工艺源于东北地区的烧锅制酒。清朝，锦州城内东北烧酒作坊林立，最知名的是"同盛金烧锅"。该烧锅大量使用当地特有的粮食品种，采用满族特色的酿制技艺，以红高粱、薏米、小麦、豌豆、稗谷为主要原料，菌种采用的是东北特产松花粉、人参鹿茸粉制曲，曲中加入26种中草药粉作为滋补营养基，以木制酒海进行穴藏，所出烧酒品质上乘，远近闻名，成为锦州地区名酒。

"同盛金烧锅"创办于清朝嘉庆六年。当时入主中原的满族人依然保持着饮酒行猎的习俗。当时，要想开办烧锅酿制美酒，必须要拥有由清政府颁发的龙票。

"同盛金烧锅"的创办人高士林是满族贵族，享有特许的龙票，因而才有资格在锦州城开办烧锅。而该酒坊酿制的美酒也是当时敬献给皇帝的宫廷贡酒。

1948年，锦州解放后，政府接管了"同盛金烧锅"。1960年，"同盛金烧锅"更名为"锦州凌川酒厂"。1996年6月，锦州市凌川酒厂搬迁时，施工的工人在清理工地时，无意中发掘出一个大型木质容器，里面盛满了淡黄色的液体，而且还散发出阵阵醉人的酒香。经酒厂老师傅认定，这是多年前老酒厂用于储酒的木酒海。此次发掘共出土了清朝道光廿五年(公元1845年)穴藏贡酒四个木酒海(装酒的容器)，内藏原酒四吨左右，穴藏一百六十五年。专家为这批液体文物取名为"道光廿五"。

2000年8月，酒厂改制成为辽宁道光廿五集团满族酿酒有限责任公司。目前，该集团主要生产道光廿五、道光、凌川三大系列白酒。

【工艺】

道光廿五酒严格按照满族传统工艺酿酒，采用辽西特产义县红高粱、北镇薏米、谷子、稗子为原料，独特的参茸粉高温麸曲四十二天发酵，八轮蒸馏方法。酿酒时采用高温润料、晾堂堆积、窖泥封顶、砖窑发酵，出窖酒醅分层缓慢蒸馏，分段量质摘酒，分三种典型酒入酒海储存三年以上，经分析、尝评、勾兑、调味、陈酿后包装出厂。其制曲车间必须采用草房，制曲时间则以"七月上寅日"前后三天为最佳。 拌醅所采用的醅料是蒸、炒、生各一份，与中原、南方的全蒸法不同。

【风格】

此酒色微黄透明，陈香自然、典雅，入口绵甜醇和，香味协调，具有明显的满族陈香酒风格。

凤城老窖

【55° 凤城老窖珍藏品篓酒】················ ★★★★

李克评分：················**94分**

李克点评： 经典好酒，酒客岂能错过？

观酒液：	5分
看包装：	4分
闻香气：	14分
尝滋味：	18分
潜力指数：	9分
零售终端行情指数：	4分
入选基准分：	40分

厂家：	辽宁省凤城老窖酒业有限责任公司
香型：	酱香型白酒
酒精度数：	55°
规格：	3000 ml
电商参考价：	388元（瓶）

【产地】

辽宁省凤城市。

【渊源】

在辽宁美丽的凤凰山脚下，酿酒业自唐代起就颇为成熟，尤其是"东烧锅"所出的酒，品质好，口感纯正。传说当年唐太宗李世民畅游凤凰山时途经"东烧锅"，闻得酒香，酿酒主人以佳酿相敬，博得龙颜大悦。此后，"东烧锅"的酒成为特贡御酒，每年进献朝廷。

辽宁省凤城老窖有限责任公司是由始建于1905年的老烧坊发展而来的，其工艺沿袭了"东烧锅"的精髓，素以麸曲酱香、口感纯正著称，在辽宁地区广受赞誉。

目前，辽宁凤城老窖酒业公司的产品已形成了四大系列：酱香型老窖、浓香型老窖、兼香型老窖、保健型营养。产品不但畅销国内市场，还出口到日本、韩国、新加坡、朝鲜、泰国等国家。

【工艺】

凤城老窖系列酒以东北优质高粱为主要原料，采用传统堆积工艺与现代科技手段相结合的生产技术，取凤凰山天然泉水，经多轮次发酵、长期储存、精心勾兑而成。

【风格】

窖香浓郁，口感纯正，入口绵，酒后舒适。

三沟酒

【三沟老窖雪兰】 ★★★★

李克评分： 95分

李克点评： 东北名酒的代表之作

观酒液： 5分
看包装： 5分
闻香气： 14分
尝滋味： 19分
潜力指数： 8分
零售终端行情指数： 4分
入选基准分： 40分

厂家： 辽宁省三沟酒业有限责任公司
香型： 浓香型白酒
酒精度数： 42°
规格： 500ml
电商参考价： 140元（瓶）

【产地】

辽宁省阜新市。

【渊源】

阜新市位于内蒙古高原和东北辽河平原的中间过渡带，属辽宁西部的低山丘陵区。它拥有悠久的历史和原始文明，因出土"世界第一玉"和"华夏第一龙"而被考古学界誉为"玉龙故乡"。

阜新有很多特产和小吃，诸如玛瑙制品、梅雪啤酒、红袍杏、新绿丝面等，三沟白酒也在其中。

三沟酒最早生产于清代同治年间，酒厂前身为"邱家烧锅"。1862年，邱氏兄弟在塞北阜新创办了烧坊。烧锅院内有一株老槐，老槐树下有一口古井，水质甘爽，且用之不竭，以此水酿出的酒香气馥郁醇厚。邱氏兄弟认为这口井是一个吉兆，因此为烧锅取名为"胜泉涌"。"胜泉涌"取古井水，借鉴蒙、汉酿酒法的精华，产品香醇甘洌，享誉关外。

1948年，阜新解放，老板邱凤鸣把经营红火的邱家烧锅交给政府。"胜泉涌"被民运部接收，改名为阜新县蒙古族制酒厂。1987年，酒厂更名为阜新民族酒厂。1998年，转制为股份合作制企业，更名为阜新三沟酒业有限责任公司。2005

年，更名为辽宁三沟酒业有限责任公司。

目前，三沟系列的产品有三十多种，分为清香型、浓香型、营养型和兼香型四大系列。三沟系列酒多次被评为辽宁名牌产品，其中省级以上优质产品三个。

【工艺】

三沟系列酒采用东北优质红高粱、矿泉水为原料，采用传统的老五甑工艺，延用百年窖池进行发酵，将地方少数民族酿酒工艺与现代科学技术相结合，发酵40天，长期储存，精心酿制而成。它在浓香型白酒生产中选用了酱香型白酒的高温堆积工艺，创新浓香型白酒多粮配料，采用高温回酒技术及双轮底技术，增加了所产酒的复合香味成分。

【风格】

三沟系列酒是一种绵劲的风格。三沟老窖、三沟特曲为浓香型白酒，窖香浓郁，绵甜爽净，余味悠长。三沟百年窖为兼香型白酒，香气浓郁，诸味协调，绵甜爽净。

两广海南产区

广东、广西以及海南占据了中国岭南地区的大部分面积。岭南位于东亚季风气候区南部，具有热带、亚热带季风海洋性气候特点，大部分区域属亚热带季风气候，全年无霜多雨。这样的气候最有利于谷物的发酵，唐代刘恂在《岭表录异》中说："南中地暖，酿酒春冬七日熟，秋夏五日熟。"

无拘无束的发展史

充足的粮食、丰富的水资源以及合适的微生物环境，使得两广地区很早便有酿酒业。从多部典籍可以查阅到，至少在汉代时，广西的酿酒业就已经非常发达。在苍梧地区(今日广西东部梧城地区)出产的上等美酒，以"苍梧清"的名字记录到汉代的著作当中。

到了宋代，我国各地的酿酒业都十分兴盛。朝廷为了保障酒税的巨额财政收入，开始在全国范围内进行榷酒垄断，限制民间酿酒业的自由发展。但两广地处岭外，瘴毒横行，而酒则可以驱毒，因此朝廷"格外开恩"，对岭南地区实行优惠政策，允许民间酿酒。为此，宋朝的广西酿酒业未受束缚，官营的酒业与民营的酒业齐头并进，生产日趋高涨，以致官酒公厨与民间酒坊中都有优质产品推向市面。桂林瑞露酒、横宾古辣泉酒、昭州曼阳罗酒，以及通行粤西的老酒和蛇酒都载于史册。

到了明清之际，广东别致的酿酒业也就更为彰显，产品不但在本地热销，还卖到东南亚一带。

别致的小曲米香型白酒

作为一种粮食谷物的深加工产品，酿酒业的发展深深依赖于当地的农业环境。尤其是在古代交通不发达的背景下，远途运输是极难实现的，因而各酒坊不论工艺如何，均是就地取材。如西藏盛产青稞，所以酿制青稞酒；新疆盛产葡萄，所以生产葡萄酒；北方多产高粱、玉米、小麦等，所以生产大曲型烧酒；而两广地区生产稻谷，自然也就以大米为主料酿酒。直到今天，两广地区白酒业的主导产品仍然是这种以大米为原料、小曲为糖化发酵剂酿制蒸馏而成的米香型白酒。

米香型白酒历史悠远，很多专家学者公推它为中国白酒的起源酒。和浓香型白酒的甘洌、酱香型白酒的蕴藉相比，米香型白酒的口感是一种轻柔的蜜香，因此又被称为"蜜香型"。它以米饭前期固态培菌糖化，后期加水转缸半液态发酵，属于半固、半液发酵法白酒。这种工艺的白酒发酵时间长，因而大大限制了产量。

两广地区的人们"好吃"和"敢吃"是出了名的，所以民间戏称他们"天上飞的只不吃飞机，地上跑的仅不吃汽车，水里游的不吃轮船，四条腿的不吃板凳"。突破常规的奇思异想，加上物产丰富，使得在白酒类型中占比较小的两广特产——米香型白酒——焕发出了千百样风采。当地人以米香型白酒作为基酒，加入红枣、桂圆、枸杞、各类药材，甚至老鼠、大蛇等生猛活物，其大胆和花样繁多令人瞠目结舌。不过，归结到底，两广地区酒的灵魂还是米香。就连豉香型白酒"玉冰烧"，工艺与口感的大部分也和米香型白酒相差无几。这也是为何最早它被归入米香型白酒类型的原因。

值得关注的品牌

在白酒主要消费区，米香型白酒并不是很受欢迎，加之产量相对较低，因此在两千年以前，以桂林三花酒为代表的米香型白酒并没有像川酒、晋酒那样走向全国。但近几年来，两广地区的白酒品牌逐渐为一些老酒客所熟知，譬如广西的桂林三花酒、湘山酒，广东的长乐烧、玉冰烧、九江双蒸酒，等等，都是两广地区一等一的好酒，不能不尝。

长乐烧

【长乐烧粤酒王(35年珍藏品)】……★★★★

李克评分： **94分**

李克点评： 米香型酒不喝它喝什么？

观酒液：	5分
看包装：	5分
闻香气：	14分
尝滋味：	17分
潜力指数：	9分
零售终端行情指数：	4分
入选基准分：	40分

厂家：	广东长乐烧酒业股份有限公司
香型：	米香型白酒
酒精度数：	60°
规格：	500 ml
电商参考价：	1150元(瓶)

【产地】

广东省梅州市五华县。

【渊源】

五华县古称长乐县，是客家民族的聚居地。其岐岭镇与龙川县丁云镇的交界处有一座玳瑁山，甘泉自山间穿石而出，水质属中性偏酸，硬度低，无异物，纯净甘甜，是酿酒的好水。因此，当地酒业繁盛。而素有"南粤佳酿"之称的"长乐烧酒"，便是五华民间的传统产品。

据说，此酒的酿制技术在晋代就已经出现，在宋神宗熙宁年间而得名。明代万历年间，长乐烧酒远近闻名，并有"一滴沾唇满口香，三杯入腹浑身泰"的美誉。

清道光二十五年的《五华县志》中也记载说："县属出产烧酒甚多，长乐烧著称，岐岭为最佳。"上世纪40年代，"祥隆老号"、"祥隆正记"、"广益"、"裕春"等酿酒小作坊生产的长乐烧名气最大。

1956年，当地政府整合了当地的小作坊，成立了五华县酒厂。70年代初，长乐烧酒供不应求，于是五华县酒厂在岐岭街专设了长乐烧酒车间。1977年，在广东省评酒会上，长乐烧酒在同类产品中得分最高，被评为广东省首批优质酒之一。

名气叫响后，长乐烧销量剧增，供不应求，于是第二年，长乐烧车间从五华县酒厂脱离，正式成立了广东省五华长乐烧酒厂。2004年，酒厂更名为广东长乐烧酒业有限公司。也是在这一年，长乐烧系列产品在全国有关米香型白酒普查工作中，获全国白酒感官品评、外观评优的总分第一，并被授予"全国米香型白酒质量优质产品"。

2011年4月，企业更名为广东长乐烧酒业股份有限公司。

【工艺】

长乐烧酒选用新鲜糙米为原料，采用自制特种饼曲为糖化发酵剂，汲玳瑁山下130米深的地下岩层优质泉水，沿袭续渣混蒸、窖池发酵、老五甑传统工艺，量质分级摘酒储存，用现代技术精心勾兑而成。

【风格】

此酒蜜香优雅，醇厚绵柔，舒适引口，回味怡畅，醉不上头。

【曾获荣誉】

1978年，曾被评为广东省首批优质酒。1979年，被评为全国优质酒。1984年，荣获轻工部酒类质量大赛铜杯奖，并获"优质酒"称号。1988年，荣获中国首届食品博览会金奖。2001年，荣获"中国名优食品和国家质量达标食品"称号。2004年8月，45°长乐酒又荣获第二届珠江食品博览会暨首届华南酒饮品交易会金牌奖。2006年，长乐烧系列产品被评为广东省名牌产品等等。

【配菜建议】

长乐烧酒米香优雅，品尝时最忌搭配重油厚味的菜肴，建议选择珍珠丸子、梅干菜蒸肉、萝卜丝牛肉、东坡蛋等热炒，东山羊、鸳鸯膏蟹、芙蓉虾、潮州牛肉丸、红炖鱼翅、文昌鸡、番茄土豆炖牛肉、白灼虾、黄埔炒蛋等广东名菜。

石湾玉冰烧

【 29° 石湾玉冰烧 】 ★★★

李克评分： 87分

李克点评： 豉香独特，醇和甘滑，回味悠久

观酒液：	5分
看包装：	4分
闻香气：	11分
尝滋味：	16分
潜力指数：	7分
零售终端行情指数：	4分
入选基准分：	40分

厂家：	广东石湾酒厂有限公司
香型：	豉香型白酒
酒精度数：	29°
规格：	680 ml
电商参考价：	24元（瓶）

【产地】

广东省佛山市。

【渊源】

佛山是一个历史悠久的文化名城，是黄飞鸿和李小龙的故乡，也是一个很能出产奇异美味的地方。同样的气候环境和酿酒原料，梅州产的长乐烧是实实在在的米香型，但佛山的玉冰烧却偏偏在米香中加入肥猪肉，从而称为豉香型美酒的代表。

佛山在宋代已有酒业，民间素有酿制和饮用时令酒的风俗。到了清代中期，这里盛行蒸酒，"家数三四十甑数"。清朝道光十年(1830年)，陈太吉酒庄成立，承袭传统工艺，酿制"醇旧太吉酒"，引誉四方。

1895年，陈太吉酒庄的第三代传人翰林学士陈如岳放弃仕途，回家乡潜心酿酒。他在继承家传的酿酒技艺的基础上，创造性地运用了"肥肉酿浸，缸埕陈藏"的酿酒工艺。其秘诀在于，把蒸出的米酒导入佛山产的大瓮中，然后浸入约百来公斤的肥猪肉，经过大缸陈藏，精心勾兑而成。这种做法类似于古酒羊羔酒，只不过用猪肉代替了嫩公羊肉。

没想到，一块肥猪肉就这样成就了一种佳酿。此酒生产出后，取名肉冰烧，由于广东话发音"肉"、"玉"不分，因此改成了一个更为风雅的名字"玉冰烧"。从此陈太吉酒庄因玉冰烧酒更加出名。《佛山忠义乡志》载："本乡出产素称佳品。道、咸、同年间以陈总聚（陈太吉）为最有名。说者谓水质佳良，米料充足，酒缸陈旧，三者兼备斯，其味独醇。"

1956年，公私合营后，酒庄更名为地方国营陈太吉酒厂。1968年，改为石湾酒厂。目前拥有"石湾"和"陈太吉"两个核心品牌。

石湾玉冰烧至今仍沿用其传统的酿制工艺，独具特色的石湾玉冰烧酒酿制技艺也已入选广东省非物质文化遗产。最早，玉冰烧被归纳在米香型白酒类型中，1984年被从米香型白酒中分离出来，自成豉香型白酒体系。

由于风味独特，此酒从1990年开始就远销到东南亚、美国、日本、丹麦、加拿大及西欧等国家和地区，目前在珠三角地区，特别是佛山、台山、中山、东莞等地销售量排名前列。

【工艺】

玉冰烧选用优质大米为原料，以小曲为糖化发酵剂，采用传统工艺酿制成米香型白酒，再放入陈年肥肉缸浸酿，所用肥肉需经加工及陈藏处理，肉、酒比例合理，浸肉时间达数十天，再经澄清、勾兑等工序酿成。

【风格】

豉味玉冰烧酒体清亮，豉香独特，醇和甘滑，余味爽净，入口顺喉绵甜，低而不淡，回味悠久，不苦不上头，冰着喝更美味。

【功效】

适量饮用可以通血脉、散湿气、舒筋活血、消除疲劳。

【曾获荣誉】

1984年、1988年，先后两度获"国家优质酒"称号。1988年，获首届食品博览会金奖。2004年，获"广东地产优质酒"称号。

【配菜建议】

玉冰烧最宜搭配广东风味家常菜肴，如双豆焖凤爪、咸鱼蒸肉饼、芙蓉煎滑蛋、豆豉蒸排骨、虾酱蒸五花肉、西芹百合炒木耳、盐焗鸡、豆豉炆南瓜、芙蓉鸡、麒麟鲈鱼、盐焗鸡、炸子鸡、广式烧填鸭、佛手排骨等。

九江双蒸酒

【远航"御品九江"】·················· ★★★

李克评分：················· **84 分**

李克点评： 酒液冰清玉洁，豉香纯正

观酒液：	5 分
看包装：	4 分
闻香气：	11 分
尝滋味：	15 分
潜力指数：	6 分
零售终端行情指数：	3 分
入选基准分：	40 分
厂家：	广东省九江酒厂有限公司
香型：	豉香型白酒
酒精度数：	29.5°
规格：	500 ml
电商参考价：	60 元（瓶）

【产地】

广东佛山市南海区九江镇。

【渊源】

看过香港 TVB 电视剧《九江十二坊》的酒客一定知道，这部电视剧里的"主角"之一，便是九江双蒸酒。可以说，这部电视剧既是此酒演变史的一次呈现，同时也是双蒸酒一段长长的广告片。

南海区九江镇素有"鱼米之乡"和"侨乡"的美誉。得益于西江河畔适宜的气候、清冽利于制曲的水质和独特的酿制工艺，九江人民很早便酿制出了适合岭南气候条件下饮用的优质米酒。据《九江乡志》记载，九江在清代已是著名的酒乡。当时的九江镇酿酒业盛况空前，巷巷有酒坊，街街有酒店，人人论酒经。康有为的老师九江儒林学者朱九江先生对家乡酒更是爱不释手，称道："喜得儒林陈佳酿，助吾茅舍款嘉宾。"

九江双蒸酒的酿制技艺始于清道光初年，因需要两次发酵、重蒸，故称"双蒸"。此酒冰清玉洁，醇滑绵甜，口感上佳，因而很快打开销路，在道光年间就已销往港澳乃至东南亚地区。从清末起，九江双蒸酒由水路输往港澳及南洋等华人移民聚集区。对背井离乡的九江人而言，九江双蒸酒不啻为家乡水，其中蕴含了深深的思乡之情。上世纪 20～30 年代，此酒成为佛山民间最流行的米酒。抗日战争期间，九江镇酿酒业生存艰难，但仍努力保存着九江双蒸酒的酿制技艺。

  1952 年，以开办于 1827 年的"永德兴"酒铺为代表，九江镇十二家酿酒作坊联合成立了九江酒业联营社，主产九江双蒸酒。1956 年成立公私合营九江酒厂。此后经过数次改制，成为今天的广东省九江酒厂有限公司。至今，酒厂始终秉承传统酿制技艺，并进行工艺更新，使这一传统技艺完全成熟。九江双蒸酒已被认定为豉香型白酒的典型代表。

【工艺】

  九江双蒸酒主要以大米为原料，再配以优质黄豆、富含微量元素的西江水，用大米、黄豆制成酒曲，采用续添蒸饭、再度发酵、冷却馏酒、摘酒储存、陈肉酝浸、精心勾兑、过滤包装的方法酿制而成。

【风格】

  酒液玉洁冰清，豉香纯正，酒内有米、肉香，入口醇滑绵甜，余味甘爽，酒度低而味不淡。

桂林三花酒

【52° 金尊桂林三花酒】 ★★★

李克评分： **85分**

李克点评： 米香四溢，口感细腻

观酒液：	5分
看包装：	5分
闻香气：	10分
尝滋味：	13分
潜力指数：	8分
零售终端行情指数：	4分
入选基准分：	40分
厂家：	广西桂林三花股份有限公司
香型：	米香型白酒
酒精度数：	52°
规格：	500 ml
电商参考价：	248元（瓶）

【产地】

广西桂林市。

【渊源】

"山水甲天下"的桂林酒史深厚。早在唐宋时期，这里的佳酿就陶醉了众多文人雅士。唐代诗人宋之问在《桂州三月三日》一诗中写道："始安繁华旧风俗，帐饮倾城沸江曲。"

宋代，到桂林做官的范成大在他的《桂海虞衡志》中说："及来桂林，而饮瑞露，及尽酒妙，声震湖广。"其中所提的"瑞露"，被认为是今天三花酒的始祖。

北宋田锡著的《曲本草》一书中记载了岭南地区的一种酒是经过"反复二至三次蒸馏，度数较高，饮少量便醉"。清代《听雨轩笔记》中也记载了广西有"单料双熬三熬四熬等目。单料似吾乡之麦烧而较醇。双熬则味酽而性猛也。至三熬竟不可以口。"不少人认为，上述的"三蒸酒"、"三熬酒"就是三花酒的前称。

对于此酒改名的原因，有人认为，古代没有酒度计，酿酒师们是采用"观花论酒"的经验来判断酒度的。通常，当酒度在55°～60°时，酒面晃动时便会泛起三层酒花，经久不散。这时便可以接酒了。"三花酒"这个文雅的称呼由此而来。酒花有粗花、细花、中花、堆花、不满花、跑马花之分，其中以细花和堆花质量最好。

三花酒除供饮用外，还可供药用、烹调菜肴等，因而销路广，销量也大。因此，桂林民间流传着这样的顺口溜："想要富，烧酒磨豆腐。"

要酿美酒必须有佳泉。象鼻山下的江潭中，泉水明净清冽，质地纯甘，是酿制三花酒的主要水源。三花酒的原料也十分考究，要选用桂北的优质大米，这种大米杂质少，含淀粉率高，富有香味。所用的酒药也是自制的，用小曲作为糖化发酵剂，在制曲配料中，有桂林产的曲香酒药草，制出的酒药富有特别的芳香味。这种酒的发酵工艺很精细，采用半固态一次发酵法，前期固态发酵，后期液态发酵。蒸出的酒还要多次加锅复蒸，共蒸三次，以保持其特有的米香型风格。最后是置岩洞陈酿。自古以来，桂林酒坊就将酒藏于岩洞。象鼻山岩洞冬暖夏凉，常年温度保持在20℃的水平上，并且保持有一定的湿度，如此进行老熟的三花酒特别醇净绵甜。

随着历史的变迁，桂林的酿酒业也经历了几轮兴衰。1941年香港沦陷以后，外国酒的进口量大大减少，酒精来源困难，各行业均以三花酒代替酒精用途。由此，桂林酿酒业急剧发展，三花酒糟坊达到百余家，仅百年老字号酒坊就有"安泰源"、"品冽"、"胡裕兴"、"源生祥"、"源生隆"、"同利安"、"黎万盛"等数十家。其中又以"安泰源"所生产的三花酒名气最大。

中华人民共和国成立后，国家汇集了民间酒坊擅长酿制三花酒的酒师，于1952年了建立了桂林酿酒厂，后改名为桂林饮料厂，1987年又改为桂林酿酒总厂。1994年，酒厂改制为桂林三花股份有限公司。除了三花酒外，该公司另一主导产品"老桂林酒"是在米香型酒基础上发展的创新产品，可以一试。

【工艺】

此酒汲取漓江中的地下清泉，以纯大米为原料，酒曲采用纯大米和桂林的香酒药草制成，采用半固态、半液态传统发酵工艺，用蒸馏釜蒸馏出酒后，用陶缸密封，在象鼻山岩洞储存。

【风格】

三花酒属米香型小曲白酒，酒液晶莹剔透，闻之蜜香清雅，入口后柔绵爽冽，回味怡畅，饭后留香。

【曾获荣誉】

1957年，在全国小曲酒评酒会上被评为第一。1963年，在全国评酒会上被评为国家优质酒，并获银质奖章。1964年，被评为广西名酒。1979年，在第三次全国评酒会上再次被评为国家优质酒。

桂林湘山酒

【湘山老坛 15 年】 ★★★★

李克评分：95分

李克点评：两广米香第一坛

观酒液：5分
看包装：5分
闻香气：14分
尝滋味：19分
潜力指数：8分
零售终端行情指数：4分
入选基准分：40分

厂家：广西桂林湘山酒业有限公司
香型：米香型白酒
酒精度数：53°
规格：500 ml
电商参考价：238元（瓶）

【产地】

广西桂林市全州县。

【渊源】

全州县位于广西壮族自治区的东北部，湘江上游，堪称广西北大门。自古以来，湘江、漓江源头地区诸县，大都有酿酒、饮酒的民俗，全州县也不例外。从自然环境来说，全州地处五岭山脉之间，邻近华南高峰猫儿山，虽然山清水秀但也山高水冷，从而激发了当地人饮酒御寒祛湿的需求。这与他们嗜辣、喜欢喝姜茶是一个道理。

除此之外，全州久远的人文历史，也是推动当地酿酒业发展的重要因素。它曾经有一百二三十年的时间作为一个重要的政治中心而存在，酒类需求自然少不了。据史料记载，远古贤君舜帝南巡期间驾崩于零陵。为纪念舜，从秦代起，全州地区就被称为零陵。以前全州县城还建有娥皇、女英两舜妃的庙宇。此外，还有祀奉孔子的先师庙、祀奉历任清官的名宦祠，以及乡贤祠、忠义祠、节孝祠、社稷坛、关帝庙等，这使得全州民间祭祀活动盛行，而祭祀就离不了酒。

另外，古时全州交通枢纽的作用也促进了此地酿酒业的兴盛。横亘于江西、湖南、广东、广西四省区边境的五岭山脉，一般海拔在1 000米以上，古代从中原地区到岭南很不方便，只有经过全州、兴安到桂林的"湘桂走廊"最为便捷。因而，秦汉以后，来往官吏、商旅，外番到中国来的商人、使节，大都乐于取道全州。巨大的客流量产生了巨大的饮酒需求。在今日可以找到的前人文字记载中，就存在着大量有关在全州饮酒的诗篇。

清末，全州的顺昌、兴昌、来兴昌酒坊已具相当规模，所酿之酒斟入杯中起花多，堆花细、持花长，名为"三花"。解放前期，此地酿酒业更加兴盛，全州县城有十多家酿酒坊，以廖两合、王大益、顺昌、新昌等规模最大，所酿的酒都是小曲米酒，并按度数高低分为三种：50°～58°酒称之三花酒；30°～38°酒称之双料酒；22°～28°酒称之单料酒。

1951年，全州县酒作坊联合，成立了两家较大的酒联营社。1954年，县政府成立地方国营全州县酒厂，第二年把酒厂与前面两家联营社合并，成立了公私合营的全州县酒厂。1956年，成立地方国营全州县酒药厂。1958年，改称地方国营全州县酒厂。1959年，改为全州县酒厂。当时的产品仍以小曲米酒为主，所生产的58°小曲米酒称之为"全州米三花"。

1962年，全州米三花定名为湘山酒。1979年，全州县酒厂将厂名与国家优质酒湘山酒名相联系，改名为广西全州湘山酒厂。2008年初，华泽集团整合湘山酒厂，并将湘山酒厂正式更名为桂林湘山酒业有限公司。

【工艺】

湘山酒以优质大米为原料，以特制纯根霉为糖化发酵剂，采用传统的半液态、半固态小坛地缸糖化发酵、传统蒸馏，并储存于陶缸中长期陈酿，经精心勾兑而成。

【风格】

湘山酒是中国米香型代表之一，酒色清亮透明，味蜜香清雅而芬芳，入口绵甜，落口甘洌而净，回味怡畅，饮后不口渴、不上头。

【曾获荣誉】

自1963～1989年参加全国评酒会评比，其中有四次被评为国家优质酒，并历届被评为广西名牌产品，一直保持"广西名酒"称号。

黄酒的品尝笔记及打分评级

古越龙山

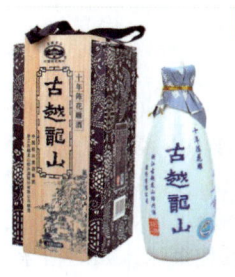

【古越龙山 10 年陈酿】 ★★★★

李克评分： **90 分**

李克点评： 香气馥郁纯净，口味醇厚柔绵

观酒液：	5 分
看包装：	4 分
闻香气：	13 分
尝滋味：	16 分
潜力指数：	8 分
零售终端行情指数：	4 分
入选基准分：	40 分
厂家：	浙江绍兴黄酒集团
酒型：	半干型黄酒
酒精度数：	15°
规格：	500 ml
终端参考价：	141 元（瓶）
电商参考价：	118 元（瓶）

【产地】

浙江省绍兴市。

【渊源】

古越龙山的命名和商标图案，取材于两千五百多年前越王勾践兴师伐吴和卧薪尝胆的故事。古越是绍兴的发祥地，也是绍兴酒的发祥地，龙山则是绍兴黄酒的标志。绍兴酒正式定名是在宋朝，盛行于明清时期，有"越酒行天下"的美誉。清代著名食谱《调鼎集》中就有对绍兴酒的历史演变、品种和优良品质的全面记载。

1997 年，绍兴市酿酒总公司和百年老字号沈永和酒厂联合成立的中国绍兴黄酒集团，独家发起并组建了浙江古越龙山绍兴酒股份有限公司。此后，古越龙山成功收购兼并了绍兴市黄酒厂和鉴湖酿酒厂。其主要产品包括"古越龙山"、"沈永和"、"状元红"、"鉴湖"、"古纤道"等。

【工艺】

古越龙山酒的好品质，既得益于会稽山的自然环境和独特的鉴湖水质，也得益于传承上千年来的精湛的酿酒工艺。其主要工艺步骤包括浸米、蒸饭、落缸、发酵、压榨、煎酒、封坛、陈储。

【风格】

酒液橙黄透明，入口干爽微苦。

【防伪】

真酒色泽橙黄，清澈透明，允许有少量蛋白质沉淀；而浑浊不清、有杂质等酒，是劣质甚至是假冒产品。真品酒口感醇厚爽口，味正纯和，具有黄酒的典型风味；而假劣酒一般口味较淡，用酒精配制的黄酒还有较强的酒精味；而以次充好者则口味不清爽，缺少优质黄酒应有的清爽和醇厚，常有其他杂味，如酒精味、香精味、水性味、焦苦味等。如倒少量酒在手心，真品酒有十分强烈的滑腻感，干了以后非常黏手；而勾兑的黄酒触手就是水的感觉。此外，如果价格比市场价格低出太多，则应引起注意，谨防假冒。

会稽山黄酒

【会稽山 1743 20 年陈花雕酒】………★★★★

李克评分：……………………………………**93分**

李克点评：绍兴酒中的精品，醇厚丰满，回味悠长

观酒液：	5 分
看包装：	5 分
闻香气：	14 分
尝滋味：	17 分
潜力指数：	8 分
零售终端行情指数：	4 分
入选基准分：	40 分
厂家：	浙江会稽山绍兴酒股份有限公司
酒型：	半干型黄酒
酒精度数：	14°
规格：	500 ml
终端参考价：	278 元（瓶）
电商参考价：	228 元（瓶）

【产地】

浙江省绍兴市。

【渊源】

会稽山位于浙江省绍兴市南部，跨越于浙江宁绍平原，原名茅山。它是中国历代帝王加封祭祀的著名镇山之一，传说大禹治水成功后就曾在此庆功封爵。会稽山上奔腾而下的三十六条溪流汇成了万顷鉴湖，湖水清澈甘甜，含有多种对身体有益的微量元素，是酿制绍兴酒的上佳水源。

1743 年，一位叫周姓酿酒师在绍兴开办了"云集"酒坊，所生产的黄酒是今日会稽山黄酒的前身。其所产美酒醇香隽永，口感一流，深受当地达官贵胄青睐。1915 年，云集酒坊的产品参展巴拿马太平洋国际博览会，夺得国际金奖，此后被国际品酒人士誉为"东方红宝石"。

【工艺】

"会稽山牌"绍兴酒以精白糯米、麦曲、鉴湖水为主要原料，经传统工艺精心酿制而成。

【风格】

　　此酒是一种滋补型低度酒。酒色橙黄清亮,馥郁芬芳,口味甘鲜醇厚,柔和爽口。

【品鉴】

　　此酒饮用方式灵活：秋冬季节可以加温后饮用,以酒温40℃～50℃最宜。此时酒香扑鼻,暖人心脾,细品慢酌,回味无穷;盛夏季节可冰镇或加冰饮用,消暑解渴。此外,加入话梅、鲜柠檬、樱桃等水果,可使酒别具风味,口感也不错。当然,要想品其纯正口味,还是常温单纯饮用最佳。

【功效】

　　此酒浸黑枣、胡桃仁饮用,可以补血活血、健脾养胃,适合冬季饮用。热酒冲鸡蛋加红糖,可补中益气,提高免疫力。

女儿红

【女儿红精品黄酒】 ★★★

李克评分： 85分

李克点评： 清新怡人的超值黄酒

观酒液：	5分
看包装：	3分
闻香气：	11分
尝滋味：	14分
潜力指数：	8分
零售终端行情指数：	4分
入选基准分：	40分

厂家：	浙江绍兴女儿红酿酒有限公司
酒型：	半干型黄酒
酒精度数：	14°
规格：	3 000 ml
终端参考价：	168元（瓶）
电商参考价：	122元（瓶）

【产地】

浙江省绍兴市。

【渊源】

传说"女儿红"酒来源于一个有关重男轻女的民间故事。很久以前，绍兴有个裁缝，非常想要儿子。在得知妻子怀孕后，他开心得不得了，特地酿了几坛子酒，准备儿子出生后款待亲朋好友。但没想到十月怀胎，妻子最终生下了一个女儿。这裁缝师傅非常沮丧，也无心庆祝，就把当初酿好的酒埋在了后院的桂花树底下。

十几年后，女儿长大成人，不但生得乖巧，而且聪明伶俐，学了一手精湛的裁缝手艺，对父亲的裁缝店生意帮助很大。裁缝对女儿越看越爱，并把她许配给自己最得意的徒弟。嫁女之日，他想起女儿出生时埋在地下的几坛酒，便挖出来宴客。结果，一打开酒坛，香气盈室，色浓味醇，口感比没经过地藏的酒好多了。此后，乡亲们把这种酒命名为"女儿红"，又称"女儿酒"。当地人生女时都要酿酒埋藏，嫁女时便挖出待客，从而形成了风俗。后来，生儿子的人家也依照此法酿酒、埋酒，盼儿子高中状元之日庆贺饮用，所以这酒又名"状元红"。

这传说靠谱不靠谱暂且不论，古籍《南方草木状》倒却有记载："女儿酒为旧时富家生女、嫁女必备之物。"

目前，绍兴女儿红酒的生产商代表是绍兴女儿红酿酒有限公司。该公司是由创建于1919年的老酒坊演变而来的。公司注册的"女儿红"商标是浙江省著名商标，并于2005年被认定为中国驰名商标，其产品在国际市场上也有很好的声誉。

【工艺】

女儿红酒以优质精白糯米、生麦曲和鉴湖水为原料，采用独特工艺酿制后，再经多年陈化而成。

【风格】

该酒属于半干型黄酒，色泽橙黄透明，有琥珀光，酒体协调，集甜、苦、酸、辛、鲜、涩六味于一体，形成了澄、香、醇、柔、绵、爽兼备的综合风格。入口时有微微的苦味与涩味，使得味感清爽，浓厚而又不失柔和感。

【品鉴】

女儿红酒属低浓度酒，最好储存在阴凉干燥的地方，若能放在地下室或地窖里则更好。饮酒时可以常温饮用，也可以加热、冰镇饮用。

【功效】

平时适量饮用可以补气活血，以黄酒来浸泡、炒煮、蒸炙各种药材，可以提高药效。此外，以此酒入菜还可以除去鱼类的腥味、肉类的膻味。

【配菜建议】

清蒸大闸蟹、糟鸡、醉虾、醉蟹酱鸭、酱鸡、酱肉、清汤越鸡、小绍兴白斩鸡、白鲞扣鸡、鉴湖鱼味、清汤鱼圆、头肚醋鱼、鱼烧豆腐、绍式虾球、绍什景、绍式小扣、糟溜虾仁等。

唐宋酒

【唐宋 30 年陈绍兴花雕酒】················· ★★★

李克评分： ·························· 82 分

李克点评： 酒香馥郁，滋味酸甜适口

观酒液： ······························· 5 分
看包装： ······························· 5 分
闻香气： ······························ 10 分
尝滋味： ······························ 13 分
潜力指数： ····························· 6 分
零售终端行情指数： ····················· 3 分
入选基准分： ·························· 40 分

厂家： ··················· 浙江绍兴县唐宋酒业有限公司
酒型： ····························· 半干型黄酒
酒精度数： ································ 14°
规格： ································· 750 ml
电商参考价： ······················· 630 元（瓶）

【产地】

浙江省绍兴市。

【渊源】

对于绍兴的黄酒业而言，位于绍兴城西南的鉴湖至关重要。湖水是附近众多黄酒厂的主要酿制水源。在鉴湖的上游，有一个存在了一千八百年历史的酿酒古村——沉酿村，唐宋酒便出产于这里。从唐宋时期开始，这个村落的酿酒业就十分兴盛，家家户户以酿酒、修缸、补坛为主业。沉酿村所酿的美酒甘爽醇厚，后味绵长，吸引了十里八乡的酒痴们。

由于战乱等原因，解放初期，沉酿村大部分的黄酒作坊已中断经营，所剩酒坊寥寥无几。为重现沉酿村唐宋时期的酒业繁盛，沉酿村最大的作坊将名字改为"唐宋"，这便是唐宋酒业的前身。

【工艺】

唐宋酒选用上等精白糯米作为主要原料，以优质黄皮小麦作为酒曲，配以鉴湖佳水手工精酿而成。夏做酒药，秋制酒曲，冬水冬酿，早春煎榨。

【风格】

唐宋绍兴酒酒度不高,酒性柔和,有琥珀光,酒香馥郁醇厚,入口干爽怡畅。

【品鉴】

可加热、加冰、加红糖、红枣、姜丝、枸杞等饮用。

塔牌黄酒

【塔牌绍兴花雕 18 年冬酿】·············★★★★

李克评分：···**93 分**

李克点评： 此酒色橙，气香，味甘，力醇

观酒液：	5 分
看包装：	5 分
闻香气：	14 分
尝滋味：	18 分
潜力指数：	7 分
零售终端行情指数：	4 分
入选基准分：	40 分

厂家：	浙江塔牌绍兴酒厂
酒型：	半干型黄酒
酒精度数：	14°
规格：	500 ml
终端参考价：	338 元（瓶）
电商参考价：	328 元（瓶）

【产地】

浙江省绍兴市。

【渊源】

塔牌黄酒是浙江塔牌绍兴酒有限公司的主力产品。关于其商标上的那座塔，历来就有不少说法。事实上，那座塔并不在绍兴，所指的是位于杭州钱塘江北岸的六和塔。

六和塔始建于南宋绍兴年间。当时钱江水道已是吴越之地的重要商贸口岸，为镇江潮之滥，朝廷下令建造了此塔。后来，这座塔便成为江南地区对外贸易的重要象征和标志。此外，在中国传统文化中，塔通常代表着镇邪、祈福的意思。黄酒以塔命名，表达了对品牌发展的美好期盼以及吉祥的寓意。

在绍兴的鉴湖水系沿岸，遍布着大大小小的黄酒厂。塔牌公司正处于鉴湖之源头，因而其酿酒所用的水为鉴湖源头活水，这也是上佳酒质的保证。目前，公司主要产品有绍兴加饭酒、花雕酒、元红酒、香雪酒、善酿酒，还有绍兴丽春酒、江南红酒等多个新品种。

【工艺】

塔牌绍兴酒取鉴湖水，精选当年糯米，采用传统工艺，一年一个周期，严格按照节气生产。三伏天精制自然培养的白药，农历八月踏制麦曲，立冬开始投料发酵，投料前须先将大米浸泡十八天，进行乳酸发酵，然后蒸饭开耙发酵，发酵后酒醅须装入酒坛并置于露天，经低温长时间后发酵，立春开榨煎酒。

【风格】

此酒色清、气香、味醇，适量饮之沁人心脾，不口渴、不上头，具有越陈越香的特点。

【功效】

补血养颜、活血祛寒、活血祛寒等。用于烹饪可祛腥膻、解油腻。

【曾获荣誉】

1979年，曾获国家金奖。1984年，获轻工部酒类大赛金奖。1985年，获西班牙马德里酒类大赛金奖。1985年，获法国国际美食旅游协会金桂叶奖。1985年，获西班牙第四届国际评酒会金像奖。1986年，获巴黎第十二届中国食品博览会金奖。1990年，获对外贸易部优质产品奖。1996年，经全国名优酒质量检评仍获国家金奖。

【品鉴】

春秋季节宜常温饮，最能品其真味。冬季温饮，加热时间不宜过久，酒香浓郁，酒味柔和。冰饮时，可将瓶酒放入冰箱内冰镇，但温度应控制在3℃为宜，或饮时在杯中放几块冰，口感更好。此外，也可根据个人口味，在酒中放入话梅、柠檬等，或掺入雪碧、可乐、果汁等饮料。

老台门

【传世老台门黄酒】 ★★★★★

李克评分： **98 分**

李克点评： 老台门首席酿酒师酿制出来的好酒，醇香馥郁，入口醇厚温软，入喉清冽甘爽，后味绵远

观酒液：	5 分
看包装：	5 分
闻香气：	15 分
尝滋味：	19 分
潜力指数：	9 分
零售终端行情指数：	5 分
入选基准分：	40 分

厂家：浙江绍兴老台门酒业
酒型：半干型黄酒
酒精度数：11°
规格：1 000 ml
终端参考价： 2080 元（瓶）
电商参考价： 1998 元（瓶）

【产地】

浙江省绍兴市。

【渊源】

到绍兴游玩，常听当地人提到"台门"这个字眼，觉得很新鲜。打听之后才知道，这其实是当地一种家族群居的建筑形式。它几乎可以称得上是绍兴文化的图腾和符号。"老台门"酒的命名，也是出于对绍兴文化的承袭和膜拜。

老台门黄酒是老台门酒业与塔牌酒厂联手打造的黄酒品牌，该产品走的是高端路线，当然口感也是一流。

【工艺】

老台门黄酒沿袭手工古法，选择鉴湖上游所产上品越糯入酒，汲取寒露、冬至节气时的鉴湖源头之水，于冬至日九时前投料，精选黄麸小麦入曲，一冬一酿。每坛原酒颈口包裹荷叶，上置酿酒师名签及装坛日期，封泥入窖。

【风格】

老台门酒属于半干型黄酒，酒香馥郁，融醇香、酯香、焦香、麦香、竹木香、荷叶香于一体，入口醇厚，酸、甜、苦、辣、涩、鲜六味协调而丰满。

惠泉老酒

【惠泉黄酒5年特酿】·················· ★★★

李克评分：·························· **80分**

李克点评：高性价比好酒

观酒液：	5分
看包装：	3分
闻香气：	12分
尝滋味：	12分
潜力指数：	5分
零售终端行情指数：	3分
入选分数：	40分

厂家：················ 江苏无锡市振太酒业有限公司
酒型：································ 半甜型黄酒
酒精度数：······························ 10°
规格：································ 500 ml
参考价格：·························· **20元(瓶)**

【产地】

江苏省无锡市。

【渊源】

无锡位于长江三角洲平原腹地，古来便是富庶之乡。这里的酱排骨、太湖三白、油面筋等特产声名远扬，而去当地品尝这些无锡风味时，则少不了无锡老酒惠泉黄酒助兴。

无锡的惠山泉水多。唐代茶圣陆羽等名家品评，认为惠山寺的石泉水甘甜清冽，誉之为"天下第二泉"。美味的惠泉酒就是汲取此泉水酿制而成。

惠泉酒的酿制史可以追溯到北宋时期，至明代已闻名天下。这在当时吏部尚书、华盖殿大学士李东阳的诗句"惠泉春酒送如泉，都下如今已盛传"中便可知一二。清代初期，惠泉酒成为贡品。在江宁织造曹頫、苏州织造李煦向皇上进贡的物品中，都有惠泉酒。不少史学家认为曹頫即是曹雪芹的父亲。如果属实，那么曹雪芹把惠泉酒写进《红楼梦》也就成了再自然不过的事儿了。当然，不止《红楼梦》，在《镜花缘》、《三言二拍》等古典名著中，都可以见到惠泉酒的影子。

上世纪50年代，在民间手工酿酒作坊的基础上，当地政府成立了公私合营的无锡市酒厂。1998年初，酒厂转制为有限责任公司。目前该公司主要产品有惠泉牌无锡惠泉酒、锡山牌黄酒等。

【工艺】

惠泉黄酒以地下优质泉水和江南优质糯米为原料，采用挂曲和酶制剂及糖化剂，促进酵母发酵。蒸饭后，配入特制的陈酿糯米酒和远年香糟酒，以提高酒质。整个工序都采取连续酿制法，并经多年窖藏而成。

【风格】

无锡惠泉黄酒是典型的苏式老酒。其香气中正平和，酒色较浅，富于光泽，口感较柔和，清爽冰凉，是传统型的清爽型半甜黄酒。

【曾获荣誉】

1979年，曾在第三届全国评酒会上被评为"全国优质酒"。1984年，获轻工部酒类质量大赛"银杯优质酒"称号。1987年，在首届中国黄酒节上获得特等奖。1989年，获江苏名优食品美食杯展评会最佳产品奖。2007年，10年惠泉酒获布鲁塞尔国际金奖。2008年，5年惠泉、锡山特黄获布鲁塞尔国际银奖。

丹阳封缸酒

【20 年南朝风封缸酒】·················★★★

李克评分：·················**89 分**

李克点评： 此酒酒液明亮，色泽纯正，是黄酒中的上品

观酒液：·················5 分
看包装：·················4 分
闻香气：·················14 分
尝滋味：·················16 分
潜力指数：·················7 分
零售终端行情指数：·················3 分
入选分数：·················40 分

厂家：·················江苏省丹阳酒厂
酒型：·················半甜型黄酒
酒精度数：·················13°
规格：·················1160 ml
电商参考价：·················**660 元**

【产地】

江苏省丹阳市。

【渊源】

丹阳地处江南，水土气候得天独厚，盛产优质糯米，自古就有"酒米出三阳，丹阳为最良"的美誉。这里还有海内闻名的"天下第四泉"——玉乳泉，因此自古便出产美酒，且被历代帝王列为贡酒。

《太平寰宇记》中记载了这样一则神话故事："丹徒有高骊山，有东海之神乘船致酒，欲聘高骊女为妻，女不肯，神拨船覆酒，流入曲阿湖，后遂以美酒著名。"神话不足以信，但此地盛产佳酿确是事实。境内出土的西周青铜凤纹尊、兽面纹尊以及青铜方卣等远古酒器证明，早在西周时期，这里的酿酒技艺就已非常发达了。

中华人民共和国成立后，丹阳酿酒业更加兴盛，仅甜型类酒就有丹阳封缸酒、特酿封缸酒、草莓封缸酒、老陈酒和丹阳黄酒等各色品种。其中，又以封缸酒人气最旺。

丹阳封缸酒又称"沉香酒"，色泽光灿似琥珀，清澈晶莹，酒气芳馥，温雅纯净，口味醇厚味正，鲜甜爽口，糖、酒、味感配合得恰到好处。当代著名书法家林散之先生品尝此酒时曾挥毫赞美："味轻花上露，色似洞中春。"

目前，丹阳当地生产封缸酒最有名的是江苏省丹阳酒厂。中华人民共和国成立后，当地政府集丹阳境内福源、源茂、恒升、万兴昌等有名酿酒坊合并公私联营，又于1953年成立丹阳酿酒厂，1958年投产封缸酒，1984年改成丹阳酒厂。

【工艺】

丹阳封缸酒以当地优质糯米为原料，用麦曲作为糖化发酵剂，取玉乳泉水，配以特制酒药，经低温糖化发酵，在酿制中，当糖分达到高峰时，兑加50°以上的小曲米酒后立即严密封闭缸口，养醅一定时间后，抽出60%的精华液，再进行压榨，二者按比例勾配定量灌坛，再严密封口储存2~3年而成。

【风格】

封缸酒是黄酒中的上品。此酒色泽明亮棕红，香气芬芳馥郁，口味香鲜。

石库门酒

【石库门经典 20 年】 ★★★★

李克评分： 93 分

李克点评： 此酒属于半干型黄酒，酒液呈明黄色，酒香带淡淡的稻香，酒质醇香柔和，好看又好喝

观酒液：	5 分
看包装：	5 分
闻香气：	13 分
尝滋味：	17 分
潜力指数：	9 分
零售终端行情指数：	4 分
入选基准分：	40 分

厂家：	上海金枫酒业股份有限公司
酒型：	半干型黄酒
酒精度数：	15°
规格：	500 ml
参考价格：	298 元（瓶）

【产地】

上海市枫泾镇。

【渊源】

枫泾古镇是新沪上八景之一，历史上是吴越两国交汇之处。枫泾是典型的江南水乡古镇，素有"三步两座桥，一望十条港"之称。这里有丰富的古代建筑和悠久的历史文化，也有令当地人颇为自豪的"枫泾四宝"，而枫泾老酒便是其中之一。

枫泾镇堪称是上海老酒的发源地。《枫溪竹枝词 100 首》中有"酿取双燕酒一盏，落花舟清系船宜"的诗句，反映的就是枫泾人吃酒泛舟的情景。

1939 年，浦东的萃源、康记、福记三家酒坊迁来枫泾，合并成立了萃康福酒坊。1956 年，酒坊实行公私合营。1966 年更名为国营上海工农酒厂。1979 年，酒厂又改名为上海枫泾酒厂。90 年代，该厂先后兼并了上海淀山湖酒厂、上海金山酒厂和枫泾酒厂一分厂，组建了上海金枫酿酒有限公司。2000 年，整体资产进入上市公司(原上海市第一食品股份有限公司，现为上海金枫酒业股份有限公司），2009年正式更名为上海石库门酿酒有限公司。2010年，石库门公司与上市公司另一家子公司上海华光酿酒药业有限公司实施吸收合并，成立新石库门酿酒公司。

【工艺】

此酒以稻米、黍米、黑米、小麦、玉米等为原料，加曲、酵母等糖化发酵剂发酵酿制而成。

【风格】

石库门老酒既吸收了浙江绍兴酒的精华，又保存了江苏甜白酒的特点。酒香清醇淡雅，色泽清亮，口味纯正。

龙岩沉缸酒

【15 年沉缸】 ★★★

李克评分： 80 分

李克点评： 此酒属于甜型黄酒，酒液透明，芳香馥郁，口感尚可

观酒液：	5 分
看包装：	3 分
闻香气：	12 分
尝滋味：	14 分
潜力指数：	4 分
零售终端行情指数：	2 分
入选基准分：	40 分
厂家：	福建省龙岩沉缸酒业有限公司
酒型：	甜型黄酒
酒精度数：	15°
规格：	700 ml
电商参考价：	398 元（瓶）

【产地】

福建省龙岩市。

【渊源】

沉缸酒是因在酿制过程中，酒醅经"三浮三沉"，最后酒渣沉落缸底，故而取名"沉缸酒"。

宋代时，龙岩市已有酿酒业。据《龙岩州志》记载，民间"糯以造酒"。不过，龙岩沉缸酒出现的时间应是在明末清初。据史料记载，清代时，龙岩已能酿制"气酒、双料老酒三品"，其中，"唯老酒为上品"。这"老酒"很可能便是龙岩沉缸酒。

对于此酒的由来，传说是一位名叫五老官的酿酒师傅的独创。他见龙岩地区有江南著名的"新罗第一泉"，便在此地开设酒坊。开始时，他按照传统的方法酿酒，用糯米制成酒醅，成酒后入坛，埋藏三年取出。用这种方法酿得的酒，度数低，口感清淡，不上口。于是，老官积极改进，在酒醅中加入低度米烧酒，再经压榨得酒，尝过后仍然觉得口感不够醇厚。于是他又在此酒基础上，二次加入高度米烧酒，使老酒陈化、增香，最终形成了今天的"龙岩沉缸酒"。该酒自问世后便很受世人欢迎，但产量极为有限。

1957年，十三家私人酿酒作坊组建成立了龙岩酒厂，而后由公私合营转为国营。1991年初，酒厂更名为龙岩沉缸酒厂。此酒注册商标"新罗泉"。

【工艺】

龙岩沉缸酒精选优质糯米为原料，配上特制酒曲和多种中药，用新罗泉水酿制，采取两次小曲米酒入酒醅的方法，经过独特的"三浮三沉"工艺过程，陈酿三年而成。其用曲多达四种，包括当地祖传的药曲、传统的散曲、南方特有的白曲以及红曲。酿制时，先加入药曲、散曲和白曲，酿成甜酒酿，再分别投入著名的古田红曲及特制的米白酒。

【风格】

龙岩沉缸酒呈红褐色，有琥珀光泽，酒香醇厚扑鼻，入口后清甜，没有一般甜黄酒的黏稠感。甜中又略带曲的苦味和酸味，饮后回味绵长。

胜景山河

【胜景山河 1988】 ★★★★★

李克评分： 98分

李克点评： 湖南产黄酒，酒质尚可，甘甜芬芳，口感丰富细腻

观酒液： 5分
看包装： 5分
闻香气： 15分
尝滋味： 19分
潜力指数： 9分
零售终端行情指数： 5分
入选基准分： 40分

厂家： 湖南胜景山河生物科技股份有限公司
酒型： 半干型黄酒
酒精度数： 12°
规格： 1 000 ml
终端参考价： 1988元（瓶）
电商参考价： 1688元（瓶）

【古越楼台（悟道）花雕】 ★★★★

李克评分： 90分

李克点评： 醇香怡人，味美鲜爽

观酒液： 5分
看包装： 4分
闻香气： 14分
尝滋味： 18分
潜力指数： 6分
零售终端行情指数： 3分
入选基准分： 40分

厂家： 湖南胜景山河生物科技股份有限公司
酒型： 半干型黄酒
酒精度数： 11°
规格： 500 ml
终端参考价： 128元（瓶）
电商参考价： 98元（瓶）

【产地】

湖南省岳阳市。

【渊源】

三湘大地气候温和，雨水集中，肥沃的黄壤培育出了优质的糯米，加之水源丰富，自古便出产美酒。湖南胜景山河生物科技股份有限公司就是此地一家大型现代化股份制企业，也是新型黄酒的领军企业。

该公司在传承民间酿酒工艺的基础上，又大胆吸纳新工艺各自优点。其制曲、制泥、糖化、发酵、压榨等配方均传承于民间秘方，同时又采用企业自身独创的"四酶二曲一酵母"的工艺，从而生产出符合当代人口感特征的新型黄酒。

和绍兴的"女儿红"不同，胜景山河系列黄酒的老熟并不是通过地藏而是洞藏。这也是当地民间传统的储酒方法。湘北多洞，且洞洞相连，洞中有洞。溶洞藏于地层，温度常年稳定在15℃～20℃，湿度在80%以上，这种恒温恒湿的天然环境成为黄酒陈酿老熟的绝佳条件，使得酒质醇厚丰满，口感柔顺怡长。

【工艺】

胜景山河系列黄酒是在传统黄酒酿制工艺的基础上，选择来自铁山水库的山泉，以"四酶二曲一酵母"的独特酿制技术，经发酵、压榨、煎酒而得。

【风格】

胜景山河酒兼有新型黄酒和传统黄酒香型的特征，酒液呈琥珀色，酒香浓郁，酒体丰满、圆润，醇和爽口，刚柔并济。

即墨老酒

【即墨老酒蓝典20】 ………………… ★★★

李克评分： …………………………… **89分**

李克点评： 此酒是我国古老的黄酒品种，酒液晶莹剔透，呈琥珀色，米香浓郁，入口绵爽

观酒液：	5分
看包装：	5分
闻香气：	14分
尝滋味：	15分
潜力指数：	7分
零售终端行情指数：	3分
入选基准分：	40分

厂家：	山东新华锦（青岛）即墨老酒有限公司
酒型：	半干型黄酒
酒精度数：	12°
规格：	500 ml
终端参考价：	213元（瓶）
电商参考价：	178元（瓶）

【产地】

山东省即墨市。

【渊源】

说到黄酒，最有名的产地自然是江浙一带，黄河以北不但产量少，叫得响的牌子更是凤毛麟角。不过这其中，最值得一提的是出产于山东的即墨老酒，它是北方黄酒的代表，也是唯一能与绍兴花雕相媲美的北方老酒。

即墨自古以来就是一块水土丰美、物产富饶的繁荣之地。这里地处崂山矿泉水系，水质甘甜爽口，土地肥沃，出产的黍米粒大颗圆，是酿制黄酒的上乘原料。从目前可考证的材料来看，即墨老酒的酿制历史至少已有两千多年。最初，这种酒是祭祀用品，而后逐渐从宫廷向民间开始普及。相传，齐国田单以火牛阵大破燕军，当地土民就是用黄酒来犒劳将士的。

历经多个朝代后，即墨地区的老酒酿制业在宋代已非常兴盛。即墨产的黄酒质地纯正，而且放得越久味道越美，是胶东地区所产黄酒中名气最大的，当时俗称为"老干榨"。清代道光年间，即墨老酒产销达到极盛时期，还出口到日本及南洋诸国。

到了民国年间，即墨的老酒作坊一度增加到五百多家。墨水河两岸酒香氤氲，酒幌飘飘，一派热闹繁华景象。当时，以"源兴泰"、"泉盛祥"、"元聚栈"、"振源馆"等酒坊所产的老酒最受欢迎。有资料显示，1932年，即墨黄酒年产量百余万斤。

抗日战争期间，即墨地区的酒业遭受重创，到解放前夕，城内酒坊已寥寥无几，但传统的黄酒酿制技艺仍然保留了下来。

中华人民共和国成立后，当时的即墨县政府以没收的伪副县长姜介甫的老酒馆为基础，在1950年建起了即墨黄酒厂。其产品正式定名为"即墨老酒"，并一直沿用至今。此后，即墨老酒的产量逐年提高，不仅畅销全国各地，而且出口新加坡、日本、蒙古、前苏联、罗马尼亚等国家。

不过，市场开放初期，即墨地区曾一度注册了很多小的黄酒厂，出现了很多品质低劣的产品。这使得即墨黄酒的声誉以及销量急剧下降，山东即墨黄酒厂经营陷入困境。1998年年底，新华锦集团买断了山东即墨黄酒厂的全部产权，历经几次革新，即墨老酒重新焕发出了活力。

从本世纪开始，即墨黄酒厂在做好传统焦香型即墨老酒的基础上，还先后推出了即墨花雕、清爽型即墨老酒等系列新产品，并着力提高产品包装档次。

【工艺】

即墨老酒选用大黄米、陈伏麦曲、崂山矿泉水，按照"黍米必齐、曲蘖必时、水泉必秀、陶器必良、火剂必得"的古代造酒六法，经熥糜、糖化、发酵、压榨、陈储、勾兑而成。

【风格】

本酒属于半甜型黄酒。酒液呈红褐色，色泽瑰丽，盈盅不溢。酒香有焦米味，酒体醇厚爽口，入口可以感觉到十分轻微的苦味，后味深长。

【功效】

即墨老酒是营养酒王，适量常饮可以舒筋活血，健脾和胃，乌发美容，活血散瘀，对关节炎、腰腿疼患者有较好的防治功效，历来被中医用作"药酒"。如黄酒浸黑枣、胡桃仁等，都是不错的冬令饮品，而且老幼皆宜。此外，即墨老酒也非常适合女性饮用，阿胶用老酒蒸服可以补血益气，缓解女性体寒、手脚冰冷的情况。产后用红糖冲服老酒服用，有助于产妇催奶和恢复产妇的体能。

除此之外，即墨老酒还有去除鱼虾腥味和牛羊肉膻味的作用。

【品鉴】

即墨老酒常温饮用风味最佳，可以突出其"微苦焦香，芬芳馥郁"的特点。如果在冬季饮用，可以适当加热，但不建议加入姜、葱等，否则会破坏酒香及其味道。

【防伪】

　　山东即墨黄酒厂的产品是"即墨老酒",有一些小酒厂在产品名称上使用"即墨纯老酒"来迷惑消费者。如果酒标上印刷"山东即墨黄酒厂XX分厂"、"山东即墨黄酒厂分厂"、"即墨黄酒集团公司"或"山东即墨黄酒厂监制"字样,都是假冒产品。

　　为了防止造假者假冒,山东即墨黄酒厂"即墨"注册商标的即墨老酒上使用的是皇冠仿伪瓶盖,这种防伪瓶盖有三种喷墨标志:第一种是生产日期;第二种是生产班次;第三种是生产批次。它们都是随着日期、班次、批次的变化而变化的,每只瓶盖上均有一个永远无重号的编号。假冒产品的瓶盖,这三种喷墨标志是没有任何变化的。真品的即墨老酒外观呈棕褐色,透明、有光泽,醇厚爽口,微苦焦香,余味悠长。假冒产品多数由一些小作坊生产的,大多用炒焦的红薯面、焦糖色素、糖精、酒精掺兑而成,口感与真品天壤之别。

李克特别推荐：十大地方性口碑好酒

01

江苏——双沟醴泉（黑方）

¥	终端参考价	13000元(瓶)
香	香型	浓香型白酒
度	酒精度数	40.8°
量	规格	1 000ml
厂	厂家	江苏双沟酒业股份有限公司
@	官网	www.shuanggou.com

李克点评：平时喝半斤，双沟醴泉喝八两

李克评分 100分 ★★★★★

项目	评价	分数
观酒液：	清澈透亮	5分
看包装：	蓝色固化为产品标志色，精美个性	5分
闻香气：	浓郁持久，清雅协调	15分
尝滋味：	入口软绵，落口清爽	20分
潜力指数：		10分
零售终端行情指数：		5分
入选基准分：		40分

【配菜建议】搭配双沟醴泉，以江浙菜最佳，以冰糖肘子、糖酱肚、南京香肚、醉泥螺、西湖醉鱼、南京熏鱼、冰盏海蜇、麻油萝卜、无锡排骨、汤煮干丝、肉酿生麸、凤尾虾、三套鸭、扬州狮子头、淮扬干丝、杭州酱鸭等下酒，特别顺畅惬意，耐人回味。

第三章 中国酒购买实务 酒

02

河北——67°衡水老白干蓝花瓷

¥	终端参考价	120元（瓶）
	电商参考价	108元（瓶）
香	香型	老白干香型白酒
度	酒精度数	67°
量	规格	750ml
厂	厂家	河北衡水老白干酿酒（集团）有限公司
@	官网	www.laobaigan-hs.com

李克点评：仿佛青铜质感般的高度酒珍品

李克评分 95分 ★★★★☆

观酒液：	无色透明，无沉淀物	5分
看包装：	设计淡雅，凸显酒质风格	5分
闻香气：	清雅，馥郁	14分
尝滋味：	入口绵雅柔和，甘洌，回味好	19分
潜力指数：		8分
零售终端行情指数：		4分
入选基准分：		40分

【配菜建议】 此酒清香优雅，最适合搭配巨鹿香肠、武邑扣碗、冀州焖饼、冀州曹记驴肉、落锅烧鸡、金毛狮子鱼、白玉鸡脯、扒镶口蘑、改刀肉、杨长子火腿肠、烤鸭蛋等衡水名吃。我曾在一次衡水湖全鱼宴上品过此酒，凉菜包括凉拌鱼丝、芝麻鱼条、香辣鱼肝、蛋皮鱼卷、酥炸鱼块、烧拌鱼丝，热菜包括酥鱼片、炒鱼片、熘鱼片、清蒸甲鱼、清蒸鼋鱼、鲇鱼豆腐、爆炒鲇鱼、金毛狮子鱼、红烧鲤鱼等，满口鲜香，至今难忘。

03

湖北——45° 白云边酒20年陈酿

¥	终端参考价	438元（瓶）
	电商参考价	398元（瓶）
香	香型	兼香型白酒
度	酒精度数	45°
量	规格	500ml
厂	厂家	湖北白云边酒业股份有限公司
@	官网	www.hbbyb.com

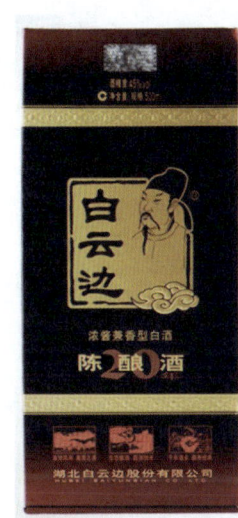

李克点评：细腻优雅，兼香名门

李克评分 97分
★★★★★

观酒液：清澈透明	5分
看包装：精美、气派	5分
闻香气：曲香浓郁，酱香突出	15分
尝滋味：细腻丰满，回甜爽净	19分
潜力指数：	9分
零售终端行情指数：	4分
入选基准分：	40分

【配菜建议】品尝白云边酒，要领略其浓酱清兼香的风格，就不宜选太重油厚味的菜。荆沙菜味道清纯，原汁原味，八宝海参、冬瓜鳖裙羹、荆沙鱼糕、皮条鳝鱼、播龙菜、千张肉等代表菜都很适合与白云边酒搭配。此外，讲究鲜、嫩、柔、软的武汉菜也值得考虑，如珍珠圆子、蒸白丸、粉蒸肉、蟹黄鱼翅、海参圆子、清蒸武昌鱼、氽鳡鱼等。

04

河南——50°酒祖杜康12窖区

¥	电商参考价	580元（瓶）
香	香型	浓香型白酒
度	酒精度数	50°
量	规格	500 ml
厂	厂家	河南洛阳杜康控股有限公司
@	官网	www.dukang.com

李克点评：杜康酒系列中最好喝的一款酒

李克评分 99分 ★★★★★

观酒液：	晶亮透明，清澈无沉淀	5分
看包装：	喜庆、别致	5分
闻香气：	窖香浓郁典型，持久	15分
尝滋味：	口感醇雅，柔和不上头	20分
潜力指数：		10分
零售终端行情指数：		4分
入选基准分：		40分

【配菜建议】洛阳杜康酒配菜选择很多，河南名菜中，香椿烘蛋、套四宝、琉璃蛋球、金沙冬瓜条、糖醋金珀、糖醋软熘黄河鲤鱼焙面、雪菜腐衣球、百花煎凤翼、戏萝卜煮鸡脆骨、烤肥鸭、锅贴豆腐、翡翠鱼丝、芙蓉海参、果汁龙鳞虾、三鲜铁锅烤蛋等都是上选。据我自己品评经验，煎扣青鱼头尾头酥肉嫩、香味醇厚，炸紫酥肉酥脆香美、肥而不腻，牡丹燕菜味醇、质爽，这三者与杜康酒一同享用，菜的鲜美醇香与酒的醇香浑然一体，口感极妙。

05 贵州——赖贵山酒（百年纪念）

¥	终端参考价	3480元（瓶）
香	香型	酱香型
度	酒精度数	53°
量	规格	1000ml
厂	厂家	贵州赖贵山酒业有限公司
@	官网	www.laiguishan.cn

李克点评：低调重现茅台镇酱酒的传世风味

李克评分 100分 ★★★★★

观酒液：酒液微黄透明，晶莹透亮	5分
看包装：经典包装，突出品质	5分
闻香气：酱香纯正，空杯持久留香	15分
尝滋味：酒体丰厚，入口柔绵醇厚	20分
潜力指数	10分
零售终端行情指数：	5分
入选基准分：	40分

【配菜建议】赖贵山酒口感与茅台相似度非常高，因而配菜原则也与其无异，以仁怀、遵义等地的重味鲜美菜肴为佳。如筒筒笋、折耳根炒腊肉、乌江鱼、罐罐鸡、龙爪肉丝、三把鸡、醋羊肉，合马羊肉、尚稽豆腐皮、腊猪脚火锅等。另外，遵义县很有名气的铁板烤鸭肉酥油汁多而不腻，口感极佳，也是一道下酒的好菜。

第三章 中国酒购买实务

酒

06

安徽——宣酒特贡十年窖藏

¥	终端参考价	188元(瓶)
香	香型	浓香型
度	酒精度数	41.2°
量	规格	460ml
厂	厂家	安徽宣酒集团股份有限公司
@	官网	www.xuanjiu.com

李克点评：口感佳，未来发展潜力不容小觑

李克评分 95分 ★★★★☆

观酒液：	清澈，无沉淀，无悬浮物	5分
看包装：	气质典雅	5分
闻香气：	酒香芬芳浓郁，纯正柔雅	14分
尝滋味：	柔润清冽，不呛口，饮后舒适	18分
潜力指数：		9分
零售终端行情指数：		4分
入选基准分：		40分

【配菜建议】宣城菜肴风格以皖南徽菜为主，讲求真味，常用火腿、冰糖提味，搭配芬芳柔雅的宣酒非常适合。如火焙豆腐、干子炒辣椒、千张烧肉、雪里蕻、板栗烧鸡、火烧冬笋、绩溪菜糕、苞芦松、豆豉、虾米豆腐干等。我数次品尝此酒，总结下来，其最适合搭配酥脆爽口的安徽沿淮风味菜，比如奶汁肥王鱼、香炸琵琶虾、鱼咬羊、老蚌怀珠、朱洪武豆腐、焦炸羊肉等。此外，与葫芦鸭子、符离集烧鸡、清炖马蹄鳖、清香炒悟鸡、生熏仔鸡、八大锤、毛峰熏鲥鱼、火烘鱼、蟹黄虾盅等菜肴搭配效果也不错。

07

广西——湘山老坛15年

¥ 电商参考价	238元（瓶）	
香 香型	米香型白酒	
度 酒精度数	53°	
量 规格	500 ml	
厂 厂家	桂林湘山酒业有限公司	
@ 官网	www.glxsjy.com	

李克点评：两广米香第一坛

李克评分 95分
★★★★☆

观酒液：	琥珀酒色	5分
看包装：	瓷瓶大气	5分
闻香气：	蜜香清雅	14分
尝滋味：	馥郁柔和	19分
潜力指数：		8分
零售终端行情指数：		4分
入选基准分：		40分

【配菜建议】全州古代有"肴味三绝"，指的是禾花鱼、醋血鸭和五香豆腐干，都是湘山酒的佳配。此外，当地名吃血巴豆腐、坛腌炸辣豆腐、全州肘子也不能不尝。尤其是肘子，在全州县，不论城乡，只要是大酒席，第一道菜必定是肘子。当地肘子做法有油酥和清炖两种，多数食客似乎更偏爱清炖，但若配湘山酒，我认为还是以香酥肘子较妙。肘子皮皱色黄褐发亮，其皮味道鲜美，颇能调出酒的蜜香。

08

内蒙古——宁城老窖十五年陈

¥	电商参考价	268元（瓶）
香	香型	浓香型白酒
度	酒精度数	38°
量	规格	500ml
厂	厂家	内蒙古顺鑫宁城老窖酒业有限公司
@	官网	www.ningchenglaojiao.com.cn

李克点评：货真价实的"塞外茅台"

李克评分 96分 ★★★★★

观酒液	无色透明	5分
看包装	外包装传统但无特色	5分
闻香气	窖香优雅，香味协调	15分
尝滋味	绵甜醇厚，回味悠长	19分
潜力指数：		7分
零售终端行情指数：		5分
入选基准分：		40分

【配菜建议】"塞外茅台"搭配塞外佳肴，效果想不惊艳都难。赤峰名菜中的手扒肉、烤全羊、锅包肉、红烧梅花筋、红烧牛蹄筋、红烧牛尾、干炸华子鱼、瓦氏雅罗鱼等，都可下酒。排骨蒸饺和风干牛肉也是赤峰广受好评的特色小吃，佐酒虽然并不是最经典的搭配，倒也别致新奇，值得一试。此外，内蒙古火锅、酱大棒骨、黄焖羊羔肉、凉拌蹄黄、余飞龙汤、烧罗汉珠、扒驼掌、红烧牛头、大炸羊、草原八珍、手扒羊肉、烤羊腿、奶汁烤白菜、大烩菜、猪骨头烩酸菜、资山熏鸡等内蒙古特色菜搭配此酒效果也很好。

09

山东——71° 纯粮小琅高

¥	电商参考价	1780元
香	香型	浓香型白酒
度	酒精度数	71°
量	规格	100ml×4
厂	厂家	山东青岛琅琊台集团股份有限公司
@	官网	www.langyatai.com

李克点评：饮时如在草原上策马奔腾，畅快极致

李克评分 100分 ★★★★★

观酒液：清澈透明	5分
看包装：典雅精美	5分
闻香气：窖香浓烈	15分
尝滋味：口感甘冽	20分
潜力指数：	10分
零售终端行情指数：	5分
入选基准分：	40分

【配菜建议】品尝琅琊台酒时，但凡山东风味菜肴，如荷叶肉、蝴蝶海参、黄葱扒蹄筋、豆腐羹、黄焖鸡块、焦熘里脊、九转大肠、卷煎、烤大虾、葵花鱼、兰花扒鸡茸豆腐、栗子鸡、奶汤鸡脯、南煎丸子、酿荷包鲫鱼、烹对虾段、拼什锦合菜、清蒸加吉鱼、雀巢五彩鸡丝等菜肴，无一不可与之搭配。淡有的淡的蕴藉，浓有浓的畅快。其中，最妙的搭配是用青岛特色菜辣炒蛤蜊、烤鱿鱼、酱猪蹄、三鲜锅贴、白菜肉包、海鲜卤面、鸡汤馄饨等配此酒，实在是味蕾的一大享受。

第三章 中国酒购买实务

酒

10

新疆——肖尔布拉克红国藏

¥	电商参考价	320元(瓶)
香	香型	浓香型白酒
度	酒精度数	53°
量	规格	500 ml
厂	厂家	新疆伊犁肖尔布拉克酒业有限责任公司
@	官网	www.xiaoerbulake.com

李克点评：原汁原味的"新疆酒乡"风味

李克评分 95分 ★★★★☆

观酒液：	清澈透明，晶亮	5分
看包装：	喜庆经典，精致美观	5分
闻香气：	窖香优雅、高贵	14分
尝滋味：	细腻醇和	20分
潜力指数：		8分
零售终端行情指数：		3分
入选基准分：		40分

【配菜建议】粗糙率性的西北风味菜与此酒搭配，最能喝得畅快。比较经典的菜和小吃包括满氏八块鸡、孜然羊肉、烤羊肉、清炖羊肉、烤羊排、大盘鸡、毛豆烧牛筋、海马炖鸡蛋、挂卤肉、贝母煨牛肉、烤羊肉串等。曾在酒席间尝过新疆的烤包子和油塔子，在面食喷香的牵引下，浓郁的酒香更加鲜活生动，加分不少。

第四章　中国烟购买实务

■ 关于卷烟的品类、防伪与收藏
■ 2012年度烟草十大事件
■ 卷烟的品吸笔记及打分评级
　● 西南产区
　● 东南产区
　● 两湖产区
　● 黄淮产区
　● 北方产区
　● 江浙沪产区
■ 李克特别推荐：十大地方性口碑好烟

烟草是文明社会一个荒谬的存在。它有害健康，却成了开门第八件事；它声名不佳，却予人以合法的陶醉；它广泛被禁，却在全球范围种植和销售。

很多人可能和我有同样的遭遇：总会在一些场合犹犹豫豫、小心翼翼地低声询问对方——可以抽一支吗？

所以，还是"抽少一点、抽好一点"对自己好。

关于卷烟的品类、防伪与收藏

关于卷烟的品类

目前世界上较为主流的卷烟品类有"美式混合型卷烟"、"英式烤烟型卷烟"、"日式混合型卷烟"以及我国的"中式卷烟"。2003年4月,中式卷烟的概念首先在全国烟草行业降焦减害工作会议中被提出;同年11月,中式卷烟作为中国烟草行业的战略方向被进一步明确。在国家局出台的《中国卷烟科技发展纲要》中,中式卷烟的定义、特征以及意义被进一步阐释清楚。

1. 中式卷烟就是一个大品类

中式卷烟是指能够满足中国广大卷烟消费者需求、具有独特香气风格和口味特征、拥有自主核心技术的卷烟。具体而言有五个特征:

第一,能够持续满足卷烟消费者需求。中式卷烟对中国广大卷烟消费者消费需求的满足是上百年来历史传统、风物习俗、人文环境、对品牌的风格特征的依赖等综合因素积淀的结果。同时,中式卷烟还具有鲜明的时代特征,能够不断适应动态的买方市场、国际化市场竞争的变化,与时俱进,持续满足消费者的显在和潜在需求。

第二,具有独特的香气风格和口味特征。中式卷烟以国内烟叶为主体原料,具有明显的中国烤烟烟叶香气特征,在香气风格和口味特征上与英式、美式、日式等卷烟不同,具有明显的浓郁的中国烟叶烟气风格,能使卷烟消费者在吸食的第一反应中分辨出来。

第三,拥有自主核心技术。自主核心技术包括烟叶原料的生产和选用、卷烟配方和加工工艺的特色、中草药及其提取液的添加、减害降焦等方面的内容。

第四,中式卷烟包括中式烤烟型卷烟和中式混合型卷烟。其中,中式烤烟型卷烟占主导地位。中式烤烟型卷烟是以中国烤烟烟叶为主体原料,其香气风格和吸味特征明显不同于英式烤烟型卷烟,具有适应中国广大消费者吸食需求习惯的烤烟型卷烟。中式混合型卷烟是以国内烤烟及白肋烟、香料烟等晾晒烟叶为主体配方原料,其香气风格和吸味特征有别于美式和日式等混合型卷烟,是具有适应中国部分消费者需求习惯的混合型卷烟。

第五,中式卷烟是一个抽象概念,是一个宽泛的范畴,是所有中国卷烟的统称。中式卷烟的品牌创意既充分蕴含了深厚的中华民族文化精髓,又能融合和吸纳世界优秀文化精华。中式卷烟既产生于中国烟草的几百年历史,又完善于中国烟草的发展未来。

2. 中式卷烟的品类划分

中式卷烟的品类划分有多种方式，目前最为主流的是以香气来划分，主要有清香、浓香、中间香。随着产业的逐步发展，诸多品牌均进行了具有自身特色的品类实践，如清甜香、淡雅香及本草香，它们进一步丰富了中式卷烟的品类风格。

清香品类的风格特征：香气清雅飘逸、自然醇和；烟气柔绵津醇；烟草本香凸显；吸味清香津甜、细腻圆润、层次丰富，给人以优雅芳香、自然清新的感受。代表品牌是玉溪。

浓香品类的风格特征：烟香浓郁，香气质感细腻高雅，丰富饱满透发，香韵独特；烟气细腻绵长而富有层次感；烟草本香与外加香和谐统一；刺激性较小，劲头适中，余味干净，吸后给人生津回甜协调舒适的感觉。代表品牌为中华。

中间香品类的风格特征：介于清香型和浓香型之间而偏于清，烟草原香尽显，清雅圆润，烟气细腻，吸味协调醇和，余味爽净绵长，回味生津返甜。代表品牌为芙蓉王。

淡雅香品类的风格特征：烟草本香与天然本草香气自然结合，淡雅而津甜，醇和至极，香气飘逸，透发性好，能留给喉部以明显的舒适感觉。代表品牌：黄鹤楼。

清甜香品类的风格特征：清新自然，甜润优雅，韵味悠远。不仅包含了清香型品类的基本特征，更深化和衍生了"清香"与"甜味"的浑然一体。代表品牌为云烟。

卷烟的真伪鉴别

鉴别卷烟的真假，可以采用感官鉴别检验法、评吸鉴别检验法和仪器鉴别检验法，其中又以感官鉴别检验法为主。

感官鉴别检验法，即通过人的感官，借助一些简单的仪器和工具，以卷烟标准样品（或真品烟）为对照样品，对被鉴别样品的原辅材料、制造工艺、防伪标志等方面进行检验、识别，并经逻辑分析加以综合判定。感官鉴别检验的项目为条、盒、烟支、烟丝和吸味等五个方面。从外到内、由表及里逐项对比进行。

1. 验透明纸质地

卷烟包装使用的透明纸通常以聚氯乙烯（PVC）和聚丙烯（BOPP）薄膜为主，中高档卷烟则以聚丙烯（BOPP）薄膜的使用更为广泛。BOPP与其他透明纸材料相比有着较高的品质和鲜明的特点：透明度高，表面光泽好，摩擦系数小，韧性强，密度大，静电低，手感光滑，声音清脆。

2. 验条（盒）商标纸的印刷特点及质量

目前卷烟的条（盒）商标纸印刷工艺有凹印、胶印、柔印、丝网印等，但使用较多的是凹印和胶印。每一种工艺都有自己的印刷特点。

胶印的特征：文字、图案上色油墨厚度均匀、边缘光滑、无锯齿状。

凹印的特征：在文字（图案）的双色交界处呈现锯齿状；文字、图案的不同部位油墨浓淡不一，颜色变化过度均匀；同一种颜色的油墨，当膜厚度不同时，颜色饱和度不同。

整体看文字、图案套色位置准确，不脱色，图案周正；光亮度高，色泽饱满；包装方正、平齐、洁净。

3. 验卷烟的防伪标志

激光全息防伪技术：在不同的角度观察时，有不同的颜色、不同图案的再现图像，且图案清晰、不重叠，如紫云烟、黄盖芙蓉王、长嘴利群等卷烟牌号。

变色油墨：在油墨中加入一些特制的紫外荧光油墨、日光变色油墨、热敏油墨等。

水印：主要应用在盘纸上。纸浆形成时厚薄、密度不同。

彩色纤维：造纸时在纸浆中加入彩色纤维丝。

编码电话查询：如芙蓉王。

微缩印刷技术：在条、盒商标中的一些位置将图案、文字或字母微缩印刷，如中华、熊猫（时代版）等。

4. 验烟丝

卷烟烟丝一般由不同比例的叶丝、膨胀叶丝、膨胀梗丝和再造烟丝组成。

中高档卷烟烟丝颜色金黄，有油润，烟丝宽度均匀，含末少，含梗率低，烟支点燃后阴燃良好、不熄灭，烟灰呈灰白色圆滚，一般不散脱。

卷烟的收藏

收藏卷烟的主要意义在于烟标的收藏。

烟盒用收藏术语来说就是烟标，一个时期的烟标在一定程度上反映了这个时代的政治、人文、艺术、体育等社会各个方面，具有很高的收藏价值。收藏烟标主要参考以下因素：

稀有度：指烟标存市量的多少，越多价格越低，这也是量定烟标价格的首要因素。中国茂生洋行（美国）生产的"铜鼓"牌、天津北洋烟草公司生产的"龙球"牌、北京大象烟草公司生产的"大象"牌都已经是稀世罕见的烟标了。

年代：一般年代越久远的，存世量就越少，当然也就越珍贵。

代表性：此烟标在家族中是否代表某一时期，或某一品类，或某一国家、地区，等等。

证史性：烟标能够证明、证实某件史事或某段历史事实，可证史者价优。比如上海三兴烟草公司为纪念孙中山生产的"大中山"烟标，参考价就在数千元。

文化性：主要是指烟标在烟草文化中的作用。比如中华人民共和国成立初期上海生产的"老刀"牌烟标上明确说明将"老刀"改为"劳动"，这就体现了烟标的文化载体作用。

2012年度烟草十大事件

1. 中国烟草总公司成立 30 周年

2012 年 7 月 20 日,中国烟草以报告会的形式纪念中国烟草总公司成立 30 周年,活动低调而务实。

中国烟草总公司的发展历程,就是一段 30 年来中国烟草专卖制度和管理体制建立完善的历程。"右手专卖,左手品牌"是中国烟草体制的机制特色,无论舆论如何看待烟草产业,过去 30 年,尤其是近 10 年来"右手专卖,左手品牌"所发挥出的巨大效能有目共睹。

2. 高价位卷烟千元限价

2012 年春节后,"天价烟"再次引发公众对烟草行业的关注。3 月份,国家烟草专卖局果断出台行政措施:限定卷烟零售价不能超过 1 000 元 / 条。全行业积极响应执行,恪守价格上限,部分知名规格牌号甚而悄然隐退,如上烟集团的绿熊猫。

恪守千元上限,这是行业自律的表现,而价格的限制并未演变为对消费的限制。纵观 2012 全年,尤其是第四季度,高价位卷烟的增长表现突出。

3. 300 万箱云烟下线

2012 年 12 月 4 日,300 万箱云烟下线,云烟品牌迈入年产 300 万箱的大品牌阵营。而此前,中华品牌比上年提前近 2 个月实现"百万千亿"目标。

中国烟草"532,461"的目标实现进一步加快:2012 年已有 1 个销量 400 万箱以上的品牌,3 个 300 万箱以上的品牌,2 个 200 万箱以上的品牌,以及 14 个 100 万箱以上的品牌;在销售收入方面已有 1 个 1 000 亿元以上的品牌,6 个 600 亿元以上的品牌,2 个 500 亿元以上的品牌和 6 个 300 亿元以上的品牌。

"532,461"之后怎么办,许多企业已经展开"十二五"后程的二次发展规划,2013 年会是一个全新的起点。

4. 终端营销规范化、科学化、系统化

2012年国家烟草专卖局颁发171号文件，就工商企业的卷烟经营活动提出"六个严禁、一个严控"的指导意见。国家局"非常6+1"措施的出台对卷烟经营活动的规范运作起到了良好作用，但同时也限制了终端营销的开展，许多企业的市场部有了"无所适从"的反应。

情况在四季度变得明朗，承接上海网建现场会的成果，国家局在年度销售工作会议上明确定义"现代零售终端"的功能，并设定"力争到2013年底，使现代零售终端占零售客户总数的比例达到5%；今后每年推进5%，到'十二五'末期使现代零售终端比例达到20%"的具体目标。

这意味着终端营销，在171号文"不能做"的限制之后，有了一个"怎么做"的范畴指向。

5. 行业全年调控见成效

2012年一季度，宏观经济下行压力加大，和大多数快速消费品行业一样，卷烟销售也出现了产销不协调、结构有所失衡、价格波动、大品牌增长乏力、库存偏高等苗头性、倾向性问题。4月下旬，国家局在经济运行会议上明确把"控总量、调结构、降库存、稳价格"作为经济运行的重点工作，加强宏观调控，采取有效措施确保行业经济平稳运行。

"从紧"成为此后行业全年调控的基调，在整体大市普遍低迷的环境下，尽管行业全年销量、结构增幅明显放缓，但全国卷烟产销保持平衡、协调增长，产销结构继续提升，中、西部省份卷烟销量增幅、结构增幅均快于东部沿海地区，行业重点品牌、高端卷烟、低焦油卷烟产销都保持较快增长，经济运行质量稳中有进，成效显著。

6. 英美烟草"555"品牌获得"国产"身份

2012年11月，中国烟草总公司与英美烟草公司达成合作协议，双方将共同组建合资公司，555品牌将成为双方共有卷烟品牌，2013年开始由中国烟草负责国内市场的营销工作。多年来，中国市场上"菲莫国际"在外烟企业中独享主渠道的优势被打破。

菲莫和英美在中国市场获得"准国民待遇"的意义不在于"有人进来了"，因为我们对中式卷烟本土防御的能力有着充分的自信，其更重要的意义是：与中国烟草开展"渠道互换"或者"合作互助"等共赢方式成为模式，这将进一步优化中国烟草"走出去"的市场环境。

国家局的决断，意味着中国烟草企业和品牌进入国际市场的节奏将会加快。

7. 卷烟产品开发劲吹"文化风"

产品之所以具备快速流通的能力，在产品品质之外，背后都有可以说的故事，故事就是产品背后的文化。过去一年的卷烟新产品开发过程中，文化元素普遍受到重视，"文化营销"悄然兴起。

无论红云红河集团"大重九"的复古经典，还是河南中烟黄金叶"万柿如意"的喜事文化，抑或安徽中烟黄山"天都"的徽派文化，以及贵烟（福天下）、真龙（一带山河）等，卷烟品牌纷纷追求把中国传统的文化元素、符号融入产品内涵之中。

烟包上的中国味正在越来越纯粹，而且越是高端，越有味道。

8. 朱尊权先生辞世

2012年7月16日，93岁高龄的朱尊权先生逝世。

作为一位自新中国成立伊始即归国报效的科学家，朱先生是中国烟草科技发展的奠基人，见证、亲历并推动了中国现代烟草产业体系从无到有的进化，是目前中国烟草行业唯一的一位院士。成功研制"中华"卷烟配方、创建中式卷烟烤烟香型体系、制定烤烟国家标准、引领培养科技人才、明确"降焦是手段，减害是目的"等，朱先生的贡献有着无数个"第一"或"领先"，填补了行业诸多空白，遗泽犹在，功业长存。

农业和烟草是朱尊权先生一生的主题，对这样一位报效祖国、忠诚事业的仁厚长者，我们永远以最虔诚的敬意缅怀。

9. 中国企业500强排名"烟味"变淡了

在2012年9月发布的2012年中国企业500强名单中，烟草企业8家入围，行业领先企业排名第117位。相比2011年，500强企业名单的"烟味"变得更淡了。2011年中国企业500强名单中，烟草企业10家入围，行业领先企业排名第109位。

烟草企业在大企业排名中的逐步隐退，说明烟草产业在国民经济中的影响力和比重正在下降，这是一件幸事，它意味着经济结构的变化稀释了过度依赖"烟草财政"的压力。

但同时，这也说明烟草行业的发展确实到结构性转型的时候了。

10. 北京、上海、沈阳等地拟在公共场所全面禁烟

2011年5月1日起，国家正式施行《公共场所禁烟条例》。从2012年开始，

多地出台了相关细则，施行全面禁烟，甚至辅以严厉的处罚措施。

吸烟的危害毋庸置疑，但很多人离不开也是事实，与其禁而不止，不如讨论如何进行有效管理和降低二手烟的危害。

第四章　中国烟购买实务

卷烟

卷烟的品吸笔记及打分评级

西南产区

中国烟草核心产区,有"中国烟草看西南"之说。整体特征:

1. 板块范围。该板块包括云南省、贵州省、四川省,是我国烤烟主产区之一。

2. 自然条件。该板块地处我国第二级地形阶梯,地域辽阔,地形复杂,区域差异显著;气候类型多样,大部分为亚热带湿润季风气候,全年雨热同季,土地以红壤为主。

3. 烟叶种植及品质概况。该板块烟草种植历史悠久,区内烤烟、白肋烟、香料烟均有生产,目前已发展成为我国最大的烟叶产区。烤烟以特色鲜明、质量上乘闻名全国,云南玉溪、曲靖、大理,贵州遵义,四川凉山等地,均是著名的优质烤烟产地。

4. 烟叶品质特征。该板块生产的烤烟颜色金黄,烟叶品质较好,化学成分协调,烟叶香气为中、清香型,无明显质量缺陷,是我国主要的主料烟叶。

值得关注的品牌

云南:云烟、红河、玉溪、红塔山。
四川:娇子。
贵州:贵烟。

云烟

【云烟（大重九软）】 ★★★★★

李克评分：100 分

李克点评：抽过就再也忘不了的好烟

外观：	5 分
香气：	15 分
烟气：	15 分
吸味：	10 分
潜力指数：	10 分
零售终端行情指数：	5 分
入选基准分：	40 分

类型：	烤烟型
规格：	84mm 软
焦油量：	8mg
烟气烟碱量：	0.8 mg
烟气一氧化碳量：	8mg
终端参考价：	1000 元 / 条

【云烟（9+1 大重九）】 ★★★★★

李克评分：100 分

李克点评：厚重历史，奢华血统

外观：	5 分
香气：	15 分
烟气：	15 分
吸味：	10 分
潜力指数：	10 分
零售终端行情指数：	5 分
入选基准分：	40 分

类型：	烤烟型
规格：	84mm 硬
焦油量：	8mg
烟气烟碱量：	0.8mg
烟气一氧化碳量：	8mg
终端参考价：	1000 元 / 条

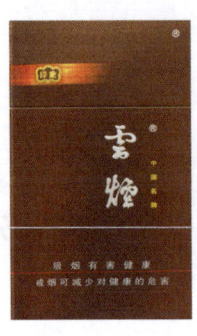

【云烟（印象）】 ★★★★★

李克评分： 97 分

李克点评： 印象系列扛鼎之作

外观：	5 分
香气：	15 分
烟气：	14 分
吸味：	9 分
潜力指数：	10 分
零售终端行情指数：	4 分
入选基准分：	40 分

项目	参数
类型：	烤烟型
规格：	84mm 硬
焦油量：	12mg
烟气烟碱量：	1.1mg
烟气一氧化碳量：	12mg
终端参考价：	600 元/条

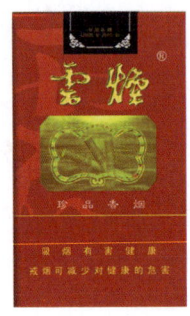

【云烟（软珍品）】 ★★★★★

李克评分： 96 分

李克点评： 中国高端卷烟入门级典范

外观：	4 分
香气：	14 分
烟气：	14 分
吸味：	9 分
潜力指数：	10 分
零售终端行情指数：	5 分
入选基准分：	40 分

项目	参数
类型：	烤烟型
规格：	84mm 软
焦油量：	12mg
烟气烟碱量：	1.1mg
烟气一氧化碳量：	13mg
终端参考价：	220 元/条

【产地】

云南。

【简介】

"云烟"创牌于1958年"大跃进"时期。当时,全国正处于"大炼钢铁"的高潮中,云南省轻工厅根据中央轻工部的指示,要云南纸烟厂研制一种新产品,并且要超过英国的"茄力克"。经过五十多次实验,筛选了上百个方案,从原料、配方、香气等项目上攻关,终于研制成功一种在色香味内在质量上超过"茄力克"的卷烟产品。1958年7月,"云烟"正式投入生产。

"云烟"烟丝橙黄,香气高雅,吸味醇和,是高档清香型香烟中的珍品。

"云烟"商标如意图案表示"吉祥如意","云烟"二字拓自中国古代大书法家王羲之的真迹。

【防伪】

● 大重九

真品商标表面整洁、无脏污、无残缺。文字图案清晰完整,网纹清晰均匀,墨色艳实,有一定光泽,套印准确,裁切平滑光洁。包装采用进口卷、接、包设备生产,其包装棱角分明,小包上底与下底稍有大小头感。商标黏合剂为略黄,搭口黏接点固定、牢固,商标底部折角处有1～4个刀痕切口。外包透明纸透明度好,搭口黏贴牢固、平整,手感紧凑。烟支饱满,松紧适中,表面光洁。钢印清晰、完整,烟支另一端搭口处印有生产编号。

● 印象

采用变频和光变油墨防伪,三维全息膜随着视角的变换,可以看见三支仿真烟支、"云烟·中国名牌"和"YunYan"的微缩文字及灿烂云霞。

● 软珍品

采用三维真彩祥云背景全息激光防伪技术,随着视角的变换,可以看见三支仿真云烟烟支、精细三维效果的如意图案及动态的"YunYan"及"云烟"的微缩文字隐含其中,不但大大增强视觉效果及防伪力度,而且还更有效地确立了"云烟"品牌的尊贵地位。

红河

【红河（道）】 ★★★★★

李克评分： 96 分
李克点评： 红河之"道"，在于自然纯粹

外包装：	5 分
香气：	15 分
烟气：	15 分
吸味：	9 分
潜力指数：	9 分
零售终端行情指数：	3 分
入选基准分：	40 分
类型：	烤烟型
规格：	84mm 硬
焦油量：	11mg
烟气烟碱量：	1.1mg
烟气一氧化碳量：	11mg
终端参考价：	1000 元 / 条

【产地】

云南。

【简介】

"红河"牌系列产品为烤烟型香烟，属典型的云南清香型卷烟，原料选用云南中上等烟叶、优质香料、高级卷包材料，采用科学配方，经现代化加工工艺精制而成。

"红河"牌系列香烟吸味醇正，余味干净舒适，刺激性小，香气细腻、高雅、独特，包装精美，产品广受消费者青睐，畅销全国各地，并且有一定量产品出口，市场占有率及生产产量逐年提高，经济效益和社会效益显著。

"红河"牌卷烟 1994 年被评为优等品，同年又被评为全国名优产品，2002 年荣获"中国名牌产品"称号。甲级"红河"商标荣获商标商品国际博览会商标设计优秀奖。

玉溪

【玉溪（庄园）】★★★★★

李克评分： **98 分**

李克点评： 中国第一包有机烟

- 外观：5 分
- 香气：15 分
- 烟气：15 分
- 吸味：9 分
- 潜力指数：10 分
- 零售终端行情指数：4 分
- 入选基准分：40 分

- 类型：烤烟型
- 规格：74mm 硬
- 焦油量：8mg
- 烟气烟碱量：0.8mg
- 烟气一氧化碳量：8mg
- 终端参考价：980 元 / 条

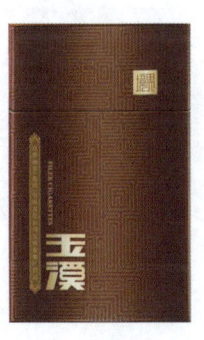

【玉溪（硬境界）】★★★★★

李克评分： **99 分**

李克点评： 玉溪品牌顶级奉献，上上之选

- 外观：5 分
- 香气：15 分
- 烟气：15 分
- 吸味：9 分
- 潜力指数：10 分
- 零售终端行情指数：5 分
- 入选基准分：40 分

- 类型：烤烟型
- 规格：84mm 硬
- 焦油量：10mg
- 烟气烟碱量：1.1mg
- 烟气一氧化碳量：10mg
- 终端参考价：1000 元 / 条

【玉溪（硬和谐）】 ★★★★

李克评分： 93 分

李克点评： 传承玉溪经典之清香风格，原料优质，自然醇和

外观： 5 分
香气： 14 分
烟气： 14 分
吸味： 10 分
潜力指数： 7 分
零售终端行情指数： 3 分
入选基准分： 40 分

类型： 烤烟型
规格： 84mm 硬
焦油量： 11mg
烟气烟碱量： 1.0mg
烟气一氧化碳量： 11mg
终端参考价： 400 元 / 条

【玉溪（软）】 ★★★★★

李克评分： 97 分

李克点评： 20 元价位之经典，品质始终如一

外观： 4 分
香气： 14 分
烟气： 14 分
吸味： 10 分
潜力指数： 10 分
零售终端行情指数： 5 分
入选基准分： 40 分

类型： 烤烟型
规格： 84mm 软
焦油量： 12mg
烟气烟碱量： 1.1mg
烟气一氧化碳量： 12mg
终端参考价： 230 元 / 条

【产地】

云南。

【简介】

"玉溪"的名字源于红塔集团所在地——云南省玉溪市。"玉溪"卷烟从一开始就定位于高档产品，对品质的追求始终以最好为目标。在不断超越自我的过程中，"玉溪"的品牌理念也渐渐清晰。"玉溪"卷烟不仅代表着红塔集团的实力，还代表着玉溪的高原"水"文化。"玉溪"与"上善若水"这一理念悄然结合。

"上善若水"是一种处世的修养，而"玉溪"品牌所追求的正是谦逊包容、通变处下、不争而胜的"若水"境界。

【防伪】

● 玉溪庄园

拉带头采用的是椭圆形拉带头，切口光滑，无毛刺。上方的缺口和下方的拉带头是对称的，应该是一刀切出来的。拉线上有隐隐约约的半透明线状胶水，这也是高档卷烟拉线的一个特性。假烟的拉线胶水往往是全透明的。

包装纸采用的是纯浆无涂料原纸，粗糙度很高，用手触摸有些摩摩挲挲的感觉。同时这个纸的表面没有使用常见的涂层。不使用涂层、残留大量的木纤维，这样就造成纸张表面平滑度很低，同时也是因为这个因素，导致了印刷的困难。烟盒正面的水墨风格线条画，印刷却极为细致，这个造假者很难做到。

烟盒背面有防伪二维码，每一包烟都不一样。防伪标志的一侧显示出"H红塔T"字样，经过角度的变换，会变成"HONGTA"字样。在防伪标志的左上部，还有一个龙马抱塔的图案。在防伪标志的右上部，还有一行文字"山高人为峰"。

● 玉溪（软）

真烟烟盒正面定位烫金准确，印刷精致，套色均匀；而假烟的定位烫金不准确，印刷粗糙，套色不够均匀。

真品条盒"玉溪"（软）与假条盒"玉溪"（软）背面的防伪标志有明显区别。真烟的防伪标志在不同角度下会出现不同的几何图形，图形完整而有规则；而假烟的防伪标志呈现出的几何图形则不完整，前后或上下无法对齐，没有规则性。

真品条盒"玉溪"（软）与假条盒"玉溪"（软）最大的区别就体现在正面左侧的质量追踪代码上。真烟的质量追踪代码是在线激光喷码，由于条盒在传送带上运输时有摩擦，所以喷上的代码周边会有白色雾气状的痕迹；而假烟的质量追踪代码是人工印上的，不会产生摩擦，所以没有白色雾气状的痕迹。

真品条盒"玉溪"（软）与假条盒"玉溪"（软）的透明纸烫边封口的区别：真烟采用的是高温高压热封烫边封口，透明纸重叠处清晰透明，为有规则的"水波纹"气泡状；而假烟一般多采用铜板电加热烫边封口，透明纸重叠处比较模糊，多为无规则的"鱼鳞片"气泡状。

红塔山

【红塔山（硬经典 100）】 ★★★★★

李克评分：·················· **97 分**

李克点评： 经典开启新的经典

外观：	5 分
香气：	14 分
烟气：	14 分
吸味：	9 分
潜力指数：	10 分
零售终端行情指数：	5 分
入选基准分：	40 分

类型：	烤烟型
规格：	84mm 硬
焦油量：	12mg
烟气烟碱量：	1.0mg
烟气一氧化碳量：	12mg
终端参考价：	100 元 / 条

【产地】

云南。

【简介】

1959 年，玉溪卷烟厂生产出了作为国庆 10 周年献礼的第一包烟——"红塔山"。50 年过去了，红塔山成为中国卷烟最知名的品牌。

"红塔山"以享誉世界的玉溪烟叶为主要原料，针对大众消费者口味设计，秉承了玉烟以优质烟草本香为主、适当加料加香为辅的产品特色。产品具有口感柔顺自然、香气纯正丰满、烟气柔和优雅、余味干净舒适的特点。

钓鱼台

【钓鱼台（硬景泰蓝94mm）】·············★★★★

李克评分：·····························**95分**

李克点评： 最适合老友聊天的时候品吸

外观：····································5分
香气：····································14分
烟气：····································14分
吸味：····································10分
潜力指数：·································9分
零售终端行情指数：··························3分
入选基准分：·······························40分

类型：·································烤烟型
规格：································94mm 硬
焦油量：·································6mg
烟气烟碱量：···························0.6mg
烟气一氧化碳量：··························7mg
终端参考价：·························250元/条

【产地】

云南。

【简介】

钓鱼台香烟原由云南昭通卷烟厂生产，合并后由昆明卷烟厂生产（现属红云红河集团），由于其特供背景而备受关注。该品牌目前有钓鱼台（硬景泰蓝94mm）、钓鱼台（金）、钓鱼台（蓝）、钓鱼台（硬红）等。

钓鱼台精制香烟传承了云南高档卷烟的卓越品质，精选国内外优质烟叶及天然香精香料，利用现代卷烟工艺技术精制而成，烟丝色泽金黄油润，自然烟香透发，吸味生津醇和、余味舒适纯净，包装设计精美厚重，属卷烟中的上乘精品。钓鱼台香烟传承云南高档卷烟的卓越品质，突出了钓鱼台的皇室气派，包装设计精美，属卷烟中的上乘精品。

贵烟

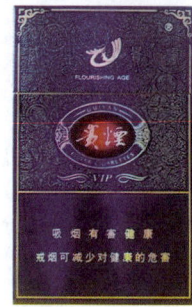

【贵烟（盛世）】························ ★★★★

李克评分：························ **92 分**

李克点评： 贵州产好酒人所共知，其实贵州也产好烟

外观：······························ 4 分
香气：······························ 14 分
烟气：······························ 14 分
吸味：······························ 8 分
潜力指数：··························· 8 分
零售终端行情指数：····················· 4 分
入选基准分：·························· 40 分

类型：······························ 烤烟型
规格：······························ 84mm 硬
焦油量：···························· 12mg
烟气烟碱量：························· 1.1mg
烟气一氧化碳量：······················ 14mg
终端参考价：······················ 1000 元 / 条

【产地】

贵州。

【简介】

"贵烟"是贵州中烟工业公司的战略性品牌，在上世纪 80 年代历经辉煌，"一云二贵三中华"的美誉响彻大江南北。

"贵在内涵"是"贵烟"品牌的核心价值，体现在产品、产地、原料、消费者等各个层面。北纬 27° 原生态烟草产业带是"贵在内涵"的内在支撑，大气、灵气、贵气是"贵在内涵"的外在格调，智慧、品位、内敛、真正懂得欣赏和选择是"贵在内涵"的人格化写照。

娇子

【娇子（传奇天子）】 ★★★★

李克评分：...... 95 分

李克点评：品味传奇，气象万千

外观：......5 分
香气：......14 分
烟气：......15 分
吸味：......9 分
潜力指数：......9 分
零售终端行情指数：......3 分
入选基准分：......40 分

类型：......烤烟型
规格：......84mm 硬
焦油量：......8mg
烟气烟碱量：......0.8mg
烟气一氧化碳量：......8mg
终端参考价：......1000 元 / 条

【娇子（软黄天子）】 ★★★★★

李克评分：...... 98 分

李克点评：天子家族的代表产品，纯正舒适，多抽不累

外观：......5 分
香气：......15 分
烟气：......15 分
吸味：......10 分
潜力指数：......9 分
零售终端行情指数：......4 分
入选基准分：......40 分

类型：......烤烟型
规格：......84mm 软
焦油量：......12mg
烟气烟碱量：......1.1mg
烟气一氧化碳量：......12mg
终端参考价：......500 元 / 条

【娇子（红天娇）】 ★★★★★

李克评分： 97 分

李克点评： 观之亲切自然，品之轻松舒适，典型的"国民烟"

外观： 4 分
香气： 14 分
烟气： 15 分
吸味： 9 分
潜力指数： 10 分
零售终端行情指数： 5 分
入选基准分： 40 分

类型： 烤烟型
规格： 84mm 硬
焦油量： 10mg
烟气烟碱量： 1.0mg
烟气一氧化碳量： 10mg
终端参考价： 230 元 / 条

【产地】

四川、重庆。

【简介】

"娇子"创牌于 1995 年，定位于中高端市场，一直致力于高端品牌形象的塑造和培育。多年来持续不断的品牌形象塑造、传播与产品的市场拓展相辅相成，形成了品牌独特的精英文化内涵、形象资产及品牌核心的精英消费群体。

1999、2001 年，"娇子"连续被国家烟草专卖局授予"全国名优卷烟"称号。

2004 年，"娇子"荣获"中国 500 最具价值品牌"称号。

2005 年，"娇子"商标被国家工商总局认定为"中国驰名商标"。

2007 年，"娇子"被评为"2007 中国烟草爱心品牌"。

2008 年，"娇子"被评为"最具慈善行动力品牌"和"2008 中国烟草最具爱心品牌"。"中国娇子·中国梦想"品牌建设案例荣获"第四届中国最佳品牌建设案例奖"和"2008 年中国艾菲奖特别贡献奖"。

2009 年，"娇子"被评为"影响中国·十大知名原创品牌"及"'和谐·责任'爱心品牌"。

东南产区

中国烟草主产区，特色香型主阵地。整体特征：

1. 板块范围。东南烟草种植区包括海南、广东、广西、福建、江西、台湾等省（自治区）全部。
2. 自然条件。该板块区内陆地以山地、丘陵为主，占该区陆地的70%以上；所在的省区大部紧靠临南海和东海，属湿润气候，受海洋季风影响较大，气温较高，降水量充沛，霜雪较少，雨热同季。
3. 烟叶种植及品质概况。该区总体属烤烟生长的适宜区和最适宜区，具有烟叶生长的优越气候和土壤条件，不同类型烟草在区内都有种植，历史上曾生产过不少优质烤烟和晾晒烟。目前该区烟草种植以烤烟为主，常年烤烟种植面积18多万平方米，年产烟叶34万吨，占全国烤烟种植面积和总产量的17%左右。
4. 烟叶品质特征。该区生产的烤烟颜色金黄，成熟度好，叶片结构疏松，外观质量和物理特性适宜，化学成分协调。

值得关注品牌

福建：七匹狼。
广东：双喜。
江西：金圣。
广西：真龙。

七匹狼

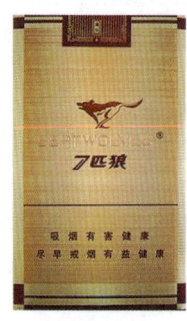

【七匹狼（通仙）】 ★★★★

李克评分： 95 分

李克点评： 七匹狼"生态绵柔香"高端系列开山之作

外观： 4 分
香气： 14 分
烟气： 14 分
吸味： 10 分
潜力指数： 9 分
零售终端行情指数： 4 分
入选基准分： 40 分

类型： 烤烟型
规格： 84mm 软
焦油量： 11mg
烟气烟碱量： 1.1mg
烟气一氧化碳量： 11mg
终端参考价： 600 元 / 条

【七匹狼（软灰）】 ★★★★

李克评分： 93 分

李克点评： 七匹狼常销常红的精品力作

外观： 4 分
香气： 14 分
烟气： 14 分
吸味： 9 分
潜力指数： 8 分
零售终端行情指数： 4 分
入选基准分： 40 分

类型： 烤烟型
规格： 84mm 软
焦油量： 13mg
烟气烟碱量： 1.1mg
烟气一氧化碳量： 13mg
终端参考价： 200 元 / 条

【产地】

　　福建。

【简介】

　　1995年，龙岩卷烟厂推出品位超卓的七匹狼系列香烟，挑战平凡，标榜自由，一如本色真我。时至今日，七匹狼已经跨入全国卷烟名优品牌行列，满载多项骄人荣誉，赢尽天下英雄口碑。七匹狼，已经成为男性世界的共同语言，代表着自由、勇气、力量和无与伦比的超然感受。

　　七匹狼产品迎合不同口味人士的需要，产品系列丰富，均精选国内外上等原料，采用国际先进制造工艺，执行最为严格的质量控制标准，具有浓厚的激情品位，散发着迷人的男性魅力，是体味吸烟乐趣的至上良品。

【防伪】

　　通仙采用软包硬化的工艺，总体烟盒包装纸很硬，比硬盒中华稍薄；烟盒采用三点式侧封，烟盒侧面无论是外表还是内部均有明显凸条；在封口商标揭下后，两侧均有一个五角星。

双喜

【双喜（珍藏）】 ★★★★

李克评分： 95 分

李克点评： 提炼和创新双喜 105 年来的制烟工艺技术之集大成者

外观：	4 分
香气：	15 分
烟气：	15 分
吸味：	10 分
潜力指数：	8 分
零售终端行情指数：	3 分
入选基准分：	40 分

类型：	烤烟型
规格：	74mm 软
焦油量：	8mg
烟气烟碱量：	0.8mg
烟气一氧化碳量：	8mg
终端参考价：	1000 元 / 条

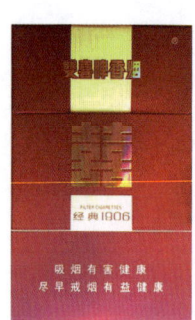

【双喜（硬经典1906）】 ★★★

李克评分： 87 分

李克点评： 在"双喜"（经典）产品成熟技术的基础上，运用多项技术的最新结晶

外观：	4 分
香气：	12 分
烟气：	13 分
吸味：	7 分
潜力指数：	7 分
零售终端行情指数：	4 分
入选基准分：	40 分

类型：	烤烟型
规格：	84mm 硬
焦油量：	10mg
烟气烟碱量：	1.0mg
烟气一氧化碳量：	12mg
终端参考价：	160 元 / 条

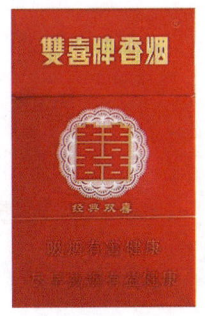

【双喜（硬经典）】★★★

李克评分：88 分

李克点评：老烟民的好选择

外观： 4 分
香气： 13 分
烟气： 13 分
吸味： 7 分
潜力指数： 7 分
零售终端行情指数： 4 分
入选基准分： 40 分

类型： 烤烟型
规格： 84mm 硬
焦油量： 12mg
烟气烟碱量： 1.1mg
烟气一氧化碳量： 13mg
终端参考价： 110 元 / 条

【产地】
广东。

【简介】
双喜品牌是广东卷烟工业的重点骨干品牌，也是中国烟草的百年品牌之一。1906 年，"双喜"品牌诞生。百年品牌见证了中华民族的百年历史，见证了中华民族卷烟工业的百年历程。双喜品牌始终饱含着对美好生活的向往。前五十年，送给中国人"快乐和富裕"的双重祝福，后五十年，双喜身体力行，诠释"我喜、你喜、大家喜，由己及人，人人欢喜"的品牌主张。双喜品牌为广式文化的代表符号之一，其"高香、醇香"特征吻合中式卷烟"高香"要求。

【防伪】
双喜珍藏包装整体风格简朴典雅，简约而不简单，1906 年首款双喜烟标，极具鉴赏和收藏价值；包装采用国际最新技术环保再生纸封装，应用食品级油墨印刷，环保由里到外贯穿始终。产品口味特点：不加香精，自然发酵，天然醇化，烟草原香突出；烟气纯正，延绵透发，层次分明。

金圣

【金圣（智圣出山）】 ★★★★

李克评分： 93分

李克点评： 金圣全新顶尖产品，青花魁首，赣烟之王

外观： 5分
香气： 14分
烟气： 14分
吸味： 9分
潜力指数： 9分
零售终端行情指数： 2分
入选基准分： 40分

类型： 烤烟型
规格： 84mm 硬
焦油量： 8mg
烟气烟碱量： 0.9mg
烟气一氧化碳量： 9mg
终端参考价： 1000元/条

【金圣（吉品）】 ★★★★

李克评分： 90分

李克点评： 金圣最畅销之高端产品

外观： 3分
香气： 14分
烟气： 13分
吸味： 8分
潜力指数： 8分
零售终端行情指数： 4分
入选基准分： 40分

类型： 烤烟型
规格： 84mm 硬
焦油量： 12mg
烟气烟碱量： 1.3mg
烟气一氧化碳量： 13mg
终端参考价： 230元/条

【金圣（圣地井冈山）】················★★★★

李克评分：················**95 分**

李克点评： 金圣 10 元档经典产品

外观：················	5 分
香气：················	14 分
烟气：················	14 分
吸味：················	9 分
潜力指数：··············	9 分
零售终端行情指数：·········	4 分
入选基准分：·············	40 分

类型················烤烟型
规格················84mm 硬
焦油量：··············8mg
烟气烟碱量：············0.8mg
烟气一氧化碳量：··········9mg
终端参考价：··········100 元 / 条

【产地】
江西。

【简介】
　　金圣品牌创牌于 1994 年，其所拥有的科学配制、提纯和添加的天然中草药萃取液"金圣香"这一中式低害核心技术，是目前国内烟草企业中研发与应用最早、持续时间最长、技术应用最为成熟、成果最为突出的，始终处于行业的领先地位。

　　经过十多年在降焦减害道路上的探索，金圣创新了中式卷烟降焦减害的理论体系。金圣始终关注人们的健康权，尊重大众的消费权。

　　时至今日，金圣已经荣获国际发明金奖，同时也是荣获"中国驰名商标"称号的烟草品牌之一。具有自主知识产权、不断创新、不断升级的金圣，已成为中式低害卷烟的一面旗帜。

真龙

【真龙（巴马天成）】························★★★★
李克评分： 94 分
李克点评： 广西中烟殿堂级产品，低焦、高香

外观：..5 分
香气：..14 分
烟气：..15 分
吸味：..8 分
潜力指数：..9 分
零售终端行情指数：..................................3 分
入选基准分：..40 分

类型：..烤烟型
规格：..84mm 软
焦油量：...6mg
烟气烟碱量：.......................................0.8mg
烟气一氧化碳量：..................................8mg
终端参考价：............................1000 元 / 条

【产地】
　　广西。

【简介】
　　真龙卷烟品牌是广西卷烟工业的主导品牌，创牌于 2001 年，是目前国内卷烟市场上唯一一个能够实现"高香气、低焦油、低危害"完美兼容的烤烟型卷烟品牌。自创牌以来，真龙卷烟以其烟味圆润细腻、醇和完美、和谐顺畅、余味悠长、独树一帜的风格，逐渐为广大消费者所喜爱；凭着高品质的内在质量、时尚的包装以及中华传统"龙"文化的丰富内涵，在激烈的市场竞争中迅速成长壮大，目前已畅销至全国 31 个省（自治区、直辖市）、217 个地市级市场，成为全行业成长性最好的卷烟品牌之一。"真龙"卷烟商标被国家工商行政管理总局认定为"中国驰名商标"。

　　真龙卷烟所采用的原料来自国外的巴西、津巴布韦，以及国内的云南、贵州、湖南等优质烟叶产区，进入生产流程前，还要经过精工整选。真龙卷烟高端规格还采用了经过山洞储藏自然醇化的烟叶，卷烟成品的烟叶原色原香保持良好，品质纯正，香气充足。

两湖产区

中国烟草主产区，高端品牌集中地。整体特征：

1. 板块范围。该区包括湖北省、湖南省两个区域，是我国烤烟主产区之一。
2. 自然条件。该区地貌基本特征是阶梯状地貌；气候特征为温暖湿润，雨热同季；主要植烟土壤有黄壤、黄棕壤。
3. 烟叶种植及品质概况。该区总体属烤烟生长的生态最适宜区和适宜区，具有优质烟叶生长的生态环境条件。区内烟叶类型齐全，烤烟、白肋烟、香料烟、地方晾晒烟均有种植。
4. 烟叶品质特征。该区生产的烤烟颜色金黄，化学成分协调，烟叶香气呈中间香型特征。

值得关注的品牌

湖南：芙蓉王、白沙。

湖北：黄鹤楼。

芙蓉王

【芙蓉王（钻石）】 ★★★★

李克评分： 92 分

李克点评： 芙蓉王顶端规格产品，但特色感不强

外观： 5 分
香气： 14 分
烟气： 15 分
吸味： 9 分
潜力指数： 6 分
零售终端行情指数： 3 分
入选基准分： 40 分

类型： 烤烟型
规格： 84mm 硬
焦油量： 10mg
烟气烟碱量： 1.0mg
烟气一氧化碳量： 8mg
终端参考价： 1000 元 / 条

【芙蓉王（软蓝）】 ★★★★

李克评分： 93 分

李克点评： 芙蓉王抗衡软中华的主力产品

外观： 5 分
香气： 13 分
烟气： 14 分
吸味： 9 分
潜力指数： 8 分
零售终端行情指数： 4 分
入选基准分： 40 分

类型： 烤烟型
规格： 84mm 软
焦油量： 10mg
烟气烟碱量： 1.1mg
烟气一氧化碳量： 11mg
终端参考价： 600 元 / 条

【芙蓉王（硬黄）】……………………★★★★★

李克评分： ………………………………… **96 分**

李克点评： 定义芙蓉王吸味风格的产品经典

外观：……………………………………4 分
香气：……………………………………14 分
烟气：……………………………………14 分
吸味：……………………………………9 分
潜力指数：………………………………10 分
零售终端行情指数：……………………5 分
入选基准分：……………………………40 分

类型：……………………………………烤烟型
规格：……………………………………84mm 硬
焦油量：…………………………………12mg
烟气烟碱量：……………………………1.3mg
烟气一氧化碳量：………………………13mg
终端参考价：……………………………230 元 / 条

【产地】

湖南。

【简介】

1994 年 9 月 30 日，"芙蓉王"诞生，参与中国高档卷烟市场的竞争，意在抢夺 20 元 / 盒以上价位段的市场空白点。

芙蓉王以"烟界瑰宝"享誉全国，先后获得"中国驰名商标"、"中国名牌"、"出口免检产品"和"中国 500 最具价值品牌"等荣誉。

芙蓉王配方精选国内外优质烟叶、香精香料，讲求最佳调配，并采用独特的低温处理工艺，以保持优质烟草的自然特征。全线工艺处理轻柔，精工细作。卷烟烟丝油润金黄，嗅香微有清甜感，具有醇和的清香型烟叶的醇香；吸味纯正，香气清雅圆润，丰满谐调；烟气细腻，浓度、劲头适中；无杂气和刺激性，余味绵长，生津感强，口感舒适。

【防伪】

● 芙蓉王（钻石）

产品条盒与小盒背面采用激光全息标志。该标志外圈为七彩轮回旋转光环，内圈表现主体图案"芙蓉花"及汉语拼音"FURONGWANG"、汉字"芙蓉王"商标原字形。芙蓉王（钻石）盒包装侧面"芙蓉王"三字含有特有的 DNA 成分，将专用笔对准该部分，即呈现绿色亮点；用专用检测液涂抹颜色字体，颜色与字体色一样，并在检测液干燥后恢复原色。盒包装商标为无色荧光油墨印刷，该油墨为国际最大防伪油墨制作公司最新开发的胶印防伪油墨，在紫外线灯下会闪现红色（芙蓉花）图案。包装还运用人民币上已采用的光变防伪油墨。盒底处团花为光变油墨印刷，不同角度由蓝变成紫色，由专业软件制作，具有不可复制性。

- 芙蓉王（硬）

看小盒开盖处的"芙蓉王"三个字及王冠图案，真假卷烟的印刷工艺存在明显差异：真烟烫金定位准确，套色均匀，凹凸明显，印刷工艺精细；假烟烫金定位不准，脱漆脱色严重，印刷工艺粗糙。

看小盒正面的芙蓉花及拼音字母：真烟烫金颜色均匀一致，色差小，图案中横条线之间的线条粗细均匀，且表面干净、整洁；假烟烫金套印偏差大，边缘多出现凹凸不平感，图案中横条线之间的线条粗细不均匀，色差较大，且表面较为污浊。

将小盒卷烟平放在桌上，倾斜45°观察静止状态下的激光全息图案。真烟的激光全息防伪图案表面烫金平整、干净，如铜镜一样，能照出影像来，且无任何污垢痕迹；假烟的激光全息防伪图案表面印刷粗糙，能明显看出表面定位烫金有脱漆现象，污垢痕迹明显，如同铜镜上附着了一层雾气，照不出影像来，看上去模糊不清。将小盒卷烟迎光观察激光全息防伪图案变化时，真烟图案内拼音字母、芙蓉花及"芙蓉王"三个字，在转换不同角度时都会呈现完美的不同图案切换，且层次清晰，字体图案清晰完整；假烟无论如何转换角度都无法达到完美切换，字体模糊，图案缺失严重。

白沙

【白沙（和天下）】 ★★★★★

李克评分： **100 分**

李克点评： 中国烟草王者地位，无人撼动

外观：5 分
香气：15 分
烟气：15 分
吸味：10 分
潜力指数：10 分
零售终端行情指数：5 分
入选基准分：40 分

类型：烤烟型
规格：84mm 硬
焦油量：12mg
烟气烟碱量：1.1mg
烟气一氧化碳量：13mg
终端参考价：1000 元 / 条

【白沙（精品二代）】 ★★★★

李克评分： **91 分**

李克点评： 内质外在完美诠释"精品"的内涵

外观：4 分
香气：13 分
烟气：14 分
吸味：7 分
潜力指数：8 分
零售终端行情指数：5 分
入选基准分：40 分

类型：烤烟型
规格：84mm 硬
焦油量：12mg
烟气烟碱量：1.0mg
烟气一氧化碳量：14mg
终端参考价：100 元 / 条

【产地】

湖南。

【简介】

白沙烟在中国的烟草企业中独树一帜。醇香满口、生津返甜和不断提高的安全性，受到越来越多的中国消费者的喜爱。至 2000 年上半年，已经形成了比较完整的产品系列。

白沙品牌相继被评为"全国驰名商标"、"中国名牌产品"，先后入选 2004 年"中国 500 最具价值品牌"、"中国最具生命力百强企业"，是全球第六个超过 100 万箱（500 亿支）的卷烟品牌。2005 年，白沙品牌规模突破 150 万箱（750 亿支），连续第四年保持全国单牌号销量第一。

【防伪】

"和天下"条包采用市面少见的竖式结构，包装纹饰的设计灵感源自长沙马王堆出土的汉皇室极品丝帛。丝帛所展现的乘云绣，两千多年来一直是湖湘文化的象征。经过名家设计勾绘，呈现"鹤翔吉云"图，优雅、独特、简单而极具汉皇家特色。条包内部采用上下翻盖的形式，包装内部佐以"百家姓"的饰纹。

全球首家运用微软十日商品认证及微软信息管理系统，将 IT 高科技与卷烟完美结合。除防伪功能外，更能从中读取图像影音文字资料。

黄鹤楼

【黄鹤楼（1916）】 ★★★★★

李克评分： **96分**

李克点评： 一举奠定"华溪楼王"神话

外观：5分
香气：14分
烟气：15分
吸味：9分
潜力指数：9分
零售终端行情指数：4分
入选基准分：40分

类型：烤烟型
规格：70mm 软
焦油量：10mg
烟气烟碱量：1.0mg
烟气一氧化碳量：10mg
终端参考价：1000元/条

【黄鹤楼（软珍品）】 ★★★★

李克评分： **95分**

李克点评： 黄鹤楼经典传统之高端产品

外观：4分
香气：15分
烟气：14分
吸味：10分
潜力指数：8分
零售终端行情指数：4分
入选基准分：40分

类型：烤烟型
规格：84mm 软
焦油量：10mg
烟气烟碱量：1.0mg
烟气一氧化碳量：10mg
终端参考价：600元/条

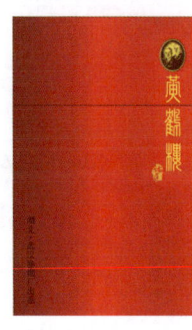

【黄鹤楼（软论道短）】 ★★★

李克评分：·· 89 分

李克点评： 坐而品论道，天赐淡雅香

外观：··· 5 分
香气：·· 13 分
烟气：·· 13 分
吸味：··· 8 分
潜力指数：··· 7 分
零售终端行情指数：······································ 3 分
入选基准分：·· 40 分

类型：··· 烤烟型
规格：··· 74mm 软
焦油量：··· 10mg
烟气烟碱量：··· 1.0mg
烟气一氧化碳量：····································· 10mg
终端参考价：····································· 500 元 / 条

【黄鹤楼（天下名楼）】 ★★★★

李克评分：·· 91 分

李克点评： 细支烟技术的使用，不改醇香本色，简约而不简单

外观：··· 5 分
香气：·· 13 分
烟气：·· 14 分
吸味：··· 8 分
潜力指数：··· 8 分
零售终端行情指数：······································ 3 分
入选基准分：·· 40 分

类型：··· 烤烟型
规格：··· 84mm 硬
焦油量：·· 8mg
烟气烟碱量：··· 0.8mg
烟气一氧化碳量：······································ 8mg
终端参考价：····································· 150 元 / 条

【产地】

湖北。

【简介】

1996年，黄鹤楼品牌卷烟全新上市，时为武烟集团（现为湖北中烟）重点发展的高档卷烟品牌。2004年，采用源于1916年卷烟配方"南洋烟魁1号"的"黄鹤楼1916"面世。2006年，黄鹤楼品牌获"中国烟草十大梦想品牌"称号，被国家工商总局认定为"中国驰名商标"。

湖北中烟集九十年卷烟加工的丰富经验和现代化的精细控制技术，其"小炒"特点为黄鹤楼品牌独特的雅香风格提供了技术保证。黄鹤楼品牌因为具有独特雅香品类特征，使其和浓香型的"中华"、清香型的"玉溪"、中间香型的"芙蓉王"一起被称为"华溪楼王"四大天王。

【防伪】

● 1916

正品"黄鹤楼1916"每条均附防伪标签，标签上有篆书"黄鹤楼"字样，用手摩擦或者打火机加热，图像随温度的变化即会出现紫红、浅粉红等颜色变化。

在防伪标签的下半部分，白色的密封涂层下覆盖有电码数字，此为产品的身份代码，您只要按照提示发送手机短信、拨打固定电话或登录网站，即可在最短时间内得到权威的判断，迅速获悉该产品的真伪。

防伪标签上有两条暗藏玄机的曲线，借助放大镜，可清晰地辨认出两线条都是由微缩印刷的中英文企业名称组成的。

每条正品"黄鹤楼1916"卷烟均附一张防伪说明卡，图示出产品所承载的十一种高科技防伪技术。

正品"黄鹤楼1916"条盒与小盒均采用柔版油墨，进行荧光、DNA等六道印刷，油墨细腻柔和。假的包装则无法完全模仿出六道印刷，色彩饱和度较差。

正品"黄鹤楼1916"条盒正面有"HUANGHELOU"字样，小盒正面有"1916"字样，在DNA检测笔的照射下会出现闪光颗粒。该技术为目前最先进的DNA防伪技术，确保每一条、每一包"黄鹤楼1916"都无法模仿。

● 论道

真品小盒商标纸的颜色为朱红色，磨砂纸质；假烟商标纸的颜色有偏差，纸质粗糙。真品烟支的滤嘴采用的是二元复合式（同心圆）技术；假烟的滤嘴一般都是单一式的。真品滤嘴是二段式滤嘴；假烟滤嘴不分段，为低档次丙纤滤嘴，多为不可溶、不可降解材质。真品小包封签上的标志图案清晰，图案末端均为尖头，铝箔纸采用铝箔纸压模式，其上"黄鹤楼"标志凹凸有序，层次分明；假烟封签印刷粗糙，图案末端一般为圆头，无尖头效果。

黄淮产区

作为中华民族发源地的黄河流域,孕育了五千年灿烂的华夏文明,亦是中式卷烟两大主流香型之一——浓香型烟叶——的发源地和主产地。黄淮大烟区的优质浓香型烟叶,曾创造了 1960 年代浓香型烤烟风行神州、70 年代中国烟草的"上青天"传奇,在中国烟草发展历史上有着不可替代的意义。

黄淮烟草种植的历史渊源

1913 年,英美烟草公司选择与世界最优质的烤烟生产基地美国弗吉尼亚州(东海岸,北纬 36°)地理、气候条件完全相同的山东潍坊地区试种烟叶取得成功,黄淮烟区第一个工业化烟叶种植基地在山东扎根。

1960 年代,山东浓香型烟叶的种植获得广泛推广,并逐渐扩大发展成为以鲁、豫、皖为中心的黄淮大烟区,黄淮大烟区浓香型烤烟自此风行神州。

进入 80~90 年代以来,由于农村经济发展和种植方式的变化等多种因素影响,黄淮大烟区浓香型烟叶产量萎缩,烟叶质量下降,浓香型烟叶的发展势头陷入了沉寂,但黄淮大烟区优质浓香型烟叶的基因依然在顽强地延续。

今天,新时代的黄淮大烟区在被赋予了更加重要的战略意义,迎来了强势复兴的黄金时期。

黄淮地区烟草种植的自然环境

黄淮板块北起北纬 40°,南至北纬 33°,主要包括黄河、淮河流域中下游的山东、河南全部,以及河北、北京和天津的大部分,还有江苏、安徽两省北部的徐淮地区。黄淮烟草种植区共划分为鲁中南低山丘陵烤烟区、豫中平原烤烟区、豫西丘陵山地烤烟区、豫南鄂北盆地岗地烤烟区、豫东皖北平原丘岗台地烤烟区、渭北台塬烤烟区等六个二级烟草种植区。

黄淮产区烟叶主产区位于山东省和河南省,总体属烤烟生长的适宜区。河南西南部和山东东部一小部分属烤烟生长的最适宜区。河北北部和山西南部、陕西中北部属烤烟生长的次适宜区。黄淮产区属暖温带半湿润半干旱气候,四季分明,具有春季干旱多风沙、夏季炎热降水集中、秋高气爽日照足、冬季寒冷雨雪少的特点。气候相对温和,光照充足,雨热同季,自然条件对烤烟生长发育有利。

黄淮产区是我国烤烟种植成功最早的地区之一,也曾是我国最大的烤烟产区。多数地区具备优质烟叶生长的气候条件,但由于土壤条件等生态因素影响,区内烟叶质量差异较大,以河南西部和山东东部烟叶质量较好,历史上享誉中外的"许昌"烟和"青州"烟分别产于河南省襄城县、郏县附近和山东省青州附近。目前,黄淮产区的烟叶种植主要分布在河南许昌、三门峡、平顶山、洛阳和山东临沂等地。

黄淮产区生产的烤烟颜色金黄,除山东和渭北地区烟叶香气呈中间香型外,区内多数地区烟叶香气呈浓香型特征,香气浓郁,香气质和香气量一般较好。

值得关注的地区品牌

　　河南：黄金叶。

　　安徽：【品鉴】。

　　山东：泰山。

黄金叶

【黄金叶（天叶）】 ★★★★★

李克评分： 99 分

李克点评： 烟丝金黄金黄，烟灰雪白雪白

外观： 5 分
香气： 14 分
烟气： 15 分
吸味： 10 分
潜力指数： 10 分
零售终端行情指数： 5 分
入选基准分： 40 分

类型： 烤烟型
规格： 84mm 硬
焦油量： 12mg
烟气烟碱量： 1.0mg
烟气一氧化碳量： 12mg
终端参考价： 1000 元 / 条

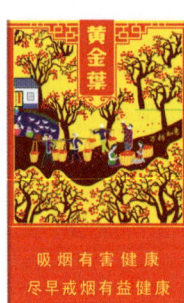

【黄金叶（万柿如意）】 ★★★★★

李克评分： 96 分

李克点评： "万柿如意"喜事多，大雅大俗黄金叶

外观： 5 分
香气： 15 分
烟气： 14 分
吸味： 9 分
潜力指数： 9 分
零售终端行情指数： 4 分
入选基准分： 40 分

类型： 烤烟型
规格： 84mm 硬
焦油量： 10mg
烟气烟碱量： 1.0mg
烟气一氧化碳量： 10mg
终端参考价： 230 元 / 条

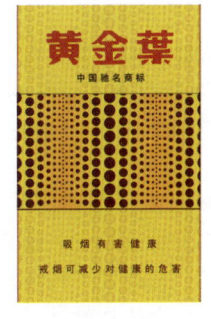

【黄金叶（黄金眼）】············★★★★

李克评分：···················· 91 分

李克点评：老树发新枝，二类烟的创新之作

外观：························· 5 分
香气：························· 13 分
烟气：························· 13 分
吸味：························· 8 分
潜力指数：····················· 8 分
零售终端行情指数：············· 4 分
入选基准分：··················· 40 分

类型：························· 烤烟型
规格：························· 84mm 硬
焦油量：······················· 10mg
烟气烟碱量：··················· 0.9mg
烟气一氧化碳量：··············· 11mg
终端参考价：··················· 130 元/条

【产地】

河南。

【简介】

"黄金叶"创牌于1951年，迄今已经有近六十年的发展历史。上世纪50～80年代在市场上十分抢手，享誉全国。黄金叶原名金叶，后因为"金叶"牌名重复，国营郑州烟厂便将"金叶"改名为"黄金叶"，由此成就了"黄金叶"的一段传奇。

依托于河南历史积淀深厚的烟草种植业，以及出色的原材料品质，"黄金叶"从一开始就具备了"香气浓郁、吃味芬芳、入喉和顺"的产品特质，从而奠定了它风靡全国的品质基础。

在"黄金叶"的原料中，种好和选好是两个不可或缺的因素。"黄金叶"选择了别的品牌少有重视的上部烟叶，并采用延迟采收的方法，使所有上部烟叶都达到"工艺成熟"的标准。用作"黄金叶"的烟叶一般只保留上部六片烟叶，等全部成熟后，一块采收。这样的烟叶，各种化学物质分布均匀，干物质转化比较充分，色相表背如一，外观具有丝绸一样的质感。这就是我们所说的"天叶"。这样的烟叶香味浓醇、干净、舒适，完全符合"黄金叶"对烟叶原料的要求。

在烟叶烘烤过程的改进上，"黄金叶"通过对温湿度的精准把控，通过适当拉长变黄期,有效地促进了烟叶中大分子物质的降解,减少了烟叶的刺激性。

在烘丝环节上,通过对温湿度的调节,使氨基酸的各项指数可控可调,合理调配氨基酸和糖分的比例,从而达到丰富烟香、减少刺激、提升香味的醇厚感。用一段顺口溜总结就是:"初烤透本香,去青涩;复烤出净香,除杂气;再烤成醇香,领头香,扩体香。"

在工艺流程中,采用低强度处理,最大程度地保留烟草本香;而柔性处理方面,根据"黄金叶"产品设计要求,选择量身定做的专门工艺,对整个工艺流程有选择地配置。壁温烘烤,是"黄金叶"卷烟的一大工艺特点,它改变了传统的以蒸为主的烟草烘制方式,采用壁温烘烤,回归烤烟的本源,从而使烟丝叶组配方中的成香物质充分转化,香气均匀扩散。

自1951年诞生以来,经过近六十年的发展,"黄金叶"品牌先后荣获了"河南省名牌产品"、"河南省著名商标"、"全国质量信得过食品"、"全国同行优等产品"、"中国十大畅销牌号"、"最令河南人民自豪的品牌"、"中国驰名商标"、"最值得向世界推荐的十大河南品牌"、"2009年最佳逐鹿中原品牌"等众多重量级的荣誉。

【防伪】

●黄金叶(天叶)

在商标纸印刷图案中,真烟图案中的烟叶叶脉根茎端部清晰完整;假烟图案中的叶脉根茎底部则模糊不清。

在包装防伪图案中,真烟全息防伪图案呈现出立体效果,层次分明,错落有序;假烟则呈现不出立体感的效果,没有层次感,图片叠加在一起。

在正面印刷的工艺图案中,真品卷烟正面的"黄金叶"三个字采用鎏金"凸"版套印在商标纸上,字体饱满,边缘整洁干净,商标纸整版都有烟叶图案的水印标志;假烟则采用仿造扫描印刷工艺,"黄金叶"三个字没有"凸"印在商标纸上的效果,套印工艺粗糙,字体明显是"凹"在商标纸上,且没有全版烟叶图案的水印标志。

泰山

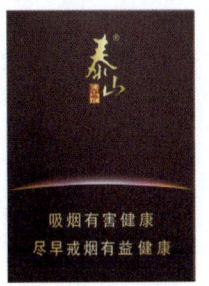

【泰山（拂光）】 ★★★★★

李克评分： 99 分

李克点评： 茶香、烟香完美交融

外观：5 分
香气：15 分
烟气：15 分
吸味：10 分
潜力指数：10 分
零售终端行情指数：4 分
入选基准分：40 分

规格：80mm 硬
焦油量：12mg
烟气烟碱量：1.2mg
烟气一氧化碳量：12mg
终端参考价：1000 元/条

【泰山（儒风）】 ★★★★★

李克评分： 100 分

李克点评： 茶香、烟香完美交融

外观：5 分
香气：15 分
烟气：15 分
吸味：10 分
潜力指数：10 分
零售终端行情指数：5 分
入选基准分：40 分

类型：烤烟型
规格：80mm 硬
焦油量：12mg
烟气烟碱量：1.1mg
烟气一氧化碳量：14mg
终端参考价：600 元/条

【泰山（神秀）】 ★★★

李克评分： **88 分**

李克点评： 在茶香和烟香中游走的感觉，非常奇妙

外观：4 分
香气：13 分
烟气：13 分
吸味：9 分
潜力指数：6 分
零售终端行情指数：3 分
入选基准分：40 分

类型：烤烟型
规格：84mm 硬
焦油量：12mg
烟气烟碱量：1.1mg
烟气一氧化碳量：13mg
终端参考价： **200 元 / 条**

【泰山（悦）】 ★★★★

李克评分： **92 分**

李克点评： 虽是低焦烟，但口感照样满足

外观：3 分
香气：14 分
烟气：14 分
吸味：9 分
潜力指数：8 分
零售终端行情指数：4 分
入选基准分：40 分

类型：烤烟型
规格：97mm 硬
焦油量：6mg
烟气烟碱量：0.6mg
烟气一氧化碳量：5mg
终端参考价： **130 元 / 条**

【产地】

山东。

【简介】

"泰山"品牌香烟始于1928年,与"哈德门"等山东重量级品牌诞生于同一时期,是一个具有八十年历史的老品牌,在山东有着极高的知名度和美誉度。1928年9月,在华商战警堂创办的山东烟厂里,"泰山"品牌开始生产。1949年青岛解放后,华北烟草株式会社由军管会派代表接管,改名为"山东烟草公司青岛第一烟厂",主要生产"泰山"、"友好"、"金虎"等牌号。"泰山"品牌作为中华人民共和国人民政府批准生产的卷烟品牌之一,至今已经走过了六十年的光辉历程,成长为享誉全国的知名卷烟品牌。

一支"泰山"卷烟的诞生需要经过烟叶初烤、打叶复烤、烟叶发酵、卷烟配方、卷烟制丝、烟支制卷、卷烟包装七大项几十道工序二百多项检测。"泰山"品牌以山东优质浓香型烟叶为原料,以国内领先技术创新添加天然茶香精华。茶香精华能在不改变卷烟烟碱量的同时,提升卷烟香气层次与烟气纯度。70年代,烟民们流传着一句"要抽烟,上青天"的说法,这里的"青",就是指"泰山"品牌的生产商青岛卷烟厂。

【防伪】

● 泰山(拂光)

泰山(拂光)包装背面以"鲁烟誌"为题,百年鲁烟之光荣与梦想容纳其间,为记为印;包装左侧代表着"鲁烟百年精神"的历史图片,以金箔轧印工艺铭刻其上,与"鲁烟誌"相呼应。整体包装设计风格简洁庄重,而其上图文均以国际领先工艺处理,稳重大方,气象万千,奢华的外观和质地彰显社会精英人士之尊崇地位,塑造出泰山系列的高端价值形象。

● 泰山(儒风)

用激光笔照射可衍射出"米"字形的图案。采用直写技术制作的高倍微缩文字"南天门",在80倍的显微镜下清晰可见。用激光笔照射可再现"泰山"文字。山与山之间呈现不同的层次,而且具有立体的感觉,较真实地体现了现实景物的层次感。在商标底部超线图案部分印刷有金变红的图案,具有明显的金属光泽,色块呈现一对颜色,在白光下正看或侧视,随着人眼视角的改变,呈现两种不同的颜色。

黄山

【黄山（天都）】 ★★★★★

李克评分： **100 分**

李克点评： 徽烟之王，当然是"天都"

外观： 5 分
香气： 15 分
烟气： 15 分
吸味： 10 分
潜力指数： 10 分
零售终端行情指数： 5 分
入选基准分： 40 分

类型： 烤烟型
规格： 84mm 硬盒 16 支装
焦油量： 8mg
烟气烟碱量： 0.8mg
烟气一氧化碳量： 8mg
终端参考价： **1000 元 / 条**

【黄山（大红方印）】 ★★★★★

李克评分： **98 分**

李克点评： 古香古色，前景值得期待

外观： 5 分
香气： 15 分
烟气： 15 分
吸味： 10 分
潜力指数： 9 分
零售终端行情指数： 4 分
入选基准分： 40 分

类型： 烤烟型
规格： 84mm 硬
焦油量： 10mg
烟气烟碱量： 1.0mg
烟气一氧化碳量： 11mg
终端参考价： **300 元 / 条**

【黄山（金皖烟）】★★★★

李克评分： **92 分**

李克点评： 顺畅柔和，劲头适中

外观：4 分
香气：15 分
烟气：13 分
吸味：9 分
潜力指数：7 分
零售终端行情指数：4 分
入选基准分：40 分

类型：烤烟型
规格：84mm 硬
焦油量：12mg
烟气烟碱量：1.3mg
烟气一氧化碳量：12mg
终端参考价：260 元/条

【产地】

安徽。

【简介】

1958年，"黄山"品牌卷烟在安徽中烟工业公司蚌埠卷烟厂诞生。1993年，"特制黄山"横空出世，一举打破了沪、云高档烟一统天下的局面。从"特制黄山"正式上市的十余年时间里，"黄山"从皖江大地迅速渗透江浙地区，大踏步进军东北、华北、华南等市场，使得"黄山"从区域性品牌迅速壮大为全国性品牌。2000年，"一品黄山"闪亮登场。2005年，安徽黄山卷烟总厂成立，把"黄山"品牌卷烟产品风格定位于"中国香，中国味"。一举推出"黄山一品"（新）硬盒、"黄山金醇和"两个品牌，并在短期内迅速占领市场，获得了巨大成功。

此烟具有"焦甜香"品类的独特风格和鲜明特征，"口口满足，丝丝甜醇"。香气丰富饱满、自然而优雅，如同午后的红茶，似蜜糖、似兰花，香气圆润，回味隽永；香气持久，存储稳定，释放均匀。口口焦甜，如同陈年的红酒，杯杯香醇，齿颊留香；口感自然甜香，回甜生津，细腻舒适，如同儿时的烤红薯，甜韵于味，润泽在心。

1958年，"黄山"品牌诞生之初，被选入中南海作为国家重大会议和接待外宾的招待用烟。1959年，"黄山"卷烟被国家轻工部评为"全国轻工部优质产品"。1994年，"黄山"品牌荣获上海首届世界名酒名烟博览会最高荣誉——金烟斗奖。1995年，"黄山"品牌荣获深圳第一届国际名烟名酒系列产品博览会最高荣誉。1997~2003年期间，"黄山"卷烟连续七年被国家烟草专卖局授予"全国名优卷烟"称号。2004年，"黄山"品牌荣获"中国驰名商标"称号。

钻石

【钻石（硬蓝120）】

李克评分：……………………………………… **78 分**
李克点评：120mm 的超长支，也是烟中的一朵奇葩

外观：………………………………………………… 3 分
香气：………………………………………………… 10 分
烟气：………………………………………………… 10 分
吸味：………………………………………………… 7 分
潜力指数：…………………………………………… 5 分
零售终端行情指数：………………………………… 3 分
入选基准分：………………………………………… 40 分

类型：………………………………………………… 烤烟型
规格：………………………………………… 120mm 硬（10 支装）
焦油量：……………………………………………… 11mg
烟气烟碱量：………………………………………… 0.9mg
烟气一氧化碳量：…………………………………… 10mg
终端参考价：………………………………………… 300 元 / 条

【产地】

河北。

【简介】

"钻石"品牌诞生于 1959 年，曾属河北张家口卷烟厂。据张烟的历史资料考证，上世纪 60 年代，张烟曾经使用过这一品牌，当时称为蓝"钻石"，作为低档、无滤嘴卷烟投向市场。不过，在计划经济模式下，该产品没能获得成功进而销声匿迹了。到了上世纪 90 年代中后期，为适应低焦油、安全型卷烟的开发形势和要求，张烟人第二次选择了"钻石"，开发了焦油含量只有 5mg 的"钻石"牌卷烟，但由于相关配套措施没有及时跟上，时间不久，它便第二次夭折了。2001 年 7 月，"钻石"品牌经精心设计与开发再次面市，成为河北卷烟市场的核心品牌。

中南海

【中南海（超1流）】

李克评分： 77 分
李克点评： 减害超一流，欠缺满足感

外观： 4 分
香气： 10 分
烟气： 10 分
吸味： 5 分
潜力指数： 5 分
零售终端行情指数： 3 分
入选基准分： 40 分

类型： 混合型
规格： 84mm 硬
焦油量： 1mg
烟气烟碱量： 0.1mg
烟气一氧化碳量： 2mg
终端参考价： 1000 元/条

【产地】

北京。

【简介】

"中南海"是中式混合型卷烟的代表品牌，现属上海烟草（集团）公司北京卷烟厂。"中南海"卷烟诞生于1983年，是北京卷烟厂根据中共中央警卫局中南海服务部的提议而开发的混合型卷烟，当时主要在中南海对外开放的参观区销售。"中南海"混合型卷烟系列，是目前中国出口量较大的品牌，其低焦技术在国内处于领先水平。

北方产区

北方产区整体为烤烟生长的次适宜区和不适宜区，仅在辽宁东部有少量适宜区。

区内烤烟种植历史较长。1917年开始在辽宁凤城、复县种植烤烟，1940年代种烟面积有所扩大，除辽宁凤城地区外，区内其他地区烟叶生产多开始于1970年代。目前已发展成为我国最大的填充型烤烟生产基地。

区内以烤烟生产为主，主要集中在黑龙江哈尔滨、牡丹江和辽宁丹东附近。1990年新疆香料烟试种成功，目前已发展成为我国香料烟主产区之一。香料烟种植集中在呼图壁与察布查尔县。该区还有少量晒黄烟和晒红烟种植。吉林延边、黑龙江穆陵、亚布力等地晒烟都比较著名。

北方产区生产的烤烟颜色呈柠檬黄色和橘黄色，物理特性较好，烟碱含量整体较低，糖含量相对较高。烟叶香气呈中间香型特征，香气较弱，劲头较小，但烟气细腻，余味和配伍性较好，在卷烟配方中常做填充料使用。

长白山

【长白山（东方神韵）】································ ★★★

李克评分：································ **84 分**

李克点评： 低焦产品的代表之作

外观：································ 4 分
香气：································ 10 分
烟气：································ 11 分
吸味：································ 7 分
潜力指数：································ 8 分
零售终端行情指数：································ 4 分
入选基准分：································ 40 分

类型：································ 烤烟型
规格：································ 84mm 软
焦油量：································ 5mg
烟气烟碱量：································ 0.6mg
烟气一氧化碳量：································ 8mg
终端参考价：································ 200 元 / 条

【产地】

吉林。

【简介】

长白山卷烟的历史并不悠久，最早诞生于延吉卷烟厂。

1975 年 9 月 3 日，经国家轻工部食品局同意，地方国营延吉卷烟厂正式成立。2000 年之后，随着国家烟草专卖局首次提出卷烟焦油限量的要求以后，烟草行业减害降焦的步伐越来越坚定有力，延吉卷烟厂将目光投注在卷烟减害降焦上。2006 年 10 月，在积累了大量基础数据和丰富的研发经验基础上，延吉卷烟厂推出了"长白山（东方神韵）"。作为中国第一个 5mg 烤烟型卷烟品牌，该烟一上市便备受好评，引领了中式卷烟低焦化研发的热潮。

人民大会堂

【人民大会堂（御廷兰香）】 ★★★★

李克评分： **95 分**

李克点评： 兰香风格独特，低焦更显优势

外观： 5 分
香气： 14 分
烟气： 14 分
吸味： 8 分
潜力指数： 9 分
零售终端行情指数： 5 分
入选基准分： 40 分

类型： 烤烟型
规格： 84mm 硬
焦油量： 6mg
烟气烟碱量： 0.6mg
烟气一氧化碳量： 6mg
终端参考价： 1000 元 / 条

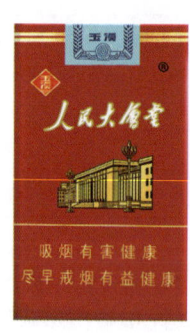

【人民大会堂（软红）】 ★★★★★

李克评分： **100 分**

李克点评： 东北小中华

外观： 5 分
香气： 15 分
烟气： 15 分
吸味： 10 分
潜力指数： 10 分
零售终端行情指数： 5 分
入选基准分： 40 分

类型： 烤烟型
规格： 84mm 软
焦油量： 13mg
烟气烟碱量： 1.3mg
烟气一氧化碳量： 13mg
终端参考价： 300 元 / 条

【产地】

辽宁。

【简介】

"人民大会堂"是辽宁营口卷烟厂1960年注册的卷烟牌号。1980年代曾作为人民大会堂的纪念品而专门生产。1999年,"人民大会堂"全方位改造,重新推向市场。

营口卷烟厂是个有近百年历史的老企业,长期以来生产卷烟的品种繁多,结构低下,没有一类烟,产品以农村市场为主,科技含量低,附加值低,适应市场能力差。1998年以来,该企业产品开始大量滞销积压,到1999年年底,年产22万箱,库存达3.5万箱之多,企业困难重重,举步维艰,发展陷入低谷。面对困境,营烟人积极调整生产经营思想和产品结构,实施"名牌兴企"战略,翻新老品牌"人民大会堂"。

1999年,精品"人民大会堂"在全国卷烟质量统检中,与硬包"中华"齐名,综合得分名列第7位。

2000年,软包"人民大会堂"在全国卷烟质量统检中感官评吸第一名,超过"中华"、"玉溪"等名烟。

2002年,"人民大会堂"在全国新品卷烟质量统检中,综合得分第二名。

2003年,"人民大会堂"被评为"辽宁省地方精品"、"辽宁省著名商标",被省政府列为礼品用烟和招待用烟。同年,"人民大会堂"品牌价值为17.09亿元,列全国最有价值品牌的第25位,是辽宁省九年来唯一一个列入最有价值品牌榜的产品。

如今,"人民大会堂"已经成为辽宁省的知名品牌,并在全国卷烟行业有了一定的影响力,成为辽宁省一张亮丽的"名片"。

冬虫夏草

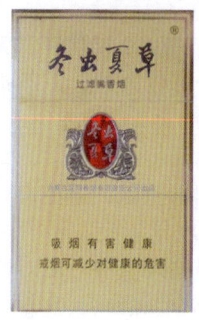

【冬虫夏草（硬）】 ★★★

李克评分： **81 分**

李克点评： 具有一定的礼品价值

外观：	3 分
香气：	11 分
烟气：	11 分
吸味：	7 分
潜力指数：	6 分
零售终端行情指数：	3 分
入选基准分：	40 分
类型	烤烟型
规格	84mm 硬
焦油量：	13mg
烟气烟碱量：	1.2mg
烟气一氧化碳量：	13mg
终端参考价：	1000 元 / 条

【产地】

内蒙古。

【简介】

"冬虫夏草"创牌于 2001 年，是内蒙古昆明卷烟有限公司的高端代表品牌之一。

冬虫夏草是一种传统的名贵滋补中药材，"冬虫夏草"卷烟是将冬虫夏草、西洋参经科学提纯配比加入烟丝。原料的稀缺性以及工艺的复杂性让这款卷烟成为卷烟中的奢侈品。

猴王

【猴王（神采）】

李克评分：..................................... 79 分

李克点评：老牌号风采不再了

外观：..................................... 4 分
香气：..................................... 10 分
烟气：..................................... 10 分
吸味：..................................... 7 分
潜力指数：................................. 5 分
零售终端行情指数：......................... 3 分
入选基准分：............................... 40 分

类型：..................................... 烤烟型
规格：..................................... 84mm 硬
焦油量：................................... 13mg
烟气烟碱量：............................... 1.2mg
烟气一氧化碳量：........................... 14mg
终端参考价：............................... 80 元 / 条

【产地】

陕西。

【简介】

"猴王"卷烟诞生于上个世纪 90 年代，是陕西烟草的国优名烟，在陕西市场广大消费者群体中享有良好口碑。"猴王"香烟是以云、贵、豫、陕等省的高档烟叶为原料，人工选叶、去梗，并配有特制进口专用香精，产品质量稳定。

1995 年上半年，在国家烟草专卖局对卷烟市场质量监督抽查中荣居第四名。并先后荣获"1996 年度全国卷烟优等品"和"1999 年度全国名优卷烟"称号。

兰州

【兰州（16支吉祥）】 ★★★

李克评分： 81分

李克点评： 甘肃烟的代表

外观： 5分
香气： 10分
烟气： 11分
吸味： 7分
潜力指数： 5分
零售终端行情指数： 3分
入选基准分： 40分

类型： 烤烟型
规格： 84mm 硬
焦油量： 13mg
烟气烟碱量： 1.2mg
烟气一氧化碳量： 14mg
终端参考价： 220元/条

【产地】

甘肃。

【简介】

"兰州"品牌卷烟创牌于1971年，是甘肃烟草工业有限责任公司拥有的全国重点骨干品牌，具有"干燥我适合，湿润更绵香"的风格特征。其核心市场在西北地区。这里干燥少雨，干燥的气候环境往往使"丰腴饱满"的卷烟变得"干瘪"，特别是开盖之后，卷烟"干瘪"的问题尤为突出。由于深受干燥气候的影响，企业长年专注于解决干燥问题，产品研发、生产始终非常注重卷烟的"增香保润"问题，并逐步在化解干燥、实现保润上形成了一套技术工艺，在破解卷烟产品干燥难题方面具有技术优势。不仅如此，在"兰州"牌卷烟的推广过程中，人们发现，"兰州"不仅仅在干燥气候下口感绵香，而且在湿润的环境里，绵香更加饱满，口感更佳。

江浙沪产区

在中国的烟草版图上,江浙沪是最为独特的一个板块,这里经济发达,烟草种植寥寥无几,但却是烟草品牌必争的丰美水草之地。江浙沪地区所拥有的市场消费总量和结构提升潜力,孕育了一批源自本土的强势品牌,利群、中华、苏烟就是其中的代表。

中华

【中华（软）】 ★★★★★

李克评分： 99 分

李克点评： "国烟"中华，地位不言自明

外观： 5 分
香气： 15 分
烟气： 15 分
吸味： 9 分
潜力指数： 10 分
零售终端行情指数： 5 分
入选基准分： 40 分

类型： 烤烟型
规格： 84mm 软
焦油量： 12mg
烟气烟碱量： 1.1mg
烟气一氧化碳量： 13mg
终端参考价： 650 元 / 条

【中华（硬）】 ★★★★★

李克评分： 99 分

李克点评： 浓香典范，"国烟"中华

外观： 5 分
香气： 15 分
烟气： 15 分
吸味： 10 分
潜力指数： 9 分
零售终端行情指数： 5 分
入选基准分： 40 分

类型： 烤烟型
规格： 84mm 软
焦油量： 12mg
烟气烟碱量： 1.1mg
烟气一氧化碳量： 13mg
终端参考价： 420 元 / 条

【产地】

上海。

【简介】

中华人民共和国成立以前，中国卷烟市场份额大部分被颐中（英美）公司占领，高端卷烟也只有"白锡包"这个品牌。中华人民共和国成立以后，生产当时最好的高端卷烟这件事情也就受到了高度的重视。1951年，"中华"品牌以"国烟"为品牌定位正式推向市场，并一举击败"白锡包"品牌，从此奠定了其在中国高端卷烟市场竞争中的领导者地位。50～70年代，"中华"品牌一直作为特供烟专供外使领馆和来华外宾享用。因此，"中华"卷烟也就具有了"政治烟"和"外交烟"这双重特殊功能，而这无疑更加深了"中华"品牌在广大中国人心目中"国烟"形象的重大分量。

"中华"牌卷烟最初由朱尊权院士等前辈负责设计开发，历经六十年，经数代上烟产品设计人员的精心呵护，始终保持着诞生伊始原有的风格特色和品质。

"中华"牌卷烟配方设计一贯追求"中和平衡"的哲学理念，通过对不同类型特点烟叶的合理配伍与有机融合，追求协调、流畅而富有层次感的烟气。在"中华"烟叶配方中，集团技术中心坚持结合现代叶组配方设计理念——"多地区，小比例"，打造了富有特色香气和烟气品质的卷烟风格。

"中华"品牌曾经在1987年获得过国家金质奖。2001年，还荣获"中国烟标收藏博览会十佳名牌烟标金奖"等。

【防伪】

●中华（硬）

真品卷烟中，天安门图案左侧的华表套色均匀，黄白色分布有明显分界点，边缘光滑、干净清晰；假烟则套色较差，黄白色不明显，黄色部分印刷较分散，字体边缘套印有毛渣点，呈现锯齿状。真品卷烟用紫外线灯照射3～5秒钟后，盒装侧边"FILTER KINGS"白色英文字会变成紫红色，关掉紫外线灯几秒钟后，变色处会恢复成原来的白色，而且白色字体边缘光滑且表面干净；假烟防伪变化效果较差，字体边缘有毛渣及印刷留下的污渍点。

真品卷烟微缩防伪印刷图案效果主次分明，清晰度高，套印准确；假烟则采用照相或扫描仿制，字体及图案变形增大，无主次感，微缩字体及图案比较粗糙，呈现出来的效果模糊不清。

真品卷烟采用真空恒温高压、高速热烫工艺，密封度好，重叠部分透明度高且无明显气泡；假烟是手工烫封，烫封重叠部分密封度差，透明度较低，气泡较多且不平整。

真品卷烟烟丝颜色呈现出金黄色或橙黄色，色泽均匀一致，含烟末量少；假烟的颜色为深黄色，含烟梗量及烟末较多，填充性差。

● **中华（软）**

软中华烟是用改造的意大利 6000 型包装机生产的，条盒黏封侧封瑞封三点式，圆心间的距离是 115mm，端封两点式，侧封端封都采用热溶胶；而假烟不规范，且采用普通液态胶。真品的条盒上面防伪标号尾数与小盒面上防伪标号尾数、烟支小号尾数三处一致；条盒端面钢印两位阿拉伯数字的尾数和小盒铝纸两位阿拉伯数字的尾数及烟支暗藏的两位数中的一位数三处一致。

熊猫

【熊猫（硬时代版）】 ★★★

李克评分： **88 分**

李克点评： "熊猫"不再神秘

外观	4 分
香气	14 分
烟气	14 分
吸味	8 分
潜力指数	6 分
零售终端行情指数	2 分
入选基准分	40 分
类型	烤烟型
规格	84mm 硬
焦油量	11mg
烟气烟碱量	1.1mg
烟气一氧化碳量	9mg
终端参考价	800 元/条

【产地】

上海。

【简介】

1956年初，食品工业部烟草工业管理局通知，要求上海赶制一种特制卷烟作为向"八大"的献礼。同年9月，上海卷烟二厂将印有"特制"字样的"熊猫"牌卷烟运京，在"八大"会议期间分送与会代表评吸，深得好评。1958年秋，毛泽东主席在上海接见上海烟草工业公司领导时，对"熊猫"牌卷烟的试制成功给予表扬。从那时起，"熊猫"香烟就一直作为"特供品"受到国家领导人的钟爱。

"熊猫"香烟原料全部取用国内外优质上等烟叶，其质感清雅、飘逸，烟气丰润细腻。作为上海烟草旗舰品牌的"熊猫"，秉持"到凌云处总虚心"的精神，完美演绎了始终如一的品质和胸怀天下的领袖气度，每一个微小的细节，都彰显着伟大的工艺，每一毫米处，都散发着完美的气息。

利群

【利群（逍遥）】 ★★★★★

李克评分： **99 分**

李克点评：不加香，不加料；小山居，大逍遥

外观：	5 分
香气：	15 分
烟气：	15 分
吸味：	10 分
潜力指数：	10 分
零售终端行情指数：	4 分
入选基准分：	40 分
类型：	烤烟型
规格：	84mm 硬
焦油量：	6mg
烟气烟碱量：	0.6mg
烟气一氧化碳量：	7mg
终端参考价：	1000 元 / 条

【利群（富春山居）】 ★★★★★

李克评分： **100 分**

李克点评：名烟名画相得益彰，实属烟中翘楚

外观：	5 分
香气：	15 分
烟气：	15 分
吸味：	10 分
潜力指数：	10 分
零售终端行情指数：	5 分
入选基准分：	40 分
类型：	烤烟型
规格：	84mm 硬
焦油量：	5mg
烟气烟碱量：	0.5mg
烟气一氧化碳量：	7mg
终端参考价：	仅供专家品吸

【利群（软阳光）】················★★★★

李克评分：·························· **93 分**

李克点评：轻松感、舒适感、满足感三感合一

外观：························· 3 分
香气：························· 14 分
烟气：························· 14 分
吸味：························· 9 分
潜力指数：····················· 9 分
零售终端行情指数：·············· 4 分
入选基准分：··················· 40 分

类型：························· 烤烟型
规格：························· 84mm 软
焦油量：······················· 12mg
烟气烟碱量：··················· 1.2mg
烟气一氧化碳量：··············· 12mg
终端参考价：··················· 350 元 / 条

【产地】

浙江。

【简介】

1960 年，"利群"品牌创立于利群卷烟厂，即后来的杭州卷烟厂，是名副其实的"老字号"。利群卷烟厂是 1949 年 10 月由中国人民解放军浙江省军区为改善军队福利而创建的，当时的厂址就是现在杭州西湖边的儿童公园。

1995 年，"利群"对老产品进行创新开发，定位满足高档消费需求。2000 年，"利群"成功推出长嘴利群，在行业内首倡"不起痰"、"滤嘴长一点，健康多一点"的减害思路，产品风格打造顺应了当前的消费趋势，品牌销量一路攀升。

"利群"的工艺十分独特。首先是加长过滤嘴经典工艺，在发挥过滤功效的同时，保持原有的香气与吸味。其次是原料配方创新工艺："利群"品牌尽量使用原生与天然的元素。针对香精香料，本着"最好不添加，尽量少添加"的原则，坚持"轻加香、轻加料"，完全通过精益求精的纯叶片配方调配，凸显本色本香的醇正口味。再次是调配工艺上的创新，"利群"集各地域烟叶品种之所长，成就了"利群"独特的吸味风格。

苏烟

【苏烟（软金砂）】 ★★★★

李克评分： **90 分**

李克点评： 香韵很有特色，吸味尚可

外观： 5 分
香气： 13 分
烟气： 12 分
吸味： 7 分
潜力指数： 8 分
零售终端行情指数： 5 分
入选基准分： 40 分

类型： 烤烟型
规格： 84mm 软
焦油量： 12mg
烟气烟碱量： 1.1mg
烟气一氧化碳量： 12mg
终端参考价： **450 元 / 条**

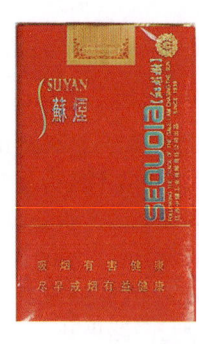

【苏烟（五星红杉树）】 ★★★

李克评分： **88 分**

李克点评： 曾经号称"小苏烟"，但比较起来主要还是价格更有吸引力

外观： 4 分
香气： 12 分
烟气： 10 分
吸味： 8 分
潜力指数： 9 分
零售终端行情指数： 5 分
入选基准分： 40 分

类型： 烤烟型
规格： 84mm 软
焦油量： 12mg
烟气烟碱量： 1.2mg
烟气一氧化碳量： 13mg
终端参考价： **200 元 / 条**

【产地】

江苏。

【简介】

2001年，"苏烟"品牌正式面市，虽说创牌时间并不是很长，但由于"苏烟"品牌准确定位于高端市场，发展非常迅速，很快就成了中国高端卷烟市场举足轻重的新生力量。特别是在超高端卷烟市场，"苏烟"品牌更是有着精彩的市场表现，具有"江苏第一烟"的美誉。

"苏烟"引进"DCC+HXD"叶丝高膨胀设备，经过对HXD生产技术的研究、再创新，探索出"苏烟"品牌个性化的高温、高湿工艺条件、技术参数及特色工艺路线，打造"苏烟"品牌特有的加料技术、工艺流程技术、加工工艺参数，实现了加工精细化、控制智能化、生产集约化，形成了支撑"苏烟"品牌发展的领先特色工艺。

在调香技术创新方面，江苏中烟徐州卷烟厂在统筹兼顾基础研究、原料配方、工艺路线、装备技术、优选辅材等关键环节的同时，高度重视调香核心技术的研究应用。为掌握卷烟调香核心技术，企业从卷烟香原料研究入手，探索中式高端卷烟的香气风格和口味特征，研究香精香料的调配、施加、适配性机理，强化对香精香料品质的控制，从而在"苏烟"品牌调香关键技术上取得了突破性的成就。

独特的制作工艺造就了"苏烟"香气高雅充足、烟气柔和丰满、吸味舒适干净的"柔、香、雅"独特风格，让挑剔的消费者为之倾醉。

2003年，"苏烟"被江苏省政府列为"江苏省接待指定用烟"。2004年11月，"苏烟"被指定为"第二届浙江·中国民营企业峰会宴会指定用烟"。2005年，在"中国自主创新·品牌高层论坛"上，代表高端卷烟形象的"苏烟"被评定为烟草行业最具成长力的自主品牌。

【防伪】

以软金砂为例，正品盒外包装正面偏左"苏烟"繁体字体图案，草字头处的字迹整体顺滑清晰，没有赘边；假烟包装"苏"字繁体字体中的"鱼"与"禾"字整体中夹杂着他色，看上去上下部分各半且断开，草字头字迹的边沿出现了赘边。

正品内包装纸里的"SUYAN"、"FLITERCIGARETTE"和"苏烟"繁体的防伪字体在适当光线和角度下清晰明显；假烟内包装纸没有防伪字体，即使有些假烟有仿造的该字体，但在同样条件下也很模糊、字迹不清晰。

正品盒外包装侧面的塑料包装封口非常平整光滑，没有一点褶皱；假烟塑料包装整个侧面都有明显的不同程度的褶皱。

南京

【南京（九五）】 ★★★

李克评分： **89 分**

李克点评： 苏产烟的经典代表

外观： 3 分
香气： 13 分
烟气： 13 分
吸味： 8 分
潜力指数： 8 分
零售终端行情指数： 4 分
入选基准分： 40 分

类型： 烤烟型
规格： 84mm 硬
焦油量： 12mg
烟气烟碱量： 1.1mg
烟气一氧化碳量： 12mg
终端参考价： **990 元 / 条**

【产地】

江苏。

【简介】

"南京"牌香烟采用世界一流的 HXD 膨胀技术，独特的加工工艺和水检纸在线找孔技术的应用，降低了焦油和一氧化碳含量，提高了产品的安全性。在烟叶配方上精选云南、贵州、湖南等省和巴西、津巴布韦等国的优质上等烟叶，采用不加香精的工艺技术，具有纯天然本色的特点：吸味纯正，香气饱满，细腻柔和。

【防伪】

● 九五至尊

真烟条盒正面的"双龙"、"南京"等图案的立体感强，凹凸感明显，底色为明黄色；假烟的"双龙"、"南京"等图案大都无凹凸感，底色呈黄色。真烟条盒正面的"双龙"图案经日光或手电光照射后，在黑暗处会呈现荧光色；假烟则无荧光色。真烟条盒侧面、小盒底部的老"南京"注册商标图案，红色以外的底色部分发黄；假烟的老"南京"注册商标图案发白且模糊。真烟上的城墙图案印刷精致，城墙砖缝线条工整清晰；假烟的城墙图案印刷粗糙，烫金效果差，会出现城墙砖缝线条断开、加粗、模糊等现象。真烟小盒铝箔纸上印有紫红色的"南京九五"等文字；假烟小盒铝箔纸上的字体细且颜色发黑。

李克特别推荐：十大地方性口碑好烟

卷烟

01

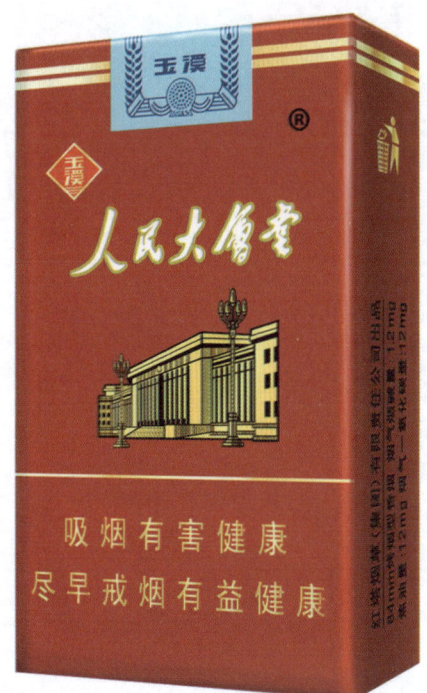

辽宁 —— 人民大会堂（软红）

¥ 终端参考价	300元/条
类型	烤烟型
规格	84mm软
焦油量	13mg
烟气烟碱量	1.3mg
烟气一氧化碳量	13mg
厂家	云南红塔烟草(集团)有限责任公司
@ 官网	www.hongta.com

李克点评：东北小中华

李克评分 100分
★★★★★

外观：庄重、大气	5分
香气：香气清雅、丰满	15分
烟气：烟气细腻	15分
吸味：吸味纯正柔和，余味舒适	10分
潜力指数：	10分
零售终端行情指数：	5分
入选基准分：	40分

02

湖北——黄鹤楼（软珍品）

¥	终端参考价	600元/条
类	类型	烤烟型
规	规格	84mm软
焦	焦油量	10mg
碱	烟气烟碱量	1.0mg
氧	烟气一氧化碳量	10mg
厂	厂家	湖北中烟工业有限责任公司
@	官网	www.wuyan.com.cn

第四章 中国烟购买实务

卷烟

李克点评："黄鹤楼"经典传统之高端产品

李克评分 95分
★★★★☆

外观：外包装具有皮革般质感	4分
香气：淡雅香之完美诠释	15分
烟气：协调丰盈	14分
吸味：清雅口感，极致醇和	10分
潜力指数：	8分
零售终端行情指数：	4分
入选基准分：	40分

03

云南——钓鱼台(硬景泰蓝94mm)

¥ 终端参考价	250元/条
类 类型	烤烟型
规 规格	94mm 硬
焦 焦油量	6mg
碱 烟气烟碱量	0.6mg
氧 烟气一氧化碳量	7mg
厂 厂家	云南红云红河烟草(集团)有限责任公司
@ 官网	race.hyhhgroup.com

李克点评： 最适合老友聊天的时候品吸

李克评分 95分
★★★★☆

外观：包装典雅大气，烟丝紧实致密	5分
香气：醇香细腻	14分
烟气：甜润柔顺	14分
吸味：醇香，柔和，有回甜	10分
潜力指数：	9分
零售终端行情指数：	3分
入选基准分：	40分

04

广东——双喜（珍藏）

¥	终端参考价	1000元/条
类	类型	烤烟型
规	规格	74mm软
焦	焦油量	8mg
碱	烟气烟碱量	0.8mg
氧	烟气一氧化碳量	8mg
厂	厂家	广东中烟工业有限责任公司
@	官网	gdgy.tobacco.com.cn

第四章 中国烟购买实务

卷烟

李克点评： 提炼和创新双喜105年来的制烟工艺技术之集大成者

李克评分 95分 ★★★★☆

外观：	复古经典软包造型，烟丝紧实致密	4分
香气：	香气纯正	15分
烟气：	自然醇和，高满足	15分
吸味：	顺滑，有回味	10分
潜力指数：		8分
零售终端行情指数：		3分
入选基准分：		40分

05

云南——红河（道）

¥	终端参考价	1000元/条
类	类型	烤烟型
规	规格	84mm硬
焦	焦油量	11mg
碱	烟气烟碱量	1.1mg
氧	烟气一氧化碳量	11mg
厂	厂家	云南红云红河烟草(集团)有限责任公司
@	官网	race.hyhhgroup.com

李克点评：红河之"道"，在于自然纯粹

李克评分 96分 ★★★★★

外包装：全球独享专利的侧开式卫生香烟盒，以中国传统文化书法艺术的"道"字来体现深厚文化底蕴，烟丝紧实	5分
香气：三级配方香料工艺，香气自然	15分
烟气：烟气柔顺，余味干净	15分
吸味：口味顺畅，多抽不累	9分
潜力指数：	9分
零售终端行情指数：	3分
入选基准分：	40分

06

安徽——黄山（天都）

¥	终端参考价	1000元/条
类	类型	烤烟型
规	规格	84mm硬盒16支装
焦	焦油量	8mg
碱	烟气烟碱量	0.8mg
氧	烟气一氧化碳量	8mg
厂	厂家	安徽中烟工业有限责任公司
@	官网	www.ahycgy.com.cn

李克点评：徽烟之王，当然是"天都"

李克评分 100分 ★★★★★

外观：诗画风骨，名家气韵，近两年来不可多得的佳作	5分
香气：焦甜香典范，清雅怡人	15分
烟气：焦甜净爽，余韵悠长	15分
吸味：生津回甘，回味绵长	10分
潜力指数：	10分
零售终端行情指数：	5分
入选基准分：	40分

第四章 中国烟购买实务

卷烟

07 山东——泰山（儒风）

¥	终端参考价	600元/条
类	类型	烤烟型
规	规格	80mm硬
焦	焦油量	12mg
碱	烟气烟碱量	1.1mg
氧	烟气一氧化碳量	14mg
厂	厂家	山东中烟工业有限责任公司
@	官网	www.sdtobacco.com.cn

吸烟有害健康
尽早戒烟有益健康

李克点评：茶香、烟香完美交融

李克评分 100分 ★★★★★

外观：	设计有如其名，儒雅、低调、谦逊	5分
香气：	独特而清澈，自然而协调	15分
烟气：	醇厚饱满，余味干净	15分
吸味：	温润顺滑，回味生津	10分
潜力指数：		10分
零售终端行情指数：		5分
入选基准分：		40分

08

江西——金圣（圣地井冈山）

¥	终端参考价	100元/条
类	类型	烤烟型
规	规格	84mm硬
焦	焦油量	8mg
碱	烟气烟碱量	0.8mg
氧	烟气一氧化碳量	9mg
厂	厂家	江西中烟工业有限责任公司
@	官网	jxgy.tobacco.com.cn

第四章 中国烟购买实务

卷烟

381

李克点评：金圣10元档经典产品

李克评分 95分
★★★★☆

外观：	井冈山图案配毛主席题词"星星之火可以燎原"，红色圣地跃然纸上	5分
香气：	香气幽雅	14分
烟气：	厚实丰盈	14分
吸味：	顺滑舒适，回味悠长	9分
潜力指数：		9分
零售终端行情指数：		4分
入选基准分：		40分

09

新疆——莫合烟

¥ 终端参考价	600元/条
类型	烤烟型
规格	80mm硬
焦油量	12mg
烟气烟碱量	1.1mg
烟气一氧化碳量	14mg
厂家	山东中烟工业有限责任公司
@ 官网	www.sdtobacco.com.cn

李克点评：众多老烟民空怀念

类型：烤烟型
外观：由黄花烟草的茎和叶碾碎后掺和晾晒而成，外观呈颗粒状，较为粗糙
香气：饱满，有冲劲
烟气：粗糙
吸味：强劲刺激

10

河南——黄金叶（万柿如意）

¥	终端参考价	230元/条
类	类型	烤烟型
规	规格	84mm硬
焦	焦油量	10mg
碱	烟气烟碱量	1.0mg
氧	烟气一氧化碳量	10mg
厂	厂家	河南中烟工业有限责任公司
@	官网	www.hatic.com

李克点评："万柿如意"喜事多，大雅大俗黄金叶

李克评分 96分 ★★★★★

外观：	整体设计主题积极、生机盎然，与背后传递出的丰收、喜悦、幸福浑然一体，极具北方文化特色	5分
香气：	香气醇熟浓郁，温润饱满	15分
烟气：	烟气温润，浑然一体	14分
吸味：	柔和细腻，绵甜顺滑	9分
潜力指数：		9分
零售终端行情指数：		4分
入选基准分：		40分

第四章 中国烟购买实务

卷烟

第五章　中国茶购买实务

■ 关于茶的品类、防伪与收藏
■ 2012年度茶业十大事件
■ 茶的品尝笔记及打分评级
　● 西南茶区
　● 华南茶区
　● 江南茶区
　● 江北茶区
■ 李克特别推荐：十大地方性口碑好茶

茶企在证券和电商两个领域展露拳脚，也不知是好事还是坏事。

未来十年，或许是中国茶品牌发展的关键十年。

2000年左右，中国茶叶总产值约100亿元；到了2011年，产值已超1 600亿元。虽有产业的爆发式增长，但7万家茶企却依然孵化不出一个立顿。

没有对传统的温情和对工夫的坚守，没有严格意义的品牌而仅仅有地方性名牌，谁能确保质量？谁能对明天负责？

中国，好茶易得，茶王何在？

关于茶的品类、防伪与收藏

中国人对茶有一种根深蒂固的依赖和嗜好。在唐代甚至更早以前,当时的人们就在世界上首先把饮茶当成一种修身养性之道。唐朝《封氏闻见记》中记载说:"茶道大行,王公朝士无不饮者。"到了今天,在大众心目中,饮茶除了养生,更成为一种文化,一种陶冶性情的休闲。

茶叶品类多样,每种都有自己独特的性格,初习品茗或收藏者有必要了解一番。

香茗的家族成员

中国茶可分为六大系:绿茶、红茶、乌龙茶、白茶、黄茶、黑茶。它们分布在我国的四大茶区,即江北茶区、江南茶区、华南茶区、西南茶区。

绿茶 以茶树的新梢为原料,经杀青、揉捻、干燥等典型工艺制成,属不发酵茶。绿茶清汤绿叶,滋味收敛性强,有板栗香、花香等清香味。绿茶是我国产量最大的茶类,产区主要分布于浙江、安徽、江西等省,代表茶有西湖龙井、信阳毛尖、碧螺春等。

我国茶叶生产以绿茶为最早,迄今已有三千多年的历史。从唐代起我国便采用蒸汽杀青的方法制造团茶,到了宋代曾出现蒸青散茶。宋代后期,蒸青法传到日本,日本一直保留到现在。到了明代,我国又发明了炒青制法,此后便逐渐淘汰了蒸青法。

红茶 以适宜制作本品的茶树新芽叶为原料,经萎凋、揉捻、发酵、干燥等典型工艺过程精制而成,属发酵茶。汤色以红色为主调,所以取名红茶。上等红茶的汤色红浓、透亮,用白瓷杯冲泡,杯壁上会出现金圈,味道醇和甘甜。红茶可分为小种红茶、工夫红茶和红碎茶,为我国第二大茶类,代表茶有滇红、宜兴红茶等。

乌龙茶 乌龙茶亦称青茶,属半发酵茶,是我国几大茶类中独具鲜明特色的茶叶品类。乌龙茶综合了绿茶和红茶的制法,其品质介于绿茶和红茶之间,既有红茶的浓鲜味,又有绿茶的清芬香,素有"绿叶红镶边"的美誉。按照发酵程度的不同,乌龙茶的色香味也不一而全。种类很多,如冻顶乌龙,发酵程度低,味道接近绿茶;凤凰单丛则有浓郁的兰花、栀子花的香气。乌龙茶的药理作用突出表现在分解脂肪、减肥健美等方面,在日本被称之为美容茶、健美茶。乌龙茶的代表茶,有文山包种茶、安溪铁观音、冻顶乌龙茶、武夷大红袍等。

白茶 属轻微发酵茶,是我国茶类中的特殊珍品,因其成品茶多为满披白毫、如银似雪而得名。白茶的制作工艺一般分为萎凋和干燥两道工序,关键在于萎凋。白茶制法的特点是,既不破坏酶的活性,又不促进氧化作用,且保持毫香显现、汤味鲜爽，冲泡时有浓郁的清香和淡淡的甜味，汤色淡黄。白茶有很好的清热消炎作用，俗语说"三年是茶，七年是宝"。近年流行于欧洲，星巴克最近推出茶系列，首推的白牡丹就是白茶的一种。白茶主要产区在福建省建阳、福鼎、政和、松溪等县，主要品种有白牡丹、白毫银针等。

黄茶 属发酵茶，是我国特产。黄茶的制作与绿茶有相似之处，不同点是多一道闷堆工序。闷堆过程是黄茶制法的主要特点，也是它同绿茶的基本区别。人们从炒青绿茶中发现，由于杀青揉捻后干燥不足或不及时，叶色即变黄，于是产生了新的品类——黄茶。上等黄茶如君山银针，沏泡时茶叶会三起三落，汤色金黄，滋味淡中带甜，香气不明显。黄茶按鲜叶的嫩度和芽叶大小分为黄芽茶、黄小茶和黄大茶三类，代表茶有蒙顶黄芽、霍山黄芽等。

黑茶 这是一种生产历史十分悠久的特有茶类，最早始于明代，历史悠久，销量很大，是我国边疆藏族、蒙古族和维吾尔族等兄弟民族日常生活必不可少的饮品。黑茶在加工过程中鲜叶经渥堆发酵变黑，故称黑茶。黑茶既可直接冲泡饮用，也可以压制成紧压茶，如各种砖茶。砖茶适合制作奶茶，将熬制好的砖茶加入热牛奶，颜色棕红，不用加糖就有天然甜味。黑茶主要产于湖南、湖北、四川、云南和广西等省区。因主要销往边疆地区，故以黑茶制成的紧压茶又称边销茶，代表茶有湖南紧压茶等。

六大茶类之外，茶还有一个重要的分支，即再加工茶。以绿茶、红茶、乌龙茶、白茶、黄茶、黑茶基本茶类的原料经再加工而成的产品称为再加工茶，它包括花茶、紧压茶、萃取茶、果味茶和药用保健茶等，分别具有不同的品味和功效。代表茶，花茶有茉莉花茶、珠兰花茶，紧压茶有沱茶和六堡茶。

茶叶的真伪辨别

相信不少茶人初涉茗界都曾踩到"地雷"，买到了假茶或是以次充好的劣质茶。其实，只要掌握一些辨别的方法，挑中好茶并没多难。

简单来说，要判断新茶与陈茶，可以从三个方面进行辨别。

（1）看色泽。新茶外观干硬疏松，色泽新鲜。陈旧的茶叶则紧缩暗软。在选购茶叶时，外观颜色应以纯而泽为好，杂而暗为次。茶叶的汤色以明亮清晰为优，暗而深为劣。

（2）辨别香气。大多数茶叶随着时间的推移，其香气程度会减弱，香型也会由清香馥郁变为低闷混浊。不过，对于乌龙茶和黑茶来说，若保存得当，反而时间越久越显香气馥郁。

（3）品滋味。除乌龙茶和黑茶外，新茶的滋味都醇厚鲜爽，陈茶却显得淡而不爽。

茶叶的伪劣，除了有因存放过久而造成的质劣，也有不法商贩采用非茶类的枝叶加工或掺杂在真茶里。鉴别时，可先用双手捧起一把干茶闻其气味。有茶叶固有清香的当为真茶，带青腥气或其他异味的则为假茶。用火灼烤后，真茶与假茶的气味更易识别。此外，抓一把茶叶放在白色的瓷盘上，将其摊开细加观察，色泽纯正、统一的是真茶，颜色杂乱不协调或不正宗的，就应当怀疑其是假茶了。

如果通过颜色和香气仍然无法辨别，那么建议冲泡后观察叶底。虽然茶树叶片的大小、色泽、厚度各不相同，并因品种、季节、树龄、产地条件和农业技术措施不同而有差异，但某些形态特征却为各种茶叶所共有，而为其他植物所不具备：茶树叶片叶背叶脉凸起，主脉明显，并向两侧发出7~10对侧脉。侧脉延伸至离边缘三分之一处向上弯曲呈弧形，与上方侧脉相连，构成封闭形的网脉系统。茶树叶片背面的茸毛，在放大镜或显微镜下观察，除主脉上的茸毛外，大多基部短，弯曲度大，通常呈45°~90°角弯曲。茶树叶片在茎上的分布呈螺旋状互生，而其他植物叶片在茎上的分布，通常是对生或几片叶呈簇状生长。茶树叶片锯齿都是上部密而深，下部稀而疏，近叶柄处平滑无锯齿，而其他植物叶片多数叶缘四周布满锯齿或者无锯齿。

收藏茶叶的注意事项

由于绿茶、红茶等多数茶叶都是以新为上，所以具有收藏价值的茶类并不多，收藏一般以乌龙茶、黑茶为主，比如普洱。

为何黑茶更有收藏价值呢？原因是这种茶在加工初期进行了杀青或炒青，钝化了茶叶中的氧化酶，加工后期又进行了渥堆发酵工艺，培养了微生物，微生物产生的氧化酶又与茶叶中的茶多酚发生氧化反应。由于微生物一直处于活跃状态，茶多酚的氧化反应一直在进行，所以其口感和香气也就因此而变得更加醇厚。

当然，也并非所有的黑茶都适合收藏。以普洱茶为例，其发酵过程分为自然慢速常温发酵和快速人工高温发酵两种；前者是生茶，后者是熟茶。具有较大收藏价值的，是普洱生茶。生茶中又建议储存紧压茶。这类茶体积小而有规则，易于存放，不易变质。通常在收藏自然陈化10年后，这种茶就会焕发它最自然的风味。

此外，储存条件是否得当也关系到收藏品的价值。如果茶叶吸收了杂味，或是受潮变质，即便保存得再久也会变得一文不值。家庭储存普洱茶并不难。若是存放紧压茶，不要拆包装；若是散茶，建议最好存放在紫砂罐或者陶缸里，避免阳光直射，保持环境清洁通风，远离异味污染源。

还有一点要注意，茶叶并非存得越久越值钱。若保存太久，好茶也可能沦为暗红色汤水，变得毫无香气和茶味。茶叶的保质期与茶的品种有关。通常来说，黑茶的保质期为10~20年。

2012年度茶业十大事件

1. 星巴克大举入侵茶市

2012年11月14日,星巴克进行了迄今最大的一笔收购,以6.2亿美元收购了总部在美国亚特兰大的茶业零售商Teavana。这并不是星巴克第一次进军茶业市场,但却是最大胆的一次收购。当初星巴克收购Tazo只是收购了一个品牌,但Teavana却是在整个北美的大型商店中有300多家店面。阿尔斯特德先生希望,这个规模将使得星巴克能"像我们经营咖啡那样去经营茶"。

不知星巴克的茶在中国是否会成为下一个低端奢侈品。

2. 帝泊洱产业创新活力

中国天士力集团针对现代人饮食过剩、生活不规律而出现的亚健康状态,推出了饮品领域"全新品类"帝泊洱。帝泊洱选用云南普洱市所产的高海拔优质大叶种普洱茶为原料,经过生态种植、现代生物发酵、数字化萃取,制成有益于人体代谢、调节功能的普洱因子,并开发即溶型系列产品和即饮型系列产品两大类,每次饮用都可"一撕、一冲、一饮",随时随地方便享用,产品形态时尚、便捷,广泛适应人们日常的工作、娱乐、生活等不同的需求。

帝泊洱的创新,化繁为简,改变了休闲时方才喝茶的饮用习惯;改变了人们对普洱茶少品饮、多收藏的需求方式。对文化理念的创新、对茶业技术的开发以及对茶功效的发挥,使得帝泊洱成为茶业创新的领跑者。

3. 天价熊猫茶

2012年3月27日,在四川成都,"熊猫茶"正式上市销售。该茶叶被称作系由熊猫粪便培育而成,此次上市总共21份,每份重1两,售价2万元人民币,折合每斤售价为22万元。其创始人安琰石借此申报了吉尼斯世界纪录,号称世界最贵的茶叶。

如此"想钱想疯了"的商业炒作,能成为人们茶余饭后调侃的话题也不错。

4. 茶园换股权

2011年年底,安溪开始推行《安溪县承包经营权作价出资农民专业合作社登记暂行办法》(以下简称《办法》)。《办法》已试行一年多,深受茶农欢迎。目前,全县共有48家合作社采用茶园承包经营权作价出资入股的办法,作价出资的茶园有1万多亩,利用茶园作价出资的农民有1 000多户,作价出资总额达1.14亿元。换句话说,盘活了茶农1.14亿元的发展资金。

此《办法》改变了既往"以茶农为个体,以信息不对称为代价"去面对市场环境瞬息万变的不利局面,不失为整合茶业资源、规范茶叶市场的好办法。

5."熟人经济"盛行茶市

"熟人经济"就是市场交易中熟人之间发生的经济交易,有时交易人会误以为因为是其熟人而自己会享有价格或产品的优势,但实际却往往相反——蒙骗的恰恰是熟人!因为是熟人,容易麻痹大意而导致所获产品往往价高而质劣。茶叶市场存在着价格不透明的现象,让很多不懂茶的消费者购茶时感到不踏实,怕上当。茶叶定价存在两种价格运作模式:一种是明码标价;一种是随口要价。这导致了同一款茶可能存在几百元乃至上千元的单价差别。

这种模糊不定的定价方式终究是会被淘汰的。为了规范茶叶市场,品牌茶企的价格透明化更容易让消费者接受。

6. 炒茶加"蜡油"

2012年清明节后新茶上市时,一则消息令众多茶友为之揪心。该消息披露称,南京有茶厂在炒新茶的时候添加一种对人体有害的蜡油,而这种蜡油是一种外包装上标注为"制茶专用油"的白色油棒状的东西。根据所谓的业内人士披露,添加该物质的目的就是为了让这种蜡油融化后附着在茶叶的表面,待其凝固后可令茶叶卖相好看卖好价。据茶叶专家介绍,所谓"蜡油"其实是一种制茶专用油,如果蜡油的原料是通过正规渠道买入的,那么添加之后于人体并无大碍。

几年来,食品安全问题一直处于社会舆论的风口浪尖上。牛奶被曝添加三聚氰胺,白酒被查出塑化剂超标,现在茶叶里面又出现了"蜡油",不知究竟是企业真的存在"潜规则",还是媒体捕风捉影。

7."天价"茶惹争议

每年清明节前后,都是茶叶需求的旺季,尤其是西湖龙井茶。2012年3月,在西湖龙井的新茶还没上市时,在一场西湖龙井头茶的预售义卖会上,500克西湖龙井的"期茶"拍出了18万元的天价。无独有偶,在信阳毛尖举办的几场春茶上市推介会上,一款名为"大器"的信阳毛尖,100克的售价竟高达2.68万元,被人称为"天价茶",惹来诸多争议。

在烟、酒轮番迈向天价、奢侈品之后,茶叶也开始跻身其间。奢侈茶的出现表明,即使通过严厉的高压手段把高档酒、烟等奢侈品全部拒之门外,甚至列出商品名头,也还会有诸多变种诞生。中国禁令,情何以堪?

8. 紫砂壶收藏风波

近年来,紫砂壶收藏不断升温,名家大师壶的价格更是屡创天价。10年前中国工艺美术大师鲍志强创作的壶每把不到1万元,现在每把已经升至20万元左右。然而不久前,央视曝光模仿紫砂壶的"化工壶"和"代工壶"的制造黑幕后,整个收藏市场一片哗然,紫砂壶的收藏随即由热转"冰"。

好的紫砂壶的确有好的收藏回报，市场价格的飙升只是资本运作的产物，总有一天会回到理性的原点上来，希望藏家审时度势，不要做击鼓传花的最后接棒者。

9. 养生茶刮起的市场旋风

近年来，随着人民生活水平的不断提高，养生的话题一直为人津津乐道，为人们格外关注，于是养生茶也就应运而生。应该说，养生茶开辟了茶叶市场的新天地。对于消费者来说，"养生"其实是因人而异的，切不可盲目追捧。市场上还有一些养生茶，却不过是以各种保健为噱头，消费者切忌围观上当。

10. "金毛猴"商标遭抢注

2012年12月，国内享有较高知名度的"金毛猴"商标遭抢注。"金毛猴"红茶是工夫红茶中较早出现的主要品类之一。多年来，福建省松溪县政府及茶企在"金毛猴"的宣传推广、科研、生产、加工、包装上投入了大量人力物力。作为松溪县茶农及茶企公共使用的品牌，"金毛猴"商标经过长期使用和推广，在全国已具有一定影响力和知名度。正当松溪积极准备申报集体商标之际，5月31日，福建思远知识产权事务所传来了坏消息：松溪籍人王某已向国家工商总局商标局申请注册"金毛猴"商标，并将于6月6日进行初审公告。得知情况后，松溪县工商局立即与其沟通，要求撤销申请，但被拒绝。为此，松溪县以县茶叶管理总站和茶叶协会为主体收集相关资料，并启动了"金毛猴"商标异议和"金毛猴"红茶集体商标注册申请两道程序。本想先下手为强，不料树大招风。从另外一个角度看，品牌意识正在茶叶产业中逐渐强烈起来。

茶的品尝笔记及打分评级

西南茶区

  西南茶区位于米伦山、大巴山以南，红水河、南盘江、盈江以北，神农架、巫山、方斗山、武陵山以西，大渡河以东的地区，包括云南中北部、贵州、四川、重庆以及西藏东南部，是中国最古老的茶区，也是世界茶树原产地中心，茶的历史至少可追溯到三千年前的西周时期。从生晒药用、熟食当菜、烹煮饮用到今日的冲泡直饮，茶已然成为人们日常生活中不可缺少的健康饮品之一。

西南茶区的历史渊源

  中国西南地区对人类的茶文化是有巨大贡献的。首先，西南茶区在历史上是中国茶叶的重要产地。其次，西南茶区更是"茶马互市"的主要集散地。而更为至关重要的是，人类茶文化的第一页就在这里翻开。据大量的植物学、生态学和历史学资料考证，中国西南地区是茶文化最早产生的地区，人类不仅在此把最早的野生茶树驯化为家培树种，而且还创造了制茶工艺，并且通过茶文化的不断兴盛，把它传播开来，将茶文化传遍中国乃至推向世界。

  最早采摘、种植茶树，即茶文化的具体起源地，在云南。而随着茶的广泛种植、茶文化的发展与传入中原地区，是在茶文化传播到四川后才开始的。这些都发生在我国的西南地区。据《华阳国志·巴志》记载，约在商末周初，四川一带就有"芳蒻香茗"一说。而"茶圣"陆羽所撰写的《茶经》中写道："茶者，南方之嘉木也，一尺、二尺乃至数十尺，其巴山、峡川有两人合抱者。"再看沈括的《梦溪笔谈》中有云："建茶皆乔木，吴、蜀、淮南唯丛茭而已。"

  诸如此类，茶生于云南或云南产茶的记载不绝于书，而且从年代上看，云南也较四川更为久远。比如说《神农本草》一书中写道："茶生益州，三月三日采。"这里的益州指的是益州郡，主要为云南、四川、贵州部分地区。再比如《云南大理府记》中也记载道："点苍山产茶，树高一丈。"这里的点苍山，指的是横断山脉，也在澜沧江流域。

最适宜种茶的自然环境

  西南茶区的气候条件总体较好，四川盆地和云贵高原的气候暖和，年平均温度在15℃~19℃之间，年降雨量在1 000毫米以上，有的地方如四川峨眉，年降水量可达1 700毫米。另外，西南茶区的地势也较高，大部分茶区的海拔高度均在500米以上，属于高原茶区。西南茶区的年平均干燥指数小于1.00，部分地区小于0.75。春、秋两季气温相似，夏季气温比其他茶区低，没有明显的高热天气，冬季气温较华南茶区低，但比江南茶区、江北茶区高。西南茶区的大部分地区为盆地、高原，土壤类型也比较多，以红壤、黄红壤、褐红壤、黄壤和红棕壤为主。土壤中的有机质含量也较其他茶区高。

因此，西南茶区因这种得天独厚的气候环境，非常适宜茶树生长，使得西南茶区茶树资源丰富。该区栽培茶树的种类众多，有灌木型中小种品种、小乔木型茶树，部分地区还有乔型大叶种茶树等。

西南茶区的名茶

正所谓名山出名茶，西南地区的名山众多，更是名茶的盛产地。

四川的峨眉山，因其独特的自然生态环境，自古以来就盛产名茶，峨眉竹叶青、峨眉学芽、峨眉毛峰和峨眉香茗乃驰名中外的四大名茶。四川还有另一座名山，那就是蒙顶山，自古便有名句"扬子江中水，蒙顶山上茶"。蒙顶甘露、蒙山黄芽、蒙山甘露和蒙山毛峰等均出自这里。

重庆地处四川盆地东部，北、东、南三面群山环绕，中西部丘陵广布，是我国著名的风景名胜汇聚地，其中名山有巫山、双桂山和四面山等。重庆的产茶历史悠久，名茶也众多，其中的主要名茶有巴仙银尖、渝州碧螺春、鸡鸣贡茶、香山贡茶等。

贵州地处云贵高原东部，高原山地广袤，丘陵河谷盆地也不少。贵州多山，有黔西北乌蒙山，黔北山地则包括大娄山、武陵山等。贵州的亚热带山林农特产资源丰富，作为古老的茶树原产地之一，这里盛产的名茶有都匀毛尖、遵义毛峰、贵定云雾茶、梵净山翠峰等。

云南地跨北回归线，因其独特的地理气候环境，孕育了众多的高山湖泊、热带雨林和高山幽谷。云南高原的山地、丘陵占95%以上，滇西区以西向东，依次有高黎贡山、怒山、云岭、哀牢山等，往南更有梅里雪山，海拔高达6 740米，为本省最高山峰，还有驰名中外的玉龙雪山横跨其中。云南是发现古茶树最多、最集中的地区，这里的名茶历史悠久，主要有普洱茶、沱茶、滇红、南糯白毫和云海白毫等。

西藏素有"世界屋脊"之称，海拔高度在4 000米左右，其中的珠穆朗玛峰为世界最高峰。全区地形包含藏北高原、喜马拉雅山脉、藏南谷地和藏东高山峡谷。西藏茶树的试种始于1956年，易贡茶场是西藏主要的茶区。其中，最有名的是毛峰型绿茶名茶——珠峰圣茶，分为极品、特级以及精选一级和二级。

滇红工夫

【滇红工夫红茶 1939】 ★★★

李克评分： **82 分**

李克点评： 初饮时，其口味较厚重，继后汤质柔软转甘，焦糖香气馥郁，堪称一流的工夫红茶

干茶：	7 分
茶汤：	12 分
叶底：	3 分
滋味：	12 分
潜力指数：	5 分
零售终端行情指数：	3 分
入选基准分：	40 分

产地：	云南
厂家：	云南滇红集团股份有限公司
品种：	红茶
规格：	100g（盒装）
保质期：	36 个月
电商参考价：	215 元

【凤牌滇红金芽小礼盒】 ★★★★★

李克评分： **100 分**

李克点评： 我的最爱，每日必备

干茶：芽叶肥壮，金毫显露，色泽莹润	10 分
茶汤：汤色红艳，晶亮	15 分
叶底：红匀，鲜亮，柔嫩	5 分
滋味：口感醇香，爽口细腻	15 分
潜力指数：	10 分
零售终端行情指数：	5 分
入选基准分：	40 分

产地：	云南
厂家：	云南滇红集团股份有限公司
品种：	红茶
规格：	150g（50g×3 罐）
保质期：	1096 天
电商参考价：	518 元

【最佳产区】

　　云南临沧、凤庆。

【渊源】

　　滇红工夫茶是世界闻名的红茶品种，主要产自云南的临沧、凤庆、保山等地，于1958年创制成功，是中国工夫红茶的后起之秀。以外形肥硕紧实、金毫显露和香高味浓的品质独树一帜，享誉中外。其中，香气以滇西茶区的云县、凤庆、昌宁所产茶为最佳。

　　1938年底，云南中国茶叶贸易股份公司成立。之后，公司派人分别在顺宁（今凤庆）和佛海（今勐海）两地试制红茶，首批约500担。试制成功后，通过香港富华公司转而往英国伦敦销售，深受茶客喜爱，并且以每磅800便士的最高价格售出而一举成名。英国女王更是将其置于玻璃器皿之中，作为观赏之物。后来因为战事连绵，滇红工夫被迫停止试产，直至50年代后才开始恢复生产。

【风格】

　　滇红工夫属大叶种类型的工夫茶，该茶的茶树高大，芽壮叶肥，即使芽叶长至5~6片，仍质软而嫩。滇红茶的采摘期为每年的3月中旬至11月中旬，可分为春茶、夏茶和秋茶三种，其品质具有季节性变化，一般春茶比夏、秋茶好。

　　滇红工夫可按照品质分为特级、一级、二级和三级。凤庆、云县、昌宁等地所产的工夫茶，毫色多呈菊黄，而勐海、双江、临沧、普文等地工夫茶，毫色多呈金黄。特级滇红工夫的条索紧结，肥硕雄壮，干茶色泽乌润，金毫特显，汤色艳亮，香气鲜郁高长，滋味浓厚鲜爽，富有刺激性；叶底红匀嫩亮。其风格鲜明，在国内独树一帜。

【曾获荣誉】

　　凤庆茶厂特级滇红工夫，分别于1986年、1990年被评为商业部优质产品，而且凤庆茶厂生产的滇红外事礼茶被选为国务院指定的国家外事礼茶。1994年，曾获美国茶道专家协会特别冠军奖。1995年，获"中茶杯"一等奖。凤牌F101红茶、凤牌CTC红碎茶于1995年被中国茶叶流通协会评为"中国茶叶名牌"。

【防伪】

　　除了茶叶等级的划分标准之外，想要买到更好的滇红茶，还应该学会识别茶叶的优劣品质。滇红工夫因采制时期不同，其品质具有季节性变化，一般春茶比夏、秋茶好。春茶条索肥硕，身骨重实，净度好，叶底嫩匀。夏茶正值雨季，芽叶生长快，节间长，虽芽毫显露，但净度较低，叶底稍显硬、杂。秋茶正处干凉季节，茶树生长代谢作用转弱，成茶身骨轻，净度低，嫩度不及春、夏茶。

【品鉴】

　　滇红工夫最佳品饮的季节是在夏季，比较适合清饮，一般建议以紫砂壶冲泡，水温控制在 100℃为好。根据茶的条索、嫩度、净度、色泽等外形指标，可以综合判断茶的优次，一般滇红工夫以条索紧结为好，干茶色泽乌润，金豪特显为上佳。在口感方面，滇红浓郁鲜爽，具有强烈的刺激性，香味也比较馥郁、久长。如果具备以上几点，则为滇红中的佳品。

普洱茶

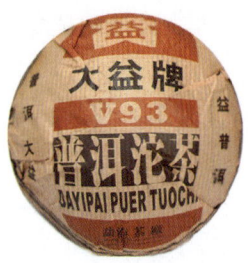

【大益普洱茶熟沱茶 V93】 ★★★

李克评分： 84 分

李克点评： 该茶为勐海茶厂继承 1993 年高档普洱沱茶配方所调制的特别产品，整体茶面均匀，稍有脱边。发酵适度，滋味醇浓，为沱茶类中的代表作

干茶：8 分
茶汤：10 分
叶底：5 分
滋味：10 分
潜力指数：6 分
零售终端行情指数：5 分
入选基准分：40 分

产地：云南西双版纳
厂家：云南大益茶业集团勐海茶厂
品种：黑茶
规格：250g
保质期：5 年
电商参考价：97 元

【大益普洱 7542（1995 年）】 ★★★★★

李克评分： 97 分

李克点评： 评判普洱生茶的标杆

干茶：10 分
茶汤：15 分
叶底：4 分
滋味：13 分
潜力指数：10 分
零售终端行情指数：5 分
入选基准分：40 分

产地：云南
厂家：云南大益茶业集团勐海茶厂
品种：黑茶
规格：357g
电商参考价：9600 元

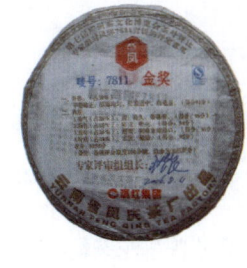

【凤牌普洱茶七子饼 F7811（生茶）】……★★★

李克评分：……………………………………………… **84 分**

李克点评： 该款茶从外观上看，茶面完整均齐，韵味十足，尽显大气之风。从品茗角度而言，是时间越久越香醇，实属佳品

干茶：………………………………………………………… 8 分
茶汤：………………………………………………………… 10 分
叶底：………………………………………………………… 5 分
滋味：………………………………………………………… 10 分
潜力指数：…………………………………………………… 7 分
零售终端行情指数：………………………………………… 4 分
入选基准分：………………………………………………… 40 分

产地：………………………………………………………… 云南
厂家：……………………………………… 云南滇红集团股份有限公司
品种：………………………………………………………… 黑茶
规格：……………………………………………………… 357g（茶饼）
保质期：……………………………………………………… 36 个月
电商参考价：………………………………………………… 80 元

【天士力帝泊洱（清香型）】……★★★★

李克评分：……………………………………………… **94 分**

李克点评： 帝泊洱将云南优质大叶种普洱茶通过生物科技手段制成普洱因子，瞬间水溶，方便好喝

外形：………………………………………………………… 9 分
茶汤：………………………………………………………… 13 分
叶底（评分默认满分 5 分）：……………………………… 5 分
滋味：………………………………………………………… 13 分
潜力指数：…………………………………………………… 10 分
零售终端行情指数：………………………………………… 4 分
入选基准分：………………………………………………… 40 分

产地：…………………………………………………… 云南省普洱市
厂家：…………………………………… 云南天士力生物茶科技有限公司
品种：………………………………………………………… 其他
规格：…………………………………………………… 45g（0.5g×90袋）
保质期：……………………………………………………… 5 年

电商参考价：.. 210 元
饮用方法：........................ 0.5 克帝泊洱茶珍，用 300 毫升水冲饮

【最佳产区】

云南西双版纳。

【渊源】

普洱茶是云南特有的地理标志性产品，产于滇西南茶区，主要产自西双版纳和思茅，因集散于普洱而得名。普洱茶分为普洱茶（生茶）和普洱茶（熟茶）两大类型。"大益"牌商标于 1989 年由勐海茶厂成功注册并享有专有权。"大益"牌产品传承了勐海茶厂厚重的历史，以及一心只为做好茶的精神和专业制茶的精髓，所以深受消费者青睐。

独特的工艺技术，加上勐海地区特别适合普洱茶发酵的温度、湿度等地理条件，以及勐海茶厂独特的水质和数十年来所形成的独特微生物小区系统，造就了大益茶的独特口感，形成了深受业界和消费者推崇的"勐海味"，这一工艺与勐海的地理、气候以及勐海茶厂的小环境珠联璧合，形成了大益茶的独特价值。在这一点上，与"离开了茅台镇，即便延用茅台酒的酿制工艺也生产不出茅台酒"的道理是一样的。

2008 年，"大益茶制作技艺"被列入国家非物质文化遗产名录。目前"大益"品牌的销售网络已遍及全国。

【工艺】

"大益茶制作技艺"内涵丰富，采用"拼配"技艺制茶。"拼配"是指用不同产地同一等级、同一产地不同级别或者是不同年份的茶青，按照配方进行混合加工，这样能扬长避短、显优隐次、高低平衡，从而不仅使茶叶的色、香、味和形符合标准，以此来保证产品质量的稳定性和一致性，而且还能生产出更具自身风格特点的产品。

【风格】

大益普洱茶是绝大部分知名普洱老茶的制造商，除"7542"、"7572"等评判普洱生熟茶的经典产品外，还有"红印"、"88 青"、"紫天"和"雪印"等众多传奇茶品。目前，大益茶的产品结构包括"大益"牌生、熟两个品类，分别有"经典"、"臻品"、"皇茶"、"大师"和"便捷"五个系列。另外，还分有传统茶、特制纪念茶、礼品茶、袋泡茶等多种包装样式，产品多达百余款。

【曾获荣誉】

2008 年，"大益茶制作技艺"入选国家级非物质文化遗产名录。2010 年，大益集团正式成为广州 2010 年亚运会茶叶产品供应商。2011 年 4 月，大益集团勐海茶厂入选"中华老字号"名录。2011 年 11 月，"大益"被认定为"中国驰名商

标"。2011年12月28日，茶厂获得第五批农业产业化国家重点龙头企业，成为云南省西双版纳傣族自治州唯一一家拥有"中华老字号"和"驰名商标"荣誉的"农业产业化国家重点龙头企业"。

【防伪】

为了打击假冒普洱茶，加强品牌保护，勐海茶厂自2006年元月就正式启用了国家高度专控的前沿印钞技术，作为勐海茶厂的产品专用防伪技术。

2006年版的防伪鉴别方法，用肉眼就可以直接鉴别。第一，内飞防伪线为油漆分段印刷，真品为金属线全埋开天窗。第二，内飞花瓣脉络上没有"DAYI"小字，但真品有微小的字，仔细看可以看到。第三，外包装的防伪标签也有不同，真品花瓣脉络上有"DAYI"小字。

2007年，勐海茶厂又采用了新的多重防伪科技，从6月1日起，所生产的部分"大益"牌普洱茶开始启用新版"内飞"和"标签"。2007年版的防伪标识需要注意四点：第一，用肉眼直接观察，内飞及标签上均有一根深棕色的线在纸上时隐时现，而且深棕色的线上有激光缩微文字"大益"。第二，通过紫外线灯进行观察，标签的中间的"益"字显绿色，内飞的中间"益"字和下方空白处"DAYI"显绿色。第三，在内飞及标签的某一线画中有微缩字母"DAYI"，通过放大镜清晰可见。第四，这次的防伪技术采用了国际先进的防伪软件生成有很强的防复制性的防伪版纹。

【品鉴】

大益普洱（生）茶：以云南大叶种晒青毛茶为原料，未经人工渥堆发酵，但经过加工整理和修饰外形形状（饼茶、砖茶、沱茶），或者直接以散茶形式进行存放。总体品质特点是，香气纯正，汤色橙黄，滋味浓厚、回甘生津快，经久耐泡，等等。

大益普洱（熟）茶：以云南大叶种晒青毛茶为原料，采取1970年代研究成功的人工渥堆技术，通过控制茶叶堆子的发酵温度、发酵湿度和发酵时间，加速普洱茶的发酵过程和品质转变，再以散茶压制成砖、饼、沱等形式存放。总体品质特点是，陈香显著，汤色红浓，滋味醇厚，口感爽滑，回甘绵长，经久耐泡，储藏愈久愈醇、品质愈好。

磨锅茶

【清凉山牌磨锅香茶】……………★★★★

李克评分：……………………………**94 分**

李克点评： 物美价廉的最好诠释

干茶：	9 分
茶汤：	14 分
叶底：	5 分
滋味：	13 分
潜力指数：	8 分
零售终端行情指数：	5 分
入选基准分：	40 分

产地：	云南
厂家：	云南省腾冲清凉山茶厂有限责任公司
品种：	绿茶
规格：	200g
保质期：	730 天
电商参考价：	22 元

【最佳产地】

云南腾冲县清凉山。

【渊源】

对于云南名茶，滇红、滇绿、普洱，无一不是家喻户晓的好茶。相比之下，磨锅茶的知名度则稍逊一筹。很多人都和我一样，初见磨锅茶时，看到粗糙的叶片，总觉得是劣等茶，不过品尝之后，很快就会被其特殊的香气征服。

顾名思义，磨锅茶是以磨锅干燥的特殊工艺制成的，又因其生长在清凉山上，因此又名"清凉山磨锅茶"。腾冲县的清凉山面对龙川江，高山海拔约 2 000 米，山上经常细雨蒙蒙，土壤为沙质黄壤，富含有效磷酸，特别有利于茶树的生长。

【工艺】

磨锅茶的原料是大叶种茶，采摘一芽一二叶，当天采摘，当天加工，经过拣叶、杀青、揉捻、分筛、初磨、摊凉、复磨、去末分级、包装而成。

【风格】

磨锅茶属于绿茶。干茶外形条索肥嫩紧实，色泽绿润，白毫显露。冲泡后香气浓郁，汤色黄绿明亮，滋味醇厚。

【曾获荣誉】

在 2011 年第六届中国云南普洱茶国际博览交易会的颁奖仪式上，获绿茶类金奖。

【品鉴】

品鉴此茶，茶具最好选用玻璃杯或者瓷器盖碗杯，不宜使用紫砂壶、紫砂杯。冲泡水温以 80℃为好，先用少量开水湿润茶叶，待茶叶吸水后再冲入热水，泡 3～5 分钟即可饮用。

蒸酶茶

【王子冠特级蒸酶茶】 ★★★★

李克评分： **91 分**

李克点评： 口感先苦后甜，价格虽然很不起眼，不过确是好茶

干茶： 9 分
茶汤： 12 分
叶底： 4 分
滋味： 13 分
潜力指数： 8 分
零售终端行情指数： 5 分
入选基准分： 40 分

产地： 云南
厂家： 云南滇红集团股份有限公司
品种： 绿茶
规格： 450g
保质期： 3 年
电商参考价： 40 元

【最佳产地】

云南省临沧耿马县。

【渊源】

蒸酶茶是成名于上世纪80年代初的新创制茶类。其"蒸酶"茶名的由来是取此茶采用蒸汽杀青以分解活性酶的意思。

此茶的故乡是在临沧市的勐撒镇。勐撒镇气候宜人，属南亚热带湿润气候，年均气温17.2℃，年降雨量1 700毫米。明末清初，这里就已种植茶业。上个世纪80年代初，勐撒开始大力发展茶叶种植，兴办制茶企业，进而研发出了蒸酶茶。这种茶口感特别，由于采用蒸汽杀青环节，有利于茶多酚类化合物的降解，大大减轻了大叶种绿茶的苦涩味，因而深受当地人的喜爱。

【工艺】

蒸酶茶采摘云南大叶种一芽一叶和一芽二叶初展的芽叶为原料，采取摊放、蒸汽杀青、揉捻、烘焙、磨、滚及特殊工艺精制而成。

【风格】

此茶外形条索紧直,呈银灰色;茶汤碧绿明亮,香气高锐清新;叶底嫩绿明亮;入口滋味醇爽浓郁,清香回甘;经久耐泡。

【功效】

消暑解渴、美容、益寿、助消化、防衰老、抗辐射等。

【品鉴】

蒸酶茶最适合大碗闷泡。初次泡饮时投茶量应少一些,以免口味过浓而失去真味。

银生绿茶

【银生绿茶（冷水泡）】················ ★★★★★

李克评分：································· **100 分**

李克点评：不喝银生绿茶，怎能算资深茶客？

干茶：	10 分
茶汤：	15 分
叶底：	5 分
滋味：	15 分
潜力指数：	10 分
零售终端行情指数：	5 分
入选基准分：	40 分

产地：	云南
厂家：	云南普洱市银生茶业有限公司
品种：	绿茶
规格：	100g
保质期：	730 天
电商参考价：	45 元

【产地】

云南普洱市。

【渊源】

云南的普洱茶名扬天下，景东无量山、哀牢山就是它的摇篮，也是世界茶树的发源地之一。据道光《普洱府志》"六茶山遗器"记载，早在一千七百多年前的三国时期，普洱府境内就已开始种茶。唐吏樊绰在其《蛮书》卷七中说："茶出银生界诸山、散收无采造法。"其中的"银生城"指的就是今天的景东县城，而"银生城界诸山"，则是指景东城东的哀牢山和城西的无量山。

普洱市银生茶业有限公司主要原料和生产地正处在无量山和哀牢山地区的景东县和镇远县，尽享着普洱茶优越的生长环境。该公司的前身是始建于 1994 年的思茅老茶农制茶所。所产的普洱茶是难得的佳茗。不过，最值得一提的还是银生的绿茶，其因独特的冷水泡法而获得了众多茶友的关注。在美国茶叶协会主办的国际名茶评比会上，"银生绿茶（冷水泡）"获得银奖。

【风格】

外形条索紧秀、翠绿显毫；茶汤清澈、黄绿明亮；口感清鲜爽口、醇厚回甘、香高持久，有熟板栗香和高蛋白香；叶底芽叶肥壮、嫩绿明亮。

【品鉴】

该茶用热水冲泡品质超群，用冷水冲泡更具风味。若冷水泡，建议使用常温纯净水冲泡，取茶叶8克左右，用400毫升水分10次冲泡，每泡用时9分钟左右。若用热水，则建议用80℃左右温开水冲泡，取干茶3克左右，用360毫升左右水分6次冲泡，每泡用时2～3分钟。

都匀毛尖

【蒂粹茗国（凝香）都匀毛尖礼盒】 ★★★★★

李克评分： 97 分

李克点评： 该款茶采摘自高山原生态的茶树，叶质肥厚柔软，可谓上品；且绿茶品的是其自身的清香原味，该款茶很好地保留了其清新淡雅的口感，实属上佳之选

干茶：	10 分
茶汤：	14 分
叶底：	5 分
滋味：	15 分
潜力指数：	9 分
零售终端行情指数：	4 分
入选基准分：	40 分

产地：	贵州都匀
厂家：	贵州都匀毛尖茶叶有限公司
品种：	绿茶
规格：	90g
保质期：	24 个月
电商参考价：	880 元

【最佳产区】

贵州省都匀市。

【渊源】

1956 年，都匀市哨角寨农民采摘加工了三斤"鱼钩茶"寄给了毛泽东主席，毛主席品尝后批复："茶很好，可在山坡上多种些，此茶可叫毛尖茶。"都匀毛尖茶由此而得名，并且就此一举成名。都匀毛尖又名"白毛尖"、"细毛尖"、"鱼钩茶"、"雀舌茶"，是贵州三大名茶之一，产于贵州都匀市，属黔南布依族、苗族自治州。

都匀毛尖茶有悠久的历史，成名也较早，据史料记载，早在明代，毛尖茶中的"鱼钩茶"、"雀舌茶"便是皇室贡品，深受崇祯皇帝喜爱。到了乾隆年间，该茶已开始行销海外。

【工艺】

都匀毛尖茶一般都在清明前后开采，谷雨前后结束。采摘标准为一芽一叶初

展，长度不超过2厘米，形如雀舌。通常炒制500克高级毛尖茶约需5.3～5.6万个芽头。

都匀毛尖茶选用当地的苔茶良种，具有发芽早、芽叶肥壮、茸毛多、持嫩性强的特性，内含成分丰富。优良的芽梢，为形成毛尖茶的品质提供了物质基础。

【风格】

都匀毛尖色泽翠绿，外形匀整，白毫显露，条索卷曲，香气清嫩，滋味鲜浓，回味甘甜，汤色清澈，叶底明亮，芽头肥壮。如果成品具有"三绿透黄色"的特色，即干茶色泽是绿中带黄，汤色是绿中透黄，叶底是绿中显黄，其品质堪称优佳，形可与太湖碧螺春并提，质能同信阳毛尖媲美。茶界前辈庄晚芳先生曾赞美过都匀毛尖，题诗写道："雪芽芳香都匀生，不亚龙井碧螺春。饮罢浮花清爽味，心旷神怡攻关灵！"

【曾获荣誉】

1915年，在巴拿马万国食品博览会上荣获优质产品奖，后人誉为"北有仁怀茅台酒，南有都匀毛尖茶"。1982年，在湖南长沙召开的全国名茶评比会上，都匀毛尖茶被评为"中国十大名茶"。1988年，荣获首届中国食品博览会金奖。1993年，荣获国际抗衰老食品博览会金奖。2001年，荣获"中国国际农业博览会名牌产品"称号。2004年，获"中绿杯"名优绿茶和"蒙顶山杯"国际名茶两项金奖。2005年，获"华铭杯"全国名优绿茶金奖等。

【防伪】

都匀毛尖产于贵州都匀市。茶叶嫩绿匀齐，细小短薄，一芽一叶初展，形似雀舌，长2～2.5厘米，外形条索紧细、卷曲，毫毛显露。叶底嫩绿匀齐。假的都匀毛尖的叶底不匀，味苦。

【品鉴】

都匀毛尖茶在色、香、味上讲求嫩绿明亮、清香、醇爽，因此，绿茶的冲泡看似简单，其实极考工夫。都匀毛尖茶适合用80℃左右的水温冲泡，烧水要大火急沸，刚煮沸起泡为宜，然后再冷却至所需温度，水老水嫩都是大忌。一般来说，冲泡绿茶，茶与水的比例大致是1∶50或是1∶60，比如150ml的水一般冲泡3g茶叶。

都匀毛尖茶的冲泡，一般用玻璃杯或白瓷盖碗。玻璃杯可观察到茶叶在水中缓缓舒展、游动和变幻。特别是雀舌、翠片一类的扁形茶，冲泡后芽尖冲向水面悬空而立，然后徐徐下沉，如春笋出土，似金枪林立，煞是好看。所以一般茶艺馆多使用玻璃杯冲泡绿茶。

此外，都匀毛尖茶大部分都富含锌、硒等有机成分，产茶区没有工业污染，制茶过程不落地，清洁度极高，所以很多茶在冲泡时是不需要洗茶的。

雷公山银球茶

【毛克翕雷公山银球茶】……………★★★

李克评分：……………………………**89 分**

李克点评： 该款茶为国家专利的手工茶，形状独特，犹如一颗银球，冲泡时宛如一朵盛开的菊花，可谓是一种艺术享受。此茶的味道也极好，回甘香醇，有提神醒脑的功效

干茶：	9 分
茶汤：	12 分
叶底：	5 分
滋味：	10 分
潜力指数：	8 分
零售终端行情指数：	5 分
入选基准分：	40 分

产地：	贵州
厂家：	贵州省凯里市雷山县毛克翕茶叶发展研究所
品种：	绿茶
规格：	50g
保质期：	18 个月
电商参考价：	88 元

【最佳产区】

贵州雷公山。

【渊源】

在贵州凯里有一座山，名叫雷公山，而此山上有一个小村庄，名叫团龙村。在明代，团龙村的村民便开始种植一种叫团龙茶的茶树，而且该茶成为每年进贡朝廷的贡茶。

每当一年的春分一过，就会有土司官亲临现场，监督贡茶的采摘。此时，团龙村的男女老少都会纷纷上山采摘，他们将首次打春雷后采摘的茶称为"雷公茶"，而在夜间摸黑上山采摘的茶称为"闪电茶"。将这两种茶加工好后，分别装进土坛子里，由土司官派专人用马驮走，然后进献给皇上。因此，团龙茶已成为团龙村村民心中的"神茶"。不过，龙团村地处偏僻，而且每年的产量也比较少，该茶又要每年进贡给皇室贵族享用，所以雷公茶很少会出现在寻常百姓家。

雷公山银球茶状似球形，茶球外面包以白纸，外表看起来像个银球。它的采摘期要比普通绿茶晚十天或者半个月，条索也较长一些，制作工艺和普通绿茶没什么大的区别，只是最后多了一个包揉的过程，使其成团。

银球茶的茶菁比其他绿茶的要稍微老一些，所以其耐泡的程度相对来说也要高一些。雷公山的海拔较高，因此造就了雷公茶口感丰满、纯净，具有高山茶的明显特征，可以作为熟悉高山绿茶口感的品鉴佳品。

【工艺】

产于雷山县著名的自然保护区雷公山，采用海拔1 400米以上的"清明茶"的一芽二叶，银球茶的加工属于特种绿茶的加工工艺，主要工序为杀青、两次揉捻、四次烘炒、选料、筛末、称量和成形。经过炒制加工后，精制为小球状，既美观漂亮又清香耐泡。每颗"银球"直径约在18～20毫米之间，重达2.5克左右，冲茶时一般仅需取一颗。

【风格】

银球茶的创制成功，属国内外首创。雷山县银球茶叶公司的银球种类繁多，分别有雷公山银球茶、天麻银球茶、清明嫩芽、特级清明茶、雷公山雪芽、碧曲毫峰茶、云雾茶、苦丁茶、三尖杜仲茶等九大系列茶叶产品。清明茶是上年秋季形成的越冬芽，在清明前后发育而成。越冬芽的物质积累丰富，茶叶品质优异，叶肉肥硕柔软，香味浓醇，爽口回甘，耐于冲泡。银球茶的表面银灰墨绿，一杯使用一个，用沸水200ml冲泡，5分钟后，再用沸水50ml冲泡，这时饮用，清香、味浓、爽口、回甜。

【曾获荣誉】

1986年，曾荣获"贵州省名茶"称号。1986～1989年，荣获"轻工部优质产品"称号。1988年，荣获中国首届食品博览会金奖。1990年，在国家优质食品评选会上通过了国家级鉴定。1990年，荣获贵州省科学技术进步三等奖。1991年7月，在外交部举办的礼品选购会上被选为外交部驻外使馆馈赠礼品。1991年，荣获中国食品工业十年成就展示会优秀新产品奖。1996年，获全国食品行业名牌产品奖。2002年，获中日韩第四届国际名茶金奖。2008年，在中国绿茶（古丈）高峰论坛上"银球茶"获得银奖、"清明茶"获优胜奖。2011年5月，获2011中国（上海）茶博会中国名茶特别金奖。

【品鉴】

银球茶的冲泡关于水温没有太多的特异，沸水即可。冲泡时，要注意注水不要太急。另外，观察茶团吃透水之后逐渐散开的过程，极具观赏价值。另外，采用大口径玻璃杯一只，公道杯一只，茶具组一组，茶漏一套。用热水把泡茶器和品茗杯全部烫洗干净之后，把白纸剔除，小心地把茶团放到杯底，切不可以一投而入，因为这样会有损泡茶器，而且也会对茶形有破坏。此时，将沸水注入杯中，慢慢地淹过茶团，切记不要晃动杯子，因为这样会破坏观察茶团逐渐松散的情境。当茶团静止在茶杯中时，有时会猛然发现茶团突然地动了一下，会有一颗茶芽渐渐伸展出来。随着浸泡时间越久，茶团散得越开，叶片会逐一全部舒展，会在你面前立即展现出一幅春山绿水的景象，而茶水也因此逐渐变得有了颜色，煞是好看。

湄潭翠芽茶

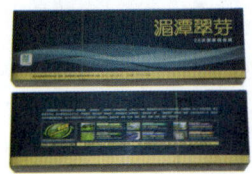

【兰馨特级湄潭翠芽】·················· ★★★

李克评分：·························· **80 分**

李克点评：该茶冲泡时，茶叶舒展自如，茶汁浸出与渗透时，不时有香气微微渗出，十分细腻。茶汤在口舌间慢慢来回旋动时，回甘持久，让人久久留恋

干茶：	7 分
茶汤：	10 分
叶底：	4 分
滋味：	10 分
潜力指数：	6 分
零售终端行情指数：	3 分
入选基准分：	40 分
产地：	贵州
厂家：	贵州湄潭县湄潭兰馨茶业有限公司
品种：	绿茶
规格：	120g
保质期：	12 个月
电商参考价：	180 元

【最佳产区】

贵州湄潭县。

【渊源】

湄潭种茶历史悠久。早在唐代，"茶圣"陆羽在茶叶专著《茶经》中，就有湄潭不仅能产茶，而且茶味很美的论述。而到了宋代，更有以此茶叶作为皇家贡品的记载。如今的湄潭，拥有全国闻名的大型茶场和星罗棋布的农村茶园，其中就有创建于 1930 年代末的贵州省茶叶研究所。

上世纪 30 年代末，当时的国民政府在湄潭县设立了试验茶场，因为湄潭县位于贵州北部，气候温和，雨雾日多，土壤肥沃，土质结构疏松，所含矿物质丰富，对茶树生长极为有利，所以具有创建茶厂的有利条件。贵州省茶叶研究所以湄潭苔茶的品种为原料，推广"西湖龙井"的制茶工艺，从而生产出了"湄潭龙井"、"湄江茶"、"湄江翠片"等名茶品牌。

【工艺】

"湄江翠片"炒制技术考究,既吸取了"西湖龙井"茶的炒制方法,又有其独特之处。主要工艺分杀青、摊凉、二炒、摊凉、辉锅等五道工序。以电炒铁锅为炒制工具,主要手法有抖、带、搭、扣、拓、抓、拉、推、磨、压十种。各种手法视鲜叶老嫩、含水量高低等情况灵活变换,一气呵成。

【风格】

"湄江翠片"采自湄江良种苔茶的嫩梢,清明前后开采,以明前茶品质最佳。特级、一级翠片和二级翠片的采摘标准为:一芽一叶初展,芽长于叶,芽叶长度分别为1.5、2、2.5厘米,一级翠片需要采摘约4万个左右的芽头,而要炒制500克特级翠片,则需要采摘约5万个以上的芽头。三级翠片采摘标准为:一芽二叶初展,芽叶长度不超过3厘米。采回的芽叶必须分级摊放在通风阴凉处,摊放厚度约每平方米1～1.2公斤,失水量为8%左右,一般历时3～5小时。

【曾获荣誉】

湄潭翠芽自2001年起,已连续获"贵州省名茶"称号,还荣获"中茶杯"特等奖和一等奖、"中绿杯"金奖以及国际名茶评比金奖,并在北京、上海、广州、重庆等地的国际茶博会上获得金奖共28次。2004年,获第二届"中绿杯"名优茶评比优质名茶奖。2005年,获贵州省名优茶奖。2006年,获第三届"中绿杯"中国名优绿茶评比优质奖。2006年,获贵州省名茶奖。2007年,获第七届"中茶杯"名优茶评比一等奖。2007年,获第四届北京国际茶博会金奖。2008年,获"中绿杯"中国名优绿茶评比银奖。2008年,获第五届北京国际茶博会金奖。2008年,获第九届广州国际茶博会金奖。2009年,获第二届"贵州省十佳著名商标"称号。

【品鉴】

不同的湄江翠片,由于其外形、质地、比重、品质成分含量及其溶出速率不同,要求不同的投茶方法,做到置茶有序。条形松展、比重轻、不易沉入水中的湄江翠片,宜用下投法或中投法。不同季节,由于气温和茶冷热不同,投茶方式也应有所区别,一般可采用"秋中投、夏上投、冬下投"的办法。

梵净山翠峰

【梵净山翠峰特级翠芽】 ★★★

李克评分： **85 分**

李克点评： 梵净山自古出好茶，因其典型的低纬度、高海拔的地理位置，以及土壤、气候和无污染的环境，孕育了品质优良的绿茶，该茶的色、香、味堪称俱佳

干茶：	7 分
茶汤：	12 分
叶底：	4 分
滋味：	13 分
潜力指数：	6 分
零售终端行情指数：	3 分
入选基准分：	40 分
产地：	贵州
厂家：	贵州梵净山梵锦茶业有限公司
品种：	绿茶
规格：	125g
保质期：	6 个月
电商参考价：	128 元

【最佳产区】

贵州印江县。

【渊源】

印江县种茶历史悠久，历来盛产名茶，"梵净山翠峰"便出自于此地。梵净山位于中国云贵高原贵州省东北部江口、印江和松桃三县的交界处，系武陵山脉的主峰。据明朝《明实录》中记载："思州方物茶为上。"明代的印江县永义乡团龙村隶属思州，地处梵净山的永义乡团龙村盛产贡茶，最早可追溯到 11 世纪，在明永乐九年就开始进贡皇家。时至今日，永义乡团龙村仍有三十多棵于 15 世纪种植的老茶树，其中最大的一棵据专家考证，是中国存活至今最大的古茶树，被誉为"中国茶树王"。

"梵净山翠峰"从 1987 年开始在印江县进行规范种植，1993 年引发种植热潮，该县委、县政府更是将茶叶产业列入"支柱产业"加以大力发展。到了 2003

年，该县委、县政府实行"退耕还林"政策，掀起了茶叶产业的发展高潮。时至2007年，该县再掀新一轮茶叶产业的建设高潮，全县茶叶产业得到了稳步发展，建成了印江梵净山优质茶叶基地，形成了集生产、加工、市场、品牌、茶文化为一体的茶叶产业化经营格局，而"梵净山翠峰"也成了贵州的名茶之花。

【工艺】

制作"梵净山翠峰"的原料十分考究，来自位于梵净山海拔800～1 300米的茶园，所采摘茶叶均为肥嫩壮实的单芽和一芽一叶初展的茶叶。加工工艺流程分为鲜叶摊凉、青锅理条、摊凉回潮、二炒整形、摊凉回潮、辉锅和冷却包装等步骤。

【风格】

"梵净山翠峰"的外形扁平而直滑，色泽嫩绿鲜润，清香持久，栗香显露，滋味也较鲜醇甘爽，汤色也比较嫩绿明亮、清澈，叶底则芽叶完整、匀齐、嫩绿明亮。如果符合上述描述，则为上佳之选。

【曾获荣誉】

2005年，荣获第六届"中茶杯"中国名优茶评比一等奖。2005年，获国家地理标志产品保护，并注册登记成印江县茶叶公共品牌。2006年、2007年连续两年荣获"贵州省名茶"称号。2007年，荣获第七届"中茶杯"中国名优茶评比一等奖。2008年，荣获"贵州省名牌产品"称号。2009年，荣获第八届"中茶杯"中国名优茶评比一等奖。2009年，荣获"贵州十大名茶"称号。2009年，荣获第六届中国国际茶业博览会金奖。2009年"梵净山翠峰"获"贵州十大名茶"称号。

【品鉴】

冲泡此茶的适宜温度为80℃左右最佳。冲泡时，将茶叶放入玻璃壶中进行冲泡，水量以玻璃壶容积的80%～90%为宜，此时可欣赏绿茶茶叶舒展的姿态，约30秒后，掀开杯盖，看到茶汤显示淡绿色时，即可倒出到茶海，再将茶海里的茶汤倒入品茗杯即可品饮。切记，绿茶的茶芽较嫩，不需要温润冲泡。在第二次冲泡时，茶叶已渐渐展开，冲泡宜快冲快倒，以茶汤是否显示淡绿色为主，颜色如变黄，味道会稍显苦涩。此后每泡增加5～10秒，浓度可根据个人口味增减冲泡时间。

川红工夫

【林湖红贵人精品礼盒】 ★★★★

李克评分： 95 分

李克点评：川红工夫茶里最让人难忘的一款茶

干茶： 9 分
茶汤： 15 分
叶底： 4 分
滋味： 13 分
潜力指数： 9 分
零售终端行情指数： 5 分
入选基准分： 40 分

产地： 四川宜宾
厂家： 四川宜宾川红茶业集团有限公司
品种： 红茶
规格： 240g
保质期： 1080 天
电商参考价： 666 元

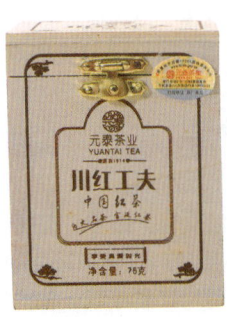

【特级川红工夫】 ★★★

李克评分： 81 分

李克点评：该款茶叶外表条索肥壮圆紧，色泽乌黑油润。品尝时，香气清鲜，又带一丝糖香，让人闻香而悦，加之滋味醇厚鲜爽，让人心情瞬时舒畅

干茶： 6 分
茶汤： 10 分
叶底： 4 分
滋味： 12 分
潜力指数： 5 分
零售终端行情指数： 4 分
入选基准分： 40 分

产地： 四川宜宾
厂家： 四川宜宾元泰茶业有限公司
品种： 红茶
规格： 75g
保质期： 3 年
电商参考价： 118 元

【最佳产区】

四川宜宾。

【渊源】

四川省是我国茶树的发源地之一，茶叶生产历史悠久。川红工夫产于四川宜宾等地，始自于是20世纪50年代。三十多年来，川红的代表有"林湖牌"、"宫殿牌"、"节日之夜牌"等产品。

川红工夫最著名的制造商当属川红集团，其前身宜宾茶厂于1952年成立。1958年，宜宾县古柏乡茶园的师傅，将当天新采摘的早白尖茶叶制作成工夫红茶献给毛泽东主席，得到了大加赞赏。1991年，宜宾茶厂成功改制，改制后的新公司开始投入厂房、机械设备等硬件建设，并建立现代茶企经营管理制度，逐步进入制作川红工夫的高速成长期。

【工艺】

上世纪50~70年代，川红工夫茶一直沿袭古代贡茶制法，其关键工艺在于采用"自然萎凋"、"手工精揉"和"木炭烘焙"三道工艺，所制茶叶紧细秀丽，具有浓郁的花果或橘糖香。70年代后，为了适应国际市场的大量需求，改用人工加温萎凋，用揉捻机揉制和烘干机烘干。川红工夫茶的采摘对芽叶的嫩度要求较高，基本上是以一芽二、三叶为主的鲜叶制成。川红工夫茶的生产厂家较多，采制情况和条件各有区别，但比较常用的制作工序都是经过萎凋、揉捻、发酵、干燥和精制等。

【风格】

川红工夫选取本地最优的茶树品种种植，以提采法筛选早春幼嫩的饱满芽叶，顶级成品的茶叶金芽秀丽、金毫显露，具有香气馥郁、回味悠长的特点。

【曾获荣誉】

宜宾地区所产川红，出口时间较早，在每年4月即进入国际市场，以早、新两大优势取胜。川红珍品"早白尖"，更是以早、嫩、快、好的突出特点及优良的品质，博得国内外茶界的好评。1978年，宜宾茶厂生产的"早白尖"工夫红茶，在参加春季广交会上以每吨12 000美元的天价轰动会场，一举成名。1979年，首批川红工夫一级茶每吨售价7 320美元，高于国内的同类同级的工夫茶价格，并得到高度赞誉。

【品鉴】

观察川红工夫的外形，一般条索肥壮且圆紧，金毫显露，色泽乌黑油润，冲泡后香气清鲜，而且略带橘糖香味，滋味也醇厚鲜爽，汤色浓亮，叶底厚软红匀。如果符合上述描述，实属上品。

冲泡川红工夫宜选用山泉水、井水、纯净水等含钙镁低的"软水"冲泡，以保证水质新鲜，特别是特级以上的川红工夫，最好不要用自来水冲泡，这样会破坏其独特的味道。川红工夫红茶适宜冲泡的水温在80℃~90℃之间最佳，切忌用滚烫的100℃的开水冲泡，尤其是用嫩芽尖制作而成的"红贵人"、"黄金白露"、"金芽"等高档川红工夫茶更是如此，以免破坏了茶叶的口感。建议使用"中投法"冲泡该茶，先在杯中注入大约十分之一的热水烫杯，再投入3~5克川红工夫茶叶，然后再沿玻璃杯壁注水进行冲泡，茶叶在杯中舒展开，就会散发出其特有的馥郁芳香。

蒙顶黄茶

【蒙顶黄芽特级】 ★★★★

李克评分： 90 分

李克点评： 该款茶味道清润而甘甜，色泽黄润而碧透，正是"扬子江中水，蒙山顶上茶"

干茶：	9 分
茶汤：	13 分
叶底：	4 分
滋味：	13 分
潜力指数：	6 分
零售终端行情指数：	5 分
入选基准分：	40 分

产地：	四川
厂家：	四川名山县夹江天福观光茶园有限公司
品种：	黄茶
规格：	250g
保质期：	18 个月
电商参考价：	1500 元

【最佳产区】

四川名山县。

【渊源】

美丽的四川蒙顶山不仅盛产绿茶名品"蒙顶甘露"，而且也是黄茶极品"蒙顶黄芽"的故乡。蒙顶茶是蒙顶山所产名茶的总称。自唐代开始，直到明清两代，蒙顶茶一直以来都是皇家享用的贡茶。自唐宋以来，川茶中以蒙顶贡茶而闻名天下，白居易更是写下了"蜀茶寄到但惊新"的诗句来称赞贡茶。

"蒙顶黄芽"以"黄山"牌注册商标而闻名于世，因生产厂家注册商标不同，所以茶名有"山"与"顶"的分别，但均产于四川省名山县蒙顶山山区。

蒙顶山产茶历史悠久，栽培于西汉时期，距今已有两千多年的历史，据古籍《蒙顶茶说》中记载："名山之茶美于蒙，蒙顶又美之上清峰，茶园七株又美之，世传甘露慧禅师手所植也，两千年不枯不长。其茶，叶细而长，味甘而清，色黄而碧，酌杯中香云蒙覆其上，凝结不散，以其异，谓曰仙茶。每岁采贡三百三十五斤。"更有诗云："蒙茸香叶如轻罗，自唐进贡入天府。"

时至今日，一些传统品类的名茶都被保留了下来并加以改进提高。所以蒙顶山的名茶又分为"甘露"、"石花"、"黄芽"、"米芽"、"万春银叶"、"玉叶长春"等几大品类。1950年代初期以生产黄芽为主，称"蒙顶黄芽"，近来则以甘露等居多，但"蒙顶黄芽"仍有生产，为黄茶类名优茶中的珍品。

【工艺】

"蒙顶黄芽"制作工序相当考究，依次分为杀青、初包、复炒、复包、三炒、堆积摊放、四炒、烘焙等八道工序。由于"蒙顶黄芽"的芽叶特嫩，所以制作过程中有几道工序需要精制处理，比如杀青时，需将锅温升到100℃左右，并且均匀地涂上少量白蜡，待锅温达130℃时，蜡烟散失后方可开始杀青。另外，需要注意包黄这一道工序，因为这是形成"蒙顶黄芽"品质特点的关键工序。将杀青叶迅速用草纸包好，使初包叶温保持在55℃左右，需要放置60~80分钟，中间开包翻拌一次，促使黄变均匀。待叶温下降到35℃左右，叶色呈微黄绿时，进行复锅二炒。

【风格】

"蒙顶黄芽"外形扁直，色泽微黄，芽毫毕露，甜香浓郁，汤色黄亮，滋味鲜醇回甘，叶底全芽，嫩黄匀齐。符合上述描述，则为蒙山茶中的极品。

【曾获荣誉】

蒙顶茶栽培始于西汉，距今已有两千年的历史了，古时为贡品供历代皇帝享用，中华人民共和国成立后曾被评为全国十大名茶之一。

【品鉴】

冲泡蒙顶黄芽用的水以清澈的山泉为佳，茶具最好选用透明的玻璃杯，并用玻璃片作盖。杯子高度在10~15厘米，杯口直径4~6厘米，每杯用茶量为3克。

冲泡前，先用开水预热茶杯并清洁茶具。注意在清洁完茶具后一定要擦干茶杯，以避免茶芽吸水而不宜竖立。用茶匙轻轻从罐中取出蒙顶黄芽，放入茶杯中待泡。冲泡的水温以70℃左右为最佳，先快后慢地将水冲入盛茶的杯子，注水至二分之一处，使茶芽湿透。稍后，再冲至七八分满为止，盖上玻璃盖片。约5分钟后，可看见茶芽渐次直立，上下沉浮，并且在芽尖上有晶莹的气泡。刚冲泡的蒙顶黄芽是横卧水面的，加上玻璃片盖后，茶芽吸水下沉，芽尖产生气泡，犹如雀舌含珠，似春笋出土。紧接着，沉入杯底的直立茶芽在气泡的浮力作用下，再次浮升，如此上下沉浮，煞是好看。当开启玻璃盖片时，会有一缕白雾从杯中冉冉升起，然后缓缓消失。赏茶之后，可端杯闻香，闻香之后便可品饮了。

竹叶青

【论道竹叶青（大师装）】 ★★★★★

李克评分： 97 分

李克点评： 在冲泡茶的过程中，可以看到茶的展姿、茶汤的变化、茶烟的弥散，其天然风姿甚美

干茶：	10 分
茶汤：	15 分
滋味：	15 分
叶底：	5 分
潜力指数：	8 分
零售终端行情指数：	4 分
入选基准分：	40 分

产地：	四川省峨眉山市
厂家：	四川峨眉山竹叶青茶业有限公司
品种：	绿茶
规格：	216g（4×54袋）
保质期：	18 个月
电商参考价：	**2980 元**

【竹叶青静心级峨眉明前绿茶叶】 ★★★★

李克评分： 90 分

李克点评： 该款茶于清明前采摘，且出自峨眉山特定高山，茶叶的品质优良，所泡出的茶滋味也相当鲜嫩、爽口，为绿茶中的上品

干茶：	13 分
茶汤：	8 分
叶底：	4 分
滋味：	13 分
潜力指数：	8 分
零售终端行情指数：	4 分
入选基准分：	40 分

产地：	四川省峨眉山市
厂家：	四川峨眉山竹叶青茶业有限公司
品种：	绿茶
规格：	100g
保质期：	18 个月
参考价格：	**290 元**

【最佳产区】

四川峨眉山。

【渊源】

峨眉山产茶的历史非常悠久。唐朝李善所著的《文选注》中记载："峨眉多药草，茶尤好，异于天下。"到了宋代，峨眉山茶叶更是有名，大文豪苏东坡、诗人陆游等都曾赋诗称赞过峨眉山的茶。

竹叶青是采自峨眉山的明前茶，其外形润泽，条索紧细且均整，并且扁平光滑，呈竹叶形状，一旗一枪，煞是精致。竹叶青的名称由来还有一段鲜为人知的故事。

1964年4月的一天，时任副总理的陈毅元帅途经四川，来到峨眉山时，在山腰的万年寺休憩。寺中的老和尚泡了一杯新采的竹叶青茶送到陈毅手中，一股馨香霎时扑面而来，陈毅笑盈盈地喝了几口，自感该茶回甘甚好，且清香沁脾，顿时觉得心旷神怡，舟车劳顿之感全消，连忙问道："这茶产在哪里？"老和尚答道："此茶是我们峨眉山的土产，几年前才用独特工艺制成此茶。"陈毅又问："此茶叫什么名字？"老和尚答："还没有取名，请首长取个名字吧！"陈毅推辞道："我是俗人俗口俗语，登不得大雅之堂。"经老和尚再三请求，陈毅高兴地说："我看这茶形似竹叶，青秀悦目，就叫竹叶吧！"。从此，与中国美酒同名的峨眉竹叶青茶，有了自己的名字。

【工艺】

竹叶青茶采摘精细，制作工艺精湛，具有香气浓郁、汤色清澈、滋味醇厚、叶底嫩匀的优点。用于制作竹叶青茶的鲜叶十分细嫩，加工工艺十分精细。一般在清明前3～5天开采，标准为一芽一叶或一芽二叶初展，鲜叶嫩匀，大小一致。适当摊放后，经高温杀青、三炒三凉，采用抖、撒、抓、压、带条等手法，再做形并使之干燥，使竹叶青茶具有扁直平滑、翠绿显毫、形似竹叶的特点；再进行烘焙，茶香益增，成茶外形美观，内质十分优异。

目前，峨眉竹叶青茶已成为茶农的支柱品牌，已形成家庭手工加工、设点机器服务加工和大型名茶加工厂等多层次的加工制作方式，使茶叶身价以每公斤市价的20元提高到了现在的200元以上。

【风格】

竹叶青按其品质特点可分为多个等级。品味级为峨眉山高山茶区所产的鲜嫩茶芽精制而成，其色、香、味、形俱佳，堪称茶中上品；静心级为峨眉山高山茶区所产的鲜嫩茶芽精制后精选而成，细细体味，唯觉唇齿留香，神静气宁，属茶中珍品；论道级为峨眉山高山茶区中特定区域所产的鲜嫩茶芽精制而成，再经过精心挑选而得，深得峨眉山水的意趣，品尝后更能体会"茶禅一味"的要义，因产量有限，所以市面上极其罕见。

【曾获荣誉】

1985年，荣获葡萄牙里斯本第24届食品评选会金奖。1988年，获中国首届国际食品博览会金奖。1993年，荣获德国斯图加特第14届国际博览会金奖以及国内12项金奖，是唯一被四川省政府授予"四川名牌"的产品。

【防伪】

上品竹叶青茶嫩绿明亮、清香、醇爽。采摘精细，制作精湛，形状扁平直滑，翠绿显毫形似竹叶，香气浓郁，汤色清沏，滋味醇厚，叶底嫩匀。叶青外形扁条，两头尖细，形似竹叶。通过冲泡更能充分鉴别竹叶青茶的品质。用杯泡法：取茶3克，冲入约150毫升的开水，浸泡3分钟后滤出茶汤，闻嗅香气，察看汤色，品尝滋味；第二次冲入开水，浸泡5分钟后滤出茶汤，依次嗅香、观色、尝味。以辨别茶叶的品质。

【品鉴】

高档细嫩的茗品竹叶青茶，一般选用玻璃杯或白瓷杯，而且无须用盖，这样一是为了增加透明度，便于人们赏茶观姿，二是为了防止嫩茶被泡熟，失去鲜嫩色泽和清鲜滋味。至于普通竹叶青茶，因为并不十分注重欣赏茶趣，而是为了解渴，因此也可选用茶壶泡茶。这就是所谓的"嫩茶杯泡，老茶壶泡"的道理。

对细嫩名优的竹叶青茶，在泡饮前，先取一杯量的干茶置于白纸上，让品饮者先欣赏干茶的色、形，再闻一下香，充分领略名优竹叶青茶的天然风韵。清洁完茶具和做好温杯工序后，开始进行冲泡。

如果采用"上投法"，则比较适用于外形紧结的高档竹叶青茶，即先将85℃～90℃的沸水冲入杯中，然后取茶投入，竹叶青茶便会徐徐下沉。如果采用"中投法"，则是比较适用于条索比较松散的高档竹叶青茶，即先置茶，后冲入沸水。冲泡时选用"凤凰三点头"法，冲水入杯内至总容量的七成左右，意为"七分茶，三分情"，经过三次"高冲"，使杯内竹叶青茶上下翻动，杯中上下茶汤浓度均匀。冲泡过程，要求水壶高悬，使水流有冲击力，从而有曲线的美感。

雪芽茶

【峨眉雪芽特级禅心】······★★★★

李克评分：·····················**90分**

李克点评：该款茶为清明前之新发的鲜嫩茶芽，茶叶品质上乘，冲泡时，茶叶均显现出舒展的自如姿态，茶汤色泽也明亮通透，入口鲜香，且带有花香的气息，使得茶味甚好

干茶：·····················9分
茶汤：·····················12分
叶底：·····················5分
滋味：·····················13分
潜力指数：·················7分
零售终端行情指数：·········4分
入选基准分：···············40分

产地：·················四川省峨眉山市
厂家：·············四川峨眉雪芽茶业分公司
品种：·························绿茶
规格：·························249g
保质期：······················12个月
电商参考价：····················939元

【最佳产区】

四川省峨眉山。

【渊源】

"峨眉雪芽"盛产于峨眉山海拔800～1 200米处，主要产于赤城峰、白岩峰、玉女峰、天池峰、竞月峰下和万年寺一带。千古香茗"峨眉雪芽"是峨眉山茶文化最具核心的代表，在历史上"峨眉雪芽"香茗处处留香，从隋、唐至两宋，以及元、明、清诸多朝代，均有文人政客表达了对雪芽无比的喜爱之情。

唐代著名诗僧贾岛在《送朱休归剑南》一诗中写道："芽新抽雪茗。"贾岛虽然没有到过峨眉山，但在京都长安就品饮过"峨眉雪芽"，更是听闻过"峨眉三月雪中采新茶"的奇异景观故事，可见在唐代，"峨眉雪芽"已名扬天下。

到了宋代，大文豪苏东坡嗜饮"峨眉雪芽"且情有独钟，曾赋文《嘉木记》，又自造"东坡壶"终身相伴。另一位南宋大诗人陆游则经常自诩"江南老桑苎"，一生品饮江南诸多香茗，见识品饮"峨眉雪芽"后感叹道："雪芽近自峨眉得，不减红囊顾渚春。"

相传唐太宗在位时，曾遣药王孙思邈专程至峨眉山问茶问药。峨眉山黑水寺茶僧曾将上品"峨眉雪芽"敬献给唐太宗。从此之后，"峨眉雪芽"名震长安，被列为中国十大名茶之一，连年成为皇家的贡茶。

【工艺】

用于制作"峨眉雪芽"的鲜叶十分细嫩，加工工艺精细。一般在每年农历3月的清明时节开采。标准为一芽一叶或一芽二叶初展。每500克干茶约需4.5万颗茶芽。其采摘法甚为讲究，采摘时用力要巧，以防用力过重而将茶芽掰断。忌用指甲掐，全用拇指和食指的指腹采摘。因为用指甲去掐很容易弄伤芽柄，从而造成掐痕，这样焙制出来的茶叶经水冲泡后会呈黑头，品相大跌。

制作工艺一般经历堆放、杀青、摊凉和提香四道工序。其中，在做最后一道工序提香时，茶芽入锅后翻动要迅速，翻搂的动作要极快，茶芽与高温锅底相触的时间长短是提香的关键，翻搂拍压没有配合好，容易产生苦焦味，而火温太低太浅，又容易产生青涩味。因此，此道工序极其重要。

【风格】

"峨眉雪芽"品牌的独特之处在于"珍稀"和"有机"。"峨眉雪芽"有机生态茶区，位于峨眉山风景区内海拔800～1 500米的崇山峻岭之中，终年云雾缭绕。景区内7千多种野生动植物形成了多样性的自然物种资源，孕育了"峨眉雪芽"天生丽质的优秀品质。此外，自从邓小平同志在1980年来到峨眉山视察后，便作出了"峨眉山要退耕还林，打造成文化型风景名胜区"的指示之后，峨眉山便立即着手实施退耕还林、保护生态环境。在茶叶种植中杜绝农民使用化学药物和化学肥料，对茶园进行统一管理，并对部分老茶树进行改良，使得"峨眉雪芽"成为真正意义上的生态茶、健康茶和放心茶。

【曾获荣誉】

2010年3月，"峨眉雪芽"珍稀有机绿茶产品被选入中南海，为川茶争光，为品牌增辉。 2010年11月，在世界茶联合会在台湾省台中市举办的第八届国际名茶评比大会中，成为"世界佳茗大奖"的绿茶品牌。分别还获第三届中国国际茶业博览会(绿茶类)特别金奖、第四届中国国际茶业博览会有机茶特别金奖、第六届中国国际茶业博览会灵芝茶特别金奖、"中国珍稀有机绿茶奖"和"中国珍稀绿茶奖"。

【品鉴】

为了更好地观赏"峨眉雪芽"的茶色，最好采用晶莹剔透的水晶茶具进行沏泡，这最宜观赏它的美色、闻它的香气。最好在茶叶沏透泡开的一两分钟之后，待茶叶舒卷自如、灵动飘逸之时，叶间会泛出丝丝的金黄，彼时才会香风拂面。品饮"峨眉雪芽"的真味，则最好用天然矿泉水冲泡，尤其是选用产自峨眉山的矿泉水，甘甜可口，最能把"峨眉雪芽"的真味留住。

华南茶区

华南茶区主要覆盖广东、广西、福建、台湾、海南等省(区)，是我国四大茶区中最大的一个。这里有着最适宜茶树生长的自然环境，茶资源极为丰富，主要品种有红茶、乌龙茶、白茶、六堡茶等。

悠久的华南茶史

华南地区的产茶史十分悠远。以广东为例，据考证，早在秦汉时代，这里就已经出现了制茶业。明朝，广州的"茶市"与潮州的"工夫茶"就已成熟，并成为广东茶文化的精髓所在。到了清代，广东茶业更加兴盛，茶市、茶馆遍布街市，当地人品茶蔚然成风。在当时一些介绍广东风土的著作中，"茶"几乎是必提的内容。

相比之下，福建地区茶业的发展史则更为丰满。在晋代的石刻上便可见到相关的记载。唐朝"茶圣"陆羽的著作《茶经》中也曾花大篇幅描述过福建茶。公元946年，南唐后主李煜派遣官员到建州(今南平市建瓯市，位于福建省北部)创建"北苑龙焙"，制作"北苑贡茶"，使得福建的茶业达到鼎盛。明嘉靖年间，日寇入侵福建东南沿海，一些闽南茶农迁移到武夷山地区，从而也把闽南的制茶技术带了过去。1610年左右，红茶鼻祖——正山小种——出现，开启了武夷山茶叶史的第二次辉煌，当时统称"武夷茶"。1636年，安溪西坪人发明了茶树整株压条育苗法，随后逐年改进成茶树短穗扦插育苗法。这种技艺至今仍在世界范围内被广泛运用。

清朝，康熙继位后，曾对东南沿海进行了长达二十年之久的迁界令。为此，茶叶贸易改经江西从广州出口，同时，闽南沿海开始了又一次大规模的移民内迁。这在很大程度上促进了闽南和武夷山两地的茶叶种植与制作技术的交流，奠定了乌龙茶问世的重要基础。雍正年间，铁观音在西坪被发现，此后在安溪各地繁育种植。光绪十年，安溪西坪峣阳乡王永信首创布巾包揉制法，使茶之"色、香、味、形"俱佳，从此闽南、闽北两大茶区分成了两种不同的乌龙茶制法。

就广西茶史而言，《桂平县志》说其"始于汉晋之间，至唐而大盛"。到了宋朝，广西茶叶发展成为商品并开始课税。宋高宗年间，广南西路茶叶产量高、分布较广，形成了当时融州、静江府、郁林州、昭州、浔州、宾州六大茶区。清代广西茶区扩大到了六十多个县，茶叶品种有上百个之多。台湾、海南的茶史相较于闽、粤都较晚。台湾虽然在三百年前便有野生茶树，但真正的茶叶制造却是自二百多年前从福建武夷山地区引进的。

综合来看，华南各省份的茶业都曾达到过一定程度上的辉煌，但伴随着清末国内政治局势的动荡和战乱，茶叶产量开始骤然萎缩甚至几乎停产。一直到中华人民共和国成立后，茶园面积与茶叶产量得到迅速恢复，华南地区的茶业才再度兴旺起来。

华南茶区的自然环境

华南茶区水、热资源丰富，土壤肥沃，有机质含量高。地貌类型多为低山丘陵，全区大多为赤红壤，部分为黄壤。茶区高温多湿，四季常青，年平均温度在20℃以上，年极端最低温度不低于−3℃，年降水量可达1 500毫米，是中国茶区之最。

土壤对茶叶种类及品质的影响是显而易见的。因此，在华南茶区，不同的区域所主产的茶种也不相同。比如在北回归线南侧，紧连港澳的粤桂中南低山丘陵区域，气候温暖多雨，土壤是酸性红壤，比较适应发展碎红茶和CTC红茶；而闽南粤东北的低山丘陵区域是山地红壤，最适合栽种小乔木茶树；海南丘陵山地四季暖湿，红壤和红黄壤为主，完全满足乔木型茶树品种生长发育的需要，是海南大叶种的最佳种植区域；台湾丘陵山地区域四面环海，地处热带与亚热带过渡区域，气候温暖湿润，年降水量通常超过2 000毫米，多为台地红壤，适宜小乔木型茶树种植。

此外，同一茶区内，地势的不同也造就了不同的茶叶品质。生于高山地带之茶叶，制成茶叶香气往往较浓，比如荡气回肠、别具岩韵的武夷岩茶，就是生产于海拔650米高处。产于山间倾斜地之茶叶，茶叶质地柔软，制成乌龙茶或包种茶，其色、香、味、形均属优良；而长在平地上的茶树，制成茶叶品质则很一般，香气不佳，滋味较淡。

不能不尝的华南茶叶

华南茶区汇集了中国的许多大叶种茶树，这里出产的红茶、普洱茶、六堡茶、大叶青、乌龙茶等都非常优质。武夷岩茶中的大红袍、铁罗汉、白鸡冠、水金龟号称"四大名枞"，其中又以大红袍最为名贵，是一定不能错过的。

产于福建福鼎的白毫银针十分珍贵，据说在港澳地区零售商店常将少许白茶拼配进其他茶类，以提高其档次。要想知道其中的妙处，冲一杯茶尝尝便知。

此外，福建永春的佛手茶，安溪的黄金桂、铁观音、毛蟹茶，广东的英红一号，广西的苍梧六堡茶，台湾的冻顶茶、明潭红茶，等等，也都非常值得品鉴。

铁观音

【凤山牌铁观音 NT10000 浓露香永】····★★★★★

李克评分：·· **98 分**

李克点评： 滋味好，喝完后喉咙爽润，特舒服

干茶：·· 10 分
茶汤：·· 14 分
叶底：··· 5 分
滋味：·· 15 分
潜力指数：··· 10 分
零售终端行情指数：·· 4 分
入选基准分：·· 40 分

产地：·· 福建
厂家：······················· 福建安溪铁观音集团股份有限公司
品种：··· 青茶（浓香型）
规格：·· 250 g（盒）
电商参考价：·· 5000 元

【最佳产地】

福建省泉州市安溪县。

【渊源】

安溪县能够成为闽南地区有名的茶都，主要得益于其得天独厚的自然生态环境。它处于群山环抱之中，属亚热带季风气候区，西北有闽中大山为屏障，东南临台湾海峡，因而拥有丰富的降水量，相对湿度78%左右，常年云雾缭绕，似仙境一般。这里的土壤主要为酸性红壤，有机物质含量丰富，产出的茶叶品质优良，驰名中外。

据《安溪县志》记载，从唐代末期开始，安溪县就开始产茶。境内一些古老的野生茶树已有一千多年的生长历史。明清时代，安溪茶业达到鼎盛，铁观音茶就是在清朝时期（大约1725～1735年）发明创制的。

铁观音属于乌龙茶，茶条卷曲，色泽砂绿，冲泡后汤色金黄浓艳，滋味醇厚甘鲜，回甘悠久，且茶香持久，俗称"七泡有余香"。由于香味独特，铁观音出现后，闽南、闽北、广东、台湾等乌龙茶区也纷纷仿制。不过，铁观音茶树天性娇弱，产量不大，因此也更加名贵。

1952年4月，中国茶叶公司福建分公司在安溪县西坪镇安美庙创建了安溪茶厂。这也是乌龙茶行业历史最悠久的生产企业之一。第二年，茶厂迁往安溪县官桥镇江苏楼。1957年10月，安溪茶厂兴建新厂房，实现了半机械化精制，年加工能力1 500吨。1980年，安溪茶厂生产的铁观音产品注册商标为"凤山"牌。1996年年底，安溪茶厂获得自营进口权，成为国内乌龙茶精制厂首家拥有自营进出口权的生产企业。2007年年底，茶厂改制为福建安溪铁观音集团股份有限公司。

【工艺】

安溪铁观音一年分四季采制。品质以春茶为最好，秋茶次之，夏、暑茶品质较次。其制作工艺有粗制和精制两个流程。粗制包括晒青、凉青、摇青、杀青、揉捻、初培、复培、复包揉、文火慢烤、拣簸等工序。精制则包括拼配、整饰外形、剔除劣质、散发水分、火焙醇化等。

【风格】

铁观音茶质特征主要有三方面：汤浓、韵明、微香。但不同香型的茶风格又有所区别。此茶主要有清香型、浓香型、鲜香型、炭焙型、韵香型之分。

清香型铁观音属于流行性的轻发酵茶叶，叶片翠绿，无枝无沫，冲泡后清汤、香高、味纯，适合清淡口感以及想欣赏茶色的朋友。茶叶一般可冲泡5~6次左右，需冷藏。

鲜香型铁观音和清香型类似，同样都属于流行性的轻发酵茶叶。茶叶是暑季采摘的，消青过程经空调保鲜，因此有独特的鲜味，适合喜欢清淡鲜香口感并愿意欣赏茶色的朋友品尝。这种茶叶需冷藏，以保持鲜度。

浓香型铁观音属传统半发酵茶，在绿色的茶叶后面还有轻黑和微黄的叶子，茶汤是金黄色，口感最纯正，适合饮用口感较重的资深茶友。

韵香型铁观音介于清香和浓香之间，既有清香型的香气又有浓香型的纯正口感，耐冲泡，同样需冷藏保存。

炭焙型铁观音是在传统半发酵的铁观音茶基础上再次用木炭进行约5~12小时的炭焙时间。冲泡之后茶汤深黄，口感顺滑，拥有天然的火香味，品尝之后喉咙特别舒爽，它适合重浓口感的老茶友。这类茶无须冷藏，自然存放口感更好。

【功效】

铁观音具有清心明目、杀菌消炎、减肥美容、延缓衰老、降血压、消血脂、降胆固醇、减少心血管疾病及糖尿病等功效。需要注意的是，清香型和鲜香型铁观音寒气较重，肠胃不好的茶友最好别喝，宜选浓香型茶。

【曾获荣誉】

1982年，"凤山"牌特级铁观音获国家金质奖章。1986年，轻工部授予安溪茶厂"凤山"牌特级铁观音为"轻工部优质产品"称号。1988年，安溪茶厂"凤山"牌特级、一级铁观音分别获国家轻业部颁发的部出口产品金奖。1989年7月，安溪茶厂"凤山"牌特、一级铁观音分别获首届北京国际博览会金奖。1999

年6月,"凤山"牌安溪铁观音被指定为钓鱼台国专业茶。

【防伪】

假的铁观音一般是不良茶商以其他茶树叶子冒充的,也有的是用与铁观音茶树叶子相似的非茶树叶或草叶制成的夹杂物。假的铁观音芽叶通常较细嫩,多数是直条扁形,梗消瘦,有的呈三角形,色泽干燥无光,黑色中带有暗黄或枯黄。从味道方面来看,假茶大多带有异味,或是青草味,或是药味,等等。有些假茶异味虽不明显,但冲泡后的滋味大多酸涩,或是有异样的甜味、苦味、药味。

真假铁观音的叶底形状也不相同。真茶叶片主脉明显,有网状侧脉,支脉不射边缘,在三分之二的地方向上弯,连接上一支脉,叶脉隆起形成波浪状。茶边缘锯齿明显,幼芽和部分叶背有芽毛,嫩茎呈圆形。假茶叶底色泽黄白、枯黄,叶脉一般呈放射状直到边缘,不形成网络状,叶脉一般较平滑。假茶有的无锯齿,但有的带不明显的锯齿,有的不带茸毛,有的则芽梗叶都有茸毛,茎呈扁形、三角形或圆形。真茶的叶表皮角质层较光整。假叶的叶角质层薄烂、易于脱皮。

【品鉴】

品饮铁观音可分为"观形、听声、观色、闻香、品韵"五个步骤。推荐使用工夫茶具品饮铁观音,如盖碗、紫砂壶、飘逸杯。

观形:优质铁观音茶条卷曲、肥壮圆结、沉重匀整。

听声:取少量茶叶放入茶壶,可以听到"当当"的声音。音越清脆,代表茶叶越好。

观色:干茶色泽鲜润,带砂绿色,红点鲜艳,叶表带白霜。冲泡后汤色金黄,浓艳清澈,茶叶展开后叶底肥厚明亮,具绸面光泽。若汤色暗红,说明茶叶品质相对较次。

闻香:上好的铁观音茶汤香气浓馥,不但芬芳扑鼻,而且持久。

品韵:细啜一口,舌根轻转,可以感受到茶汤滋味的醇厚甘鲜。缓缓下咽,更觉韵味无穷。

毛蟹茶

【张元记花香乌龙红茶】 ★★★★

李克评分： **94 分**

李克点评：牌子好，滋味好

干茶：	10 分
茶汤：	14 分
叶底：	5 分
滋味：	14 分
潜力指数：	6 分
零售终端行情指数：	5 分
入选基准分：	40 分

产地：	福建
厂家：	福建福鼎市张元记茶业有限公司
品种：	乌龙茶
规格：	100g
保质期：	720 天
电商参考价：	330 元

【最佳产地】

福建安溪大坪乡。

【渊源】

同产于安溪，毛蟹茶的名气虽然不如铁观音、黄金桂响亮，但却也是茶香诱人、滋味醇厚的佳茗。

关于毛蟹茶的来由，传说清朝光绪年间，大坪乡福美村的茶农高坑某日发现了一株小茶树。这株茶树既不是长在石缝里，也不是长在墙脚下，而是从墙壁缝里钻出来。从树形和叶形来看，它既不像"铁观音"，也不像"黄旦"，更不像"本山"。高坑决定要好好栽培，一定要弄清楚它的茶种。于是，他用刀把墙土连茶树整块挖下，小心地移到茶园里栽种，一年四季都将主芽芽尖摘掉，使芽越长越多。

等到第三年采下春茶，他把这些茶芽单独进行炒制。成品茶色香味都很好，有一股诱人的焦香，韵味独特，又很耐泡。由于此茶树仿佛螃蟹一样从地上爬到墙壁中间，茶叶背面又有许多白色细毛，因而取名"毛蟹"。

这种茶生长极为迅速，产量高，而且品质好，因而创制后便迅速传开。从制作方式上来说,毛蟹制乌龙茶、红茶、绿茶都可。

【工艺】

毛蟹茶采摘时用食指与拇指挟住叶间幼梗的中部摘断,采摘时间以中午12点到下午3点之前为好。采摘下来的茶青要在日光下摊晒,或利用热风使茶青水分适度蒸散,然后以高温炒青、揉捻形成卷曲状。茶青经过萎凋、发酵、杀青、揉捻、干燥等制作工序后制成茶称为"初制茶",然后再精制出品。

【风格】

此茶干茶条索紧结,梗为圆形,头大尾尖,芽叶嫩,锯齿深、密、锐,有白色茸毛,色泽褐黄鲜润。冲泡后,茶汤是青黄色或金黄色,香气清新高远,有隐隐的茉莉花香,口感清纯略厚。

【品鉴】

品尝毛蟹茶宜选择盖碗或紫砂壶,100℃沸水为好。洗茶后可以冲泡七、八遍,其中以第二、三、四泡香气最佳。

【功效】

该茶能解毒、消食、提神、利尿、抗菌、减肥、防癌、防龋齿。此外,它对高血压和冠心病也有一定的预防作用。安溪毛蟹茶中的维生素、咖啡碱、氨基酸、矿物质、茶多酚等物质含量高,这些物质对提高人的智力能够产生一定的影响。

【储存】

毛蟹茶保存时要特别注意控制环境的温湿度、氧气量、光线等因素,通常以冷藏为宜。储存前最好对茶叶含水量进行测定,如果过高,应进行复火,或用生石灰吸湿,使茶叶含水量低于6%。储存的环境条件也应保持干燥,包装材料不宜选用透明袋,也不能把茶叶放置在光线照射处。此外,毛蟹茶吸附力强,保存时不要与有异味的物品放到一起。

黄金桂

【御龙阁至尊黄金桂王】 .... ★★★

李克评分： .... **86 分**

李克点评： 不愧是安溪四大名茶之一，好喝。对于任何口感的人来说，黄金桂都很适合，但私以为这款茶比较适合心境平淡时品赏，以领略其清香之雅、回甘之妙

干茶：	6 分
茶汤：	12 分
叶底：	5 分
滋味：	12 分
潜力指数：	8 分
零售终端行情指数：	3 分
入选基准分：	40 分
产地：	福建
厂家：	福建百年御龙茶业有限公司
品种：	乌龙茶（青茶）
规格：	250g
保质期：	730 天
电商参考价：	200 元

【最佳产地】

福建安溪虎邱、大坪、金谷、剑斗等乡镇。

【渊源】

黄金桂的故乡在福建安溪。它是以黄旦品种茶树嫩梢制成的乌龙茶，因其汤色金黄，茶香中透出桂花香气，因此取名为黄金桂，也有人直接以"黄旦"称呼。黄金桂有"一早二奇"的美誉，"早"是指萌芽早、采制早。它是目前乌龙茶品种中发芽最早的一种，因此又有"清明茶"的说法。"二奇"一是指外形奇特，二是指香气高远、奇特优雅，素有"透天香"的说法。由于黄金桂口感浓郁，与铁观音难分二致，目前有些网店商家会把它以"浓香型铁观音"的名义出售。

黄金桂一年可以采摘五次，春、夏、秋、冬四季外加夏秋之交的"暑茶"。每年4月10日左右为黄金桂春茶的采摘时间，但论茶质，则属春、冬两季的黄金桂最好。原因是，这两季节天气都比较冷，但光照充足，空气干燥，因此长出的茶叶水分含量更完美，口感更佳。

关于黄金桂的创制时间，业内大多人士认为是19世纪中叶。据说，在清代咸丰年间，安溪罗岩村的茶农魏珍到福洋探亲，归途中发现一株奇特的茶树，便折下枝条带回家将它栽种。后又采制成茶。冲泡时，茶杯盖还没揭开，茶香已经扑鼻，待揭开茶杯盖后，更觉茶香芬芳迷人。后人根据其叶色、汤色特征，取名为"黄旦"。

此后，罗岩周边的大坪、双都、福美、虎邱等地也先后引种，茶叶产量逐步增加。清同治六年（1867年），罗岩的茶农根据"黄旦"叶张薄，容易发酵等特点，总结出一套独特的采制工艺，除遵循乌龙茶采制工艺外，还注意一个"轻"字，即采摘要"小把、轻放"，保持芽叶的完整性和鲜活性。

清同治十年（1871年），茶商林宏德把"黄旦"茶远销到东南亚各国，在华侨中间迅速打开销路，甚至供不应求。林宏德根据此茶色如"黄金"，奇香似"桂"的特征，把茶叶改称为黄金桂。1940年，山金泰茶庄经营的黄金桂远销到中国香港、新加坡等地。

抗日战争期间，由于茶叶外销中断，市场萎缩，黄金桂一度严重受挫，产量大幅度下降。中华人民共和国成立后，黄金桂迅速恢复生产。目前，黄金桂的产区主要分布于虎邱镇的罗岩、美庄、双都、大坪、福美、城厢、参内、金谷、剑斗等乡镇，其中以罗岩所产最佳。

【工艺】

黄金桂的初制工艺与铁观音相同，但晒青、摇青程度比铁观音轻，杀青时间短，烘焙温度稍低，火候也比较轻，这样才能保持黄金桂香气清纯。初焙后的茶叶要用茶巾趁热包裹，然后在板凳上推压滚转卷曲成条形，然后再经复焙、烘干而成。

【品质特点】

黄金桂的干茶很轻，外形条索紧细，色泽润亮金黄，有桂花和栀子花的香味。冲泡后，茶汤有水蜜桃的香味，叶片薄，呈狭长形，叶底中央黄绿，叶边缘呈朱红。其香气清雅，初入口有一丝涩感，但马上便有回甘。

【防伪】

市场上，黄金桂茶假货不多，但滥竽充数的劣质冒牌产品不少。消费者在挑选茶叶时，要注意从外形、叶底和内质多方面进行考核。好的黄金桂条索细长尖梭且较松，体态较飘、较轻，叶梗细小，色泽呈黄楠色、翠黄色或黄绿色，有光泽。茶汤金黄明亮或浅黄明澈。有水蜜桃或者梨香，有回甘。叶片较薄，呈狭长形，叶缘锯齿较浅。

【品鉴】

品赏黄金桂，茶具最好选用宜兴的陶器或景德镇的瓷器，水则最好选择纯净水或矿泉水。投放的茶叶量应达到茶壶体积的四分之一到二分之一。这种茶叶中所含的芳香物质在高温的条件下才能完全发挥出来，因此冲泡的水必须煮沸。

【功效】

消食、消脂、清油腻、抗衰老等。

【曾获荣誉】

1982年3月，安溪茶厂生产的特级黄金桂被商业部评为优质产品。1985年，黄金桂被农牧渔业部和中国茶叶学会评为中国名茶。1986年，黄金桂又被商业部授予全国名茶称号。

铁罗汉

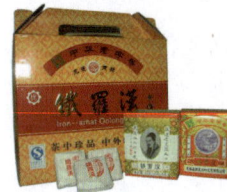

【惠安龙雀经典铁罗汉】

李克评分：················· 75 分
李克点评：虽然是老字号，不过口感似乎还有很大的提升空间

干茶：················· 7 分
茶汤：················· 10 分
叶底：················· 3 分
滋味：················· 10 分
潜力指数：············· 4 分
零售终端行情指数：····· 1 分
入选基准分：··········· 40 分

产地：················· 福建
厂家：········ 福建惠安县集泉茶叶工贸有限公司
品种：················· 青茶（乌龙茶）
规格：················· 500g
保质期：··············· 18 个月
电商参考价：··········· 300 元

【最佳产地】

福建武夷山。

【渊源】

和大红袍等名丛同产于武夷山地区的铁罗汉，是中国乌龙茶中的极品。武夷山多悬崖绝壁，当地茶农在岩凹、石隙、石缝、石沿边种植铁罗汉树，因此当地有"岩岩有铁罗汉，非岩不铁罗汉"的说法，而"岩铁罗汉"也就因而得名。

根据相关史料，在唐代，铁罗汉茶就已经是民间馈赠的佳品了。到了宋、元时期，此茶已被列为"贡品"。元代，朝廷在武夷山设立了"焙局"和"御铁罗汉园"，专门采摘、制作供宫廷享用的茶叶。清康熙年间，铁罗汉开始远销到西欧、北美和南洋诸国。

铁罗汉品质独特，茶汤有浓郁的鲜花香，口感甘馨可口，回味无穷，备受茶客青睐。此外，它的药用价值也很高，不少古代典籍都有用铁罗汉制剂救病的记载。清朝康熙年间，闽南惠安县一位叫施大成的茶商开了一家茶庄，取名"施集泉茶圃"，主要经营铁罗汉等武夷茶。惠安县曾发生两次瘟疫，集泉茶庄均以铁罗汉救治了不少人。至今，在武夷山一带，民间仍然有存放此茶当药用的习惯，且认为越陈越好。

到了近现代，铁罗汉在医疗的应用几乎随处可见。《中国药学大辞典》、《中国医学大辞典》、《药材学》、《中药大辞典》、《瀚海颐生十二铁罗汉》、《中国药学》等诸多著作中，都有关于铁罗汉的内容。

1931年，集泉茶庄的铁罗汉注册了"龙雀"牌商标。1943年，著名茶学家林馥泉调查记录武夷山慧苑岩茶树花名表，其中共涉及280个品种，排在第一位的就是铁罗汉，可见当时此茶名气之盛。

1956年，在施集泉茶圃的基础上成立了惠安茶厂，此后又改为惠安县集泉茶叶工贸有限公司，仍旧生产"龙雀"牌铁观音等武夷茶，"龙雀"也被评为"中华老字号"。

【工艺】

铁罗汉每年4月下旬采摘，精选3～4叶的开面新芽，经晒青、凉青、做青、炒青、初揉、复炒、复揉、走水焙、簸拣、摊凉、拣剔、复焙、再簸拣、补火等等工序。铁罗汉茶讲究做青熟、焙火足。

【风格】

武夷岩铁罗汉采用文火慢炖、吐香吸香的精制工艺。在这个过程中，很多低沸点的物质在精制和储存过程中得到了挥发和转化，而高沸点香味物质得以保存，因而造就了其耐储存、香味持久的特性，而且越老越好。

干茶外形条索粗壮紧结，色泽绿褐油润，香气馥郁有兰花及果香，是一种偏冷调的清冽香。冲泡后，汤色明亮橙黄，叶片红绿相间。口感醇厚，喉韵中香味、甜味和丛味并具。好山场的铁罗汉口感很霸气，故有"醇厚不过水仙，霸道不过铁罗汉"之说。此茶有明显的"岩韵"特征，饮后齿颊留香、经久不退，而且耐泡，冲泡9次仍然可以品尝出铁罗汉的桂花香味，但浓饮时也不觉得苦涩。

【品鉴】

铁罗汉茶适合重口味的茶友，其冲泡方法不拘一格，杯泡法、盖碗法、壶泡法、大壶泡都可，但最好的方式还是采取"功夫铁罗汉"小壶、小杯细品慢饮的方式，这样才能品味出其独特的岩韵。冲水温度以95℃为宜，茶具采用紫砂小壶或白瓷盖碗均可。

【功效】

具有提神醒脑、祛火消食、生津止渴、降压减肥等。

大红袍

【武夷星印象大红袍（韵）】 ★★★★★

李克评分： 98 分

李克点评： 茶叶味道上乘，礼盒包装考究，不可多得的好茶

干茶： 10 分
茶汤： 15 分
叶底： 5 分
滋味： 15 分
潜力指数： 8 分
零售终端行情指数： 5 分
入选基准分： 40 分

产地： 福建武夷山
厂家： 福建武夷星茶业有限公司
品种： 乌龙茶
规格： 140g
保质期： 1080 天
电商参考价： 1090 元

【八马大红袍陈韵 20 年】 ★★★★

李克评分： 93 分

李克点评： 罕见的岩茶，融入了"五行"元素的包装设计，一款别具匠心的好茶

干茶： 10 分
茶汤： 15 分
叶底： 5 分
滋味： 15 分
潜力： 5 分
零售行情指数： 3 分
入选基准分： 40 分

产地： 福建武夷山
厂家： 福建八马茶业有限公司
品种： 青茶（乌龙茶）
规格： 120g
保质期： 1095 天
电商参考价： 2000 元

【最佳产地】

福建武夷山。

【渊源】

"大红袍"茶名的由来有很多种说法。其一是说，明朝年间，上京赶考的举子丁显途径武夷山时突然得病，喝了大红袍茶后痊愈。考中状元之后，他用此茶医治好了病重的皇后，皇帝于是大喜，命状元把御赐红袍披在茶树上以示龙恩，同时派人看管茶树，百姓不得私采，此茶成为专供宫廷享用的贡茶，茶名也定为"大红袍"。另外一种说法是，这种茶树生产在岩壑幽涧之中，采摘起来十分困难。当地人在采茶季便敲鼓召集群猴穿上红袍代为采摘，因此得名"大红袍"。不过，在我看来，早春茶萌芽时，通树艳红似火，这应该才是"大红袍"得名的原因吧！

最珍贵的大红袍茶产于武夷山九龙窠的高岩峭壁上。这里日照短，多反射光，昼夜温差大，终年有细泉浸润流滴。武夷山的地质成分特殊，下部为石英班岩，中部为砾岩、红砂岩、页岩、凝灰岩及火山砾岩五者相间成层，明代徐火勃《茶考》中评论说，"武夷山中土气宜茶"。

大红袍茶的母树只有6株，产量极少，即便是在最好的年份，也不过产出几百克，说它是稀世珍宝也不为过。1972年，尼克松访问中国时，毛泽东赠送了他四两大红袍母株茶叶。尼克松并不知大红袍母株茶叶的珍贵，曾私下抱怨毛泽东小气。周恩来后来对尼克松解释说："主席已经将'半壁江山'奉送了。"1998年以来的历次拍卖会上，20克大红袍拍出15.68至20.8万元人民币不等的"天价"。

不过，现今武夷山的这6株大红袍母树的茶叶早已成为非卖品，而是作为主要自然景观和文化遗存，成为武夷山"世界文化与自然遗产"的重要组成部分。目前市面上出售的大红袍茶叶，都是利用母树无性繁殖培育出的产品。根据行业定义，凡是武夷山景区60平方公里内的大红袍茶树所生产出来的，都是正宗的大红袍茶叶。其中，采自武夷山风景名胜区的品质最好，称为正岩；采自武夷山风景名胜区周边的茶青叫做半岩；洲茶品质最次，采自武夷山风景名胜区附近的乡镇。

目前市面上在售的大红袍品牌繁多，我认为八马茶业的产品品质不错。八马茶业源于百年前的"信记"茶行，其产品除在国内热销外，还出口到日本、东南亚、欧美等国家和地区。

【工艺】

大红袍的鲜叶采摘标准为开面三四叶、无叶面水、无破损、新鲜、均匀一致。鲜叶不能过嫩也不能过老，避免在雨天采和带露水采。

大红袍的制作工艺结合了绿茶和红茶的工艺，是工序最多、技术要求最高、最复杂的茶类。其初制步骤主要包括：萎凋→摊凉→摇青→做青→杀青→揉捻→烘干→毛茶等工序。精制流程则是将毛茶经过初拣、分筛、复拣、风选、初焙、匀堆、拣杂装箱而成。

【风格】

大红袍外形呈条索状，成品茶颜色绿褐油润或是背青带褐油润，冲泡后汤水呈橙黄色，入口醇厚回甘，具有明显的岩韵。熟香型上品茶有果香和奶油香。清香型茶有花香及蜜桃香。此外，优质产品通常可以泡八泡仍有余香，十泡仍有余味。

【曾获荣誉】

2001年"武夷山大红袍"地理标志证明商标注册成功。2006年，武夷岩茶（大红袍）传统制作技艺作为全国唯一一类被列入国家首批非物质文化遗产名录。同年，大红袍被北京钓鱼台国宾馆授予指定用茶，并成为福建省获"中国名牌农产品"称号的唯一茶产品。2007年，大红袍绝品作为首份现代茶样品入藏国家博物馆。2008年，"武夷山大红袍"地理标志证明商标被认定为福建省著名商标。2010年1月21日，"武夷山大红袍"被国家工商总局认定为中国驰名商标。

【功效】

除了提神益思、消除疲劳、生津利尿、解热防暑、杀菌消炎、解毒防病、消食去腻、减肥健美等保健功能外，大红袍还有防癌症、降血脂、抗衰老等特殊功效。此外，大红袍还具有防龋齿、健胃整肠助消化、降血糖、降血脂的作用。

【防伪】

真正的武夷山大红袍必须具备三个条件：一是茶树品种必须是经过母树无性繁殖后，保持了母树优良特征特性的茶树；二是生长在武夷山市2 798平方公里内；三是制作工艺完全按照传统的独特制作工艺加工完成。目前市场上仿冒大红袍主要有两种手法：一种是以武夷岩茶周边产区的水仙等品种冒充大红袍；另一种手法是用完全不同类的闽南茶作为原料仿制大红袍。

消费者购买茶叶时，要注意产品外包装上是否有原产地域保护产品标识。另外，要查看茶叶外形，正宗的大红袍必须是乌黑呈龙形的单叶条索形茶。初闻茶有炭火茶及茶叶的自然干香，火香味较足，不应有其他的杂味。香气过重和过于明显的茶就不是大红袍。用95度以上开水冲泡后，大红袍的汤色是褐黄色的，入口有微苦，而余味足、入口香甜的茶应谨防是假冒产品。

【品鉴】

大红袍的冲泡适合盖碗和紫砂壶冲泡。首先是必须把冲泡器内外冲洗干净，而且必须热透。置茶时，动作要快，尽可能地保持冲泡器的温度。洗茶过程可以简单一些。入水之后，就可以马上把洗茶水倒出来。冲泡时应当选择高冲，最好让茶叶在盖碗中能翻滚起来。冲水后大约15秒中即倒茶。把茶汤均匀地倒入各闻香杯中，不用公道杯，直接倒入闻香杯中，第一泡倒三分之一，第二泡依旧，第三泡倒满。微微闭上眼睛，心情放平和，深呼吸，然后缓缓吸入茶汤，慢慢体味，缓缓咽下，感受喉头下部及腹部都被花香和甘甜充盈之感。

永春佛手

【永春佛手慈佛神韵】……★★★★

李克评分：…………………………………93 分

李克点评： 在永春佛手中算是上品

干茶：……………………………………10 分
茶汤：……………………………………14 分
叶底：……………………………………4 分
滋味：……………………………………14 分
潜力指数：………………………………8 分
零售终端行情指数：……………………3 分
入选基准分：……………………………40 分

产地：……………………………………福建永春县
厂家：……………………………福建津源茶业有限公司
品种：………………………………永春佛手红茶
规格：………………………………4g×12 泡
保质期：…………………………………700 天
电商参考价：……………………………200 元

【最佳产地】

福建永春县。

【渊源】

永春佛手茶又名香橼种、雪梨，主要产于福建永春县苏坑、玉斗和桂洋等乡镇海拔 600～900 米的高山处。永春县茶叶生产历史悠久，是全国三大乌龙茶出口基地县之一。它地处戴云山南麓，在南亚热带和北亚热带的过渡区，全年雨量充沛。境内高峰耸立，山区和半山区内分布着大大小小的茶园，正应了"高山出好茶"的茶谚。

永春佛手茶是由佛手品种的茶树梢制成的。由于这种茶树的叶子形似佛手，而且成品茶冲泡后散发的香味和佛手柑类似，因而得名。茶树品种有"红芽佛手"与"绿芽佛手"两种，又以红芽为佳。

从现有资料来看，永春佛手茶应该始于北宋，传说是由安溪县一个僧人把茶树枝条嫁接在佛手柑上培植而成的。后来，他把这个方法传给了永春县一个寺庙的师弟，附近的茶农习得此法，开始大规模种植。由于此茶香气馥郁、滋味醇厚、风格独特，很快便获得了众多茶痴的关注。清康熙贡士李射策在《狮峰茶诗》诗中赞美此茶："品茗未敢云居一，雀舌尝来忽羡仙。"

光绪年间，县城内的峰圃茶庄生产制作的佛手茶已远近闻名。民国二十年，茶庄的产品以铁盒包装，通过厦门茶栈转销到港澳及东南亚地区。不过，当时此茶的产量不多，一直到上世纪 40 年代，每年销往海外的产品只有几十担。

中华人民共和国成立后，茶业发展迅猛，尤其是作为福建名茶的永春佛手，目前其栽培面积和年产量已经跃居乌龙茶类前茅。目前，永春佛手有松鹤牌、陶津缘、莉芳牌、永鹏牌、万品春、玉佛山等众多品牌。

【工艺】

永春佛手茶在每年 3 月下旬萌芽，4 月中旬开采，分四季采摘，春茶占 40%。其初制工艺流程包括晒青、摇青、摊凉、杀青、包揉、初烘、复包揉、定形、足火。晒青失水率 4%～10%，摇青、凉青多次交替进行。摇青讲究先轻后重，或轻筛勤摇，或慢筛重摇，一般经历 3～4 次，历时 8～16 小时。揉烘包括揉捻、初烘、初包揉、复烘、复包揉、六道工序，初烘温度 70℃～80℃，足火用 50℃～60℃的火温慢焙直至足干。粗制出的毛茶还要经过投料、筛分、风选、拣剔、烘焙、匀堆、摊凉、拼配包装等精制工序才能出售。

【风格】

永春佛手的干茶形如海蛎干，条索紧结，粗壮肥重，色泽砂绿油润。冲泡时，香气馥郁悠长、沁人肺腑，其汤色金黄透亮、滋味芳醇、生津甘爽。

【功效】

佛手茶水中含有的锌和黄酮类物质是所有乌龙茶中最多的。锌能促进儿童生长发育，使成年人延缓衰老，而黄酮类物质则可以降血压、降血脂、软化血管。此外，永春佛手茶对结肠炎、支气管哮喘、胆绞痛、胃炎、结肠炎等疾病也有辅助疗效，常饮还可减肥、止渴消食、祛痰、祛火去腻等。

【曾获荣誉】

1986 年、1989 年，曾先后两次被农业部评为"优质农产品"。1988 年，荣获首届中国食品博览会金奖。1995 年、1997 年，曾先后两次获得第二、三届中国农业博览会金奖。1999 年，获第二届中国国际茶博览交易会国际名茶金奖，并被确认为"福建省名优茶"。2007 年，荣获"中国申奥第一茶"的称号，并作为国礼之一赠予外宾。

【防伪】

永春佛手茶的品质辨别可以从以下几方面入手：(1) 冲泡后，香气以花果香、清香、浓强持久且耐泡为佳，如带有烟、焦、霉、水闷气、日晒气、油气等的茶叶，则为劣品。(2) 茶汤的颜色如果是浅金黄色、明亮清澈的，是上品好茶；如果汤色暗淡混浊则是次品。(3) 45℃～50℃时品尝茶汤（最好是第二泡茶），用舌头在口腔内循环打转，使舌部味蕾充分感受。如果能感受到一股芳香，过喉甘滑、醇厚、鲜爽、回甘，则是好茶。(4) 叶底若肥厚、柔软、明亮、色泽一致、绿叶红边、匀整，则是好茶。

【品鉴】

　　泡永春佛手茶根据各人喜好选择瓷茶具或紫砂茶具均可。不过本人认为，使用瓷质的盖碗或壶最有利于发挥出永春佛手茶的香气。冲泡时可以按照下列步骤进行：首先用开水洗净茶具并提高茶具温度，然后大约按茶与水 1∶20 的比例放茶；当开水初沸，提起开水壶冲入茶具使茶叶转动、露香，这时讲究悬壶高冲；然后用瓯盖轻轻刮去漂浮的泡沫；待泡 1～2 分钟后把茶水依次巡回注入各茶杯，力求各杯浓淡一致；最后，在喝茶之前，先嗅一嗅天然的茶香，然后边啜边嗅，浅杯细饮，得其神妙。

白毫银针

【品品香陈十三年白毫银针】•••••••••••• ★★★

李克评分： ••••••••••••••••••••••••• **88 分**

李克点评： 能品出福鼎大毫茶的头采顶芽，口感不错

干茶：	9 分
茶汤：	12 分
叶底：	4 分
滋味：	13 分
潜力指数：	7 分
零售终端行情指数：	3 分
入选基准分：	40 分

产地：	福建
厂家：	福建品品香茶业有限公司
品种：	白茶
规格：	125g
保质期：	长期
电商参考价：	1980 元

【最佳产地】

福建省福鼎市政和县。

【渊源】

在所有的名茶中，白毫银针应该算是最有观赏价值的一种，其形状似针，色白如银，因而得名。其素有"茶中美女"的称号。

因产地和茶树的不同，白毫银针又分为北路银针和南路银针。北路银针产于福建福鼎的太姥山麓，此地地处中亚热带，境内丘陵起伏，常年气候温和湿润，年均降水量1 660毫米左右。境内土壤为红、黄壤，肥沃宜茶，产茶历史悠久。唐代"茶圣"陆羽在《茶经》中提到，"永嘉县东三百里有白茶山"，据研究其指的是太姥山。2009年，陕西吕氏家族墓中发掘出了距今一千多年的茶叶，据考证是福鼎白茶。清嘉庆初年，福鼎用菜茶的壮芽为原料，创制出了白毫银针。

南路银针产于福建政和，茶树品种为政和大白茶。这种茶原产于政和县铁山高仓山头。1880年，政和县选育种植政和大白茶品种茶树，1889年开始产制银针。1910年，政和县城关经营银针的茶行多达数十家，且畅销于欧美等地。当时的欧美贵族泡饮红茶时，常在杯中加入少许白茶，白茶在红茶汤中亭亭玉立，甚是优美。

创制初期，白毫银针的产量非常有限，是只有贵族才享用得起的奢侈品，在民间的知名度并不高。1912～1916年间，白毫银针产销进入旺盛时期，当时福鼎与政和两县年产各1 000余担。此后，受战争影响，此茶的外销途径阻滞。中华人民共和国成立后，我国茶业逐渐发展。目前，白毫银针除内销外，还销往德国及美国等国家。

福建品品香茶业有限公司是福鼎一家集茶叶种植、加工、销售、科研、出口及白茶文化推广为一体的企业，创立于1992年。目前公司旗下拥有"品品香"和"鼎鼎香"两个品牌，其中"品品香"牌福鼎白茶已荣获"中国名牌农产品"称号。产品实现自主出口美国、韩国、加拿大、日本、德国等国家及香港地区。

【工艺】

白毫银针的采摘过程十分细致，有"十不采"的说法：雨天不采，露水未干不采，细瘦芽不采，紫色芽头不采，风伤芽不采，人为损伤芽不采，虫伤芽不采，开心芽不采，空心芽不采，病态芽不采。

此茶的制作过程较为简单，不炒不揉，只分萎凋和烘焙两道工序。北路银针采制时选凉爽晴天，将鲜针薄摊于萎凋帘、置于日光下曝晒，待含水率达10%～20%时，摊于焙笼上，用文火（40℃～50℃）烘至足干。南路银针鲜针摊于水筛上，置于通风场所，晾至含水率20%～30%时，移至烈日下晒干。晴天也可先晒后风干。毛茶经拣剔好为精茶，复火后趁热装箱。

【风格】

白毫银针干茶成针状，长约3厘米，茶芽为白毫覆盖，银装素裹，富有光泽，且形状挺直如针，十分赏心悦目。冲泡后，香气清芬，滋味醇和，茶在杯中条条挺立，饶有趣味。

【曾获荣誉】

1982年，曾被商业部评为"全国名茶"，在三十种名茶中列第二位。1990年，在河南信阳召开的全国第二、三次名茶评比会上，又两次被评为"全国名茶"。2008年，"品品香"牌白毫银针荣获中国白茶文化节大奖赛金奖。2008～2010年，"品品香"牌福鼎白茶连续被评为"中国名牌农产品"。2009年，"品品香"白毫银针被认定为"中国顶尖名茶"。

【功效】

白毫银针茶味温性凉，有健胃提神之效，并能祛湿退热。李时珍的《本草纲目》中描述太姥银针可以"解毒、利尿、解暑、润肤"。清代名人周亮工在《闽小记》中也说："白毫银针，产太姥山鸿雪洞，其性寒，功同犀角，是治麻疹之圣药。"

【仿伪】

真品白毫银针是由未展开的肥嫩芽头制成的，芽头肥壮挺直、匀齐，满披茸毛，色泽金黄光亮，香气清鲜，茶色浅黄，味甜爽。冲泡后芽尖冲向水面悬空竖立，然后徐徐下沉杯底，形如群笋出土，又像银刀直立。假的银针茶一般有青草味，泡后不能竖立。

【品鉴】

白毫银针泡饮方法与绿茶基本相同，不过因为此茶未经揉捻，茶汁不易浸出，因此冲泡时间最好长一些。茶具最好选择无色无花的直筒形透明玻璃杯，这样就可从各个角度欣赏到茶在杯中条条直立的奇观。冲泡时的水温以 70℃ ~ 75℃为好。茶叶放入玻璃杯后，先倒少许开水浸润，静置 10 秒钟左右，然后再用高冲法继续倒入开水。开始时，茶芽浮在水面，经 5 ~ 6 分钟后，才有部分茶芽沉落杯底，此时茶芽条条挺立，犹如雨后春笋，美态尽显。约 10 分钟后，茶汤就呈橙黄色，这时就可以端杯闻香和品尝了。

【储存】

储存白毫银针时，茶叶的含水量越低越好。用手指轻捏茶叶，如果可以捏成粉末状就可以储藏；如果不能，就说明茶叶中含水量太高，久放容易发霉，应尽快喝完。另外，保存白毫银针的容器以锡瓶、瓷坛、有色玻璃瓶为佳，容器要干燥、洁净，不得有异味。储存的地方不能有樟脑、药品、化妆品、香烟、洗涤用品等有强烈刺激气味的物品。

白牡丹

【品品香孝道一品二十年陈韵白牡丹】······★★★★★

李克评分：·············· **100 分**

李克点评：牌子好，味道好，包装好

干茶：	10 分
茶汤：	15 分
叶底：	5 分
滋味：	15 分
潜力指数：	10 分
零售终端行情指数：	5 分
入选基准分：	40 分

产地：·············· 福建
厂家：·············· 福建品品香茶业有限公司
品种：·············· 白茶
规格：·············· 2×50g
保质期：·············· 长期保存
电商参考价：·············· 3600 元

【最佳产地】

福建政和、建阳、松溪、福鼎等区域。

【渊源】

似乎白茶的形态都很美，白牡丹更是其中的佼佼者。其外形是绿叶夹银色白毫，芽似花朵，冲泡之后绿叶托着嫩芽，仿佛牡丹蓓蕾初开。这也是其茶名的由来。

白牡丹的原料茶树品种为福鼎大白茶、福鼎大毫茶、歌乐及政和大白茶，通常以这些茶叶为原料加工而成的白牡丹称为福鼎白牡丹。也有地方会采用少量水仙芽叶制成的茶供拼和之用，称水仙白茶。

白牡丹茶的创制历史相对较晚，最早出现在1922年以前的建阳水吉。水吉原属建瓯县。据《建瓯县志》记载："白毫茶出西乡、紫溪二里……广袤约三十里。"1922年开始，政和县开始生产白牡丹，并迅速成为白牡丹的主产区，产品远销越南。60年代初，松溪县的白牡丹产量猛增。目前，政和、建阳、松溪、福鼎等区域成为此茶的主要产区。

【工艺】

传统工艺制作白牡丹，要求选取春茶第一轮嫩梢的一芽二叶，芽与二叶的长度要基本相等且披满白色茸毛。目前，一些好的茶园秋茶采制的白牡丹品质也不错。

白牡丹茶的粗制工序比较简单，只有萎凋及焙干两道工序，萎凋时以室内自然萎凋的品质最好。首先要把采下的鲜叶均匀薄摊在水筛上，以叶和叶之间没有重叠为度。当叶片萎凋至七成干时，"两筛"合二为一，至八九成干时再将"两筛"合二为一。鲜叶差不多脱水95%时，放置焙笼烘干。这样制作出的毛茶还要再经过人工拣剔、低温烘焙干燥，然后趁热装箱。烘焙火候要适当，过高香味欠鲜爽，不足则香味平淡。

【风格】

上等的白牡丹干茶毫心肥壮，叶张肥嫩，呈波纹状隆起，叶缘向叶背卷曲，芽叶连枝，叶面色泽呈深灰绿，叶背遍布白茸毛。冲泡后，汤色清澈，呈杏黄或橙黄色。叶底嫩匀完整，呈浅灰色，叶脉微红，布于绿叶之中，碧绿的叶子衬托着嫩嫩的叶芽，好似牡丹蓓蕾般高雅。入口，茶香清鲜纯正，滋味醇厚清甜。

【功效】

白牡丹茶中富含人体所需的氨基酸、茶多酚、矿物质、多种维生素以及锌、硒等微量元素，可以生津止渴、清肝明目、提神醒脑、解毒利尿、除腻化积、减肥养颜等。

【品鉴】

白牡丹茶夏饮最好。此茶的冲泡方法有多种，盖杯泡饮法、石雕茶壶泡法、紫砂茶壶冲泡法都可，可因人喜好及现有工具而异。私以为最好的茶具是透明的玻璃杯。这样，茶叶在水中的倩影便可一览无遗。

白牡丹茶细嫩纤巧，为不伤茶芽，冲泡温度最好控制在90℃左右，以中投法最妙。先冲三分之一杯85℃～90℃的白开水，然后用竹勺匀出适量白牡丹茶饼投入玻璃杯中，轻摇杯让茶叶均匀吸进水分。此时，茶叶香气已经散出。闻过幽香后，悬壶高冲开水，让玻璃杯中的茶叶在杯中上下翻动滚转，然后静止1～2分钟，待芽茶吸足水分后慢慢展现出形似牡丹蓓蕾的芳容，茶汤则逐渐呈现金黄透亮，隔杯对着光照，可观赏到细细的银白色茸毫沉浮游动，十分别致。接下来就是品啜茶汤的环节了。白牡丹茶热饮和冷饮均可，热饮香高，冷饮味醇。不管是热饮还是冷饮，最好都要小口品啜，让茶汤分两边经颊缓慢进入口内，然后过喉入胃。

【曾获荣誉】

2007年，"品品香"牌白牡丹荣获首届"中国白茶文化节茶王"称号。2008～2010年，"品品香"牌福鼎白茶被评为"中国名牌农产品"。2010年，"品品香"牌白牡丹荣获"宁德市第四届茶王赛白茶类茶王"。

【储存】

家庭储存白牡丹茶可以放在冰箱中保鲜，也可采用石灰保鲜法，用较厚实而无异味的纸把茶包好，然后放在陶质坛罐的四周，中间放块状石灰包，再用软草纸垫盖坛，以减少空气进入。当块状石灰变为粉末时，要及时更换。

英德红茶

【上茗轩英红九号一级】 ★★★★

李克评分： 90分
李克点评： 不愧为英德红茶中的上品

干茶： 10分
茶汤： 13分
叶底： 4分
滋味： 13分
潜力指数： 7分
零售终端行情指数： 3分
入选基准分： 40分

产地： 广东
厂家： 广东英德市上茗轩茶叶有限责任公司
品种： 红茶
规格： 300g
保质期： 365天
电商参考价： 1280元

【最佳产地】

广东英德市。

【渊源】

英德市是一个山清水秀的茶乡。街市里茶庄随处可见，民间饮茶之风也相当盛行，无论城镇还是农村家家户户都备有茶具，男女老少都好饮茶。有客人到来，主人总要先敬一杯热茶，当地民间还流传着"来客不敬茶，不是好人家"的俗谚。

英德市属于南亚热带季风气候，年均气温20.7℃，年均降水量1883.9毫米，霜日不足十天。境内茶区峰峦起伏，江水萦绕，有独特的喀斯特地貌，土层深厚肥沃，土壤酸度适宜，形成了种植茶树的优越的自然生态环境。

有关资料显示，英德茶史可以追溯到唐代。至明代，英德所产的茶叶已成为朝廷贡品。清朝时，县内种茶更是遍及四乡，其对外贸易在19世纪前半叶兴盛一时。此后，因战乱影响，英德茶业逐渐凋敝，到中华人民共和国成立前夕已到了似有若无的境地。据有关资料记载，1950年全县茶园面积仅得30公顷，茶叶产量仅有3吨，且多数是品质低下的"土青茶"。直到1956年，县内第一批现代化新式茶园建成，并成功引种了云南大叶种，英德制茶业才宣告恢复。

1959年，英德红茶直接利用云南大叶种鲜叶研制获得成功。1964年，工艺基本成熟。由于英德红茶口感浓厚、强烈而又鲜爽，具有独特的自然花香，特别是加入牛奶后，茶汤姜黄瑰丽，滋味更加甘美清鲜，很快便打开了海外市场，畅销于港澳和东南亚等地。在红茶消费量最多的国家——英国，英德红茶也备受青睐。1963年，英国女皇在盛大宴会上就是用英德红茶招待贵宾的。此外，该茶还销往德国、美国、波兰、苏丹、澳大利亚等四十多个国家和地区。此后，英德红茶被誉为中国红茶的后起之秀，而英德也因此成为著名的"红茶之乡"。

【工艺】

采摘鲜叶时要求保持嫩匀鲜净，以一芽二叶、一芽三叶初展为主；萎凋叶含水量58%～60%，加温萎凋温度不能超过35℃；揉切时先打条提取毫尖茶，筛面茶揉切2～3次，直至茶尾比率在10%以下；发酵适度稍轻；采用110～118℃一次干燥，毛茶含水量控制在4%～6%之间。这样初制而成的红碎茶叫做毛茶，再通过精制工艺，采用圆筛分离茶叶的长短，抖筛分离茶叶的粗细曲直，风选分离茶叶重轻和除劣去杂，拣梗和飘筛之后，拼配调制品质，及时装箱封口。

【风格】

英德红茶产品分为叶、碎、片、末四个花色，以浓、强、鲜明显而著称。其外形色泽乌润，香气高锐，茶汤红亮，滋味浓烈，清饮甘美爽口，加入牛奶、白糖后，茶汤棕红瑰丽，更是色香味俱全。

【功效】

英德红茶中所含有的抗氧化剂有助于抗老化，而儿茶素则能够抑制细菌，降低血脂和胆固醇。此外，该茶还具有减肥、防龋齿、清口臭、改善消化不良等功效。

【曾获荣誉】

1986年，金帆牌英德红茶袋泡茶获法国食品旅游协会颁发的金桂奖。1988年，在首届中国食品博览会上，金帆牌英德红茶袋泡茶获金奖。1991年，金帆牌英德红茶袋泡茶获对外经贸部优质产品奖。1999年，金帆牌精选红茶在第二届中国国际茶博会上获国际名茶金奖。2002年，上茗轩茶叶在广东省第五届名优茶质量竞赛中获红茶类名茶金奖。2006年10月，上茗轩牌红茶荣获"广东省名牌产品"称号。2011年，在广东省第九届名优茶质量竞赛中获红茶类金奖。

【仿伪】

可用火烘烤下干茶，如果具有纯正的红茶香气就是真茶，如果带有青腥气或其他异味的就为假茶。另外，用开水冲泡茶叶后，假茶的叶片或四周布满锯齿，或者无锯齿，而真茶的锯齿都是上部密而深，下部稀而浅，近叶柄处平滑无锯齿。

【品鉴】

品鉴英德红茶，茶具最好选择紫砂壶或盖碗，水温以80℃～90℃为宜。首先把盖碗用开水洗净，然后快速放进准备好的茶叶，盖盖摇动茶碗，拿盖闻香。倒入开水洗茶，但时间不宜过久。之后每次冲泡加5～10秒钟，倒出茶汁时每次都要倒尽。

乐昌白毛茶

【雾翔牌特一级白毛茶】 ★★★★

李克评分： 95 分

李克点评： 好喝不贵

干茶：	9 分
茶汤：	14 分
叶底：	5 分
滋味：	14 分
潜力指数：	9 分
零售终端行情指数：	4 分
入选基准分：	40 分

产地：	广东
厂家：	广东乐昌市沿溪山茶场有限公司
品种：	绿茶
保质期：	540 天
规格：	125g
电商参考价：	50 元

【最佳产地】

广东省乐昌市。

【渊源】

乐昌白毛茶，也叫乐昌白毛尖，主要产于广东北部茶区，云南、贵州、四川、湖南、湖北、福建、浙江等省份也有引种。尝过几种，笔者还是认为以广东乐昌所产的白毛茶口感最佳。

乐昌市位于广东北部的武江中上游，正符合白毛茶对高湿度、肥沃深厚土壤的要求，因而茶史悠久。唐代，"茶圣"陆羽在广州任职期间，曾专程前往乐昌考究这种白毛茶。

清代，沿溪山的白毛茶被列为朝廷贡品。传说乾隆皇帝在一次游江南途中中暑难愈，广东籍官员把携带的乐昌茶熬成浓茶汤，治好了皇帝的病。乾隆赞乐昌茶"神、奇、妙"，使得此茶名扬天下。

1943 年，我国著名茶叶专家罗博柔在乐昌九峰山发现了这种野生大茶树，因见其芽梢披茸毛，所以命名为"乐昌白毛茶"，从此乐昌茶就正名叫乐昌白毛茶。目前该茶叶已销往美、日、英、法、港、澳、台等国家和地区。

【工艺】

乐昌白毛茶在每年3～4月采摘,需提手采,严禁捋采和抓采。鲜叶要求一芽一叶初展至一芽三叶初展,芽叶要求完整、新鲜、匀净。鲜叶再经摊放、杀青、揉捻、毛火烘干、摊凉回潮、足火烘干,然后包装而成。杀青采用连续滚筒式,毛火烘干风口温度115℃～125℃,足火烘干风口温度90℃～100℃。

【特点】

乐昌白毛茶适制红茶、绿茶。制红茶,香气特高,滋味浓郁;制成的绿茶外形肥壮,色泽绿润,茸毫披露,香气清新馥郁。冲泡后汤色绿亮,香气清雅,滋味醇爽,叶底鲜嫩绿亮,入口爽滑甘甜,且饮后回味香甜、持久。

【功效】

此茶可润喉、消腻、化脂、醒神等。

【曾获荣誉】

1993年,乐昌白毛茶获全国第一届农业博览会金奖。其后又在下几届博览会中再获金、银奖等。2008年,"雾翔牌"沿溪山白毛尖被评为"广东省名牌产品"。

【品鉴】

乐昌白毛茶最好是用山泉水冲泡,水温以90℃开水为宜,可冲泡2～3次。

凤凰单丛

【天池红牌凤凰单丛】 ★★★★

李克评分： **95 分**

李克点评： 口感丰实，品时内心也无比满足

干茶：	9 分
茶汤：	14 分
叶底：	5 分
滋味：	14 分
潜力指数：	9 分
零售终端行情指数：	4 分
入选基准分：	40 分

产地：	广东
厂家：	广东潮州市天池凤凰茶业有限公司
品种：	红茶
规格：	500g
保质期：	1080 天
电商参考价：	510 元

【产地】

广东省潮州市凤凰山。

【渊源】

广东潮州的凤凰山濒临东海，山上气候温暖，雨水充足，土壤肥沃深厚，非常有利于茶树的种植，以及形成茶叶本身所需的茶多酚和芳香物质。现在山上保存的 3 000 余株单丛大茶树，树龄均在百年以上，形状奇特，品质优良。潮州凤凰山的产茶历史十分悠久，可以追溯至唐代。明朝嘉靖年间的《广东通志初稿》中记载："茶，潮之出桑浦者佳。"可见当时潮安已成为广东产茶区之一。清代，凤凰茶渐被人们所认识，并列入全国名茶。

单丛茶即是在凤凰水仙群体品种中选拔出的优良单株茶树，经培育、采摘、加工而成。因成茶香气、滋味的差异，当地人又把单丛茶按香型分为黄枝香、芝兰香、桃仁香、玉桂香、通天香等多种香型。1982 年起，凤凰茶多次被评为全国名茶。

【工艺】

单丛茶实行分株单采，按一芽二、三叶标准，采用骑马采茶手法，有强烈日光时不采、雨天不采、雾水茶不采的规定，一般是午后开采，当晚加工，制茶均在夜间进行。其加工工艺包括晒青、晾青、碰青、杀青、揉捻、烘焙等工序，历时 10 小时制成成品茶。

【风格】

干茶条索粗壮，匀整挺直，色泽黄褐，油润有光，有朱砂红点。冲泡后清香持久，有独特的天然兰花香。汤色清澈黄亮，叶底边缘朱红，叶腹黄亮，素有"绿叶红镶边"之称。入口浓醇鲜爽，润喉回甘，具有独特的山韵品格。

【曾获荣誉】

1955 年，在杭州评比会上被推荐为全国 28 个传统名茶之一。1982 年，获"商业部优秀产品"称号。1986 年，在福州举办的全国五大茶类 134 个名茶评比中获第一名。1989 年，农牧渔业部在西安举办的全国名茶评比中被评为全国名茶第一名。1990 年，被商业部评为全国第一名茶。1995 年，在第二届中国茶叶博览会上获金奖。1996 年，在第三届中国茶叶博览会上获金奖。1997 年 11 月，在首届中国（国际）名茶博览会上荣获金杯奖和金牌奖。2002 年，选送参加"中茶杯"评比桂花香单丛获得一等奖。2002 年，兰花香单丛获得第四届国际名茶评比金奖等。

【品鉴】

冲泡凤凰单丛要以工夫茶的方式来品，最好选择纯净水，或是经过过滤的水。冲泡前先用沸水浇壶身。泡茶所用的水水开程度以"蟹目水"为准，即开水的气泡大约和螃蟹的眼睛差不多大，冲泡时间以 5~10 秒为好。

【储存】

家庭储存少量用茶，可以用铁制彩色茶罐、锡瓶、有色玻璃瓶及陶瓷器等储存，有双层盖的铁制彩色茶罐和长颈锡瓶最好。储存前要检查一下容器是否密闭，应将茶叶装实装满，尽量减少容器内的空气。用两只新的无味、无孔的塑料食品袋，将干燥的茶叶用防潮湿纸包好后装入其中一只袋内，然后轻轻挤压，将袋内的空气挤出，再用绳子扎紧袋口，再将另一只袋反向套在第一只袋的外面，待袋内空气挤出后，再用绳子扎紧袋口，最后放入干燥、无味、密闭的铁桶内储存。

六堡茶

【中茶牌"吉祥如意"陶罐六堡茶】……★★★★★

李克评分： …………………………………… **96 分**

李克点评： 这款茶价格实惠，包装有特点，滋味也不错，性价比较高

干茶：……………………………………… 10 分
茶汤：……………………………………… 15 分
叶底：……………………………………… 5 分
滋味：……………………………………… 14 分
潜力指数：………………………………… 8 分
零售终端行情指数：……………………… 4 分
入选参考分：……………………………… 40 分

产地：……………………………………… 广西
厂家：……………………… 中国茶叶股份有限公司
品种：……………………………………… 黑茶
规格：……………………………………… 400g
保质期：…………………………………… 长期
电商参考价：……………………………… 900 元

【最佳产地】

广西苍梧县六堡乡恭州村、黑石村。

【渊源】

六堡乡在北回归线以北，大桂山脉的延伸地带。境内峰峦耸立，海拔1 000～1 500米，年平均气温21.2℃，年降雨1 500毫米。这里的茶叶多种植在山腰或峡谷，水分充足，且常年云雾缭绕，蒸发少，因而茶叶厚而大，味道浓香，比苍梧县的五堡乡狮寨、相邻的贺县沙田以及岑溪、横县的茶都略胜一筹。

六堡乡产茶的历史十分悠久。清朝初期，广东、广西大量劳工去南洋采矿，因不适应当地湿热的气候和水土常常拉肚子，便饮用带去的六堡茶祛湿除燥、通便驱痢、调理肠胃。于是，六堡茶贸易渐渐兴盛，到了康熙年间，更涌现出一批老字号茶庄，其中最有代表性的是"广生祥"。其生产的"虾斗茶"盛极一时，《苍梧县志》曾记载其"色香味俱佳，唯稍薄耳"。

到清代嘉庆年间，六堡茶已进入全国名茶行列，并以其独特的槟榔香味征服了不少欧洲国家的茶客。高峰时，六堡茶的年产量和销售量曾一度达到1 500吨左右，但在抗日时期又大幅度下降，一直到中华人民共和国成立后才逐渐恢复。

上世纪50年代起，由于加工粗制滥造、传统风味消失等原因，此茶的销量逐渐走低，被其他名茶所取代。进入本世纪，六堡茶的发展又步入正轨。

【工艺】

六堡茶采摘时要求一芽二三叶，粗制要经过摊青、低温杀青、揉捻、沤堆、干燥等环节。要求低温杀青、揉捻整形、细胞破碎率在60%左右。沤堆的目的是减掉茶叶的苦涩味，消除青臭气。毛茶的精制先要冷发酵，然后沤堆7～10天。当茶叶水分干到10%左右，即上蒸半小时至叶全软为度，叶含水达到15%～16%。六堡茶的品质越陈越好，因此陈化是制作过程中的重要环节，一般是以箩装堆，贮于阴凉的泥土库房，经半年左右即可包装。六堡茶一般采用传统的竹箩包装，有利于茶叶储存时内含物质的继续转化。为了便于存放，六堡茶的成品多压制加工成块状、砖状、金钱状、圆柱状，也有散装等。

【风格】

六堡茶属于黑茶，存放越久品质越佳，有"隔夜不馊"的特点。干茶条索长整紧结，茶汤色红而浓，叶底铜褐色。优质六堡茶冲泡开来，红亮通透，有令人愉悦的茶香，入口后回甘快而强烈，滋味陈厚甘醇，生津润喉度高，而且香气浓而纯，有松烟和槟榔香。

【功效】

六堡茶性温，具有消暑祛湿、明目清心、帮助消化、降糖安神的功效，饱食之后饮用可以助消化，空腹饮又可以清肠胃，尤其适合患有"三高"的人群饮用。

【防伪】

六堡茶的造假行为大多体现在年份上，把新茶"做旧"当成陈茶来卖。个别无良茶商为了暴利，也会到周边地区收购卖不出去的虚假积压货，当成六堡农家陈茶来卖。要区分真伪其实也不难，5～6年和10年左右的六堡茶，会变得松、散，手感比新茶轻。干茶颜色会偏褐红甚至棕色，干茶外观干净、无霉变，茶越老，汤色越是红艳透亮。

新茶，甚至是陈了一两年的茶汤色相对有些浑浊，有些有一定年份的假冒六堡茶，叶张背面带青色，冲泡后叶底变黑，但其汤色浑浊，依然青中带黄，没有通透的红色和槟榔色。做旧的陈茶有一股"坑"味。个别不良茶商为了误导买家，会将"坑"味说成"陈味"，读者朋友需谨慎辨别。有些茶具有刺鼻的"陈味"，遇到此类产品也要谨慎，因为这有可能是故意做旧的假冒产品。除"坑"味外，做旧的茶没有陈茶那种醇厚和顺和的口感，也没有正宗六堡茶的槟榔香、果香或松烟香，有些叶底会发粘、稀烂如泥、入口后喉头发紧，口感不舒服。

【品鉴】

冲泡六堡茶最好是用山泉水或矿泉水，尽量不用自来水。冲泡时所选的茶具可以是盖碗、紫砂壶，也可以是高玻璃杯。放入茶叶后，先用沸水洗茶一至两遍，然后注入沸水泡10秒左右即可倒出饮用。若是煮饮，茶水煮沸后放置5分左右再饮口感更好。用冲泡法泡过的茶叶再煮也别有一番滋味。另外，煮饮时还可根据个人口味加入枣片、枸杞等。

六堡茶有"隔夜不馊"的特点，这在茶叶中是难能可贵的。夏季，晚间泡一壶六堡茶，第二天早起饮用清凉可口、消暑提神。

冻顶乌龙茶

【"王德传"冻顶乌龙茶】······★★★★

李克评分： 93 分

李克点评： 不愧"百年老字号"，好茶！

干茶： 9 分
茶汤： 13 分
叶底： 5 分
滋味： 14 分
潜力指数： 8 分
零售终端行情指数： 4 分
入选参考分： 40 分

产地： 中国台湾
厂家： 中国台湾王德兴茶叶股份有限公司
品种： 乌龙茶
规格： 150g
电商参考价： 250 元

【最佳产地】

中国台湾冻顶山。

【渊源】

冻顶乌龙茶因产自台湾鹿谷附近的冻顶山而得名。去过冻顶山的人或许会奇怪。山间气候温和湿润，年平均气温有22℃，再怎么冷也谈不上一个"冻"字。事实上是因为，这座山路势陡峭，因雨多路滑，茶农上山下山时都要把脚尖缩起来用力抓地，以便滑下山。台湾人把这种姿势叫做"冻脚尖"，这座山也就因此得名。

冻顶山山高、林密、土质好，空气湿度较大，茶园为棕色高黏性土壤，杂有风化细软石，排、储水条件良好。据《台湾通史》称，台湾产茶，其来已久。传说清咸丰年间，一位叫林凤池的台湾人从福建武夷山把茶苗带到台湾种植，逐渐发展成当今的冻顶茶园。

冻顶茶是"包种茶"的一种。"包种茶"的名字源于福建安溪，当地茶店售茶均用两张方形毛边纸盛放，内外相衬，放入茶叶后包成长方形四方包，按包出售，称之为"包种"。台湾包种茶属轻度或中度发酵茶，亦称"清香乌龙茶"，"冻顶乌龙茶"即是其中的佼佼者。在台湾的高山茶中，它的知名度最高，被誉为"茶中圣品"，据说其茶汤是帝王级泡澡茶浴的佳品。

在台湾的冻顶乌龙茶中，"王德传"应当是知名度最好的品牌。大陆人到台湾旅游，若问导游购物意见，对方一定会推荐王德传的乌龙茶。不过，此茶目前在大陆销售较少。此外，天仁茗茶出品的乌龙茶品质也不错。

【工艺】

冻顶茶一年四季均可采摘，其中又以春茶为最好，秋茶其次，夏茶品质较差。采摘时主要选取未开展的一芽二、三叶嫩梢，经晒青、凉青、炒青、揉捻、初烘、多次反复的团揉（包揉）、复烘、再焙火而制成。初制以做青为主，要求轻度发酵。萎凋时经常翻动，待发酵到产生清香味时，即进行高温杀青，随即进行整形，使条状成为半球状，再经过风选机将粗、细、片完全分开，分别送入烘焙机高温烘焙，以减少茶叶中的咖啡因含量。

【风格】

冻顶茶叶成半球状，色泽墨绿，边缘有隐隐的金黄色。冲泡后，茶汤金黄，有琥珀色，带有一丝熟果香或桂花香，叶底边缘镶红边。入口醇厚甘润，喉韵回甘十足，有明显的焙火韵味。此茶回甘味强，饮后杯底不留残渣，且耐冲泡。

【真伪】

冻顶乌龙茶品质优异，市场上的假冒伪劣产品也非常多。通常来说，茶叶条索越结的茶就越好，茶叶与茶梗越干燥越好。上等茶叶色泽墨绿鲜艳，有灰白点状的青蛙皮斑，条索紧结弯曲。干茶芳香强劲，冲泡后汤色呈橙黄色，有明显清香，接近桂花香，汤醇厚甘润，回甘强，水性长。底边缘有红边，叶中部分呈淡绿色。次品色泽带黄或呈黑褐色，形状粗松或稍弯而不卷曲，干茶香气低。冲泡后汤色暗黄或淡黄，汤味缺乏甘醇且带苦涩，回甘弱。叶底边缘无红色。叶有断碎，或呈暗褐色。台湾茶一般不去梗。如果看到台湾茶，干茶颗粒相当大，异常饱满且无梗，那么就要引起注意。

【品鉴】

泡冻顶乌龙茶以山泉水最好，其茶汤清澈甘醇。如果实在得不到山泉水，采用矿泉水或纯净水也可。茶具的质地以瓷器、陶器为最好，玻璃次之。冲泡之前先用沸水温杯，有助于茶香散出。冲泡时，茶叶投入量约茶壶容量之三分之一至三分之二左右，需现沸现泡，才能把茶中有效成分浸泡出来，使得茶味浓厚、甘醇，增加茶汤品质。冲入开水两三分钟后即可饮用。

【贮存】

冻顶乌龙茶既有不发酵茶的特性，又有一些全发酵茶的特点。茶叶极敏感，日晒、受潮之后茶叶就会变色、变味甚至变质。所以，储存时必须精心，做到防晒、防潮、防气味，切忌不要和化妆品或是樟脑丸等气味强烈的物品放在一起。保存得当的话，冻顶乌龙茶可以保存两三年。

文山包种茶

【大观文山包种茶】················ ★★★★

李克评分：·······················**93 分**

李克点评： 口感之妙绝不输冻顶茶

干茶：	9 分
茶汤：	14 分
叶底：	5 分
滋味：	14 分
潜力指数：	7 分
零售终端行情指数：	4 分
入选参考分：	40 分
产地：	中国台湾
厂家：	中国台湾宏益制茶
品种：	乌龙茶（青茶）
规格：	50g
保质期：	730 天
电商参考价：	**88 元**

第五章 中国茶购买实务

茶 叶

【最佳产地】

中国台湾台北市文山坪林镇。

【渊源】

台湾的冻顶乌龙茶名声远扬，为一众茶痴所青睐。而文山包种茶同样也是台湾特产，并以其"香、浓、醇、韵、美"的优点与冻顶乌龙齐名，享有"北文山、南冻顶"的美誉。

要说文山包种茶，先得解释一下什么叫包种茶。据说这种茶是由清朝道光年间泉州府安溪县人王义程所创制。他仿武夷岩茶的制法，用方形福建毛边纸两张内外相衬，放入茶叶四两包成长方形之四方包，以防茶香外溢，包外盖上茶名及行号印章，称之为"包种"。

广义上来说，包种只是一种制法，凡是清茶、香片、冻顶茶、铁观音、武夷茶都可以是包种茶。而从狭义上来讲，包种茶则单指半发酵型茶，也称清茶，主要产于台湾省北部地区的台北市和桃园等县，其中又以台北文山地区的产品最佳，因而很多人把包种茶直接称之为"文山包种茶"。

文山区包括新店、坪林、深坑、石碇、平溪、汐止等乡镇，它处于群山环抱之中，气候终年湿润凉爽，土地肥沃，适于茶树生长，称得上是台湾制茶业的发祥地。这里的种茶史足有两百年之久，各地又以坪林地区所产的文山包种茶品质最佳，是台湾三大名茶之一。

【工艺】

文山包种茶的采制讲究"雨天不采、带露不采"，晴天也要在上午11点到下午3点这段时间内采摘。每年依节气采茶6次，其中以春、冬茶品质最好。

加工此茶，需轻手轻脚。其工艺的初制环节包括日光萎凋、室内萎凋、搅拌、杀青、揉捻、解块、烘干等工序，以翻动做青为关键。每隔1~2小时翻动一次，一般需翻动四五次。精制则以烘焙为主要工序，温度要保持70℃的恒温。

【风格】

文山包种茶是轻发酵茶，风味介于绿茶与冻顶乌龙茶之间。其最主要的特点是清扬的香气，香气越浓郁代表品质越高级。

干茶的外观呈条索状，色泽墨绿，香气清香优雅，有明显的花香。冲泡后，茶汤色泽绿黄色，清澈明亮，香气十分浓郁，因而又有"雾凝香"的美称。入口后，滋味活泼甘醇，入口生津，齿颊留香久久不散。

【功效】

文山包种茶可强心、提神、利尿、消除疲劳、消炎杀菌、解渴生津等，还有解除尼古丁及酒精中毒的功能。

【品鉴】

包种茶最宜用白瓷壶或白瓷杯冲泡，这种茶具导热快又不透气，最能将包种茶的清扬香气表现出来。第一步先要温壶，将茶壶或茶杯注入沸水，让茶具保有温度并清除杂气味。接下来放入包种茶叶，量控制在茶具容量六分满左右，可以依个人口味增减。然后注入90℃~100℃的热水，约5秒钟后将水倒掉，从第二泡茶开始饮用。此茶可冲泡4~5次。

江南茶区

江南茶区位于中国长江中、下游南部，包括浙江、湖南、江西等省以及皖南、苏南、鄂南等地。该区的气候、土壤等自然环境适宜茶树的生长和发育，是茶树生态适宜区。随着我国社会经济的快速发展，茶叶的产业化也趋于强势，江南茶区已成为中国茶叶的主要产区，年产量大约占全国总产量的三分之二，为我国发展经济的重点茶区。

江南茶区的历史渊源

江南茶区有不少有名的古老茶园。

宜兴位于江苏南端，太湖西岸，隶属无锡市，是紫砂壶的著名产地，也是我国位于江南茶区的古老茶区之一。宜兴古时就称阳羡，产茶历史悠久，东汉末年已有生产茶叶的记载。明代周高起在《洞山茶系》中如此评价阳羡茶："淡黄不绿、叶茎淡白而厚，制成梗绝少，入汤色柔白如玉露，味甘，芳香藏味中，空深永，啜之愈出，致在有无之外。"

安徽祁门县是著名的"中国红茶之乡"，茶叶生产历史悠久。据史料记载，清朝光绪以前，祁门主要生产绿茶，成为"安绿"。光绪元年，黟县人余干臣从福建回到祁门经商，设立茶庄，创制了祁门红茶，并大获成功，祁门也就此成为红茶的重要产区。

浙江的西湖又称西子湖，早在唐代，陆羽在《茶经》中便记载了杭州天竺和灵隐两寺产茶。而西湖龙井名茶的出现，源于宋代广福寺的僧人辩才禅师，这里出产的龙井茶也常常出现在诗文中。到了明清时期，狮峰山龙井茶声名远扬。

浙江天目山产茶历史悠久，清末宣统《临安县志》中记载："天目云雾茶，天目各乡具产，惟天目山者最佳。"天目山为江南宗教名山，据明代文震亨《长物志》中描述，天目山中早寒，冬天多雪，因而茶芽萌发得较晚，采摘和烘焙法得当，所以茶叶品质极佳。东天目山还是天目青茶的主产区。

湖南君山是洞庭湖中的一座小岛。清朝的《梦湘呓语》中记述道："东坡云，茶欲其白，琦尝饮君山茶矣，则茶之至白者也。君山庙有茶树十余棵，当发芽时，岳州守派员监守之，防有人盗之也，岁以进贡。"文中的东坡就是大文豪苏东坡，由此可见君山产茶早在北宋以前。

江西的庐山也是名茶产区，东晋时庐山的古刹名寺的僧侣们便创制了庐山茶，此处更有品茶名泉，以三叠泉、招隐泉最为出名。江西婺源产茶时间也由来已久，唐代陆羽《茶经》中就有歙州茶"生婺源山谷"的记载。

湖北恩施在唐朝时就有"施南方茶"的记载，恩施玉露相传就创制于清代康熙年间。

除了这些名茶区，江南茶区更是我国茶叶发展史上制作贡茶最早的场所，有坐落在浙江长兴县顾渚山南麓虎头岩的唐代官营贡茶院。1915年，当时的北洋政府以研究和拓展红茶为主旨，创立了我国第一家茶叶科研机构——农商部模范种茶场。

最适宜种茶的自然环境

江南茶区的地势比较低缓,茶园主要分布在丘陵地带,少数在海拔较高的山区。这些地区气候四季分明,气候温暖,年平均气温在15℃~18℃之间,冬季气温一般不低于-8℃,但个别地区的冬季最低气温可降至-10℃以下,茶树容易遭受冻害。江南茶区的年降水量一般在1 400~1 600毫米之间,春夏季雨水最多,占全年降水量的60%~80%,秋季干旱。茶区土壤主要为红壤,部分为黄壤或棕壤,少数为冲积壤,土壤的有机质含量较高,含石灰质较多的紫色土不宜种植茶树。

江南茶区的茶树品种主要以灌木型品种为主,也有一定数量的小乔木型品种,如福鼎大白茶、祁门种、上海洲种、高桥早茶、龙井43号、翠峰茶、福云6号、浙农12号等。生茶的茶类有绿茶、黑茶、花茶和名优茶等。

江南茶区的名茶

江南茶区的名优茶品种繁多,生产的主要茶类有绿茶、红茶、黑茶、花茶以及品质各异的特种名茶。名茶有金坛雀舌、茅山青峰、阳羡学芽、黄山毛峰、太平猴魁、恩施玉露等。

君山银针

【君山银针极品黄茶】 ★★★★★

李克评分： **99 分**

李克点评： 该款茶的茶香清高且悠长，入口则味醇甘爽。茶叶在杯中"三起三落"，让冲泡过程也成为一种视觉享受

干茶：	10 分
茶汤：	15 分
滋味：	15 分
叶底：	5 分
潜力指数：	9 分
零售终端行情指数：	5 分
入选基准分：	40 分
产地：	湖南
厂家：	湖南君山银针茶业有限公司
品种：	黄茶
规格：	250g
保质期：	550 天
电商参考价：	5280 元

【君山云雾绿茶（礼盒装）】

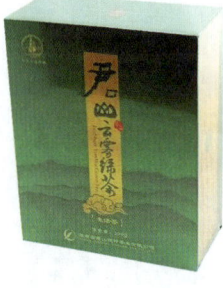

李克评分： **70 分**

李克点评： 该款茶叶从外观上看，品质尚可，滋味也略甜，回味甚少，属于中等品相

干茶：	6 分
茶汤：	4 分
滋味：	8 分
叶底：	5 分
潜力指数：	5 分
零售终端行情指数：	2 分
入选基准分：	40 分
产地：	湖南
厂家：	湖南君山银针茶业有限公司
品种：	绿茶
规格：	200g
保质期：	18 个月
电商参考价：	155 元

【最佳产区】

湖南岳阳洞庭湖君山。

【渊源】

君山又名洞庭山,地处湖南岳阳市君山区洞庭湖,是一座小岛。岛上土壤肥沃,多为砂质土壤,年平均温度16℃~17℃,年降雨量为1 340毫米左右,相对湿度较大,3~9月间的相对湿度约为80%,气候非常湿润。春夏季湖水蒸发、云雾弥漫,岛上树木丛生,自然环境适宜茶树生长,山地遍布茶园。

君山银针创制于唐代,清朝时被列为"贡茶"。据《巴陵县志》中记载:"君山产茶嫩绿似莲心。君山贡茶自清始,每岁贡十八斤。"每到谷雨前,当地知县便会邀请山里的僧人采制一旗一枪,白毛茸然,所以又可俗称"白毛茶"。又据《湖南省新通志》中记载:"君山茶色味似龙井,叶微宽而绿过之。"古人形容此茶如"白银盘里一青螺"。到了清代,君山茶被分为"尖茶"、"茸茶"两种。"尖茶"如茶剑,白毛茸然,被列为贡茶,素有"贡尖"的美称。

【工艺】

君山银针制作工序分杀青、摊凉、初烘、复摊凉、初包、复烘、再包、焙干等八道工序,历时3~4天之久。

杀青时,需要在斜锅中进行,锅子在鲜叶杀青前必须磨光打蜡,火温掌握遵循"先高后低"的原则,每锅投叶量在300克左右。杀青叶出锅后,盛于小篾盘中进行摊凉,需要4~5分钟即可初烘。放在炭火炕灶上初烘,温度掌握在50℃~60℃,烘20~30分钟,至五成干左右。初烘程度要掌握适当,过干,初包闷黄时转色困难,叶色仍青绿,达不到香高色黄的要求;过湿,香气低闷,色泽发暗。初烘叶稍经摊凉,即用牛皮纸包好,每包1.5公斤左右,置于箱内,放置40~48小时,以促使君山银针特有色香味的形成,这是制作君山银针的重要工序。每包茶叶不可过多或过少,太多化学变化剧烈,芽易发暗,太少色变缓慢,难以达到初包的要求。通过初包,银针品质风格基本形成,当芽显现出黄色后即可松包复烘。复烘的目的在于进一步蒸发水分,固定已形成的有效物质,减缓在复包过程中某些物质的转化。温度50℃左右,时间约1小时,烘至八成干即可。随后进行的复包方法与初包相同,历时20小时左右,待茶芽色泽金黄、香气浓郁即为适度。最后足火温度控制在50℃~55℃,之间烘量每次约0.5公斤,焙至足干为止。加工完毕,按芽头肥瘦、曲直、色泽亮暗进行分级。以壮实、挺直、亮黄者为上,瘦弱、弯曲、暗黄者剔除。

【风格】

君山银针的芽头茁壮、紧实而挺直,白毫显露,茶芽大小长短均匀,形如银针,内呈金黄色。军人视之谓"刀枪林立",文人赞叹如"雨后春笋",艺人偏说是"金菊怒放"。君山银针茶汁杏黄,香气清鲜,叶底明亮,又被人称作"琼浆玉液"。

【曾获荣誉】

1956年，在国际莱比锡博览会上被誉为"金镶玉"，获得金质奖章。1982年，在商业部全国名茶评选上被评为全国名茶。1988年，在首届中国食品博览会上荣获金奖。

【防伪】

由于君山银针产量少、价值高，市场上也有不少仿冒品。那么怎样辨别真正的君山银针呢？首先，正宗的君山银针是经过发酵的，茶叶外观是金黄色，市面上很多冒牌的君山银针是不发酵的，属于绿茶类，颜色也不一样。其次，君山银针的茶芽像一枚枚的针。冲泡时茶芽首先是浮于水面上的，稍过片刻后，茶芽迅速吸水才徐徐下沉，三起三落后竖于杯底，而假冒的银针为青草味，泡后银针不能竖立。

【品鉴】

君山银针在冲泡技术上也与其他茶叶不同。茶杯要选用耐高温的透明玻璃杯，杯盖要严实不漏气，冲泡用水必须是瓦壶中刚刚沸腾的开水，冲泡的速度要快，冲水时壶嘴从杯口迅速提至六七十公分的高度，水冲满后，要敏捷地将杯盖盖好，隔3分钟后再将杯盖揭开。待茶芽大部立于杯底时即可欣赏、闻香、品饮。君山银针茶的芽壮多毫，条真匀齐，白毫如羽，香气清高，汤色黄澄，叶底肥厚匀亮，滋味甘醇甜爽，久置不变其味。冲泡后，芽竖悬汤中，冲升水面后又徐徐下沉，再升再沉，三起三落，蔚成趣观。

安化黑茶

【安化黑茶金茯顶级手筑茯砖茶】…… ★★★★

李克评分：………………………………………… **90分**

李克点评： 该款茶的茶叶粗看发黑，但是带有色泽。待冲泡后，第一口入口，便能感受到它醇厚的滋味，而且带有明显的松烟香味，属于安化黑茶中的上品

干茶：	10分
茶汤：	10分
滋味：	10分
叶底：	5分
潜力指数：	10分
零售终端行情指数：	5分
入选基准分：	40分
产地：	湖南
厂家：	湖南久扬茶业有限公司
品种：	黑茶
规格：	2000g
电商参考价：	3200元

【最佳产区】

湖南安化。

【渊源】

安化黑茶，因其产自湖南益阳安化而得名。安化黑茶的制作历史可追溯到明朝。1368年，朱元璋犒赏立下大功的安化茶商，御赐代表皇家尊荣的"九"字符，赐号该三十九人组成的安化黑茶商队为"三十九铺"。经过历代茶商传承、演变，1568年第一家"三十九铺茶馆"正式在京成立，后在晋商的推动下，"三十九铺"开始在京城盛行。明清两代是安化黑茶发展的黄金期，"三十九铺"等一批安化茶铺也走向辉煌，号称"十里一铺，黑茶传奇"的茶业盛世由此开启。

近年来，安化黑茶产业得到了快速的发展。全县茶园面积达15.1万亩，茶叶产量达2.3万吨，生产、加工、营销综合产值达15.8亿元。在第六届中国茶业经济年会上，益阳县被评为"2010年全国重点产茶县"，跻身全国十强，茶叶总产量位列全国第九，黑茶产量位列全国第一。

关于安化黑茶，还有一个动人的传说。相传在古代的"丝绸之路"上，运茶的马帮经常会遇到下雨天而淋湿了茶，茶商痛心不已，但是又不甘心丢弃。在途经一个痢疾横行的村子时，发现村里病了很多人，村民们普遍没吃没喝，茶商想自己带的茶反正也长霉了，值不了多少钱，就送给那些可怜的人，结果奇迹发生了，村子里的人痢疾全好了。

【工艺】

安化黑茶按照制作工艺的不同可以分为六大种类：第一种为"三尖"，又称"湘尖"，采用较细嫩的黑毛茶加工而成，篾篓茶装。三尖茶原料相对较嫩，旧时都作为皇室贡品。三尖也分三大档次，分别为天尖、贡尖、生尖。第二种为花卷，源于百两茶，后又出现了千两茶、十两茶等不同规格的茶品。第三种为花砖，由花卷茶演变而来，因砖面四周印有花纹而得名。第四种为黑砖，黑砖与花砖的压制工艺基本相同。第五种为茯砖，因在伏天加工，故称"伏砖茶"，其药效似土茯苓，被称为"茯茶"或"福茶"。以前采用纯手工制作，现在已用机器压制。第六种为青砖，以老青茶为原料压制而成，分里茶和面茶，面茶又分洒面和底面。

【风格】

安化黑茶的重要特点之一，是其在初期加工时进行了杀青（或炒青），此工艺工程会钝化安化黑茶中的氧化酶。而在加工的中后期，安化黑茶又经过渥堆发酵工艺，可培养微生物、产生氧化酶，从而与安化黑茶中的茶多酚产生氧化反应。不过，此过程也会使安化黑茶色感、味感浓重，且因为安化黑茶中的微生物一直处于活跃状态，茶多酚的氧化反应会不断进行。因此，安化黑茶具有了随着时间的推移更具收藏价值的特点。

【曾获荣誉】

1915年，在巴拿马国际博览会上与贵州茅台酒一道获得最优大奖章，使得安化红茶"湖红"、安徽的"祁红"和福建的"建红"形成三足鼎立的繁荣局面。2009年10月，首届中国·湖南（益阳）黑茶文化节暨安化黑茶博览会在益阳茶业市场隆重举行，"中国黑茶之乡"称号正式花落益阳。

【防伪】

辨别真正的安化黑茶，一要看外形，不同年代的产品的重量规格和外形规格都具有时代的特征。如前期生产的砖茶，其砖片的紧压程度和光洁度都比现时的要紧、要光滑。这是由于当时采用的机械系螺旋手摇压机，压紧后没有反弹现象。后来采用摩擦轮压机后，茶叶紧压后会有反弹松弛的现象，砖面也较为松泡。二要看干茶色泽，不同黑茶类型的干茶色泽不同，比如黑砖茶的色泽乌黑油润有光，茯砖茶则呈现蛙皮青色，青砖茶则青绿泛黄。三要闻干茶的茶香，纯正的安化黑茶带有松烟香和甜酒发酵香；安化茯砖有"菌花香"。四要看茶的汤色，好的安化黑茶色如琥珀，纯净透亮。五要品茶的滋味，好的安化黑茶入口醇和、柔滑。

【品鉴】

冲泡黑茶宜选择粗犷、大气的茶具。一般用厚壁紫砂壶、陶壶或如意杯冲泡，公道杯和品茗杯则以透明玻璃器皿为佳，便于观赏汤色。冲泡黑茶时，较嫩的茶多透少闷，粗老茶则多闷少透。此外，粗老茶也可煮饮。

狗脑贡茶

【狗脑贡茶】 ★★★★★

李克评分： **97 分**

李克点评： 知名度尚低，但口感一流，未来发展空间巨大

干茶： 10 分
茶汤： 14 分
叶底： 5 分
滋味： 14 分
潜力指数： 9 分
零售终端行情指数： 5 分
入选基准分： 40 分

产地： 湖南
厂名： 湖南资兴东江狗脑贡茶业有限公司
品种： 绿茶
规格： 50g
保质期： 540 天
电商参考价： 100 元

【最佳产地】

湖南省资兴市汤溪镇狗脑山。

【渊源】

第一次听到狗脑贡茶的名字，我马上就来了兴趣。后来听湖南的茶友聊起，原来此茶名称的由来还有一个神话故事。相传远古时期，炎帝带着他的狗上山采药，到了汤溪一带一座无名山上中毒昏迷不醒。他的狗为了救他，用了一天一夜把炎帝拖到汤市的山腰上，最终累死了。第二天炎帝被一股清香熏醒，便摘了一把身边的嫩树叶吞下，不一会儿毒解了。炎帝把心爱之犬埋在此山上，并把山命名为"狗脑山"，把救活他性命的茶叶叫做"狗脑茶"。在汤市至今仍保留着有关炎帝神农的遗址。

据《资兴县志》记载，宋元丰七年，汤市一人中了进士，在此偏乡僻野可谓史无前人，为感皇恩进献"狗脑茶"，皇帝喝后赞不绝口，龙颜大悦，并钦定为皇室贡品，"狗脑贡茶"因此闻名。

狗脑贡茶的产地——罗霄山脉南端的汤溪镇，气候温和，境内山峦叠翠，常年云雾缭绕，空气清新，优越的气候条件以及地理土质造就了狗脑贡茶无可比拟的品质。

【工艺】

狗脑贡茶加工工艺流程步骤包括鲜叶预处理、摊放、杀青、冷却、揉捻、整形、外形装饰、回潮、分筛、干燥等。

【风格】

狗脑贡茶属绿茶，其外形条索紧细，巧曲奇卷，银毫满披，色泽绿润灵雅。冲泡后汤色嫩绿明亮，有一股淡淡的板栗香，且香气高锐持久，叶底嫩匀，入口鲜厚醇爽，回味悠长。狗脑贡是绿茶中很经泡的茶，用工夫茶的方法可以泡到七八水味道仍然不减。

【曾获荣誉】

1995年，荣获"湘茶杯"金奖。1996年，获全国新技术新产品交易会金奖。1998年，获湖南省名优茶金牌杯鉴评会金奖。1999年，获湖南省名优特新农产品博览会金奖。2001年，获国际茶博会金奖。

【功效】

狗脑贡茶含有丰富的咖啡因、茶多酚、氨基酸、维生素和微量元素，具有提神醒脑、降压消脂、解毒消炎、增强免疫力等功效。

【品鉴】

狗脑贡茶最适合用喝工夫茶的方法品用，茶具则以玻璃茶具最好，这样可以观赏到芽头茶上起下落的优美舞姿。品用时，倒掉第一次洗茶的水，接着开始一水茶。头道茶口感淡，但色泽绿亮，茶汤清澈，十分悦目。从第二水开始，茶的香味就出来了，入口后舌颊生津，回味悠长。上等茶在二、三水时，细细品味可品出板栗的香甜。

黑毛茶

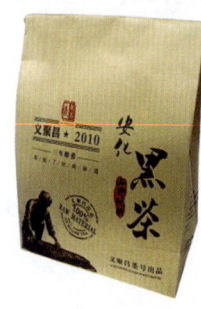

【义聚昌黑毛茶】 ★★★

李克评分： **86 分**

李克点评：虽然品质稍粗，但比起精制黑茶倒也别有一番风味

干茶： 8 分
茶汤： 12 分
叶底： 4 分
滋味： 12 分
潜力指数： 7 分
零售终端行情指数： 3 分
入选基准分： 40 分

产地： 湖南
厂家： 湖南义聚昌茶厂
品种： 黑茶
规格： 125g
保质期： 长期
电商参考价： 28 元

【最佳产地】

湖南省安化、沅江。

【渊源】

黑毛茶属于黑茶类，是指没有经过压制的黑茶，主要产于湖南安化、桃江、汉寿、沅江等地，著名的安化黑茶就是以这种茶为原料压制而成的。不过在安化当地，人们更喜欢喝未经加工的黑毛茶。

黑毛茶的原料比较粗老，一般都要新梢长到一芽四、五叶或对夹叶时才采摘，一年四季均可采摘。在谷雨前采摘的为春茶，芒种前后采摘的为仔茶，白露前后采摘的为白露茶。

【工艺】

黑毛茶的制作工艺分杀青、初揉、渥堆、复揉、干燥五道工序。杀青前对鲜叶原料一般都要进行洒水处理。洒水量一般为鲜叶重量的10%左右。干燥多采用烘焙法进行，烘焙仍用手工操作，在特砌的"七星灶"上用松柴明火烘焙。

【风格】

黑毛茶口味较成品黑茶口味要淡一些。好的黑毛茶条索紧卷、圆直,叶质较嫩,色泽黑润,有火香和松烟气。冲泡后,汤味纯正,叶底为黄褐色带点竹青色。

【品鉴】

黑毛茶既可以泡饮,也可煮饮。茶具风格宜粗犷、大气。泡茶用水一般以泉水、井水、矿泉水、纯净水为佳。水温要高,一般用100℃沸水冲泡,也可用沸水润茶后再用冷水煮沸。

庐山云雾

【庐山云雾一级】 ★★★

李克评分： 80 分

李克点评： 该款云雾茶的风味较优，高山茶茶气浓郁，叶芽十分鲜嫩，泡开后，口感鲜爽柔和

干茶：	10 分
茶汤：	10 分
滋味：	8 分
叶底：	5 分
潜力指数：	5 分
零售终端行情指数：	2 分
入选基准分：	40 分

产地：	江西庐山
厂家：	江西九江市庐山区赛阳镇茶场
品种：	绿茶
规格：	100g
保质期：	18 个月
电商参考价：	**135 元**

【最佳产区】

江西庐山。

【渊源】

庐山北临长江，东毗鄱阳湖，平地拔起，峡谷深幽。庐山茶是庐山云雾茶的前身，庐山云雾茶又称为钻林茶；钻林茶被视为云雾茶中的上品，但由于散生在荆棘横生的灌丛，寻觅艰难，而且量极少。庐山种茶始于汉代。在北宋时期，一度被列为贡品。

东晋时，庐山东林、西林、大林等山庙的僧人们种植和创制了庐山云雾茶，是他们清苦的汗水培育、浇灌了一茬又一茬的茶树。庐山云雾茶规模种植是在进入 20 世纪以后，但与佛教仍然有相关。如 1934 年庐山植物园成立后，便从庐山山麓五乳寺引种茶苗，购进茶籽，开辟茶园 10 余亩。但在此前，庐山云雾茶的栽培与制作，都有赖于庐山寺庙的僧人。陈三立曾在诗中这样写道："山僧往来踝胫穿，猩啼号虎豹前。"也正是这个原因，庐山云雾茶一直被认为是茶禅相通的佳作。

明太祖朱元璋曾屯兵庐山天池峰附近。朱元璋登基后，庐山的名望更为显赫。庐山云雾茶正是从明代开始生产的，很快闻名全国。明代万历年间的李日华《紫桃轩杂缀》中记载："匡庐绝顶，产茶在云雾蒸蔚中，极有胜韵。"

1951年，庐山云雾茶进入国际市场试销后深受欢迎。

【工艺】

由于气候条件，云雾茶比其他茶采摘时间晚，一般在谷雨后至立夏之间才开始采摘。以一芽一叶的初展为标准，长约3厘米。严格做到"三不采"，即紫芽不采、病虫叶不采、雨水叶不采。杀青时，每锅投叶量为350～400克，锅温控制在150℃～160℃之间。主要手法是双手抛炒，先抖后闷，抖闷结合，每锅叶量较少，锅温不高，炒至青气散发，茶香透露，叶色由鲜绿转为暗绿，即为适度。为了及时散发水分，降低叶温，防止叶色黄变，双手迅速抖散或簸扬十余次，这样可以使香味鲜爽，叶色翠绿，净度提高。茶叶的成品通常为茶芽肥壮，柔嫩多毫，条索紧细，色泽青翠。内质香气鲜爽持久，汤色清澈明亮，滋味醇厚而甘，叶底嫩绿匀齐。

【风格】

庐山云雾茶的高山茶茶气浓郁，不同的产区有不同的香味，最极品的是带兰茶香味，在庐山五老峰茶场产的则带板栗香味。

通常用"六绝"来形容庐山云雾茶，即"条索粗壮，青翠多毫，汤色明亮，叶嫩匀齐，香凛持久，醇厚味甘"。云雾茶风味独特，由于受庐山凉爽多雾的气候及日光直射时间短等条件影响，形成其叶厚、毫多、醇甘耐泡、含单宁和芳香油类及维生素较多等特点。

【曾获荣誉】

1982年，名列江西八大名茶之冠。同年，在全国名茶评比中被评为"中国名茶"。1985年，获全国优质产品银奖。1989年，获首届中国食品博览会金奖。2006年10月，在北京举行的第三届中国国际茶业博览会上被评为金奖。

【防伪】

庐山云雾采摘标准为一芽一叶初展，长度一般在3厘米左右，其特点是芽壮叶肥，白毫显露，色泽翠绿，幽香如兰，滋味深厚，鲜爽甘醇，耐冲泡，汤色明亮，饮后回味香绵。

【品鉴】

一般来说，庐山云雾茶的浓度高，可选用腹大的壶冲泡，可避免茶汤过浓。尤以陶壶、紫砂壶为宜。冲泡时，庐山云雾茶的分量大约占壶身20%。茶与水的比例为1∶50，即150毫升的水用3克左右的干茶。不能用100℃的沸水冲泡，一般以85℃为宜，这样泡出的茶汤才能汤色明亮，醇厚味甘。冲泡的次数不宜超过3次。因庐山云雾茶外形"条索精壮"，冲泡时采用"上投法"较佳，即先将水冲入杯中，然后取茶投入。如果用的是玻璃杯，你将会看到：有的茶叶直线下沉，有的茶叶徘徊缓下，有的其叶上下沉浮，舒展游动。这种过程，人们称之为"茶舞"。不久，干茶吸足水分，逐渐抿开叶片，现出一芽一叶，而汤面水气夹着茶香缕缕上升，此时闻茶香，必将心旷神怡。

狗牯脑茶

【翠源牌狗牯脑茶贡品特级】············★★★★★

李克评分：·····························**98 分**

李克点评： 此茶尚养在深闺，但未来发展潜力巨大

干茶：··10 分
茶汤：··15 分
叶底：··5 分
滋味：··15 分
潜力指数：··10 分
零售终端行情指数：··3 分
入选基准分：··40 分

产地：··江西遂川
厂家：··江西遂川县安村茶厂
品种：··绿茶
规格：··200g
保质期：··545 天
电商参考价：··280 元

【最佳产地】

江西遂川县汤湖乡狗牯脑山。

【渊源】

狗牯脑山矗立于罗霄山脉南麓，该山形似狗头，因而得名。其山南、北分别有五指峰和老虎岩遥相对峙，还有著名的汤湖温泉。山上苍松劲竹，云雾弥漫，更有肥沃的乌沙壤土，是栽培茶树的绝妙佳境。

狗牯脑茶又叫狗牯脑石山茶，也曾称为玉山茶，早在二百多年的清代，这种茶就已经出现。

传说嘉庆年间，今汤湖乡境内，一个名叫梁为镒的木材商人流落到南京，在当地与一善于制茶的财主千金杨氏结为夫妇。后来，梁为镒与妻子返回故乡，并带回了一些茶籽种在当地的狗牯脑山上。

1915年，遂川县一个叫李玉山的茶商采用狗牯脑山的茶鲜叶制成银针、雀舌和圆珠各1千克，分装3罐，运往美国旧金山参加巴拿马国际博览会，荣获国际评判委员会授予的金质奖和奖状，被誉为"顶上绿茶"。1930年，李玉山之孙李文龙将此茶改名为"玉山茶"，送往浙赣特产联合展览会展出，荣获甲等奖。两次获奖后，此茶名声大震。后来，鉴于此茶产于狗牯脑山上，故而改名为"狗牯脑茶"。

1943，狗牯脑茶第五代传人梁德梅，为了防止别人假冒，以其父梁纪兴为名，特在其制作出售的茶叶包装纸上盖上印章，将狗牯脑茶销往广东的南雄、韶关一带。

中华人民共和国成立前，狗牯脑茶种植面积小，产量很低，年产只有几十斤。1957年，狗牯脑茶园归集体所有，产量提高到65公斤。1958年，汤湖人民公社茶山生产大队建立狗牯脑茶加工厂。1968年，梁家第六代传人梁奇桂公开制茶技术，汤湖人民公社便积极开展人员培训工作。1974年后，狗牯脑茶园发展到82亩，产量突破500公斤。1990年，制作狗牯脑茶的骨干厂家——狗牯脑茶厂，年产茶叶0.75万公斤。同时，其销路也日益广阔，出口到欧美和东南亚等国家与地区。

1986年，狗牯脑茶厂使用"汤湖"牌商标注册防伪。1990年，改为"狗牯脑"牌商标注册。

【工艺】

此茶一般在每年4月初开始采摘，上等茶的鲜叶标准为一芽一叶初展，要求不采露水叶、雨天不采叶、晴天中午不采叶。鲜叶采回后还要进行挑选，剔除紫芽叶、单片叶和鱼叶。此茶加工分为杀青、揉捻、整形、烘焙、炒干和包装六道工序。

【风格】

外形秀丽，叶片细嫩均匀，碧色中微露黛绿，表面覆盖一层柔细软嫩的白毫。泡后茶叶速沉，茶汤清澄，略呈金黄色。口感清凉、芳醇、香甜，沁人肺腑，回味甘甜。

【曾获荣誉】

1915年，在巴拿马国际博览会上获金质奖。1930年，在浙赣特产联合展销会上获甲等奖。1982年，被评为"江西省名茶"。1988年，获中国首届食品博览会金奖。1992年，获香港国际食品博览会金奖。2010年，成功入选上海世博会江西馆名优产品，并获上海世博会名茶评优"绿茶类"金奖。

宁红工夫

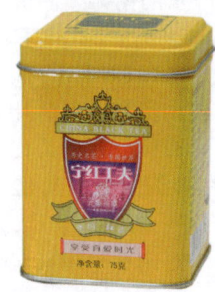

【宁红工夫特级】

李克评分： **70分**

李克点评： 该款茶叶从外观看显豪，冲泡后香气持久、高爽，滋味也比较甘甜，属于中等品相

干茶：	5分
茶汤：	6分
滋味：	8分
叶底：	5分
潜力指数：	4分
零售终端行情指数：	2分
入选基准分：	40分
产地：	江西修水县
厂家：	江西元泰茶业有限公司
品种：	红茶
规格：	75g
保质期：	36个月
电商参考价：	148元

【产区】

江西修水县。

【渊源】

修水产茶，迄今已有一千余年的历史。宁红制作则始于清代中叶。修水远在唐代时就已盛产茶叶。修水县生产红茶始于清朝道光年间(1823年)，而且宁州工夫红茶很快就成为当时著名的红茶之一。宁红是历史上最早支派，宁红早于祁红90年，先有宁红，后有祁红。到19世纪中叶，宁红畅销欧美，成为中国名茶。

美国茶叶专家乌克斯在《茶叶全书》专著中评价宁红外形美丽、紧结，水色红艳引人，在拼和茶中极有价值，并称赞宁红色、香、味俱属上乘。1904年，宁红生产朝廷贡品——太子茶。光绪年间漫江罗坤化的"厚生隆茶行"特制的太子茶，在汉口以每市斤2两白银的价格卖给俄国人。1914年，宁红极品白字号太子茶参加上海赛会，每磅售价48两白银，茶获外商"茶盖中华，价甲天下"的奖匾。清宣统二年，漫江郭敏生开设的"义泰祥茶行"特制的贡茶，和民国四年郭鸣岐在漫江特制的贡茗，先后在南洋劝业赛会上夺魁并荣获最优超等文凭。

中华人民共和国成立后，宁红工夫茶得以迅速发展。现面积达 10 万余亩，一批批新的高额丰产茶园正在茁壮成长，茶叶初制厂遍布各乡。

【工艺】

宁红茶每年于谷雨前采摘其初展一芽一叶，长度 3 厘米左右，经萎凋、揉捻、发酵、干燥后初制成红毛茶，然后再通过筛分、抖切、风选、拣剔、复火、匀堆等工序精制。

【风格】

成品茶分为特级与一至七级。特级宁红要求紧细多毫，锋苗毕露，乌黑油润，鲜嫩浓郁，鲜醇爽口，柔嫩多芽，汤色红艳。一级宁红要求紧结显毫，锋苗显露，乌黑亮泽，鲜嫩，鲜爽，汤色红亮。二级宁红要求条索紧，显毫，乌黑，鲜嫩，醇厚，汤色红。其他级依此类推。

【曾获荣誉】

1904 年，宁红的珍品太子茶被列为贡品，故又有公茶之称。曾获俄、美等国商人所赠之"茶盖中华，价甲天下"的奖匾。1949 年以后，宁红工夫茶生产得到迅速发展，质量不断提高。1958 年，两种品质优异的宁红超级茶销往苏联，经中外专家鉴评，质量达到国际高级红茶标准。1983 年，荣获对外经济贸易部颁发的"品质优良"荣誉证书。1984 年，被评为"江西省优质产品"。

【品鉴】

一般习惯采用壶泡法。以茶汤中是否添加其他调味品来分，又可分为"清饮法"和"调饮法"两种。中国绝大多数地方饮红茶采用"清饮法"，没有在茶汤中添加其他调料的习惯。在欧美一些国家一般采用"调饮法"，人们普遍爱饮牛奶红茶。通常的饮法是将茶叶放入壶中，用沸水冲泡，浸泡 5 分钟后，再把茶汤倾入茶杯中，加入适量的糖、牛奶或乳酪，就成为一杯芳香可口的牛奶红茶。在前苏联，人们特别爱饮柠檬红茶和糖茶。尤其是俄罗斯民族有一种吃糖的嗜好，饮茶时常把茶烧得滚烫，然后加上很多的糖、蜂蜜和柠檬片。

西湖龙井

【御牌皇家壹号（御狮）龙井茶】……★★★★★

李克评分：……………………………………**100 分**

李克点评：朵朵茶芽袅袅浮起，旗枪交相辉映，好比出水芙蓉，俏嫩可人，实乃茶之神品

干茶：	10 分
茶汤：	15 分
滋味：	15 分
叶底：	5 分
潜力指数：	10 分
零售终端行情指数：	5 分
入选基准分：	40 分
产地：	浙江杭州西湖
厂家：	浙江杭州龙井茶业集团有限公司
品种：	绿茶
规格：	150g
保质期：	18 个月
电商参考价：	9800 元

【狮牌西湖龙井茶特级明前绿茶】……★★★★

李克评分：……………………………………**90 分**

李克点评：仅观察该茶的茶色泽，就明显具有龙井特有的"糙米色"，即色泽翠绿、微带嫩绿的黄色光，而且润泽。属龙井中上品

干茶：	10 分
茶汤：	10 分
滋味：	10 分
叶底：	5 分
潜力指数：	10 分
零售终端行情指数：	5 分
入选基准分：	40 分
产地：	浙江杭州狮峰山
厂家：	浙江杭州狮峰茶叶有限公司
品种：	绿茶
规格：	150g
保质期：	12 个月
电商参考价：	388 元

【最佳产区】

浙江杭州西子湖畔西湖山区。

【渊源】

龙井茶历史悠久，最早可追溯到我国唐代。清代，乾隆皇帝下江南时，曾四次到龙井茶区视察并品尝龙井茶，赞不绝口。还在龙井茶区的天竺作诗一首，诗名为《观采茶作歌》，并将胡公庙前的18棵茶树封为"御茶"。从此，龙井茶更加身价倍增，名扬天下。西湖龙井茶向以"狮（峰）、龙（井）、云（栖）、虎（跑）、梅（家坞）"排列等级，以西湖龙井茶为最。

中华人民共和国成立后，国家积极扶持龙井茶的发展，龙井茶被列为国家外交礼品茶。茶区人民在政府的关怀下，改旧式柴锅为电锅，选育新的龙井茶优良品种，推广先进的栽培和采制技术，建立龙井茶分级质量标准，使龙井茶生产走上了科学规范的道路。

从龙井茶的历史演变看，龙井茶之所以能成名并发扬光大，一则是因为龙井茶本身品质好，二则是因为龙井茶本身的历史文化渊源。所以龙井茶不仅仅是茶的价值，也是一种文化艺术的价值，里面蕴藏着较深的文化内涵和历史渊源。

【工艺】

传统的龙井茶炒制有十大手法：抛、抖、搭、煽、揭、甩、抓、推、扣和压磨。不同品质的茶叶又有不同的炒制手法。先要抛，再压、推、再搭，然后抓、抖……每一步骤中又可以增加或是分解成若干个动作。

"抛"是为了让茶叶变松，把水分散发掉，有时也是为了控制鲜叶的温度。"压"则是为了把鲜叶压得扁平，扁平而挺直是龙井茶的外形特色所在。有时为了使龙井茶表面变得光滑，还要边压边推。"抖"是为了把茶叶的形状抖出来，使叶和心包在一起，于是不仅香味被牢牢地包在每一片茶叶内，而且冲泡后一芽一叶的形状也完整而立体，非常漂亮。

"搭"的动作很轻巧，左手捞起满满的茶叶时，老师傅总喜欢右手在满手的茶叶上轻轻一按一抹，茶叶的色泽、温度和水分情况可基本看出，下一把怎么炒心里就有数了。最关键还是要看茶、做茶，不是每一个等级的茶都要用到这十种手势，也不是每一个手法只有一个动作，一切都要根据手里的茶叶质量来定手法。每一捧鲜叶的水分含量、新鲜程度、大小都不同，经验老到的茶农会根据鲜叶的情况决定采用哪种手法。同样是压，高档茶叶只要压扁就行，中档茶叶就要压得扁而紧，低档茶叶则要紧，手法和力度都不同。

【风格】

春茶中的特级西湖龙井外形扁平光滑，苗锋尖削，芽长于叶，色泽嫩绿，体表无茸毛。汤色嫩绿（黄）明亮，清香或嫩栗香，但有部分茶带高火香，滋味清爽或浓醇。叶底嫩绿，尚完整。

其余各级龙井茶随着级别的下降，外形、色泽有嫩绿或青绿或墨绿，茶身由小到大，茶条由光滑至粗糙；香味由嫩爽转向浓粗，四级茶开始有粗味；叶底由嫩芽转向对夹叶，色泽有嫩黄或青绿或黄褐。夏秋龙井茶色泽暗绿或深绿，茶身较大，体表无茸毛，汤色黄亮，有清香但较粗糙，滋味浓略涩，叶底黄亮，总体品质比同级春茶差得多。

机制龙井茶，现在有全用多功能机炒制的，也有用机器和手工辅助相结合炒制的。机制龙井茶外形大多呈棍棒状的扁形，欠完整，色泽暗绿，在同等条件下总体品质比手工炒制的差。

【曾获荣誉】

浙江的名优茶很多，品质颇佳。西湖龙井为已获得浙江名茶证书的36种名茶之一。

【防伪】

一摸：判别茶叶的干燥程度。随意挑选一片干茶，放在拇指与食指之间用力捻，如即成粉末，则干燥度足够；若为小颗粒，则干燥度不足，或者茶叶已吸潮。干燥度不足的茶叶比较难储存，同时香气也不高。二看：看干茶是否符合龙井茶的基本特征，包括外形、色泽、匀净度等。三嗅：闻干茶香气的浓淡和香型，并辨别是否有烟、焦、酸、馊、霉等劣变气味和各种夹杂着的不良气味。四尝：当干茶的含水量、外形、色泽、香气均符合要求后，进行开汤品尝。一般取3克龙井茶置于杯碗中，冲入沸水150毫升，5分钟后先嗅香气，再看汤色，细尝滋味，后评叶底。这个环节更为重要。

【品鉴】

龙井茶外形挺直削尖，扁平俊秀，光滑匀齐，色泽绿中显黄。冲泡后香气清高持久，香馥若兰。汤色杏绿，清澈明亮，叶底嫩绿，匀齐成朵，芽芽直立，栩栩如生。品饮茶汤，沁人心脾，齿间流芳，回味无穷。

松阳银猴

【仙人源松阳银猴龙剑】　★★★★

李克评分：　　　　　　　　　　　　　　　　91 分
李克点评：观赏茶条心情就很好，入口之后更加难忘

干茶：　　　　　　　　　　　　　　　　　　9 分
茶汤：　　　　　　　　　　　　　　　　　　13 分
滋味：　　　　　　　　　　　　　　　　　　13 分
叶底：　　　　　　　　　　　　　　　　　　5 分
潜力指数：　　　　　　　　　　　　　　　　6 分
零售终端行情指数：　　　　　　　　　　　　5 分
入选基准分：　　　　　　　　　　　　　　　40 分

产地：　　　　　　　　　　　　　　　　　　浙江
厂家：　　　　　　　　　浙江丽水仙人源农业发展有限公司
品种：　　　　　　　　　　　　　　　　　　绿茶
规格：　　　　　　　　　　　　　　　　　　250g
保质期：　　　　　　　　　　　　　　　　　12 个月
电商参考价：　　　　　　　　　　　　　　　360 元

【最佳产地】

浙江省松阳县。

【渊源】

松阳县在浙江省的西南部，境内群山起伏，温暖湿润，气候垂直差异明显，这些因素共同组成了优质茶叶生长最喜欢的生态环境。据史料记载，早在三国时期，松阳的种茶业就已经颇具规模。唐代，道士叶法善依照陆羽《茶经》所培植出的"卯山仙茶"，深得唐玄宗喜爱，还被列为贡茶。到明清时期，松阳茶业愈见鼎盛，所出产品口感上乘，颇受茶人青睐。在1925年的西湖博览会上，松阳茶叶还荣获了一等奖。

松阳银猴茶是上世纪80年代新创制的茶叶，产于松阳县古市半古月的谢猴山一带。当地群山环抱，云雾飘渺，溪流纵横交错，降雨量丰沛，为形成银猴茶品质提供了先天条件。之所以叫银猴茶，是因其茶外形条索卷曲多毫，形似猴爪。它品质独特，称得上松阳名茶之首，曾多次在国内国际赛事种摘得大奖。目前，松阳银猴系列名茶不但畅销杭州、上海、江苏、安徽、山东、北京等二十多个省市，还走出国门，远销到德国等国家。

【工艺】

松阳银猴茶开采早，一般在清明前开始，谷雨时结束。讲究"采得嫩、拣得净"，特级茶为一芽一叶初展，一至二级茶为一芽一叶至一芽二叶初展。据介绍，炒制1公斤的特级银猴茶，需7万个左右芽叶。鲜叶进厂后摊放6~7小时后炒制，工艺分头青、揉捻、二青、三青、干燥等，讲究高温杀青、揉炒结合、慢速轻炒、边炒边整、烘焙足干。

【风格】

松阳银猴茶外形犹如活泼小猴，壮实，卷曲多毫似猴爪，十分可爱。色泽翠润，汤色绿亮，叶底嫩绿明亮，栗香馥郁，滋味浓鲜。

【曾获荣誉】

1984年，松阳银猴被评为"省级名茶"。1986年，被评为"浙江省优胜名茶之一"。1991年，在杭州国际茶文化节上被评为"中国文化名茶"。2002年，获得绿色食品认证。2003年，获"浙江省名牌产品"称号。2004年，获浙江省"十大名茶"称号。

【品鉴】

松阳银猴茶冲泡时需要先用少许沸水浸润茶叶，使其中的可溶物质释出后，再用"加旋斟水法"加一些水，进行适度摇香，使茶香弥漫。茶具最好选用无盖的透明玻璃杯，水温以85℃左右为好。泡茶用水最好用纯净水。

九曲红梅

【艺福堂明前特级九曲红梅】⋯⋯⋯★★★★

李克评分：⋯⋯⋯⋯⋯⋯⋯⋯⋯⋯⋯⋯⋯**95 分**

李克点评：一款有文化、有品格的茶

干茶：	8 分
茶汤：	14 分
叶底：	5 分
滋味：	14 分
潜力指数：	9 分
零售终端行情指数：	5 分
入选基准分：	40 分
产地：	浙江
厂家：	浙江杭州艺福茶业有限公司
品种：	红茶
规格：	35g
保质期：	540 天
电商参考价：	**32 元**

【最佳产地】

浙江杭州西湖区周浦乡湖埠。

【渊源】

九曲红梅简称"九曲红"，其状如其名，色红香清犹如红梅。这种茶源于福建武夷山一带。太平天国时期，武夷山村民向北迁徙，到了杭州的大坞山，在此劈山种粮，伐林栽茶，以谋生计。这些人中有不少人拥有丰富的制茶经验，产品热销沪杭一带茶行。附近湖埠、社井一带的村民也相继效仿采制。若论品质，则以湖埠大坞山所产最佳。大坞山高500多米，山顶为一盆地，土壤肥沃，四周山峦环抱，林木茂盛。由于靠近钱塘江，山上终年云雾缭绕，正好适宜茶树生长。此外，采摘时间也关系到成品茶的品质。谷雨前后采摘的茶青最佳，清明前后采摘的次之。

抗日战争爆发后，杭州沦陷，原本销售火爆的"九曲红"价格暴跌，茶农大多以打柴度日，以前丰茂的茶园荒芜了。由于稀缺，中华人民共和国成立前，江浙沪各地的茶商都以能经销这种茶叶而得意，文人雅士也都把品赏"九曲红梅"

视为有品位的象征。中华人民共和国成立以后,"九曲红"生产得到很大发展,但行情和名气较杭州西湖龙井茶均不可同日而语。一直到进入本世纪后,"九曲红"才逐渐被重视起来。

【工艺】

采摘标准要求一芽二叶初展,经杀青、发酵、烘焙而成。

【风格】

此茶干茶条索细若发丝,茶形虬曲如银钩,茶丝互相勾挂,披满金色绒毛,色泽乌润。冲泡后,汤色鲜亮红艳,茶叶朵朵艳红,犹如水中红梅,香气馥郁扑鼻,滋味浓郁、鲜爽、回味无穷,有独特的梅花香味。

【曾获荣誉】

曾获巴拿马国际食品博览会金质奖章,是西湖博览会全国十大名茶之一。

【功效】

九曲红梅味甘性温,有暖胃、健脾、明目、提神等功效,比较适合体寒之人饮用。

【品鉴】

九曲红梅适宜用壶泡法,茶具则宜选景德镇的陶瓷。装入茶后,冲入沸水后隔45秒左右倒入小杯,品饮时要细品慢饮。一般可以冲泡两至三次,可以根据个人口味加入适量柠檬、牛奶、蜂蜜等,风味独特。

南京雨花茶

【特级南京雨花茶】 ★★★

李克评分： 85 分

李克点评： 该款茶一般于清明前后采摘一芽一叶初展的鲜叶，口感清爽，饮后回味久长，余香绕喉，乃茶中上品

干茶： 10 分
茶汤： 10 分
滋味： 10 分
叶底： 5 分
潜力指数： 5 分
零售终端行情指数： 5 分
入选基准分： 40 分

产地： 江苏南京
厂家： 南京博之众茶叶有限公司
品种： 绿茶
规格： 250g
保质期： 18 个月
电商参考价： 215 元

【最佳产区】

江苏南京市郊及周边。

【渊源】

雨花茶因产南京雨花台而得名。雨花茶创制于1958年，算不上是历史名茶。此茶以其优良的品质曾先后数次荣获省优、部优产品称号，被列为全国名茶之一。

雨花茶产区属宁镇丘陵区，岗峦起伏，海拔仅60米上下，酸性黄棕色土壤，年均气温16℃，无霜期225天，年降水量在900～1 000毫米之间。南京雨花茶的产区，已由原产地南京中山陵和雨花台园林风景区扩大到栖霞、浦口郊区和江宁、江浦、六合、溧水、高淳等五县。生产工艺已由全部手工操作，逐步走向机械化操作，质量逐年提高，年产量已达9～10吨。

南京市发展茶叶具有悠久的历史，特别是地产名茶的代表——雨花茶，也有五十多年的历史，经长期的生产实践，在茶叶品种的选择、茶园的田间管理、茶叶新品的研制和茶叶市场营销方面都积累了大量的经验,并且茶叶的经济效益和比较效益也逐渐被广大农民所认识和接受,茶叶与粮食的经济效益比达10∶1以上,茶叶与其他经济作物效益比也达到2∶1以上。

【工艺】

在清明前后采摘一芽一叶或一芽二叶,不采虫伤芽叶、紫芽叶、红芽叶、空心芽叶。采后鲜叶避免日晒,及时加工,按炒青绿茶制法,经轻度萎凋、高温杀青、适度揉捻、整形干燥等工序,再经圆筛、抖筛、飘筛,分成特级和1~4级四个等级。雨花成品茶形似松针,紧直圆绿,锋苗挺秀,色泽翠绿,白毫显露,以热水冲泡,叶底均嫩,滋味鲜凉,气香色清,有去腻、清神、益气之功效。

【风格】

雨花茶共分为特级一等雨花茶、特级二等雨花茶、一级雨花茶、二级雨花茶四个等级。特级一等雨花茶的鲜叶中,一芽一叶点大于等于85%,并有一定量的单芽,一芽二叶点小于15%。条索形似松针,紧细圆直,锋苗挺秀,白毫略显;外形色泽绿润、匀整、洁净,香气清香高长;汤色嫩绿明亮,滋味鲜醇爽口;叶底嫩绿明亮。特级二等雨花茶的鲜叶中,一芽一叶点大于等于75%,一芽二叶点小于25%。条索形似松针,紧细圆直,白毫略显;外形色泽绿润、匀整、洁净,香气清香;汤色嫩绿明亮,滋味鲜醇,叶底嫩绿明亮。一级雨花茶的鲜叶中,一芽一叶点大于等于65%,一芽二叶点小于35%。条索形似松针,紧直,略含扁条;外形色泽绿尚润、尚匀整、洁净;香气尚清香,汤色绿明亮,滋味醇尚鲜;叶底绿明亮。二级雨花茶的鲜叶中,一芽一叶点大于等于50%,一芽二叶点小于50%。条索形似松针,尚紧直,含扁条;外形色泽绿、尚匀整、洁净。

【曾获荣誉】

1982年,在商业部召开的全国名茶评选会上,被评为全国30种名茶之一。1983年,获江苏省优质产品奖。1985年,由农牧渔业部在南京召开的全国优质名茶评选会上,再次被评为11种优质名茶之一。1986年、1990年,在全国名茶评选会上,又接连两届被评为全国名茶。

【品鉴】

雨花茶冲泡后茶色碧绿、清澈,香气清幽,滋味醇厚,回味甘甜。紧、直、绿、匀是雨花茶品质的特色,具体表现为:形似松针,条索紧直、浑圆,两端略尖,锋苗挺秀,茸毫隐露,色呈墨绿,香气浓郁高雅,滋味鲜醇,汤色绿而清澈,叶底嫩匀明亮。沸水冲泡,芽芽直立,上下沉浮,犹如翡翠,清香四溢。品饮一杯,沁人肺腑,齿颊留芳。

顾渚紫笋

【百岁爷长兴顾渚紫笋茶】................★★★

李克评分： ....**85 分**

李克点评： 开水冲泡，香气馥郁，汤色清澈，茶味鲜醇，回味甘甜，有一种沁人心脾的优雅感觉

干茶：	8 分
茶汤：	10 分
滋味：	10 分
叶底：	5 分
潜力指数：	5 分
零售终端行情指数：	7 分
入选基准分：	40 分
产地：	浙江长兴县
厂家：	浙江长兴和平霞峰云雾茶厂
品种：	绿茶
规格：	500g
保质期：	16 个月
电商参考价：	518 元

【最佳产区】

浙江省湖州市长兴县。

【渊源】

渚紫笋，因其鲜茶芽叶微紫，嫩叶背卷似笋壳，故而得名。该茶产于浙江省湖州市长兴县水口乡顾渚山一带，是上品贡茶中的"老前辈"，早在唐代便被茶圣陆羽评为"茶中第一"。

此茶在唐朝广德年间开始进贡，正式成为贡茶。那时因紫笋茶的品质优良，还被朝廷选为祭祀宗庙用茶。当时的皇室规定，紫笋贡茶分为五等，第一批茶必须确保清明前抵达长安，以祭祀宗庙。这第一批进贡的茶就被称为"急程茶"。

据《茶经》记载："阳崖阴林，紫者上，绿者次；笋者上，芽者次。"紫笋茶的称呼即来源于此。此茶传说被陆羽发现，并建议当地官员推荐给皇上，即成为贡品。当时的湖州与常州刺史为了交流贡茶经验，在顾渚山上设有"境会亭"，每到茶季，两州官员便聚到"境会亭"品茶。

在苏州做官的白居易曾因此赋诗一首，表达他因病不能赴会的遗憾之情。明末清初至中华人民共和国成立前,紫笋茶一度消失。1970年代末,当地政府又重新试产、培育紫笋茶,此茶才得以重新发扬光大。

【工艺】

紫笋茶在每年清明至谷雨期间采摘,标准为一芽一叶或一芽二叶初展。新品紫笋茶芽叶相抱,或芽挺叶稍展,形如兰花。冲泡后,茶汤清澈明亮,色泽翠绿带紫,味道甘鲜清爽,隐隐有兰花香气。顾渚紫笋的鲜叶非常幼嫩,炒制500克干茶,约需芽叶3.6万个,不愧为国家级名茶。如今紫笋茶已被定为国家无公害农产品。顾渚紫笋的工艺特点是:每年清明至谷雨期间采摘一芽一叶或一芽二叶初展,经摊青、杀青、理条、摊凉、初烘、复烘等工序制成。

【风格】

极品紫笋茶叶相抱似笋。上等茶芽挺嫩叶稍长,形似兰花。成品色泽翠绿,银毫明显,香孕兰蕙之清,味甘醇而鲜爽;茶汤清澈明亮;叶底细嫩成朵。该茶有"青翠芳馨,嗅之醉人,啜之赏心"之誉。

顾渚紫笋外形紧结,完整而灵秀。开水冲泡,香气馥郁,汤色清澈,茶味鲜醇,回味甘甜,有一种沁人心脾的优雅感觉。

【曾获荣誉】

1979年,在浙江省名茶评议会上,顾渚紫笋茶被列为一类名茶。1986年,在全国花茶、乌龙茶优质产品评选会上,被评为全国名茶。

【防伪】

先观察干茶的外观。上等的顾渚紫笋茶紧结、完整,嫩叶背卷很像抱着的笋。极品的顾渚紫笋茶条形似兰花,色泽翠绿,银毫明显。冲泡后,清香扑鼻,有淡淡的竹叶的香气,汤色清澈晶亮,叶底细嫩成朵。目前市面上的顾渚紫笋茶分为三个等级:紫笋、旗芽、雀舌。

【品鉴】

选用透明玻璃杯来冲泡。先用沸水进行温杯,这样有利于泡出茶香。然后将温杯的水倒掉,这时再倒入约杯身四分之一的90℃左右的热水,放入适量茶叶,待干茶充分吸收水分后,可端杯闻其香,然后小口品饮,待杯中剩三分之一水量时再续水,这就是第二泡茶了。此时的茶最为鲜醇味美,是茶中的精华。待这次的品完,可再续第三遍水。一般这种鲜嫩绿茶,三遍过后就滋味寡淡了。

安吉白茶

【艺福堂特级珍稀安吉白茶】 ★★★

李克评分： 85 分

李克点评： 珍稀安吉白茶的氨基酸含量属绿茶中最高，所以口感非常鲜爽，没有苦涩味；茶多酚含量相对较低，所以滋味鲜醇、回味生津

- 干茶： 10 分
- 茶汤： 10 分
- 滋味： 10 分
- 叶底： 5 分
- 潜力指数： 6 分
- 零售终端行情指数： 4 分
- 入选基准分： 40 分

- 产地： 浙江省
- 厂家： 浙江杭州艺福茶业有限公司
- 品种： 绿茶
- 规格： 150g
- 保质期： 540

电商参考价： 298 元

【竹乡牌安吉白茶明前特级】 ★★★★★

李克评分： 96 分

李克点评： 清口、清心、清肠

- 干茶： 10 分
- 茶汤： 15 分
- 滋味： 15 分
- 叶底： 5 分
- 潜力指数： 6 分
- 零售终端行情指数： 5 分
- 入选基准分： 40 分

- 产地： 浙江省
- 厂家： 浙江安吉县茶叶有限公司
- 品种： 绿茶
- 规格： 50g（散装）
- 保质期： 18 个月

电商参考价： 100 元

【最佳产区】

浙江安吉、松阳等地。

【渊源】

白茶的名字最早出现在唐朝陆羽的《茶经》的"七之食"中，其记载："永嘉县东三百里有白茶山。北宋庆历 (1041～1048年) 年间，'白叶茶，芽叶如纸，民间大重，以为茶瑞'。"宋徽宗赵佶在《大观茶论》中说："白茶自为一种，与常茶不同，其条敷阐，其叶莹薄，崖林之间，偶然生出，虽非人力所致，有者不过四五家，生者不过一二株。"北宋皇帝在说了白茶可贵之后又说："芽英不多，尤难蒸焙，汤火一失，则已变为常品。"自有这个记载一直到明代的三百五十多年中，没有再发现过白茶。因此，安吉的白茶填补了历史记载的空白，弥足珍奇。

【工艺】

安吉白茶分批多次早采、嫩采、勤采、净采。明前茶要求一芽一叶。芽叶成朵，大小均匀，留柄要短，轻采轻放，竹篓盛装，竹筐储运。及时摊放，厚度均匀，不可翻动，避免阳光。摊放目的，一是提高安吉白茶品质，二是便于炒制。摊放时手抓柔软为宜。高温杀青时，先高后低，通过高温250℃～300℃左右，以破坏酶的活性，防止红梗、黑梗。茶叶下锅后听到炒芝麻似的爆声即为杀青。杀青后，逐步提高转速，锅内温度降低，时间3分钟。初烘时，烘干机温度控制在100℃左右；复烘时温度控制在80℃～90℃之间，之后低温长烘。茶叶干茶含水分控制在6%以内。放入冰库后，温度约控制在0℃～5℃之间。冰库取出的茶叶3小时后打开，然后进行包装。

【风格】

安吉白茶（白叶茶）是一种珍罕的变异茶种，属于"低温敏感型"茶叶，其阈值约在23℃左右。茶树产"白茶"时间很短，通常仅一个月左右。以原产地浙江安吉为例，春季，因叶绿素缺失，在清明前萌发的嫩芽为白色。在谷雨前，色渐淡，多数呈玉白色。谷雨后至夏至前，逐渐转为白绿相间的花叶。至夏，芽叶恢复为全绿，与一般绿茶无异。正因为神奇的安吉白茶是在特定的白化期内采摘、加工和制作的，因而茶叶经浸泡后，其叶底也呈现出玉白色。这是安吉白茶特有的性状。

【防伪】

要鉴别安吉白茶的真伪、优劣，首先是辨色。正宗安吉白茶的干茶色嫩绿鲜活，泛金边，芽叶匀整，芽峰显露。干茶色泽发暗且不匀，可疑似为外地茶和非白叶一号品种制作的茶，还有可能为陈茶。第二招就是闻香。安吉白茶的特点之一是嫩香持久，且带有郁兰香。其他如高火味、青草气的，为劣质产品，带有陈味的是陈茶。从品味上来说，安吉白茶是高氨基酸产品，味鲜爽、回味甘甜，没有苦涩味。品味中带有苦涩味、焦味和青草味均为不合格产品，带有陈味的是陈茶。最后一道是观形。由于安吉白茶采摘匀整，一般芽峰显露，形似凤尾，外地白叶茶条形较为紧细，牙峰不显。真品安吉白茶冲泡后叶底叶张玉白，茎胫脉翠绿分明。而手捏茶干成碎末，即茶叶干燥度符合标准。

【品鉴】

　　安吉白茶色、香、味、形俱佳，在冲泡过程中必须掌握一定的技巧，才能充分领略到安吉白茶形似凤羽、叶片玉白、茎脉翠绿、鲜爽甘醇的视觉和味觉的享受。冲泡安吉白茶选用黄浦江源头水是最佳选择。由于安吉白茶原料细嫩，叶张较薄，所以冲泡时水温不宜太高，一般掌握在80℃~85℃之间为宜。冲泡安吉白茶选用透明玻璃杯或透明玻璃盖碗。通过玻璃杯可以尽情地欣赏安吉白茶在水中的千姿百态，品其味，闻其香，更能观其叶白脉翠的独特品格。

黄山毛峰

【黄山毛峰老谢家茶国礼茶极品 A1】…… ★★★★★

李克评分：……………………………………………… **96 分**

李克点评：茶汤呈现象牙黄色，是特级黄山毛峰中的极品

干茶：………………………………………………………… 9 分
茶汤：………………………………………………………… 14 分
滋味：………………………………………………………… 15 分
叶底：………………………………………………………… 5 分
潜力指数：…………………………………………………… 8 分
零售终端行情指数：………………………………………… 5 分
入选基准分：………………………………………………… 40 分

产地：………………………………………… 安徽省黄山休宁
厂家：……………………………… 安徽黄山光明茶业有限公司
品种：………………………………………………………… 绿茶
规格：………………………………………………………… 260g
保质期：…………………………………………………… 18 个月
电商参考价：…………………………………………… 4980 元

【最佳产区】

安徽省黄山。

【渊源】

黄山毛峰是中国十大名茶之一。前身为黄山莲花庵一带产的云雾茶。这里山高林密，荫蔽高湿，雾海云霞，不受寒风烈日侵晒，茶树生长健壮，茶芽鲜嫩。历史上，黄山毛峰是历代皇帝点名要的贡品茶。1949 年以后，黄山毛峰一直作为外事交往中馈赠国宾的礼茶。

自宋代以来，黄山毛峰原产地一直在黄山脚下的富溪乡，该乡古代属徽州府歙县北乡，中华人民共和国成立后属徽州地区歙县黄山区，现属黄山市徽州区。不管行政区划怎样变更，但历代以来正宗黄山毛峰均产于此地。

黄山产茶始于宋代，即公元 1056 年的宋嘉祐年间。然而，黄山茶的起源却与僧人有关。宋代的僧人们已经知道在饮茶之后打坐不容易打盹儿，于是他们在寺院后的菜园里栽下了几棵小茶树。由于黄山气候湿润，一年中多半的时间茶树都躲在云雾中，因而僧人们便给这些小茶树起名叫做"黄山云雾"。

八百多年过去后，当年的那几棵小茶树已经繁衍出了漫山遍野的茶树林。公元 1875 年，中国安徽歙县一位叫谢正安、字静和的商人开了一间茶庄，叫"谢裕大"，主要经营从黄山上收购来的鲜叶。谢正安用自己的方法加工出了绿茶，并给这种茶起名为"黄山毛峰"。歙县茶厂的高级茶叶技师余怡生所著的《歙茶工艺》书中记载道："清朝光绪年间（1875年）谢裕大茶号在黄山富溪（原称漕溪。——作者注）创制黄山毛峰，至今已有一百多年的历史了。"其实，"黄山云雾"就是"黄山毛峰"的前身。

【工艺】

据《中国名茶志》记载，黄山毛峰于清明前后开采，标准一芽一叶或一芽二叶。黄山毛峰采制加工技术十分精细，一芽一叶、一芽二叶分级摊放，随采随制。因芽小叶嫩不便炒制，经过杀青、揉捻等十多道工序后，要以烘代炒。烘干工艺精巧细腻，要求干燥均匀，以避免碰落白毫、碰碎茶片。杀青时，用铁锅炒，锅温控制在130℃~150℃之间，单手翻炒。揉捻时，细茶用手轻揉1~2分钟，待叶卷曲成条即可，粗茶用揉捻机揉捻成条。烘焙时，先用烘笼炭火初烘，再用温火慢烘至干。归纳其制作工艺也是"炒→揉→烘"。

【风格】

黄山毛峰分四级，即特级和一、二、三级。其中，特级、一级为名茶。特级是一芽一叶初展；一级为一芽一叶开展和一芽二叶初展；二级为一芽二叶开展和一芽三叶初展；三级为开展的一芽一叶、二叶、三叶。黄山毛峰在清明前后采制，选用芽头壮实、茸毛多的制高档茶。芽叶外形美观，每片茶叶约半寸，绿中略泛微黄，色泽油润光亮，尖芽紧偎叶中，酷似雀舌，全身白色细茸毫，为其他名茶所不及。冲泡时，雾气结顶，香气馥郁似白兰，滋味醇爽甘甜，汤色淡黄。多次冲泡余香犹存，沁人心肺，为茶中佳品。

【曾获荣誉】

2007年，"老谢家茶"荣获第一届世界绿茶评比金奖。

【防伪】

一要看外形。正宗的黄山毛峰的茶叶外形细嫩稍卷曲，芽肥壮、匀齐，有锋毫，形状有点像雀舌，叶呈金黄色；假的黄山毛峰茶呈土黄。二要看色泽。黄山毛峰的色泽为嫩绿油润。三要尝味。冲泡后，香气清鲜，水色清澈、杏黄、明亮，味醇厚、回甘，叶底芽叶成朵，厚实鲜艳；假的黄山毛峰则味苦，叶底不成朵。

【品鉴】

冲泡前，先用热水温暖茶杯，这样做的目的是为了在清洁茶具时，有效地提高茶杯的温度。泡茶用水十分讲究，泡茶的水温以90℃~95℃之间的热水最为适宜。冲泡黄山毛峰大多采用中投法，将热水倒入杯中约茶杯的四分之一后，按个人的口味轻重投入适量茶叶，一般茶和水的比例约为1∶50，并轻轻摇动杯身，促使茶汤均匀，加速茶与水的充分融合。接着冲水，似高山涌泉，飞流直下，茶叶在杯中上下翻滚，促使茶汤均匀。接着轻轻推动杯身，茶香慢慢飘来，就可以细心品味了。黄山毛峰汤色清澈明亮，香气清鲜高长，滋味鲜浓、醇厚，回味甘甜，令人赏心悦目。

太平猴魁

【新明牌太平猴魁（醇香）】 ★★★★★

李克评分： **100 分**

李克点评： 头泡香高，二泡味浓，三泡四泡幽香犹存，有独特的"猴韵"

干茶： 10 分
茶汤： 15 分
滋味： 10 分
叶底： 5 分
潜力指数： 15 分
零售终端行情指数： 5 分
入选基准分： 40 分

产地： 安徽黄山
厂家： 安徽黄山新明茶业有限公司
品种： 绿茶
规格： 2×125g
保质期： 18 个月
电商参考价： **780 元**

【老谢家太平猴魁特级】 ★★★★

李克评分： **90 分**

李克点评： 入杯冲泡，芽叶徐徐展开，舒放成朵，两叶抱一芽，或悬或沉；茶汤清绿，香气高爽，蕴有诱人的兰香，味醇爽口

干茶： 10 分
茶汤： 15 分
滋味： 9 分
叶底： 5 分
潜力指数： 7 分
零售终端行情指数： 4 分
入选基准分： 40 分

产地： 安徽黄山
厂家： 安徽黄山光明茶业有限公司
品种： 绿茶
规格： 200g
保质期： 18 个月
电商参考价： **580 元**

【最佳产区】

安徽黄山。

【渊源】

太平猴魁产于安徽黄山北麓的黄山区，由于产地低温多湿，土质肥沃，云雾笼罩，故而茶质别具一格。茶芽挺直，肥壮细嫩，外形魁伟，色泽苍绿，全身毫白，具有清汤质绿、水色明、香气浓、滋味醇、回味甜的高品质特征，是尖茶中最好的一种。20世纪30年代曾在玻利维亚等国展销。1979年，在中国出口贸易中博得五大洲客商的好评。

太平猴魁的来历有个故事。清末，北平"同盛祥"、南京"太平春"和"江南春"等茶庄，纷纷在太平产区设茶号收购茶叶并加工尖茶，运销北平、南京等地。其中，"同盛祥"茶庄和"江南春"茶庄从尖茶中拣出幼嫩芽叶作为优质尖茶供应市场，均获得了巨大的成功。猴坑茶农王魁成在凤凰尖茶园选肥壮幼嫩的芽叶精工细制成王老二魁尖。由于猴坑所产魁尖风格独特，质量超群，使其他产地魁尖望尘莫及，于是特冠以猴坑地名，叫"猴魁"。

【工艺】

太平猴魁的鲜叶采摘特别讲究。谷雨前后，当芽梢长到一芽三叶初展时，即可开园。其后3～4天采一批，采到立夏便停采，立夏后改制尖茶。采摘标准为一芽三叶初展，并严格做到"四拣"：一拣山——拣高山、阴山、云雾笼罩的茶山；二拣丛——拣树势茂盛的茶丛；三拣枝——拣粗壮、挺直的嫩枝；四拣尖——采回的鲜叶要进行"拣尖"，即折下一芽带二叶的"尖头"作为制猴魁的原料。"尖头"要求芽叶肥壮，匀齐整枝，老嫩适度，叶缘背卷，且芽尖和叶尖长度相齐，以保证成茶能形成"二叶抱一芽"的外形。"拣尖"时，芽叶过大、过小、瘦弱、弯曲、色淡、紫芽、对夹叶、病虫叶都不要，即"八不要"。"拣尖"时，剔除的芽叶、单片，均制"魁片"。一般上午采，中午拣，当天制完。

太平猴魁采摘要在晴天进行，雨天一般不采。"拣尖"过程也是鲜叶摊放的过程。短时间摊放，实际上是一种轻度萎凋，使芽叶少量失水，便于杀青，同时也有利于内含物质的转化，对猴魁香气、滋味的形成起到一定的作用。太平猴魁制作分杀青、毛烘、足烘、复焙四道工序。

【风格】

太平猴魁的色、香、味、形独具一格，有"刀枪云集，龙飞凤舞"的特色。每朵茶都是两叶抱一芽，平扁挺直，不散，不翘，不曲，俗称"两刀一枪"，素有"猴魁两头尖，不散不翘不卷边"之称。其品质按传统分法：猴魁为上品，魁尖次之，再次为贡尖、天尖、地尖、人尖、和尖、元尖、弯尖等传统尖茶。

按品质可分为五个级：极品、特级、一级、二级、三级。极品：外形扁展挺直，魁伟壮实，两叶抱一芽，匀齐，毫多不显，苍绿匀润，部分主脉暗红；汤色嫩绿明亮；香气鲜灵高爽，有持久兰花香；滋味鲜爽醇厚，回味甘甜，独具"猴韵"；叶底嫩匀肥壮、成朵，嫩黄绿鲜亮。特级：外形扁平壮实，两叶抱一芽，匀齐，毫多不显，苍绿匀润，部分主脉暗红；汤色嫩绿明亮，香气鲜嫩清高，兰花香较长；滋味鲜爽醇厚，回味甘甜，有"猴韵"；叶底嫩匀肥厚、成朵，嫩黄绿匀亮。一级：外形扁平重实，两叶抱一芽，匀整，毫隐不显，苍绿较匀润，部分主脉暗红；汤色嫩黄绿明亮；香气清高，有兰花香；滋味鲜爽回甘，有"猴韵"；叶底嫩匀成朵，黄绿明亮；二级：外形扁平，两叶抱一芽，少量单片，尚匀整，毫不显，绿润；汤色黄绿明亮；香气清香带兰花香；滋味醇厚甘甜；叶底尚嫩匀、成朵，少量单片，黄绿明亮；三级：外形两叶抱一芽，少数翘散，少量断碎，有毫，欠匀整，尚绿润；汤色黄绿尚明亮；香气清香纯正；滋味醇厚；叶底尚嫩欠匀、成朵，少量断碎，黄绿亮。

【曾获荣誉】

1915年，在巴拿马万国商品博览会中荣膺金质奖章、一等奖章和证书。1916年，在江苏省南京茶叶陈列比赛中又获金牌和优奖。1955年，太平猴魁被评为全国十大名茶之一。1982年6月，在长沙全国名茶评选会上被评为全国名茶。1986年5月，在福州全国名茶评选会上被评为全国名茶。1988年，在首届中国食品博览会名特优新产品评选中被评为金奖。1990年9月，在河南信阳市全国名茶评选会上被评为全国名茶。1990年12月，被评为安徽省优质食品。1997年，获安徽省政府授予的"首批名牌农产品"称号。

【防伪】

从外形上看，正宗太平猴魁的茶干色泽嫩绿明亮，冲泡后香高持久，回甘鲜爽，叶底肥厚成朵、嫩匀、黄绿明亮、扁展、毫多不显；假冒的猴魁薄如蚕翼，不够厚实，轻飘感，无毫或毫少。再从色泽上看，正宗太平猴魁的颜色苍绿，即暗绿色，部分主脉暗红，像猪肝色，俗称红丝线；假的则是鲜绿、明绿或发黑，主脉就像半透明的丝袜，没有红丝线。

【品鉴】

将茶叶入杯冲泡，芽叶成朵，或悬或沉，在明澈嫩绿的茶汁之中，似乎有好些小猴子在对你搔首弄姿。品其味，则幽香扑鼻，醇厚爽口，回味无穷，可体会出"头泡香高，二泡味浓，三泡、四泡幽香犹存"的意境，有独特的"猴韵"。太平猴魁的，新老工艺所制产品各有特点：新工艺产品外形扁直平伏美观，但香味显得逊色，压条中挤出茶汁与铁发生化学变化，形成深蓝色的络合物积淀在叶底上，影响色泽。老工艺产品，香味好，但外形泡松、欠匀齐。

金山时雨

【绩溪特级金山时雨新茶】················ ★★★

李克评分：···························· **80 分**

李克点评： 条索紧细，形似雨丝，微带白毫，汁醇厚，味芳香、爽口，回味甘，汤色清澈明亮，叶底嫩绿金黄，耐冲泡，第六次始淡，第三次最佳

干茶：··························	8 分
茶汤：··························	8 分
滋味：··························	12 分
叶底：··························	5 分
潜力指数：······················	5 分
零售终端行情指数：··············	2 分
入选基准分：····················	40 分
产地：··························	安徽黄山
厂家：··············	安徽黄山毛峰茶业集团有限公司
品种：··························	绿茶
规格：··························	250g
保质期：························	18 个月
电商参考价：················	**150 元**

【最佳产区】

安徽黄山。

【渊源】

金山时雨为上品绿茶，创名于清道光年间，原名"金山茗雾"。金山时雨主产于安徽绩溪金山一带的条形炒青绿茶。研制于清末，后失传。1978年恢复生产，因形似珍眉、细若"雨丝"而得名。

据史料记载，胡适先生极喜爱喝家乡茶——金山时雨，并常以该茶馈赠美国友人。早在清朝末年，金山时雨就由上海"汪裕泰茶庄"独家经销。到了民国初年，金山时雨已销往香港、新加坡等十多个国家和地区，从此扬名海内外。

金山地势高峻，茶园皆在海拔1500米左右的森林之中。这里翠竹凌云，松杉参天，云天雾海，雨量充沛，茶林终年沉浸在云蒸霞蔚之间，无烈日侵晒。乌沙沃土，土层深厚，土质优异，因此茶质优良，尤以金山时雨为最。该茶一芽两叶，叶片肥厚，如金似玉。

古人每逢春季，便抢先在谷雨前采制嫩茶制作外销，这就是金山时雨的来历。它的特点是，外形如银钩，泡开似兰花，首泡沉底，茶尖朝上，香气醇和，回味无穷，汤色清澈，先苦后甜。若细细品尝，就可品出特殊的茶香。

【工艺】

金山时雨属绿茶类的特级炒青，其采制要求比较高，采摘在谷雨前后，标准为一芽二叶初展，俗称"鹰嘴甲"。制作均为传统手工操作，大体分杀青、揉捻、烘干三道工序，每公斤约为 5 000 个茶头。其条索紧密、细嫩，形如雨丝，匀齐纯净，色泽乌绿，有锋苗，汤色黄绿明亮，叶底成朵金黄，香气浓郁清爽，滋味纯和爽口，回味甘美，且耐冲泡。

【风格】

金山时雨茶叶的鲜叶采摘标准为一芽二叶初展，经杀青、揉捻、炒干等工序制成。制茶工艺与炒青绿茶类似，分一至三级。金山时雨的条索紧细、有锋苗，色泽绿润，香高持久，具有花香，滋味醇厚回甘。

【防伪】

正宗的金山时雨茶分别出自于天凹、正和、大塔三座山，有些不道德的茶商常常以其他山的茶冒充金山时雨销售。那么如何鉴别呢？金山时雨的特点是外形如银钩，泡开似兰花，首泡沉底，茶尖朝上，香气醇和，回味无穷，汤色清澈，先苦后甜。细细品尝就可品出特殊的茶香。

【品鉴】

在茶具选择上用大瓷杯和茶壶，当然只适于冲泡中低档绿茶。玻璃杯比较适合于冲泡名茶，可观察到茶在水中缓缓舒展、游动、变幻的姿态。古人使用的是盖碗，相较于玻璃杯，盖碗保温性好一些，而且好的白瓷，可充分衬托出茶汤的嫩绿明亮，且盖碗比较雅致，手感触觉是玻璃杯无法比拟的。

冲泡时，茶的用量视茶具大小、茶叶种类和个人喜好而定。一般来说，茶与水的比例大致是 1∶50，即用 150 ml 的水冲泡 3g 的茶叶。茶叶用量主要影响滋味的浓淡，决定于个人的习惯。一般茶泡两开便味淡如水，而金山时雨泡三四次后仍然很浓，属于经久耐泡的好茶。

老竹大方

【顶谷大方】 ★★★★

李克评分： 90 分

李克点评：和价格相比，这种好味道实在让人惊叹

干茶：	8 分
茶汤：	13 分
叶底：	4 分
滋味：	12 分
潜力指数：	8 分
零售终端行情指数：	5 分
入选基准分：	40 分

产地：	安徽
厂家：	安徽黄山市徽州富松茶业有限公司
品种：	绿茶
规格：	250g
保质期：	360 天
电商参考价：	72 元

【最佳产地】

安徽歙县老竹岭、福泉山。

【渊源】

歙县境内山峦重叠，青峰插云，溪涧网布，海拔在 1 300 米以上的山就有老竹岭头、石坑崖上、翠屏山、福泉山、仙人峰、鸭子塘等多座。这里降水丰沛，气候温和，高崖石隙里和山间幽谷中常生有茶树，因此从很早开始，歙县就是著名的产茶大县。

唐代时，"大方茶"开始盛行，至五代列入贡品。《旧五代史·梁书六》中记载："后梁太祖乾化元年（公元 911 年）十二月，两浙进大方茶两万斤。"不过，明代以前，大方茶是"散茶"、"方茶"，到明隆庆年间，歙县比丘大方和尚研制出了"拷方"茶，并普及整个老竹岭，民间就把这种茶称为"老竹大方"。

这种茶一出现便赢得了众多茶痴的青睐，清朝乾隆皇帝对其也赞赏有加，说它"吃口好"。当时按"拷方"制作方法制出的绿茶，定名为"顶谷大方"，是"老竹大方"的极品茶，年产不足千斤，作为贡品年年贡奉朝廷。清末至民国时期，东北各省和全国店庄均有老竹大方出售。1949 年以后，以京、津、沪等大城市为主要市场。

【工艺】

大方茶采摘对鲜叶要求并不是很严格，一般以一芽二、三叶为主。顶谷大方制作时以炒代揉，整个制作过程都在锅中进行，用甩、捺等手势，将芽叶做成扁平叶形。温度先高后低。为了保持壁润滑免茸毫，需在锅壁抹少许菜油。

【风格】

顶谷大方外形扁平匀齐，挺秀光滑，色泽呈翠绿微黄，稍暗，满披金毫。冲泡后汤色清澈微黄，香气高长，有板栗香，叶底嫩匀，芽叶肥壮，滋味醇厚、爽口。普通大方色泽呈深绿褐色，润似铸铁，形如竹叶，故又叫"竹叶大方"。

【曾获荣誉】

1955年，老竹大方被评为中国十大名茶之一。1986年，被选为国家礼茶。

【品鉴】

老竹大方冲泡简单。茶叶与水的比例以1∶50为宜。第一步先烫杯，之后将85℃~90℃之间的水冲入杯中，然后取茶投入，不加盖。此时茶叶徐徐下沉，干茶吸收水分，叶片展开，芽似枪叶如旗。第一泡的茶汤尚余三分之一时便可续水。

汀溪兰香

【汀溪兰香】 ★★★★

李克评分： 94 分

李克点评： 茶香、花香融于一体，特有回味的一款好茶

干茶： 10 分
茶汤： 14 分
叶底： 5 分
滋味： 13 分
潜力指数： 7 分
零售终端行情指数： 5 分
入选基准分： 40 分

产地： 安徽
厂家： 安徽兰香茶业有限公司
品种： 绿茶
规格： 250g
保质期： 12 个月
电商参考价： 88 元

【最佳产地】

安徽省泾县汀溪。

【渊源】

泾县是安徽省著名的老茶区，远在唐宋年代，就曾出过白云兰片、梅花片、涂尖等名贵茶叶。它属于黄山山脉的余峰分部地带，境内山高林密，气候温湿，土壤肥沃。汀溪兰香的产地——泾县汀溪大坑，同样也是山清水秀，常年云雾弥漫。更神奇的是，每当春季来临，山上的兰花竞相开放，使得此地生长的茶叶也具有了兰花的优雅香气。

传说清朝乾隆皇帝六下江南途经宁国府时，知府大人就曾奉上泾县汀溪产的贡尖。乾隆饮后赞叹不已，并吩咐随从多多携带此茶途中饮用。清朝末年，泾县汀溪等地的尖茶不但畅销国内，而且还曾成批地出口到东南亚一带。

1989 年，汀溪兰香正式创制，以其独特的兰花香迅速风靡茶届。该茶曾十多次荣获国内外奖项，成为茶痴们不可忽视的好茶。

【工艺】

汀溪兰香的采摘要求严格，只取一芽二叶初展的芽叶。要求每 100 个鲜茶芽重量应为 15 克左右。采茶时手法应用"提折",禁用指甲"捏采"及"一手抓采"。采回的鲜叶立即摊放。其制作工艺分为杀青和烘焙两道。杀青以拌炒为主;烘焙用炭火,分初烘和复烘两道,要求成品茶含水量低于 4%。

【风格】

干茶色泽翠绿,匀润显毫,冲泡后,雾气结顶,兰花清香四溢,茶汤嫩绿明亮,叶底嫩黄。入口滋味甘爽鲜醇,香气持久且耐泡。

【曾获荣誉】

1992 年,曾被评为安徽省名茶,同年 10 月,在北京获首届全国农业博览会铜奖。1997 年,获"中茶杯"全国名茶评比一等奖。2002 年,获第四届(韩国)国际名茶评比金奖。2005 年,被评为"安徽省著名商标"。2006 年,被评为"安徽省名牌农产品"。2007 年,又被省政府授予"安徽省名牌产品"称号。2008 年,获"安徽省十大品牌名茶"称号。

【功效】

此茶可以明目、清心、减肥、消食、提神、利尿、解毒,有助于抑制心血管疾病。

【品鉴】

汀溪兰香冲泡时,最好选择玻璃杯,应根据茶叶的老嫩、叶张大小以及含绒多寡等外观因素来决定注水方式。细嫩茶芽最适合上投法,即先在玻璃杯中注七分满的水,然后再向杯中投放茶叶。

洞庭碧螺春

【吴侬特二级洞庭碧螺春】 ★★★★★

李克评分：100 分

李克点评：该款茶叶银绿隐翠，色泽鲜润，且"色翠、香郁、味醇、形美"四绝具备，实属好茶

干茶：	10 分
茶汤：	15 分
滋味：	15 分
叶底：	5 分
潜力指数：	10 分
零售终端行情指数：	5 分
入选基准分：	40 分
产地：	江苏洞庭山
厂家：	江苏苏州市东山吴侬碧螺春茶叶专业合作社
品种：	绿茶
规格：	250g
保质期：	12 个月
电商参考价：	1310 元

【最佳产区】

江苏苏州太湖洞庭山

【渊源】

洞庭碧螺春是中国名茶的珍品，以形美、色艳、香浓和味醇"四绝"而闻名于中外。碧螺春的名称由来说法颇多，但根据中国农业出版社在2000年所出版的《中国名茶志》中对碧螺春的记载，第一次确定了碧螺春最早出产的地方是苏州市的太湖洞庭山，也确认了"碧螺春"茶这个名字是当年康熙皇帝所赐。

相传清圣祖康熙皇帝于康熙三十八年（即1699年）春第三次南巡来到太湖。巡抚宋荦从当地制茶高手朱正元处购得精制的"吓煞人香"进贡给康熙皇帝，康熙皇帝自感此名非常不雅，于是将其更名为"碧螺春"。这就是"碧螺春"雅名由来的故事。后人评说此段典故时，认为康熙皇帝取此名是因为该茶色泽碧绿，卷曲似螺，又是春时采制，而且来自洞庭碧螺峰，结合这些特点，才取了这样一个美名。从此"碧螺春"就闻名于世，并且也成为清宫的贡茶。

【工艺】

碧螺春炒制特点是手不离茶，茶不离锅，揉中带炒，炒中有揉，炒揉结合，连续操作，起锅即成。主要工序可分为杀青、揉捻、搓团显毫、烘干等四个主要步骤。

杀青时，需要在平锅内或斜锅内进行，以抖为主，双手翻炒，做到捞净、抖散、杀匀、杀透、无红梗、无红叶、无烟焦叶等要诀，历时 3 ~ 5 分钟。揉捻时，将锅温降至 70℃ ~ 75℃，采用抖、炒、揉三种手法交替进行。当茶叶达六七成干时，继续降低锅温转入搓团显毫过程，历时 12 ~ 15 分钟左右。达八成干时，进入烘干过程，历时 13 ~ 15 分钟。烘干采用轻揉、轻炒手法，达到固定形状、继续显毫及蒸发水分的目的。当达九成干时，起锅将茶叶摊放在桑皮纸上，连纸放在锅上文火烘至足干。

【风格】

洞庭碧螺春按照国家标准可分为五级：特一级、特二级、一级、二级、三级。炒制锅温、投叶量、用力程度，随级别降低而增加。即级别低锅温高，投叶量多，做形时用力较重。其品质特点是：条索纤细，卷曲成螺，满身披毫，银白隐翠，香气浓郁，滋味鲜醇甘厚，汤色碧绿清澈，叶底嫩绿明亮，有"一嫩三鲜"之称。

【曾获荣誉】

1995 年，在第二届全国农业博览会名优茶评选中获银奖。1997 年，在第二届"中茶杯"全国名优茶评选中获一等奖。1999 年，在第三届"中茶杯"全国名优茶评选中获一等奖。2009 年，被国家工商总局评为"中国驰名商标"。在第九届中国国际农产品交易会上，吴中区的洞庭山碧螺春茶获得金奖，是苏州唯一的获奖产品。

【防伪】

洞庭碧螺春真伪辨别有四个标准。一满身毛。就是碧螺春成品茶有白毫遮掩，茸毛紧贴茶叶。可按照遮掩程度即茸毛密布的程度，区分碧螺春茶的优次。二铜丝条。碧螺春茶条索细紧、重实，冲泡时迅速下沉，不浮在水面上。三蜜蜂腿。碧螺春茶的形状像蜜蜂的腿，这是区分真假碧螺春和加工技术好坏的重要特征之一。四洞庭碧螺春茶的内质特征通常形容为"一嫩三鲜"。"一嫩"是指芽叶特别细嫩，每 500 克碧螺春茶含嫩芽 5 ~ 6 万个以上，芽大叶小，芽叶尚未展开。"三鲜"是指色鲜艳、香鲜浓、味鲜醇。"色鲜艳"是指碧螺春不但外形色泽银绿隐翠、光彩夺目，而且茶汤碧绿清澈、鲜艳耀人，叶底嫩绿亮丽。"香鲜浓"是指碧螺春茶的香气在清沁的茶香中透着浓郁的花香，使人迷恋和陶醉。"味鲜醇"是指碧螺春茶的鲜爽茶味之中另有一种甜蜜的果味，使人百饮不厌，回味无穷。

【品鉴】

品赏碧螺春是一件颇有情趣的事。品饮时，先取茶叶放入透明玻璃杯中，以少许开水浸润茶叶，待茶叶舒展开后，再将茶杯斟满。一时间杯中犹如雪片纷飞，只见白云翻滚，雪花飞舞，赏心悦目，闻之清香袭人，端在手中顿感其贵如珍，宛如高级工艺品，令人爱不释手。

祁门工夫

【祁门工夫特茗级】 ★★★

李克评分： **84 分**

李克点评： 在国际茶市上有"祁门香"之称，此茶香味若兰，甚好，而且其滋味鲜醇酣厚，单独泡饮好喝，加入牛奶和糖调饮，也很可口，香味不减

干茶：	7 分
茶汤：	11 分
滋味：	14 分
叶底：	4 分
潜力指数：	5 分
零售终端行情指数：	3 分
入选基准分：	40 分
产地：	安徽黄山市祁门县
厂家：	安徽黄山市雨韵茶叶销售有限公司
品种：	红茶
规格：	500g
保质期：	24 个月
电商参考价：	235 元

【最佳产区】

安徽黄山市祁门县。

【渊源】

祁门红茶的产区自然条件优越，山地林木多，气候温暖湿润，土层深厚，雨量充沛，很适宜茶树的生长。加之当地茶树的主体品种——槠叶种——内含物丰富，酶活性高，很适合于工夫红茶的制作。祁门工夫红茶是我国传统工夫茶的珍品，常年产量达5万担左右。祁门工夫红茶以外形苗秀、色有"宝光"和青气浓郁而闻名于世。祁门红茶作为中国历史名茶，简称祁红，自古便有"祁红特绝群芳最，清誉高香不二门"的名句来称道该茶的高级品质，而且该茶更是英国女王和王室的至爱饮品，更有"群芳最"和"红茶皇后"的称号。

"祁门红茶"一词在美国的韦氏大辞典中就有，上面清楚地记录着祁门红茶的原产地——中国安徽省祁门县。祁门红茶创制于清光绪年间，至今已有百余年的生产历史。当时的英国、法国、俄国、丹麦等国家都有着巨大的红茶市场。1875年前后，祁门人胡元龙看到这个商机，并借鉴了外省的红茶制法，在祁门加工出了红茶，后由北平的同盛祥茶庄将该茶引入北平，并在市场上获得了巨大的成功。

英国是世界上品饮红茶最多的国家之一。在英国，人们在喝下午茶点时喜欢茶和糕点一起细细品尝，着装也要典雅入时。在当时，英国人将喝下午茶视为一种高雅的社交活动，会饮茶作为一种高贵身份的象征，而当时的祁门红茶正是下午茶中的极品。

【工艺】

祁门红茶采制工艺精细，实行现采现制，以保持鲜叶的有效成分。特级祁红以一芽一叶及一芽二叶为原料，普通祁红则以采摘一芽二、三叶的芽叶作为原料。祁红茶的制作工艺精湛，分初制和精制两大过程。初制包括萎凋、揉捻、发酵等工序，使得芽叶由绿色变成紫铜红色，香气透发，然后进行文火烘焙至干。红毛茶制成后，还需进行精制，精制工序复杂，很是花工夫。精制时，要将长短、粗细、轻重、曲直不一的毛茶，经过筛分、整形、审评提选后分级归堆。同时为了提高干度、保持品质、便于储藏和进一步发挥茶香，要再进行复火、拼配，成为形质兼优的成品茶。

【风格】

祁门红茶的茶叶自然品质以祁门的历口、闪里、平里一带最优。祁门红茶的香气清香持久，似果香又似兰花香，国际茶市上把这种香气专门叫做"祁门香"，即便与牛奶和糖一同调饮，其香不仅不减，反而更加馥郁，这也成了祁门红茶的独有特色。"祁门香"香飘五洲，多年来一直是中国的国事礼茶。

【曾获荣誉】

1915年，曾获巴拿马万国博览会金质奖章。1979年，邓小平评价祁门"你们祁红世界有名"。1987年，获第26届世界优质食品博览会金奖。1992年，获香港国际食品博览会金奖。1982年，邓小平用祁门红茶接待英国首相撒切尔夫人访华。1990年，江泽民总书记访问前苏联将祁门红茶作为国礼相赠。

【防伪】

从外形上看，外形条索紧细修长，金黄芽毫显露，锋苗秀丽，色泽乌润。冲泡后，从汤色上看，红艳明亮，叶底鲜红明亮。假的祁门红茶一般带有人工色素，味苦涩、淡薄，条叶形状不齐。

【品鉴】

祁门红茶采用清饮最能品出其隽永的香气。冲泡工夫红茶时一般要选用紫砂茶具或者是白瓷茶具。茶和水的比例控制在1∶50左右，泡茶的水温控制在90℃~95℃之间。冲泡工夫红茶一般采用"壶泡法"，首先将茶叶按比例放入茶壶中加水冲泡，冲泡时间约2~3分钟，然后按"循环倒茶法"将茶汤注入茶杯中，并使茶汤浓度均匀一致。品饮时要细品慢饮。好的工夫红茶一般可以冲泡2~3次，非常经久耐泡。

江北茶区

江北茶区位于长江中下游北岸、秦岭淮河以南以及山东沂河以东部分地区，包括河南、陕西、甘肃、山东、安徽、江苏、湖北等地，以产绿茶为主。这里适宜种茶的地区不是很多，主要集中在大别山山脉和花果山、伏牛山、武当山、秦岭以南和大巴山以北一带。

江北茶史

江北茶区的产茶历史相当悠久，古籍中对其名茶区的记载也不少。

从江北茶区的东面开始，江苏省云台山位于连云港的市郊，自古就有"茶山"之称。南宋时期，据《金史食货志》记载，该地区为"置一方造新茶"。而相传乾隆年间的贡茶多出于此，清光绪年间所产的茶叶还获得过南洋劝业会奖项。紧连着江苏的安徽省，在唐代陆羽的《茶经》中就有安徽霍山产茶的历史。到了明代，寿州霍山黄芽更是名极一时，到清代入选为贡茶。安徽的齐云山也盛产名茶，在清道光的《寿州志》中记载道："唐、宋史志，皆云寿州产茶，盖以其时盛唐、霍山隶寿州、隶安丰军也。"其中，盛唐即今天的六安县，可知早在唐代，六安就产名茶了。

顺着茶区往南进，有一座坐落于河南与湖北交界处的车云山，产茶历史也相当久远。相传在唐朝时就有茶园，到了明代受损很多，在清光绪年代才得以重建并发展。

顺着茶区往西进到陕西省。陕西省的西乡县在秦汉时期就已经产茶，唐朝时期最兴盛。据《汉中府志》中记载："汉中之茶独产西乡，西乡之茶独产云亭、游仙、归仁三里。"据史料记载："男废耕，女废织，其民昼夜不制茶不休之举。"此外，明初时西乡更是"以茶易马"的重要集散地之一。而位于陕西省的紫阳，也是历史悠久的产茶区，所产茶叶唐代时就已经成为贡茶，史书中有"每岁充贡"和"齐焙白毫先入贡，香风吹出野人家"的记载。

顺着茶区往北进，可以从茶圣陆羽的《茶经》中找到对于河南信阳茶区的赞誉。在唐朝，信阳被列为全国八大茶区之一的"淮南茶区"，宋代文人苏东坡更是有"淮南茶，信阳第一"的评价。

江北茶区的自然环境

江北茶区与其他茶区相比，气温低，积温少，茶树新梢生长期短，茶树品种主要为抗寒性较强的灌木型中叶种和小叶种。茶区年平均气温在15℃～16℃之间，无霜期为200～250天，冬季绝对最低气温一般为-10℃左右。年降水量较少，为700～1 000毫米，且分布不匀，常使茶树受旱。茶区地形较复杂，茶区多为黄棕土，部分茶区为棕壤，是中国南北土壤的过渡类型，不少茶区的土壤酸碱度略高。但少数山区有良好的气候，因昼夜温度差异大，茶树自然品质形成好，适制绿茶，香高味浓。

江北茶区的名茶

江北茶区的名茶也不少。

江苏省地势低平,境内水网齐布,自然资源丰富,因此有不少好茶。比如产自太湖洞庭山的碧螺春、南京的雨花茶、无锡的无锡毫茶、太湖翠竹、宜兴的阳羡雪芽、午子山的金山翠芽、扬州的绿杨春茶等。

河南省最出名的茶当属信阳毛尖。除此之外,还有来自光山县凉亭的赛王玉莲、固始县仰天洼茶厂的仰天雪绿以及商城县的苏东迎春。

湖北省近年来的产茶速度很快,名优茶加快发展。主要的名茶有产自当阳市玉泉山麓的仙人掌茶、恩施市东郊五峰山的恩施玉露、长江西陵峡的峡州碧峰、车云山的车云山毛尖等。

陕西省的种茶历史悠久,出名的茶有产自陕南汉江上游、大巴山麓的紫阳县的紫阳毛尖、紫阳香毫、紫阳香峰、镇巴县的秦巴雾豪、南郑县的汉水银梭、宁强县的宁强雀舌、巴山北麓的定军春等。

女娲银峰

【富硒女娲银峰极品】 ★★★★

李克评分： **95 分**

李克点评： 该茶产自女娲古迹胜地，富含人体必需的硒、锌等微量元素，品质上乘，色、香、味俱佳

干茶：	10 分
茶汤：	14 分
滋味：	14 分
叶底：	5 分
潜力指数：	8 分
零售终端行情指数：	4 分
入选基准分：	40 分

产地：	陕西平利（女娲故里）
厂家：	陕西平利县女娲银峰茶叶有限公司
品种：	绿茶
规格：	100 克
保质期：	18 个月
电商参考价：	800 元

第五章 中国茶购买实务

茶 叶

【最佳产区】

陕西平利县。

【渊源】

"女娲遗踪中皇山，天赐圣物彩云间，陆翁斯地品香露，神醉飘然称茶仙。"关于女娲银峰，自古以来便流传着众多文人雅士品茶后留下的动人诗篇。

平利是女娲银峰茶的出产之地，南北交融的人文积淀和纯厚朴实的乡风民情孕育了一方深厚的茶文化。民间沿袭"宁可一日无米，不可一日无茶"的传统礼俗。女娲银峰由此传承至今。

"女娲银峰"得名于其产地女娲始母圣地——女娲山。相传女娲于平利中皇山炼五彩石补苍天，功成飞天而去，故此山亦名女娲山。至今有女娲庙矗立峰巅。此山云雾萦绕，寒暑分明，具有生产名茶的独特环境。

【工艺】

女娲银峰在夏、秋、冬三个季节均可制作，但采摘只能选最鲜嫩的那一瓣，极其不易。随后要经过杀青、揉捻、干燥等三道工序。10斤的鲜茶叶不过得了区区几两的女娲银峰,可见该茶的珍贵程度。该茶还采用当代先进的栽培、加工技术,因此色、香、味、形俱佳。女娲银峰主要成分中含硒量达 2.26PPm、氨基酸达 3.86%、茶多酚达 22.1%、水浸出物可达 44.8%。

【风格】

女娲银峰茶是进入秋天后采摘的,具有色好、味浓两大特点。古语有云:"春茶香,夏茶涩,秋茶好喝无人摘。"这正是用来形容秋茶好喝的典故。女娲银峰属绿茶类,从茶叶的外观看,全芽微扁、匀齐。冲泡后,茶汤色嫩绿、清澈。入口后滋味醇厚且鲜爽,堪称中国的高档名茶之一。女娲银峰茶富含人体必需的硒、锌等微量元素,属于高海拔、无污染、高品位、纯天然的有机茶。

【曾获荣誉】

2002年,在中国西部名茶博览会上获金奖,同年确定为绿色无公害产品,还在第十四届中国西部商品交易会上获金奖。2003年,经农业部茶叶质量检验中心抽样测检,完全符合中国 NY5017-2001 无公害食品茶叶标准。同年,在陕西省首届茶叶推介展示会上,被中国茶叶流通协会评为推荐饮品。

【品鉴】

女娲银峰的品饮方法为:取该茶叶 3～4 克投入杯中,沸水冲泡 2～3 分钟,即可品饮。待茶汤饮到三分之一时,加添沸水再饮,一般可加开水冲饮 3 次。这种品饮方法可以使女娲银峰茶清香四溢、余味无穷。

午子仙毫

【午子仙毫精品】 ★★★★

李克评分： **90分**

李克点评： 口感上乘，冲泡茶叶时可以明显地观赏到"三起三落"的茶舞，亦是一种美的享受

干茶：	10分
茶汤：	13分
滋味：	13分
叶底：	3分
潜力指数：	7分
零售终端行情指数：	4分
入选基准分：	40分
产地：	陕西
厂家：	陕西午子绿茶有限公司
品种：	绿茶
规格：	200g
保质期：	18个月
电商参考价：	680元

【最佳产区】

陕西西乡县。

【渊源】

午子仙毫茶出产于素有"中国著名茶乡"之称的陕西省西乡县的午子山。据《西乡县志》记载，西乡产茶始于秦汉，盛于唐宋。历史上曾有"男废耕，女废织，其民昼夜不制茶不休之举"的记载。据《明史食货志》记载，西乡在明初是朝廷"以茶易马"的主要集散地之一。

午子仙毫于1984年开始创制，经两年努力，获得成功。经有关专家评审，获得一致好评。午子仙毫还通过了省级技术及新产品鉴定，并于1985年被选送至全国优质产品会上展出，受到普遍赞誉。

关于"午子仙毫"名字的由来，还有一个美丽的传说。据说在午子山上住着一位午子姑娘，她在山顶种植了一片茶树。午子姑娘以茶待客的美名远扬，正好被出巡在外嗜茶成癖的皇上知道了。皇上品饮香茗后，当即决定将午子姑娘召进宫中，但是遭到了她的拒绝，皇帝龙颜大怒，于是下令要将茶园关闭，午子姑娘为了保住茶园，答应了皇帝的要求。进宫当日，午子姑娘化身成为一只凤凰，随风而去。午子山顶的茶园保住了，而关于午子仙女的传说被一代又一代的人传颂着，为了纪念她，人们把产自午子山的茶命名为"午子仙毫"。

【工艺】

午子仙毫鲜叶于清明前至谷雨后10天采摘，该茶为半烘炒条形绿茶，形似兰花，鲜叶要求严格，制作精湛。鲜叶采摘标准为一芽一叶初展，干茶每公斤约需要6.2万个芽头。经摊放、杀青、揉捻、初干、做形、烘焙六道工序而成。

【风格】

按照午子仙毫的品质特征共分为特级和一、二、三级共四个等级。特级午子仙毫的茶干色泽翠绿鲜润，白毫满披，香气高长持久，汤色清澈明亮，滋味醇厚，爽口回甘，叶底芽匀嫩成朵，十分美观。一级午子仙毫的茶干色泽翠绿、显毫，汤色碧绿，香气持久，爽口回甘。二级午子仙毫的茶干紧细圆直，色泽绿润，汤色清澈，香高味浓。三级午子仙毫的茶干翠绿、显毫，幽香，汤色清亮，滋味鲜爽，叶底匀整。

【曾获荣誉】

1986年，获"全国名茶"称号。1990年，通过全国名茶复评。1991年，获杭州国际茶文化节"中国文化名茶"奖，同年获全国"名茶品质"认证。1995年，通过"绿色食品"认证。1997年，被评为"陕西省名牌产品"，是陕西省政府外事礼品专用茶，人称"茶中皇后"。

【防伪】

怎么辨别午子仙毫品质的优劣？一般只要做到一看色泽、二观外形、三闻香气、四品茶味、五捏干湿，就能挑选出品质高的午子仙毫。一看色泽。新茶色泽较清新悦目，呈嫩绿或墨绿。如果干茶叶色泽发枯、发暗、发褐，则表示茶叶内质有不同程度的氧化，这通常是陈茶。如果茶叶上有明显的焦点或者泡点，则说明这不是好茶。如果茶叶色泽很杂，颜色反差大，则说明茶叶中夹有黄片，谈不上好茶。二看外形。各种茶叶都有特定的外形特征，午子仙毫外形匀齐、显毫，细秀如眉，其状似兰花，白毫满披。通常新茶的条索明亮，大小、粗细、长短均匀。如果条索枯暗、外形不整，甚至有茶梗、茶籽，则是下品。三闻香气。新茶一般都有新茶香。午子仙毫香气持久。当然品质越高的茶，香味越是浓郁持久。如果闻到茶油一般的青涩气、粗老气、焦糊气，则不是好茶。四品茶味。茶汤入口后甘鲜、浓醇爽口、口中留甘，而且上好的午子仙毫汤色清澈明亮，滋味醇厚、爽口回甘，带有板栗香味。五捏干湿。用手指捏一捏茶叶，可以判断其干湿程度，如果受潮的茶叶容易发霉。

【品鉴】

冲泡午子仙毫应选用敞口、透明的玻璃杯，水温应控制在75℃～80℃之间为好，否则会将茶烫熟，失去原有的色、香、味，并会破坏掉绿茶中的营养元素。一般而言，茶叶愈嫩愈绿，水温要求愈低。绿茶原则上来讲无须洗茶，如果要洗的话，水入杯子再倒掉水这个过程要在 3 秒内完成。

冲泡午子仙毫，茶与水的比例大致是 1∶50 或者是 1∶60，即每杯用干茶 4 克左右，加入热水约 200 毫升。午子仙毫应采用上投法，即先注水后放茶叶。一般而言，冲泡的第二、三遍，口味最佳，第四遍开始变差，可重新冲泡。冲泡过程中要求水壶高悬，使水流有冲击力，并有曲线的美感。此时，品饮者可以欣赏茶叶的舒展、茶汤的变化、茶烟的弥散以及最终茶与汤的色泽，领略茶的天然风姿。品饮时，以闻香为先，再品茶啜味，以品尝茶的真味。饮一小口，让茶汤在嘴里回荡，与味蕾充分接触，然后徐徐咽下，用舌尖抵住齿根并吸气，以回味茶的甘甜。

泰山女儿茶

【泰山贡品女儿茶】················★★★★

李克评分 :·······················**95 分**

李克点评 : 绿茶中的潜力股

干茶 :	10 分
茶汤 :	14 分
叶底 :	5 分
滋味 :	14 分
潜力指数 :	9 分
零售终端行情指数 :	3 分
入选基准分 :	40 分

产地 :	山东泰安
厂家 :	山东泰山女儿旅游商贸有限公司
品种 :	绿茶
规格 :	160g
保质期 :	18 个月
电商参考价 :	**1791 元**

【产地】

山东泰安。

【渊源】

泰安特产丰富,女儿茶就是其中之一。这种茶长在泰山景区,当地山峦起伏,昼夜温差大,土质肥沃,有机物质含量高,从而为茶叶生长提供了优良的环境。加之泰山水质甘洌,昼夜温差大,茶树休眠期长,采摘期短,所产茶叶叶片肥厚、坚结,香高味浓,在当地茶叶市场颇受追捧。女儿茶中,最地道的当属津口女儿茶。2002 年 1 月,泰安市人民政府授予小津口村为"女儿茶加工专业村"。

关于女儿茶的得名,还有一个颇有趣的传说。据说清朝乾隆皇帝有一次到泰山封禅,想要品当地名茶,但泰安并无茶树,于是官吏们便选来美丽的少女到泰山深处采来青桐芽,以泰山泉水浸泡,用体温暖热,献给皇帝品尝,于是这种茶就叫女儿茶。

此外,在《红楼梦》第六十三回,宝玉酒后所饮的就是女儿茶。当然,"红楼"中的女儿茶,到底是哪里的,没人说得清。从现代泰山茶叶的工艺演变来看,彼"女儿茶"应非此"女儿茶"。

【工艺】

泰山女儿茶属炒青绿茶，采用一芽一叶、以传统加工工艺精制而成。

【风格】

津口女儿茶，茶形均匀、紧细，曲卷优美，叶体肥厚，耐冲泡。茶汤碧绿晶莹，茶香浓郁，有泰山板栗的清香，素有"茶中板栗"之美称。饮之回味醇美，沁人心脾，品味之余，回味悠长，神清气爽。女儿茶富含多种有益健康的微量元素，久饮此茶，清心名目、增智益慧、健身益寿。

【品鉴】

泡女儿茶，最好用泰山泉水。其水质清澈、甘洌，能够充分调出茶的色、香、味。冲泡时茶叶沉于杯底，叶色由黑变绿，舒展开来，翩翩起舞，视觉效果非常美。

【储存】

在包装上要用铝箔袋包装，储存温度要控制在10℃以下，另外，不能把茶叶和其他任何物品混放。还有一点需要注意，从冷库里拿出的茶叶不能立即打开，应在室内放置一下，使袋内的茶叶温度和外面温度一致再开；如袋内温度和袋外温度不一致，会加速茶叶变质。

六安瓜片

【徽六牌六安瓜片国礼（天和）】……★★★★★

李克评分： **97 分**

李克点评：喝时感觉犹如神游，轻松，惬意，的确是好茶，不愧"国礼"二字

干茶：	10 分
茶汤：	14 分
滋味：	14 分
叶底：	5 分
潜力指数：	9 分
零售终端行情指数：	5 分
入选基准分：	40 分
产地：	安徽
厂家：	安徽省六安瓜片茶业股份有限公司
品种：	绿茶
规格：	150g
保质期：	540 天
电商参考价：	**4485 元**

【皖顺特级六安瓜片】……★★★★★

李克评分： **98 分**

李克点评：任意取一片茶叶，均可以看到铁青透翠且色泽一致，可见烘制到位。冲泡时，有一股浓郁的烧板栗味扑面而来，是上等好茶

干茶：	10 分
茶汤：	15 分
滋味：	15 分
叶底：	5 分
潜力指数：	9 分
零售终端行情指数：	4 分
入选基准分：	40 分
产地：	安徽
厂家：	安徽六安市万顺茶叶精制总厂
品种：	绿茶
规格：	500g
保质期：	16 个月
电商参考价：	**960 元**

【最佳产区】

安徽省六安市。

【渊源】

六安瓜片属中国十大历史名茶之一，简称瓜片，主要产自安徽省六安县。早在唐代，《茶经》中就有"庐州六安茶"之称，而在明代科学家徐光启的著作《农政全书》中有"六安州之片茶，为茶之极品"的说法。明代李东阳、萧显、李士实三名士在《咏六安茶》中也多次提及，有"七碗清风自六安"和"陆羽旧经遗上品"的说法，给予六安瓜片以很高的评价。

六安瓜片在清朝被列为贡品，曾给慈禧太后月奉十四两。大文学家曹雪芹的旷世之作《红楼梦》中也多次提及该茶，特别是"妙玉品茶（六安瓜片）"一段，读来令人荡气回肠。

1949年以后，六安瓜片更是被指定为中央军委特贡茶。到了1971年，美国前国务卿第一次访华，六安瓜片就作为国家级礼品馈赠。时至2007年，国家主席胡锦涛参加"俄罗斯中国年"活动时，也是将"特级六安瓜片"作为中国国礼赠送给俄罗斯总统普京。可见，六安瓜片在中国名茶史上一直占据着显著的位置。

【工艺】

六安瓜片传统的采制工艺有四个独特之处：一是摘茶要等到"开面"，即新梢长到一芽三、四叶时开面，叶片生长基本成熟，这样采摘的茶叶成茶后的香气高。二是鲜叶要"扳片"，即采摘回来的鲜叶要经过摊凉和散热后再进行手工扳片，将每一枝芽叶的叶片与嫩芽、枝梗分开，嫩芽炒成"银针"状，茶梗炒成"针把"状，叶片再分老、嫩片，炒制成"瓜片"状。三是老、嫩分开炒。炒片分生锅和熟锅，每次投鲜叶一至二两。生锅高温翻抖杀青，熟锅低温炒拍成形。四是炭火拉老火。炒后的湿坯茶经过毛火、小火、混堆、拣剔，再拉老火至足干。拉老火是片茶成形、显霜、发香的关键工序，人称"一绝"。

【风格】

六安瓜片分内山瓜片和外山瓜片两个产区，并按照六安瓜片的品质特征共分为精品、极品和一、二、三级共五个等级。一级瓜片形似瓜子，瓜片匀整，色绿如上霜，嫩度好，无芽梗漂叶，清香，滋味鲜爽醇和，汤色黄绿明亮，叶底黄绿匀整。二级瓜片的形较匀整，色绿有霜、较嫩，稍有漂叶，香气较纯和，滋味较鲜爽醇和，汤色黄绿尚明，叶底黄绿匀整。三级瓜片呈瓜子形，色绿尚嫩，稍有漂叶，香气较纯和，滋味尚鲜爽醇和，汤色黄绿尚明，叶底黄绿匀净。极品瓜片大小匀整，透着宝绿色，而且有上霜质感，嫩度高且显毫，无芽梗漂叶和茶果，清香高长持久，滋味鲜醉回甘，汤色晶亮，叶底嫩绿鲜活。精品瓜片呈逼真的瓜子形且匀整，颜色翠绿上霜，嫩度极好而且显毫，无芽梗漂叶和茶果，幽香高长，滋味鲜爽醇厚，汤色清澈晶亮，叶底嫩绿鲜活，堪称上佳之品。

【曾获荣誉】

1982年、1986年，六安瓜片先后被评为全国名茶以及省优名茶。1988年，在首届中国食品展览会上荣获金奖。

【防伪】

从外形上看，正宗的六安瓜片每一片不带芽和茎梗，叶呈绿色光润，微向上重叠，形似瓜子，呈现碧绿色。假的茶汤味较苦，有青草味，色比较黄。从色泽上看，正宗的六安瓜片为深度青色并透翠，老嫩、色泽一致，可见烘制到位。

【品鉴】

六安瓜片的品尝需要四个步骤。从外形开始，观察干茶的色泽、老嫩和形状来判断茶叶的品质，越是鲜嫩、色泽翠绿，越为上品。冲泡后，鉴赏茶叶散发出的清香，越是香气悠长，越是上佳之品。进一步欣赏茶叶在冲泡时上下翻腾和舒展的过程、茶叶溶解情况、茶叶冲泡沉静后的姿态，从这四个方面来静心赏茶。在品赏茶汤的色泽和滋味前，先用"高冲、低斟、括沫、淋盖"等传统的方法冲泡。品饮时，用右手食指、拇指按住杯的边沿，中指顶住杯底，此手法戏称"三龙护鼎"，再开始慢慢品饮。品茶工于煎，重在品茶汤的汤花，对茶汤的"色、香、味、形"，以"色"为主。

信阳毛尖

【龙潭牌信阳毛尖（圣）】 ★★★★

李克评分： 95 分

李克点评： 心烦气躁时品此茶最能静心

干茶： 9 分
茶汤： 14 分
滋味： 14 分
叶底： 5 分
潜力指数： 8 分
零售终端行情指数： 5 分
入选基准分： 40 分

产地： 河南
厂家： 河南信阳五云茶叶（集团）有限公司
品种： 绿茶
规格： 300g
保质期： 548 天
电商参考价： 2870 元

【新林玉露信阳毛尖】 ★★★★

李克评分： 90 分

李克点评： 该款茶的叶片肥厚且亮绿。优质毛尖多用中投法来冲泡，该茶冲泡后，滋味鲜浓、醇香，回甘顺爽，乃不可多得的好茶

干茶： 8 分
茶汤： 12 分
滋味： 12 分
叶底： 5 分
潜力指数： 8 分
零售终端行情指数： 5 分
入选基准分： 40 分

产地： 河南
厂家： 河南新林茶业有限公司
品种： 绿茶
规格： 240g
保质期： 24 个月
电商参考价： 320 元

【最佳产区】

河南省信阳市。

【渊源】

明朝文坛巨匠何景明是信阳人,曾写诗称赞自己的家乡道:"川流一曲抱,峭壁万年开。白石传杯坐,青天送月来。蛟龙亦自舞,鸥鹭岂相猜。谁识仙潭上,天留此钓台。"这里正是信阳毛尖的原产地。信阳毛尖,也叫做"豫毛峰",主要产地在信阳县和罗山县一带,那里海拔在300～800米之间,浓雾环绕,并且光照条件良好,很适合茶树生长。信阳毛尖的驰名产地则是在"五云",即车云、集云、云雾、天云、连云五座山,还有黑龙潭、白龙潭和震雷山。这些地方海拔多在500～800米以上,生态环境极好,为制作独特的信阳毛尖提供了天然资源。

唐代茶圣陆羽所著的《茶经》,把信阳列为全国八大产茶区之一。宋代大文豪苏东坡也曾挥毫赞道:"淮南茶,信阳第一。"到了清代,信阳毛尖茶已成为全国名茶之一。

信阳毛尖独特风格的形成是在20世纪初期。清代的蔡竹贤提倡开山种茶,随后出现了元贞(震雷山)、广益、裕申、宏济(车云)、博厚、森森(万寿)、龙潭、广生等八大茶社,建成茶园面积有四百余亩,并逐渐改进和完善了毛尖的炒制工艺。中华人民共和国成立后,国家对发展茶叶生产极为重视,采取了一系列扶助措施。特别是改革开放以来,随着科技的发展,信阳毛尖的产量和质量均有很大提高。信阳毛尖不仅走俏国内,而且在国际上也享有很高的声誉,远销日本、美国、德国、马来西亚、新加坡、香港等20多个国家和地区。

【工艺】

1千克特级信阳毛尖需10万多个芽头,可见信阳毛尖的采摘标准要求是很严格的。信阳毛尖的好品质全在炒中成。信阳毛尖炒制工艺独特,炒制分"生锅"、"熟锅"和"烘焙"三道工序,用双锅变温法进行。不仅如此,信阳毛尖对盛装鲜叶的容器也很注意,用透气的光滑竹篮,不挤不压,并要求及时送回荫凉的室内摊放2～4小时,趁鲜分批、分级炒制,当天鲜叶当天炒完。

【风格】

信阳毛尖的"色、香、味、形"均有独特个性。"色"是指其颜色鲜润、干净,不含杂质;"香"是指其香气高雅、清新;"味"是指其味道鲜爽、醇香、回甘;"形"是指从外形上看匀整、鲜绿有光泽、白毫明显。冲后香高持久,滋味浓醇,回甘生津,汤色明亮清澈。

【曾获荣誉】

1915年,信阳毛尖荣获巴拿马万国博览会金奖。1958年,被评为全国十大名茶之一。1985年,获中国质量银质奖。 1982年、1986年,先后被评为部级优质产品,并荣获"全国名茶"称号。1990年,"龙潭"毛尖茶代表信阳毛尖品牌参加国家评比，取得绿茶综合品质第一名的好成绩，荣获中国质量奖金质奖。1991年，在杭州国际茶文化节上，被授予"中国茶文化名茶"称号。1999年，获昆明世界园艺博览会金奖。

【防伪】

首先，用双手捧起一把茶叶，放于鼻端，用力深深吸一下茶叶的香气。这样做的目的有三个：第一是闻是否具有熟板栗的香气。其次，是辨别香气的高低。第三，是嗅闻香气的纯正程度。凡香气高、气味正的必然是优质茶。第四，抓一把茶叶平摊于白纸上，看一下干茶的色泽、嫩度、条索、粗细。凡色泽匀整、嫩度高、条索紧实、粗细一致、碎末茶少的，是上乘茶叶。

【品鉴】

从外观上品鉴信仰毛尖，可以先从抓一把信阳毛尖开始。用力捻一捻，判断它的干燥程度是否符合信阳毛尖的标准。信阳毛尖的含水量受到严格控制，不过高也不过低：含水量过高的话，茶叶就会氧化，品质会下降；含水量过低，则条索容易在运输的过程中折断，从而形成大量的碎末，影响品质。再从茶叶的色泽和形状来判断，顶尖的信阳毛尖的外形圆直、光润、细条而且鲜绿，叶缘有细小的锯齿，嫩茎呈现圆形，叶片肥厚、绿亮。信阳毛尖的滋味依次会让你的味蕾经历苦、涩、甘甜和清爽四个过程，放少许干茶在舌尖上品尝，直到味蕾上都能感受到茶叶不同的有效成分带来的这四种味道，则为上佳之品。

信阳红

【龙潭牌特级（金润）铁盒装】 ········ ★★★★

李克评分：·· **95 分**

李克点评： 味道的确不错，茶底很漂亮，都是茶尖，也很完整，回甘味甜，稍不耐泡

干茶：	9 分
茶汤：	14 分
滋味：	14 分
叶底：	5 分
潜力指数：	8 分
零售终端行情指数：	5 分
入选基准分：	40 分

产地：	河南
厂家：	河南信阳五云茶叶集团
品种：	红茶
规格：	60g
保质期：	18 个月
电商参考价：	165 元

【最佳产区】

河南省信阳市。

【渊源】

从 2010 年开始，信阳茶叶在信阳毛尖之外，又新添一员"信阳红"。2009 年 12 月 27 日，河南省委书记卢展工到信阳视察时，指出信阳要加大夏秋茶采摘力度，尝试开发新的茶叶产品，增加群众收入，可以开发"信阳红"茶加工。信阳具有二千三百多年的产茶历史。信阳毛尖是全国十大名茶之一。由于地处中国茶叶基地的最北端，信阳一度被认为不适宜出产红茶。2010 年 10 月，信阳精心研发生产出红茶新品，并将其命名为"信阳红"。信阳红茶可与武夷山红茶"银骏眉"媲美。

【工艺】

信阳红茶在借鉴传统工艺的基础上，逐步掌握并完善了一套信阳红茶独特的加工工艺。主要表现在萎凋、揉捻、发酵、干燥四个工艺阶段的创新上，尤其在发酵工艺上，最为强调温度、湿度、鲜叶表面温度、发酵时间的精准控制，以叶片变铜红色、青气消失、显现出清新花果香为适度。在加工过程中，发生了以茶多酚酶促氧化为中心的化学反应，鲜叶中的化学成分变化较大，产生了茶黄素、茶红素等新的成分。香气物质从鲜叶中的 50 多种增至 300 多种，一部分咖啡碱、儿茶素和茶黄素络合成滋味鲜美的络合物，从而形成了红茶、红汤、红叶和香甜味醇的品质特征。

【风格】

信阳红红茶是以信阳毛尖绿茶为原料、经九道工序加工而成的一种茶叶新品，具有多种保健功效，如消炎杀菌、解毒、提神消疲等。夏天饮红茶能止渴消暑，是极佳的运动饮料。还具有防龋齿健胃养胃、助消化、促食欲、延缓衰老、降血压、降血糖、降血脂等功效。

李克特别推荐：十大地方性口碑好茶

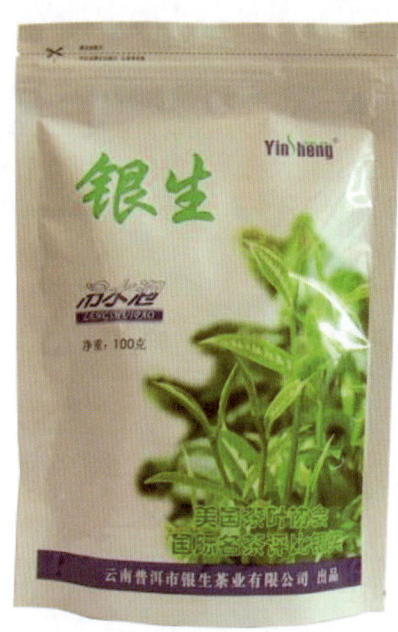

01

云南——银生绿茶（冷水泡）

¥ 电商参考价	45元（袋）	
品 品种	绿茶	
量 规格	100g	
厂 厂家	云南普洱市银生茶业有限公司	
@ 官网	www.ystea.net	

李克点评：不喝银生绿茶，怎能算资深茶客？

李克评分 100分 ★★★★★

干茶：条索紧秀，有光泽，显银毫	10分
茶汤：清澈绿亮，香气清雅	15分
叶底：嫩绿明亮、匀整	5分
滋味：甘润生津，回甘明显	15分
潜力指数：	10分
零售终端行情指数：	5分
入选基准分：	40分

02

江西——翠源牌狗牯脑茶贡品特级

¥	电商参考价	280元
品	品种	绿茶
量	规格	200g
厂	厂家	江西遂川县安村茶厂

李克点评：此茶尚养在深闺，但未来发展潜力巨大

李克评分 98分 ★★★★★		
	干茶：紧细微卷，匀整秀实，黛绿莹润，显锋苗	10分
	茶汤：黄绿明亮，香气鲜嫩高爽，带花香	15分
	叶底：柔嫩匀整，嫩绿鲜活	5分
	滋味：清新鲜爽，甘甜沁腑	15分
	潜力指数：	10分
	零售终端行情指数：	3分
	入选基准分：	40分

第五章 中国茶购买实务

茶叶

03

广东——天池红牌凤凰单丛

¥	电商参考价	510元
品	品种	红茶
量	规格	500g
厂	厂家	广东潮州市天池凤凰茶业有限公司
@	官网	www.cztctea.cn

李克点评：口感丰实，品时内心也无比满足

李克评分 95分 ★★★★☆

干茶：条索紧细、匀整，锋苗秀丽、乌润	9分
茶汤：红艳明亮，香气馥郁	14分
叶底：柔亮、明艳	5分
滋味：醇厚馥郁，有蜜糖香味	14分
潜力指数：	9分
零售终端行情指数：	4分
入选基准分：	40分

04

四川——林湖红贵人精品礼盒

¥ 电商参考价	666元	
品 品种	红茶	
量 规格	240g	
厂 厂家	四川宜宾川红茶业集团有限公司	
@ 官网	www.sclhtea.com	

李克点评：川红工夫茶里最让人难忘的一款茶

李克评分		
95分	干茶：身形紧细，满披金毫，香气高雅	9分
★★★★☆	茶汤：透红、澄亮，香气馥郁、醇厚	15分
	叶底：细嫩柔软，均匀整齐	4分
	滋味：鲜醇、甜润	13分
	潜力指数：	9分
	零售终端行情指数：	5分
	入选基准分：	40分

第五章 中国茶购买实务

茶 叶

05

安徽——黄山毛峰老谢家茶国礼茶极品A1

¥ 电商参考价	4980元	
品 品种	绿茶	
量 规格	260g	
厂 厂家	安徽黄山光明茶业有限公司	
@ 官网	www.gmtea.net.cn	

李克点评：茶汤呈现象牙黄色，是特级黄山毛峰中的极品

李克评分 96分 ★★★★★

干茶：白毫披身，芽尖似峰	9分
茶汤：清澈明亮，呈象牙黄色	14分
滋味：鲜浓、醇厚、甘甜	15分
叶底：嫩黄，肥壮成朵	5分
潜力指数	8分
零售终端行情指数	5分
入选基准分	40分

06

福建——品品香孝道一品二十年陈韵白牡丹

¥ 电商参考价	3600元	
品 品种	白茶	
量 规格	2×50g	
厂 厂家	福建品品香茶业有限公司	
@ 官网	www.pinpinxiang.cn	

李克点评：牌子好，味道好，包装好

李克评分 100分 ★★★★★

干茶：毫心肥壮、银白洁净，叶态伸展，芽叶连枝、叶缘垂卷，色泽灰绿	10分
茶汤：毫香尽显，色泽橙黄、清澈	15分
叶底：叶色黄绿，叶脉红褐，叶质柔软、鲜亮	5分
滋味：清甜醇爽，回甘怡畅	15分
潜力指数：	10分
零售终端行情指数：	5分
入选基准分：	40分

第五章 中国茶购买实务

茶叶

07

河南——龙潭牌信阳毛尖（圣）

¥	电商参考价	2870元
品	品种	绿茶
量	规格	300g
厂	厂家	河南信阳五云茶叶（集团）有限公司
@	官网	www.wuyuntea.com

李克点评：心烦气躁时品此茶最能静心

李克评分 95分 ★★★★☆

干茶：	匀整挺秀，银毫显露，有光泽	9分
茶汤：	翠绿明亮，有板栗香	14分
滋味：	清爽，甘醇，润喉	14分
叶底：	肥厚，嫩绿明亮	5分
潜力指数：		8分
零售终端行情指数：		5分
入选基准分：		40分

08

浙江——艺福堂明前特级九曲红梅

¥ 电商参考价	32元
品 品种	红茶
量 规格	35g
厂 厂家	浙江杭州艺福茶业有限公司
@ 官网	www.hzyftea.com

李克点评：一款有文化、有品格的茶

李克评分 95分
★★★★☆

干茶：茶条弯曲、细如鱼钩、有白毫	8分
茶汤：鲜亮红艳，香气馥郁，有花果香	14分
叶底：叶底红匀、嫩软、明亮	5分
滋味：醇厚、甘爽	14分
潜力指数：	9分
零售终端行情指数：	5分
入选基准分：	40分

09

广西——中茶牌"吉祥如意"陶罐六堡茶

¥ 电商参考价	900元	
品 品种	黑茶	
量 规格	400g	
厂 厂家	中国茶叶股份有限公司	
@ 官网	www.teachina.com	

李克点评： 这款茶价格实惠，包装有特点，滋味也不错，性价比不低

李克评分 96分 ★★★★★

干茶：条索紧结壮实，有黑褐光泽	10分
茶汤：红浓明亮，有槟榔香	15分
叶底：呈红褐色，匀整	5分
滋味：入口醇和润滑，有回甘	14分
潜力指数：	8分
零售终端行情指数：	4分
入选基准分：	40分

10

山东——泰山贡品女儿茶

¥	电商参考价	1791元
品	品种	绿茶
量	规格	160g
厂	厂家	山东泰山女儿旅游商贸有限公司

李克点评：绿茶中的潜力股

李克评分 95分
★★★★☆

干茶：紧细微卷，匀整，肥厚	10分
茶汤：碧绿透彻精英，香气馥郁，有典型板栗香	14分
叶底：柔嫩、匀整	5分
滋味：口感清新甘甜，有回甘	14分
潜力指数：	9分
零售终端行情指数：	3分
入选基准分：	40分

第五章　中国茶购买实务

茶叶

附 录

- 本书四星级以上（含四星）茶烟酒名录速查
- 中国历届评酒会的国家名酒名录
- 中国名优茶名录

本书四星级以上（含四星）茶烟酒名录速查

白酒川黔板块：白酒金三角

52° 剑南春	97分 ★★★★★
剑南春典藏30年（蓝宝石）	93分 ★★★★
丰谷酒王（透明装）	94分 ★★★★
52° 经典国窖1573	96分 ★★★★★
国窖1573·中国品味	91分 ★★★★
习酒·窖藏1988	100分 ★★★★★
习酒·金典金质	96分 ★★★★★
习酱酒·红色1935	99分 ★★★★★
52° 水井坊	91分 ★★★★
1987年59° 窖藏国密董酒	95分 ★★★★
52° 鸭溪窖老酒	92分 ★★★★
53° 珍酒珍壹号	91分 ★★★★
五粮液52° 水晶装	100分 ★★★★★
52° 五粮液1618 陶瓷瓶	97分 ★★★★★
15年五粮液	99分 ★★★★★
永福酱酒（老酱）	93分 ★★★★
红花郎酒15年	92分 ★★★★
青酒10年洞藏	95分 ★★★★
赖贵山酒（百年纪念）	100分 ★★★★★
53° 茅台飞天酒	100分 ★★★★★
53° 茅台15年	99分 ★★★★★
茅台80年陈酿	100分 ★★★★★

白酒苏皖板块：淮河银三角

52° 洋河梦之蓝 M6　　98分★★★★★
46° 洋河天之蓝　　　　95分★★★★
50° 贵宾洋河　　　　　91分★★★★

41° 口子窖 20 年珍藏　　90分★★★

汤沟窖藏特壹号　　　92分★★★★

古井贡酒 16 年窖藏年份原浆 97分★★★★★
古井贡酒 10 年陈酿　　　　94分★★★★
52° 古井 1979 纪念酒　　　92分★★★★

双沟醴泉（黑方）　　100分★★★★★
绵柔苏酒（绿苏）　　99分★★★★★
双沟珍宝坊圣坊　　　94分★★★★

迎驾贡酒 20 年生态年份酒　92分★★★

宣酒特贡 10 年窖藏　　95分★★★★

白酒两湖江西板块：汉水铁三角

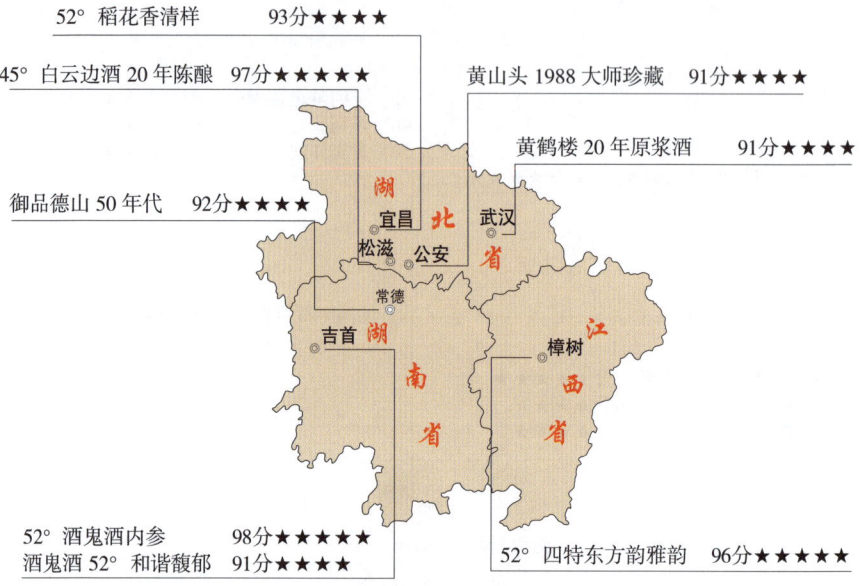

白酒鲁豫板块

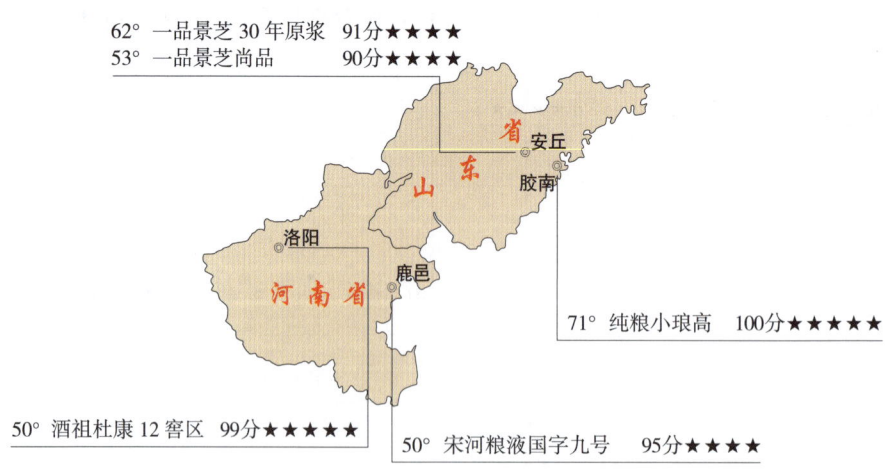

白酒华北板块

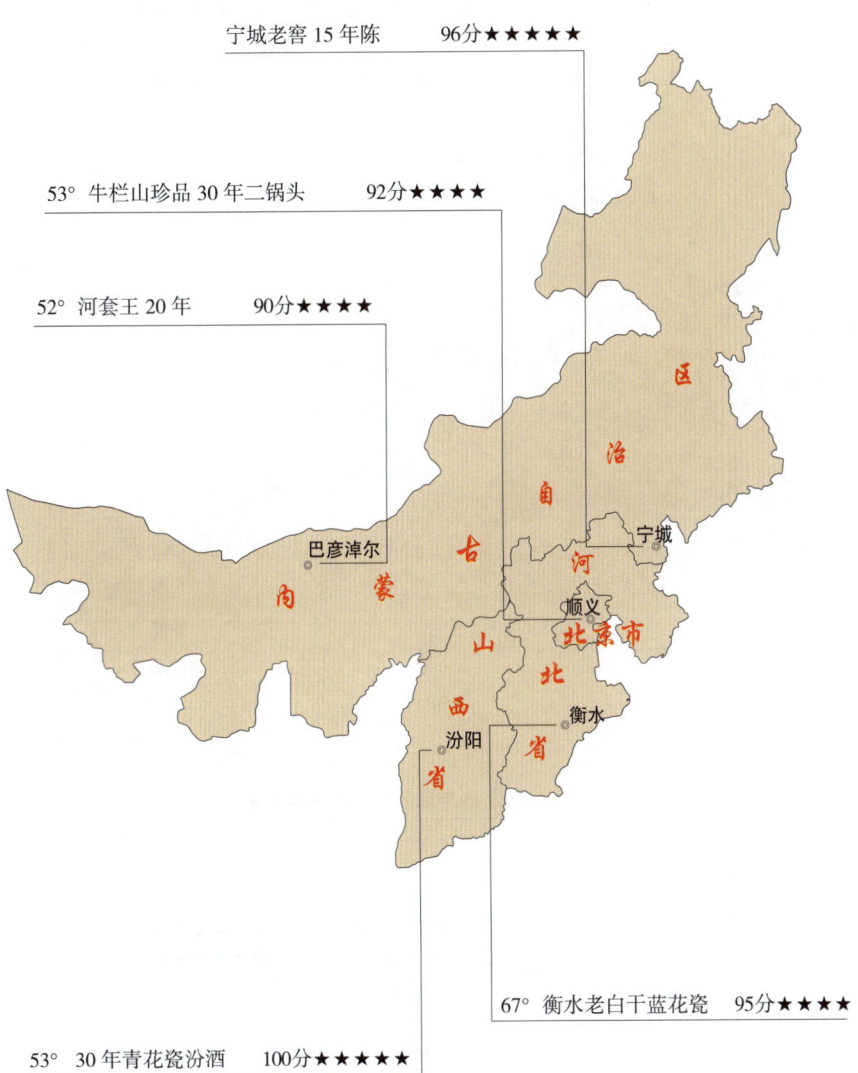

- 宁城老窖 15 年陈　　96 分 ★★★★
- 53° 牛栏山珍品 30 年二锅头　　92 分 ★★★
- 52° 河套王 20 年　　90 分 ★★★
- 67° 衡水老白干蓝花瓷　　95 分 ★★★★
- 53° 30 年青花瓷汾酒　　100 分 ★★★★★

白酒西北板块

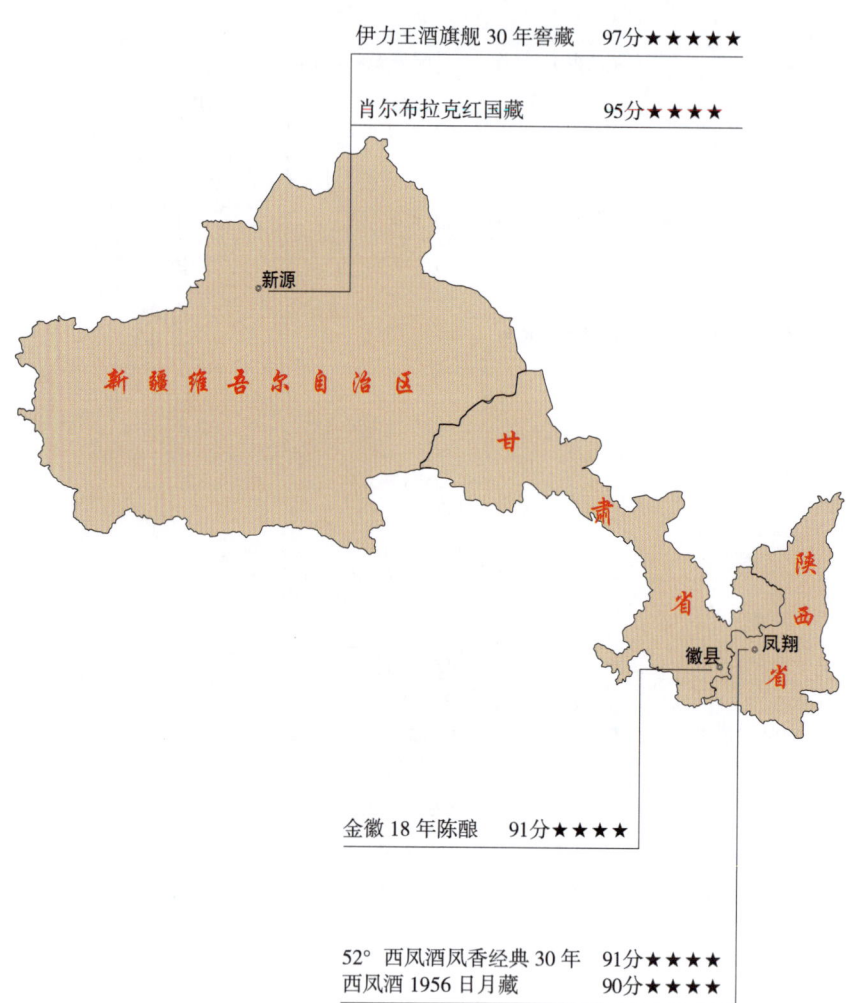

白酒东北板块

白酒两广海南板块

卷烟西南产区

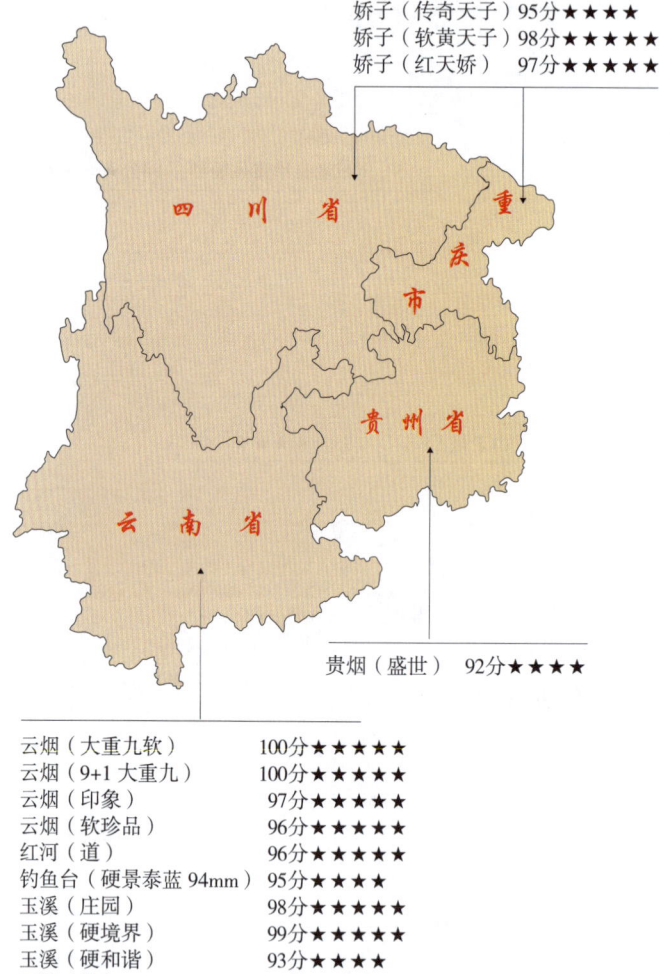

娇子（传奇天子）95分★★★★
娇子（软黄天子）98分★★★★★
娇子（红天娇）97分★★★★★

贵烟（盛世）92分★★★★

云烟（大重九软）	100分★★★★★
云烟（9+1大重九）	100分★★★★★
云烟（印象）	97分★★★★★
云烟（软珍品）	96分★★★★★
红河（道）	96分★★★★★
钓鱼台（硬景泰蓝94mm）	95分★★★★
玉溪（庄园）	98分★★★★★
玉溪（硬境界）	99分★★★★★
玉溪（硬和谐）	93分★★★★
玉溪（软）	97分★★★★★
红塔山（硬经典100）	97分★★★★★

卷烟东南产区

金圣（智圣出山） 93分★★★★
金圣（吉品） 90分★★★★
金圣（圣地井冈山） 95分★★★★

真龙（巴马天成） 94分★★★★

七匹狼（通仙） 95分★★★★
七匹狼（软灰） 93分★★★★

双喜（珍藏） 95分★★★★

卷烟两湖产区

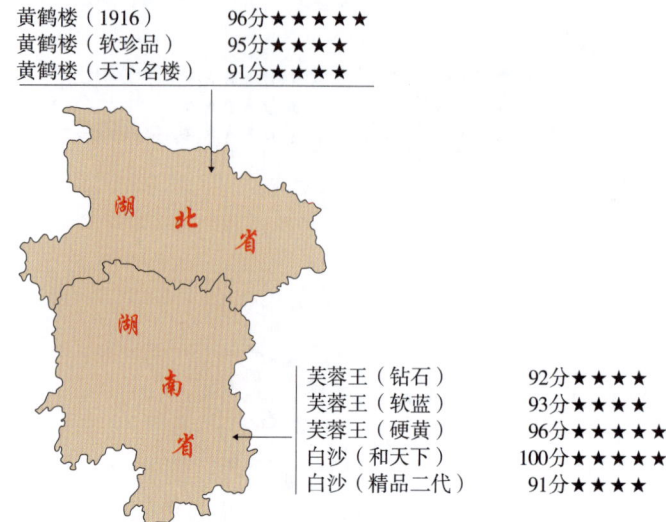

黄鹤楼（1916）　　96分★★★★★
黄鹤楼（软珍品）　95分★★★★
黄鹤楼（天下名楼）91分★★★★

芙蓉王（钻石）　　92分★★★★
芙蓉王（软蓝）　　93分★★★★
芙蓉王（硬黄）　　96分★★★★★
白沙（和天下）　　100分★★★★★
白沙（精品二代）　91分★★★★

卷烟黄淮产区

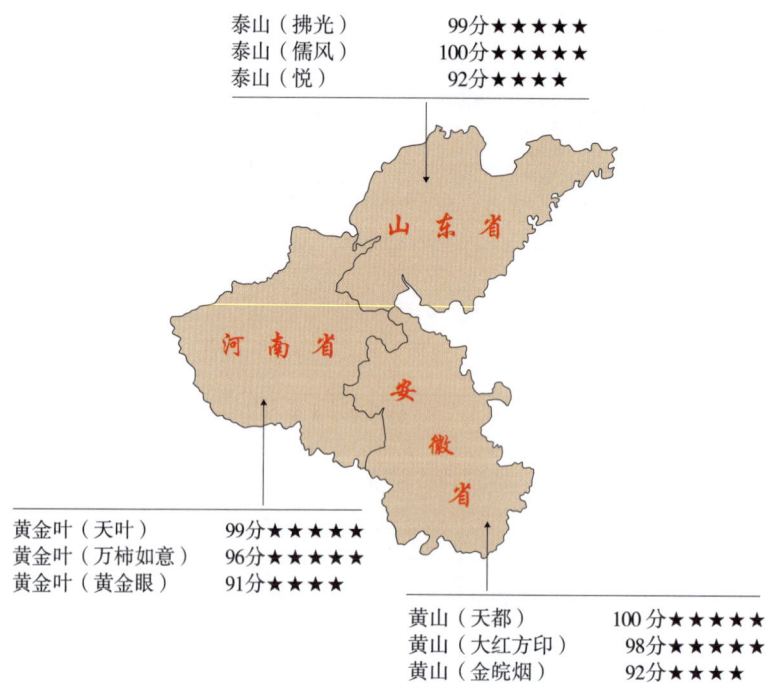

泰山（拂光）　　99分★★★★★
泰山（儒风）　　100分★★★★★
泰山（悦）　　　92分★★★★

黄金叶（天叶）　　99分★★★★★
黄金叶（万柿如意）96分★★★★★
黄金叶（黄金眼）　91分★★★★

黄山（天都）　　　100分★★★★★
黄山（大红方印）　98分★★★★★
黄山（金皖烟）　　92分★★★★

卷烟北方产区

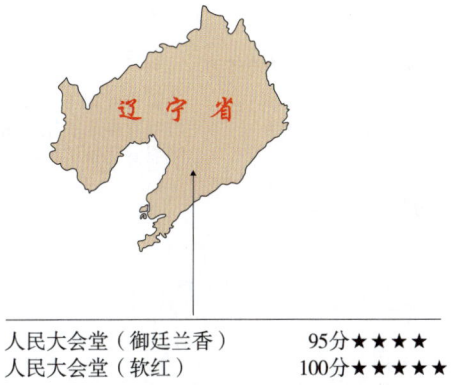

人民大会堂（御廷兰香）　　95分★★★★
人民大会堂（软红）　　　　100分★★★★★

卷烟江浙沪产区

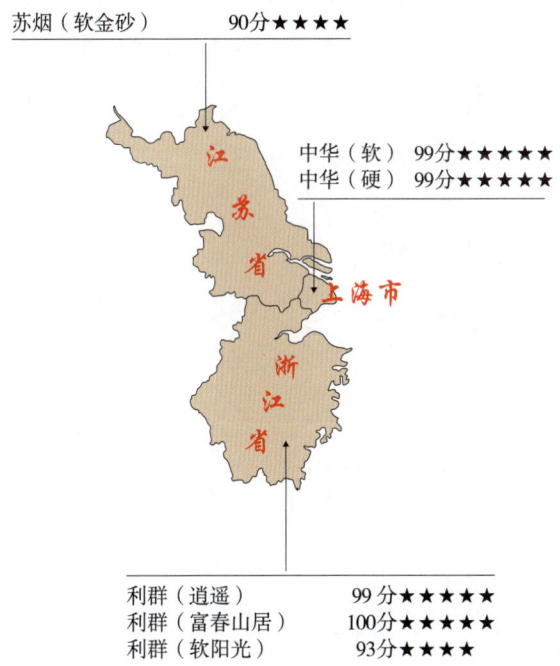

苏烟（软金砂）　　90分★★★★

中华（软）99分★★★★★
中华（硬）99分★★★★★

利群（逍遥）　　　99分★★★★★
利群（富春山居）　100分★★★★★
利群（软阳光）　　93分★★★★

西南茶区

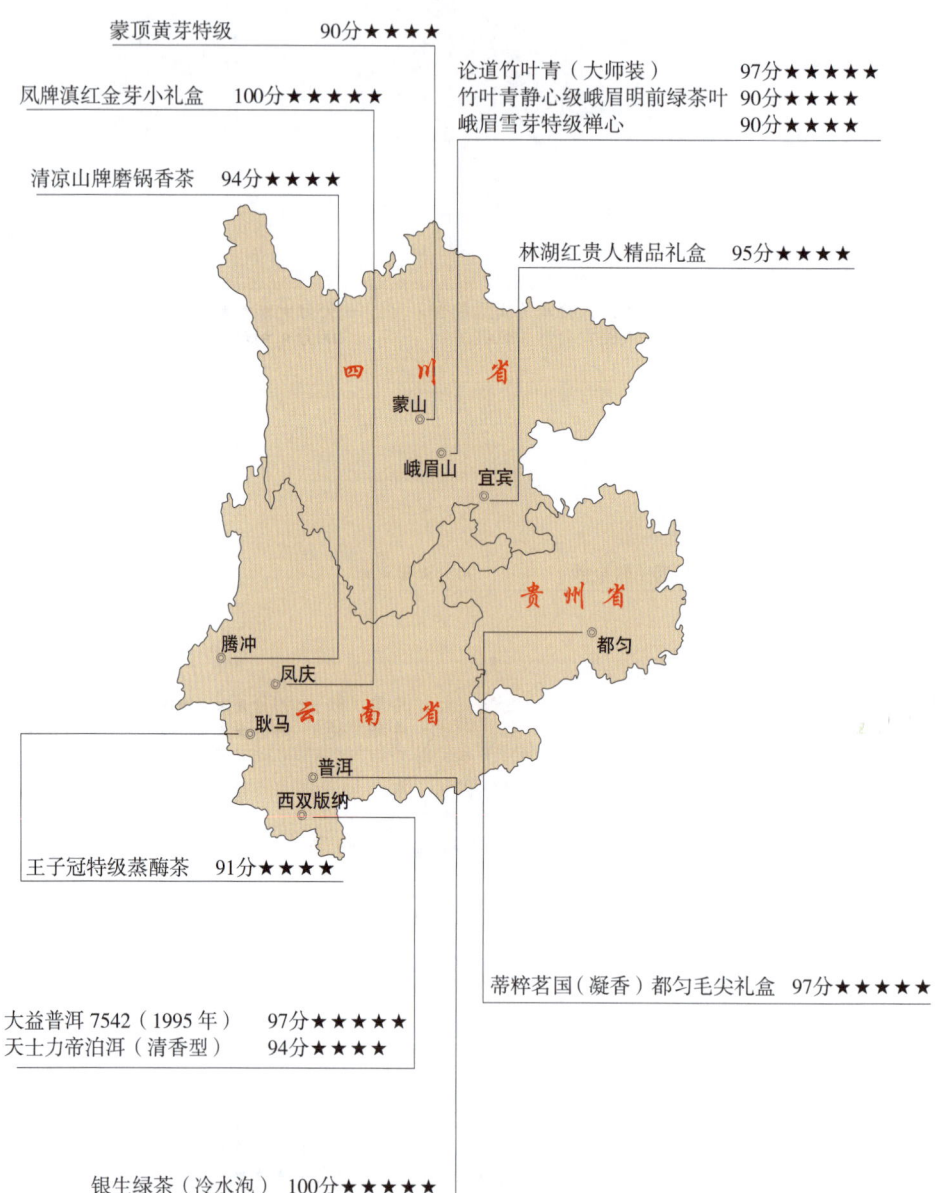

华南茶区

- 大观文山包种茶　93分★★★★
- 永春佛手慈佛神韵　93分★★★★
- 品品香孝道一品二十年陈韵白牡丹　100分★★★★★
- 凤山牌铁观音 NT10000 浓露香永　98分★★★★★
- 张元记花香乌龙红茶　94分★★★★
- 武夷星印象大红袍（韵）　98分★★★★★
- 八马大红袍陈韵 20 年　93分★★★★
- 雾翔牌特一级白毛茶　95分★★★★
- 中茶牌"吉祥如意"陶罐六堡茶　96分★★★★★
- "王德传"冻顶乌龙茶　93分★★★★
- 天池红牌凤凰单丛　95分★★★★
- 上茗轩英红九号一级　90分★★★★

江南茶区

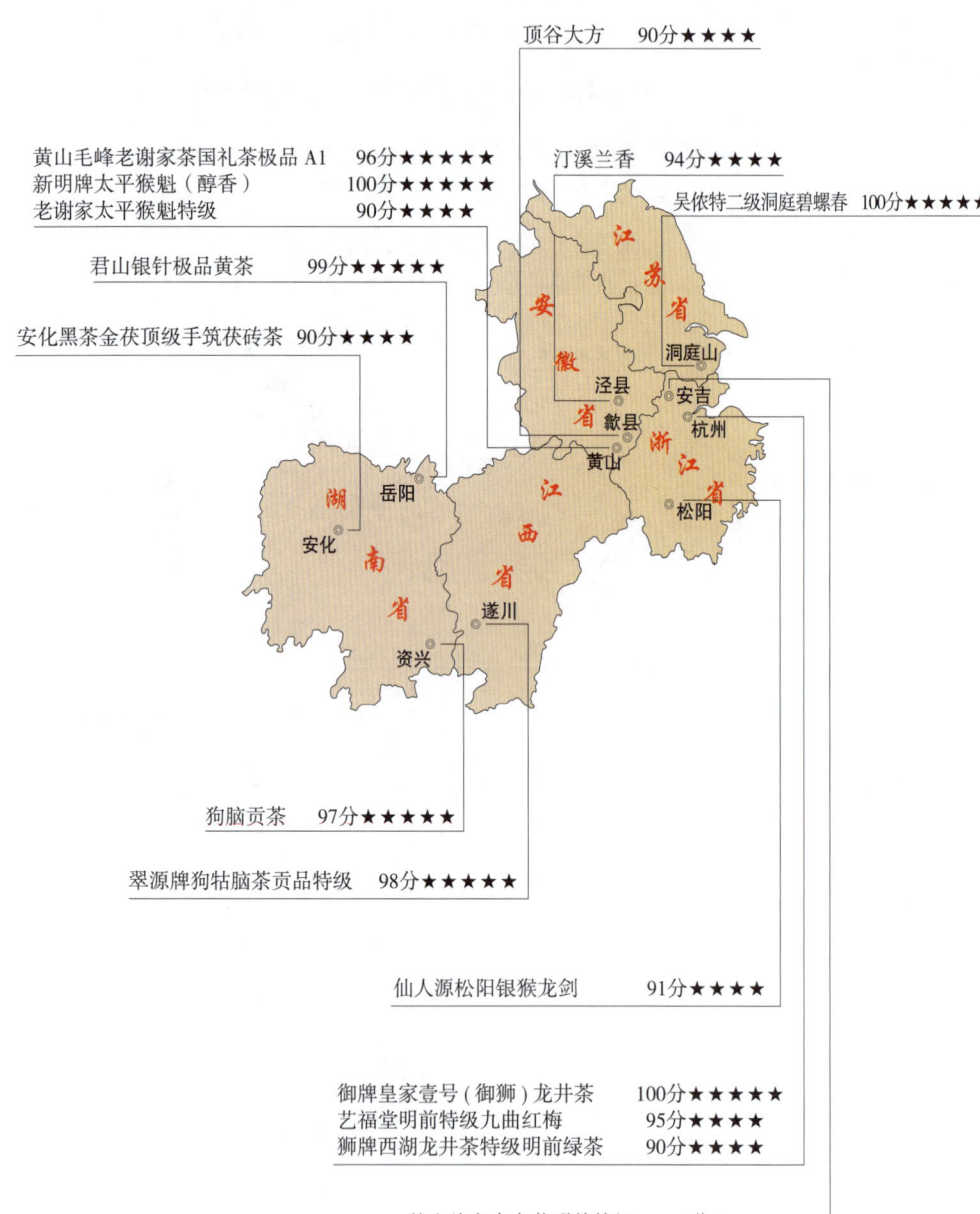

- 顶谷大方　90分★★★
- 黄山毛峰老谢家茶国礼茶极品 A1　96分★★★★
- 新明牌太平猴魁（醇香）　100分★★★★★
- 老谢家太平猴魁特级　90分★★★★
- 汀溪兰香　94分★★★★
- 吴侬特二级洞庭碧螺春　100分★★★★★
- 君山银针极品黄茶　99分★★★★★
- 安化黑茶金茯顶级手筑茯砖茶　90分★★★
- 狗脑贡茶　97分★★★★
- 翠源牌狗牯脑茶贡品特级　98分★★★★★
- 仙人源松阳银猴龙剑　91分★★★
- 御牌皇家壹号(御狮)龙井茶　100分★★★★★
- 艺福堂明前特级九曲红梅　95分★★★★
- 狮牌西湖龙井茶特级明前绿茶　90分★★★★
- 竹乡牌安吉白茶明前特级　96分★★★★

江北茶区

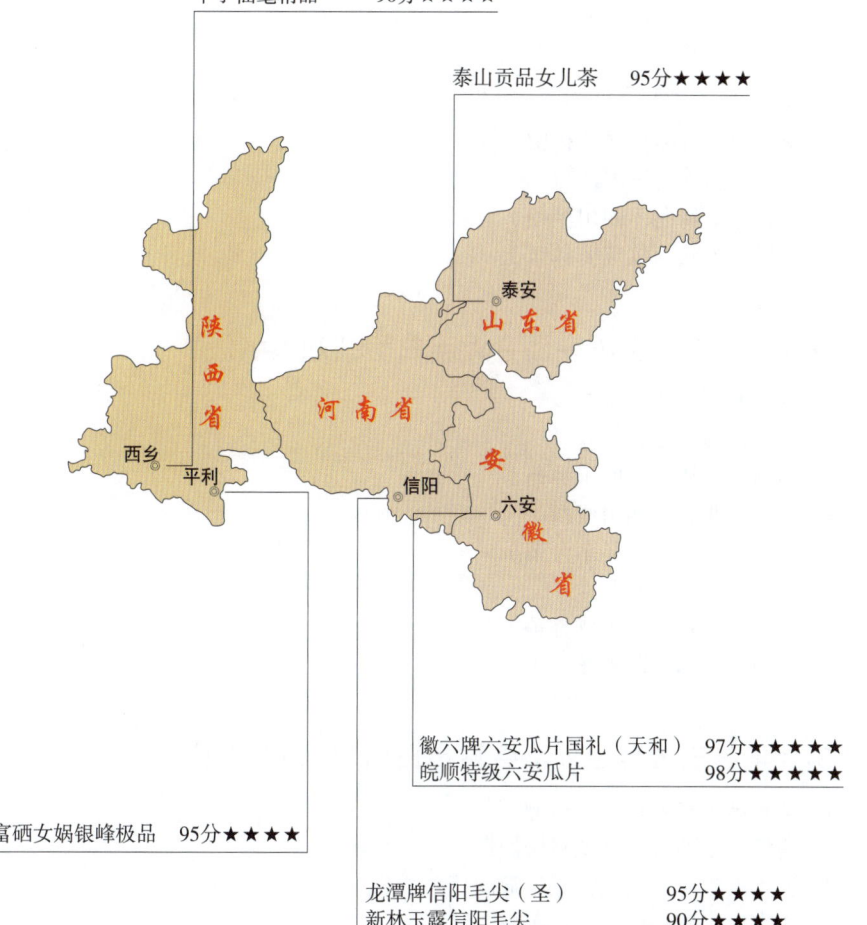

中国历届评酒会的国家名酒名录

● 1952 年第一届全国评酒会评出白酒"四大名酒"
    1. 茅台酒(贵州仁怀茅台镇)
    2. 汾酒(山西汾阳杏花村)
    3. 泸州老窖特曲(四川泸州)
    4. 西凤酒(陕西凤翔柳林镇)

● 1963 年第二届全国评酒会评出白酒"八大名酒"
    1. 五粮液酒(四川宜宾)
    2. 古井贡酒(安徽亳县)
    3. 泸州老窖特曲(四川泸州)
    4. 全兴大曲酒(四川成都)
    5. 茅台酒(贵州仁怀茅台镇)
    6. 董酒(贵州遵义)
    7. 西凤酒(陕西凤翔柳林镇)
    8. 汾酒(山西汾阳杏花村)

● 1979 年第三届全国评酒会评出白酒"八大名酒"
    1. 茅台酒(贵州仁怀茅台酒厂)
    2. 汾酒(山西汾阳杏花村汾酒厂)
    3. 五粮液酒(四川宜宾五粮液酒厂)
    4. 剑南春(四川绵竹酒厂)
    5. 古井贡酒(安徽亳县古井酒厂)
    6. 洋河大曲(江苏泗阳洋河酒厂)
    7. 董酒(贵州遵义董酒厂)
    8. 泸州老窖特曲(四川泸州曲酒厂)

● 1983～1985 年第四届全国评酒会上评出白酒"十三大名酒"
    1. 茅台酒(飞天牌,贵州仁怀茅台酒厂)

2. 汾酒（古井亭牌、长安牌，山西汾阳杏花村汾酒厂）
3. 五粮液酒（五粮液牌、交杯牌，四川宜宾五粮液酒厂）
4. 洋河大曲（洋河牌，江苏洋河酒厂）
5. 剑南春（剑南春牌，四川绵竹酒厂）
6. 古井贡酒（古井牌，安徽古井酒厂）
7. 董酒（董牌，贵州遵义董酒厂）
8. 西凤酒（西凤牌，陕西西凤酒厂）
9. 泸州老窖特曲（泸州牌，四川泸州曲酒厂）
10. 全兴大曲（全兴牌，四川成都酒厂）
11. 双沟大曲（双沟牌，江苏双沟酒厂）
12. 特制黄鹤楼酒（黄鹤楼牌，武汉酒厂）
13. 郎酒（郎泉牌，四川古蔺县郎酒厂）

●1989年第五届全国评酒会评出白酒"十七大名酒"

1. 飞天牌、贵州牌茅台酒（53°，贵州仁怀茅台酒厂）
2. 古井亭牌、长安牌、汾字牌汾酒（65°、53°）、汾字牌38°特佳酒（山西汾阳杏花村汾酒厂）
3. 五粮液牌五粮液（60°、52°、39°，四川宜宾五粮液酒厂）
4. 洋河牌洋河大曲（55°、48°、38°，江苏洋河酒厂）
5. 剑南春牌剑南春（60°、55°、38°，四川绵竹剑南春酒厂）
6. 古井牌古井贡酒（60°、55°、38°，安徽古井酒厂）
7. 董牌董酒、飞天牌董酒（58°、38°，贵州遵义董酒厂）
8. 西凤牌西凤酒（60°、55°、39°，陕西西凤酒厂）
9. 泸州牌泸州老窖特曲（60°、55°、39°，四川泸州曲酒厂）
10. 全兴牌全兴大曲（60°、52°、38°，四川成都酒厂）
11. 双沟牌双沟大曲（53°、46°、39°）、双沟特液（江苏双沟酒厂）
12. 黄鹤楼牌特制黄鹤楼酒（62°、54°、39°，湖北武汉酒厂）
13. 郎泉牌郎酒（50°、39°，四川古蔺县郎酒厂）
14. 武陵牌武陵酒（53°、48°，湖南常德市武陵酒厂）
15. 宝丰牌宝丰酒（63°、54°，河南宝丰酒厂）
16. 宋河牌宋河粮液（54°、38°，河南省宋河酒厂）
17. 沱牌曲酒（54°、38°，四川省射洪沱牌酒厂）

中国名优茶名录

● 1959年国家商业部评出的中国十大名茶

1. 西湖龙井　　2. 洞庭碧螺春
3. 黄山毛峰　　4. 庐山云雾茶
5. 六安瓜片　　6. 君山银针
7. 信阳毛尖　　8. 武夷岩茶
9. 安溪铁观音　10. 祁门红茶

● 1982年国家商业部评出的全国名茶三十种

1. 绿茶类

雨花茶（江苏南京）　　　碧螺春（苏州）　　　　覃塘毛尖（广西贵县）
天山清水绿（福建宁德）　金奖惠明茶（浙江）　　江山绿牡丹（浙江）
顾渚紫笋（浙江）　　　　西湖龙井（浙江）　　　古丈毛尖（湖南）
保靖岚针（湖南）　　　　大庸毛尖（湖南）　　　太平猴魁（安徽）
涌溪火青（安徽）　　　　黄山毛峰（安徽）　　　六安瓜片（安徽）
峡州碧峰（湖北）　　　　都匀毛尖（贵州）　　　峨眉毛峰（四川）
婺源茗眉（江西）　　　　庐山云雾（江西）　　　信阳毛尖（河南）
南糯白毫（云南）

2. 黄茶类

鹿苑茶（湖北）　　　　　君山银针（湖南）

3. 白茶类

白毫银针（福建）

4. 花茶类

闽毫（福建）　　　　　　苏萌毫（江苏）

5. 乌龙茶类

铁观音（福建安溪）　　　武夷肉桂（福建崇安）　凤凰单丛（广东潮州）

● 1985年国家农牧渔业部和中国茶叶学会评出的全国名茶十一种

1. 绿茶类

天柱银毫（安徽潜山县）　岳西翠兰（安徽岳西县）　黄花云尖（安徽宁国）

开化龙顶（浙江开化）　径山茶（浙江余杭）　顾渚紫笋（浙江长兴）
金山翠芽（江苏镇江）　雨花茶（江苏金坛）　洞庭春（湖南岳阳）
文君绿茶（四川邛崃）

2. 乌龙茶类

黄金桂（福建安溪）

● 1989年农业部评出的全国名茶二十五种

1. 绿茶类

灵岩剑峰（江西婺源）　荆溪云片（江苏宜兴）　阳羡雪芽（江苏宜兴）
南山寿眉（江苏溧阳）　前峰雪莲（江苏溧阳）　二泉银毫（江苏无锡）
无锡毫茶（江苏无锡）　安吉白片（浙江安吉）　临海蟠毫（浙江临海）
望府银毫（浙江宁海）　浦江春毫（浙江浦江）　天华谷尖（安徽太湖）
霍山翠芽（安徽霍山）　齐山翠眉（安徽金寨）　白霜雾毫（安徽舒城）
棋盘山毛尖（湖北随州）　永川秀芽（四川永川）　汉水银梭（陕西南郑）
安化松针（湖南安化）　高桥银峰（湖南长沙）　覃塘毛尖（广西贵港）

2. 红茶类

滇红工夫一级茶（云南昌宁）

3. 乌龙茶类

凤凰单丛（广东潮州）　武夷肉桂（福建崇安）

4. 紧压茶

甲级云南沱茶（云南下关）

李克茶烟酒问对

Q：《糖烟酒周刊》主编阿丙　A：李克

导师气质，手艺人精神

Q：我很好奇，您从当代艺术到营销咨询或者茶烟酒品鉴有必然性吗？

A：当然！都需要诗一样的眼光和诗人一样的热情。

不过，茶烟酒品鉴或咨询更多从艺术家那里借鉴一些看法和观点。但是设计师很难成为艺术家，因为这一行太功利。

我的一个基本认识是，我的作品必须以才华为底线。这是从事过艺术的痕迹。

Q：我还好奇，为什么您从事的都是传统行业？

A：企业就是企业，没什么现代或传统之分，这属于远离本质的伪知识，脑子里这些词儿装多了，就废了。就像搞互联网的把别人都称为传统行业，就很可笑。新经济不是从石头缝里冒出来的，它也是从传统经济中脱胎出来的，而传统经济也不是死水一潭，它常常也是老树发新枝。

Q：您说过，在创作黄鹤楼系列产品时常常和湖北中烟的彭常委沟通，我想知道你们大概沟通一些什么东西？

A：我们的沟通一般都从早上6点开始，这个很特别。

这个沟通令人愉快的地方是：表层的根本不用谈，很快就谈细节，彼此都很明白。一个新合作的企业，还得解释很多东西，从猴子变人说起就很麻烦。黄鹤楼在追求一个特别的东西，希望新的作品出来就是独一无二的；只有独一无二，才会是经典；成为经典才有意思，才能传达你要讲的东西。这些东西，不是你努力就可以得到的，需要有天分、有修养、有方法。

Q：听起来，您受彭先生影响很大？

A：其实，我向他学很多做人的道理，比如谦恭有礼、行事执著啊。但是又必须抵抗他好的地方，比方早晨6点就工作等等。当他好的时候你就要抵抗，不然，在思想上他会把你"吃"掉。

Q：您欣赏的当下茶烟酒作品是怎样的？

A：有两种：一种是经典的。所谓经典，就是独一无二，一直看都那么好，最能够打动你。比方说竹叶青论道、酒鬼酒，还有大重九。第二种就是破坏，有所突破的作品，我自己更喜欢第二种，比方说黄鹤楼1916，还有洋河梦之蓝。

这好像写书法，写得很好的时候，我就会乱写，要挣脱那个所谓最好的东西。如果不突破，今天的黄鹤楼就没有这个效果。

Q：您提到的黄鹤楼，有的作品很西化，有的东西又很东方，您怎么思考的？

A：时间点。比方说陈丹青在1980年创作的《西藏组画》，有极高的艺术价值，甚至是解放了人民的思想，影响了一代艺术工作者的创作。《西藏组画》放在今天出现，它不过是一些风景画而已。时间最伟大！大家都向东的时候，是不是可以思考向西呢？

洋河的蓝色成功后，很多人追随它，只能证明洋河蓝色经典的更成功。黄鹤楼漫天游是西方语言，而论道与问道是东方语言，黄鹤楼感恩是个异数。京剧里有整套的工夫和它的语言，打散重组之后变得很妙、很有趣。

Q：打散重组是一个复杂的技法。

A：对。给你一百块钱，你把它打散后重新组装成一千块钱，是技法；给你一百块钱，你把它打散后重新组装成一万块钱，就是艺术。

Q：那么这中间需要跨越想象力的鸿沟。

A：确实如此。所以，我最初对自己的定位是"有想象力的策略顾问"丝毫没有改变，这些年走过来一直是这个主张。具体而言，就是"导师气质，手艺人精神"。

任何行业都是顾问咨询业，我们要做顾客的良师益友。因为开发新烟最积极的，往往不是烟厂，而是香精公司；教医生如何诊断治疗的，往往是制药厂；教经销商如何做销售的，都是供应商。为下游企业的经营发展服务，做好良师益友，是每一个企业的责任和成功之道。但在做事上，我们需要有手艺人的精神。手艺人的悟性强，一个具有手艺人精神的人，忧患意识强，善于发现问题，耐得住寂寞，追求出精品。只有"导师气质，手艺人精神"，才能做出一个又一个的精品。

Q："导师气质，手艺人精神"又是如何贯穿于您的日常作业的呢？

A：我想，可以用我们内部常说的三句话来概括：想企业想不到的事，算企业算不清的账，做企业做不了的事。

第一件事是想企业想不到的事。人们往往只关注眼下的事情和工作，而对未来没有明确的规划和远见，所以我们要做的第一件事就是要比别人多想个三五年，集中关注将要发生什么。这也就是我们常说的战略。所谓战略，就是思考"炮火射程以外"的事情。

第二件事是算企业算不清的账。具体的经济指标，这是任何人算得清楚的，但是还有很多账是算不清的。第一是时间账。我们每个人在做决策的时候，对时间的预期都不一样，正确的价值观会把时间距离拉长，会坚持长期趋势，注重价值的提升，而不是被眼前的利益所迷惑。第二是伙伴账。一个有理想的企业，在选择合作伙伴的时候，一定会考虑双方价值观是否一致，而不是价格合适与否。第三是未来账。一个有远见的企业，现在所做的事和投资，都是在投资未来，市场的回报都是在三五年后的。

第三件事是做企业做不了的事。有理想的人必定有毅力，人有坚韧不拔之志，才有坚韧不拔之力。只有我们心中充满坚定的信念，才会去做很多别人不做的事，并且不会觉得辛苦，反而觉得很快乐。

品鉴的本质——讲人话！

Q：茶烟酒有共性吗？

A：茶烟酒的共性就是都扎根农业，身在工业，灵魂寄托于文化产业。

Q：茶烟酒品鉴，东西方有差异，您会怎么看待这个问题？

A：对我来说，这个是靠直觉的，无法分析，只能感受。品鉴技法到最后其实不重要了。

东西方差异就像一件服装，你从腰部拉一根弧线到地上，就是西方的；从臀部拉一条弧线到地上，就是东方的。

Q：品鉴茶烟酒要有一定的知识和环境要求吗？

A：老外喝红酒必须要懂红酒吗？我光是喝就不行吗？就像吃卤猪头需要知道猪的品种和年份、猪圈的土壤和气候吗？猪生前的光照时间够不够？手掌的温度会不会影响菜的口感？需要区分哪个产区的猪头色泽浓郁、哪个季节的猪头强劲厚实吗？元芳，你倒是告诉我啊！其实，自己喜欢的方式就是最好的。

Q：茶烟酒品鉴其实很辛苦，大家认为是很娱乐的工作嘛，很多人看到的往往是表象，是您工作生活光鲜的一面。

A：如果你认为这个家伙每天每个月一直都在玩乐，他就能够把工作做好，那他就不知道怎么"死"的了。这个行业我们在意的是追求自由，可是自由有个前提：一定要谨守纪律。我举例来说，我们中国人的古体诗词，就有非常严谨的纪律嘛，你必须五个字七个字的押韵、平仄、对仗，你都要谨守这个，你才能自由嘛。你看那些真正的文人高手，他可以在这么多的层层限制里面飞翔。但是我们能力不好的，一看这么多限制，先去抱怨限制怎么那么多，然后就想法子把那个限制给打破，最后搞了半天，就搞出了"新诗"嘛，不然就是"散文"嘛，受不了那个限制。我时常跟大家开玩笑，真正的高手是你给他一个浴缸他可以在里面跳水上芭蕾的，这就是高手嘛！可是，很多基本动作大家都没有看到。我们的那些自由是外显的，而纪律是内在要求的，所以大家容易看到你外显的好像放荡不羁、游戏人间啊。

Q：您之前在谈到自己的品鉴观时有说到自由的重要性。

A：人性是排斥改变的，但较为矛盾的是你不改变他又看不到。我们喜欢把长相比较普通的人叫做大众脸，他走在街上，因为是大众脸大家通常不会记得。你现在能记得起的小学同学，一定是那个做过坏事的，不然就是成绩特别棒的，不然就是长得特别奇怪的，或者是有天分的。那些普普通通的你根本都不会记住。特别是什么？就是要"在大同的世界里创造大不同"呀！

Q：像历史一样，历史记载的也都是最好的和最坏的。

A：对，凸显的历史。历史的改变或历史往前演进就是这样，关键性的东西出来了，可是这个东西慢慢地改，实际上我们人类每天都在改变，一天比一天老，一天比一天衰弱，你可能是要拿了十年前的照片对比一下才看得出来。你每天对着镜子看是看不出来的嘛，你可能要开了同学会才忽然看得出来，这种改变是慢慢的。你想想看，从十年前很少人用手机到现在大家都在用手机，这种改变的背后会是什么？那不只是拿手机啊，拿手机了以后他改变了他的行为。你会看到我们天天都在变。所以干这一行的人，第一要注意改变；第二要不怕改变；第三要影响改变。主动地影响，你不要被动地受影响，你要影响他人，这个就是不同的心态了。

Q：为什么？

A：事实上，但凡有态度的人他的心是开的。所以他可以看到，我们时常看过同样的书或走过同样的一条街，但是每个人看到的东西不一样啊。有些人的心是开的，心里面有窗子，你把心里的窗子打开的时候就能够看到很多新鲜的东西。不然你看完了，完全没有，看不到嘛。我们从另一个角度看，什么让你看不到好东西呢？就是习惯跟成见。所以说习惯跟成见是让你看不见好东西的"白内障"。你知道白内障吧？我这里说的"白内障"，等于是你心里那扇窗子越来越模糊、越来越脏，所以看外面就看不到了。那谁的习惯和成见最多？你想想看，当然是年纪大的习惯跟成见理论上更多啦。其次就是越有成就的人，习惯跟成见就越多。所以谁最能看到好东西？小孩子嘛。小孩子因为没有习惯和成见，所以时常能发现一些新事物，他才会看到国王没穿衣服嘛！大人看了也不敢讲啊！你看久了，你觉得就理所当然，可是小孩子一眼就看得出来国王没有穿新衣服啊！所以真正的挑战是你如何在有了一些成就或有了一定年纪的时候，还要保持那个赤子之心。

Q：所以始终保持童心和好奇心对品鉴人来说非常重要。

A：童心就是对什么都好奇嘛！你不要觉得世界就是这样，那就完了，世界就结束了，世界的精彩正在于永远会有新发现。从新的角度去看这个世界是不一样的。就跟我们小的时候一样，看到天上的云，会感觉像麒麟、像恐龙、像狮子、像什么什么，可是等到有一天他学习了很多东西，他根本就不再看云了。你问他那朵云像什么，他和你说那只是水蒸气。他有没有讲错？没讲错，但是他的好奇心和想象力，就慢慢萎缩掉了。

决策者的"心灵牧师"

Q：有朋友说您标榜自己做咨询有一套自己的思想。

A：因为我没有思想啊！（大笑）其实，归根结底是能量。我的思想从能量里来，但有能量不一定有思想。

Q：所以，您其实是有自己的思想的。

A：思想当然很重要，可以归在第二位。我感觉自己最大的特色就是善于鼓舞士气。要知道，任何企业都是需要有一个愿景的，共同的愿景决定了团队的行动。客户最需要于你的，是能帮他把员工的士气鼓舞起来；士气鼓舞起来了，实现愿景就有了信心，这比什么都重要！

Q：这就是您会经常和企业家们谈到"企业意志"的原因吧？！那么企业还能在您这儿获得什么？

A：是决策的经验。

决策的方法他不懂他可以去看书，这种书多得是，重要的是决策的经验。经验是要靠阅历和时间来积累的，也需要事实来验证。我们曾经协助二十家以上的百亿企业做过大量的决策，应该说经验还是比较多。客户看重的正是我们的经验，他花大价钱购买的也是我们的经验。我们的一个重要任务，就是帮助客户弄清楚什么才是他们真正的核心业务，避免他们被细枝末节所干扰。我们要用"企图心"和"起手势"去影响和支持我们的客户，让他们感觉到你能给他们力量，帮助他们下决心做出决策。

在客户那里，有时候可以说我不过做了一件事，这就是"缓解焦虑"。企业有焦虑，我就缓解焦虑；没有焦虑，就"制造焦虑。再缓解焦虑"，但是你永远无法解决焦虑。

我所扮演的大概属于"心灵牧师"的角色吧！

Q：用"心灵牧师"来定义您的咨询服务，这个提法有意思。

A：咨询行业的客户不同于商场的顾客，这不光是因为客户被你尊为上帝之后仍然必须要支付你大把的钱，何况他付钱给你本来就不是为了得到你唯唯诺诺的伺候。伺候似的服务，对客户、对咨询公司都是没有价值的，只会弄得双方到头来都赚不了钱。

我们的工作是最"笨"的事情，但也是这世界上最难的两件事：一是把思想装进别人的脑袋，二是把钱从别人的口袋装进自己的口袋。我们干的就是这事！

咨询服务的本质，就是帮助企业实现它所追求的最高境界——"话语霸权"，建立起战略上的优势，并且为它构思、设计好战略、品牌、产品结构和企业发展的"路径"，战略构思要构思到它"自己就会跑"的程度。许多做企业的人并不明白这样一个道理，即"一切都取决于资源"。并不是企业想做什么自己下个决心就都能去做的。能不能做，关键还看它是否拥有资源，拥有了资源还要看它能不能进行资源的组合。一些客户自己往往组合不了或者组合不好，我们能帮他们利用好资源、组合好资源。

Q：那您以为决策的关键点是什么？
A：企业家在于"断"，不在于"谋"。断者，判断也，决断也。上百亿的生意，要对品牌做出改变，全靠老板判断和决断，否则，就成了"好谋无断"了。"夫英雄者，胸怀天下，腹有良谋，有吞吐天下之心，穷极四海之志者也。绍色厉胆薄，好谋无断，干大事而惜身，见小利而亡命，非英雄也。"

低调做事，每年总有新亮点

Q：听了您的分析，足见您对烟酒行业的全面了解和掌握，现在业内像您这样的咨询专家很少，您服务烟酒行业已经很多年了，这期间您又有怎样的感触呢？
A：外界一直认为我们是专业服务烟草，其实这是个误会。我们本来就是做酒业咨询出身的，这些年也一直保持着对酒业的关注，酒业咨询在我们的业务构成中始终占有一定的比例，而且这两年比重越来越大。实际上从第二届"中国杰出营销奖"开始，我们连续几年参加都获得大奖，获奖案例都不是烟草项目。

我们刚开始不熟悉烟草，是把做白酒的成功经验移植到烟草业。移植过来的时候正好赶上中国烟草工商分离的机会，一些概念点就容易获得认同，并且也在市场上取得了一些成绩。但这并不代表说白酒的东西就可以简单移植。在这个过程中，我们有成功也有失败。赶上烟草这几年大发展，我们成功的比例会比较高，但失败总是比成功多，因为成功是偶然的，失败是必然的！

从整体看，大家对我们的工作还是相对满意的。我们尽量把失败控制在一定范围内，不要让疑问点成为污点。我们也失败了很多东西，我们也在不断总结原因，总结成功的经验比总结失败的原因更重要。企业大了有基础了，要有勇气去试错，我的朋友华杉喜欢说要用成功去消化失败，这一条很本质。

Q：这么多年的咨询服务过程中，您和您的团队有着大量的经典案例，而且在行业内建立了非常好的口碑。从一个咨询机构的角度讲，你们选择客户的原则和理念又是怎样的呢？
A：第一点，我想首先要考虑别人买我们什么，而不是我们选择别人。做好自己的事是第一位的，要保证每年有一两个得到市场认可的案例。2003年是白沙（精品二代），2004年是黄鹤楼（1916），2005年协助开发白沙（和天下），2006年我们配合企业做中国娇子的概念，当时是让人耳目一新的，是我们在整合营销传播上最成功的案例。2007年我们为福建中烟提出了"一优一特"的品牌战略，可惜合作的缘分不够。2008年我们参与开发红塔山（经典100）。2009年是黄金叶的天叶和大金圆。2010年泰山指拂光是我的至爱。市场操作上还要加强，接下来是玉溪（庄园）、利群（富春山居），还有黄金叶的金满堂，每年一定要有亮点。

第二点，就是信心。我绝不认为咨询公司能解决企业的问题，咨询公司第一要务是不给企业添乱。企业的发展在于抓住机遇而不是解决问题与矛盾。我们在做品牌的时候，更多的是要建立起企业内部的信心，所谓"外树形象，内聚人心"。企业有信心，渠道和消费者就对你有信心。

第三点，重点是协助决策。每一个企业家身边出谋划策的人太多，我坚信行动比思考更重要，大战略一旦确立了就是行动，太多的创意是害人的。协助决策，尽快付诸行动。我们就是躲在企业背后的幕僚而已，而我们很多同行到企业去都是给企业添乱的。

总结起来就是一句话："一切为了吃饭！"

另外一句话，就是"胃口决定吃饭，而不是吃饭决定胃口"。企业胃口大了我们的日子就好过了。整个社会经济不好的时候，就把胃口缩小点，跟着企业一起过冬，春天自然会有来的时候。

第三句话，就是"闲饭、软饭一定不能吃"。当我们认为帮不到企业的时候，这件事一定不能碰，该离开了就离开，在舞台上就卖力演出，演得好与坏要运气，但下舞台一定要优雅。所以客户要求我们离开的时候就离开，别恋战。

我们尽管守住了底线，但很多时候也会失败。我们自认为能做好，但事实上没做好。比如贵烟北纬27°，具备很多成功的元素，失败可能是包装上出了问题，我们选择了冷色调，很特别，但是广大消费者可能不认为它特别，所以当后来再出红色装的时候就已经来不及了。

我们都是关起门来做生意，要低调。我们没有做过宣传和广告，实实在在做事，偷偷摸摸挣钱。我对目前的状态很满意，就踏踏实实地做，不去想发展，走稳走好，把自己的事情做到最好，挣钱是顺带的结果。

Q：这两年很少看到您的作品了，是不是把更多的时间花在做其他方面的事情上去了？

A：应该是这样讲，因为人到中年了嘛，你再跳到前面去帮病人动手术，老花眼，手也抖了，不适合上手术台了。我现在做的工作是在上游的，在策略方面，侧重于做咨询顾问。我负责给客户提建议，比如你这个情况需不需要去看医生，或者我给客户建议这个需要去找哪个医院的哪个医生来看，哪个医生动某些方面的手术最好，做做这方面的建议，不见得自己动手。按照奥格威的讲法，我们是厨师出身的餐厅老板，偶尔有亲朋好友来，或者是挑战性够，自己还是会下厨去做的。但常常是我带着客户去吃尽各种美食，不见得是要我自己动手去做。现在还有个情形，在咨询公司的经营里面，很多时候需要各种创意人员，其实也可以整合外面的人一起来做啊。

我们公司现在是个小公司，我们公司的定位就是"流寇"嘛，我们不是正规军。正规军有正规军的玩法，流寇有流寇的玩法。可是如果你歧视流寇的话，你可能就麻烦了。因为我们流寇的作业人员都是八国联军总司令、参谋长出身的，我们马上可以结集一群流寇打到京城去，但是在京城是根本不能定居的，定居你就死定了，那这个就成了李自成嘛。正规军的玩法跟我们是不一样的。对我来讲，挑战性够的或者自己意愿去做的案子我才会动手去做。我们也不会做大，做流寇嘛要水上漂、草上飞，把肚子搞大了就不方便翻墙了。

Q：作为一个独立顾问，在服务行业的过程中自然难免受到各种褒贬不一的评价，您个人对这些评价怎么看？

A：首先作为个人来讲，我觉得人生过程就是自我修炼的过程。人就是要不断提高自我的修养。做好自己的事，不要太在意别人的评价。当然善意的批评一定要去听，自我修炼就是要自省。客户很友善和包容，我们并没有做到别人期望的程度，我们自己都觉得过意不去，我们就尽量不要辜负了别人的期望。当别人期望太高的时候，我们尽量要降低，要少承诺、低承诺、高产出。别人说我好的时候我知道自己是什么东西，别人说我不是的时候我也知道自己不会如此不堪。

工作不能解决所有问题，其中有很多不确定的因素。我们只要能做到不断修炼，能持续进步，就够了。

我们在白酒行业做的案例比烟草更有趣味，可以说是在市场上大成功。一定的自信我们是有的。近期我们参与的洋河汾酒和习酒项目，就都有不错的作品。

Q：做咨询的前提有吗？
A：当然有。让产品自己会说话！好产品自己就会跑！

成为咨询业一代宗师是我的理想

Q：咨询业内在谈到您个人的时候，有两种观点：一种认为您很低调，另一种又觉得您有一股与生俱来的霸气。对此您自己又做怎样的评价呢？

A：我从不认为我霸气，但我的性格会有湖南人的特点在里边。长沙有个词叫霸蛮，就是明知其不可为而为之。我认定的事会用十二分的努力去促成。有时候碰巧运气好做成了一些事，大家就会觉得你霸蛮。我做事会比较认真，但绝对不是霸气。我努力地去低调，但是还不够低调，或者过犹不及，只能说明我的自我修养还不够吧！

如果坚持每年进步一点点，我相信一个人能够坚持二十年只做一件事，又是你的爱好，肯定能大成功。我爱这份工作，如果每年能进步一点，再有十年，我就能成为这个行业的大师。我个人的理想就是要成为咨询业的一代宗师。中国有商业美学的时间还很短，我相信在我们这代人里一定会出宗师，如果我能坚持今天这样的勤奋和执著，二十年后还能这样我会很满意我的职业生涯。我一年飞行三百次以上，过去的十年没有休过假，每年的大年初一我都会一个人待在办公室里，总结过去的一年，规划未来的一年。每年我有二百五十天都在市场上游走。如果还有二十年的时间我每年都有进步，有足够多的案例和品牌让我来参与，那我相信我有机会和有可能成为一代宗师。但这需要运气，我并不确定，但这是我的理想！

Q：您是如何培养训练和您一起工作的年轻人的？

A：我讲白了，这么多年来，我周遭这么多人员，我觉得我只能做一点，就是随手教，跟在旁边我不断地做示范。这比较不像是制度化，要给你上课干什么。我在这里怎么样的作业、怎么样的拿捏、怎么样的提案、怎么样的自我要求，跟在旁边有心的人他应该看得见。可是学习有个很重要的前提，看完之后你要自己消化，你不能学我或想成为我，每个人最后都应该成为他自己，这就叫"师傅领进门，修行在个人"。

Q：该向您学习哪些地方？

A：像我讲我们这里叫流寇组织，年轻的或者资浅的进来很容易荒废掉了。因为年轻的人他应该要有一个要求严格的纪律，就是说，年轻人他适合进那种我们所说的军官学校，军官学校几点钟起床、几点钟刷牙、该做什么，都有人要求好。可是到我们这里，我们都属于"土匪头"了，我们不再要求这个，这个是要自己要求自己的，这个基本动作对我们来讲都已经内化在我们自己的工作中了。可是，年轻人很容易学到的是好像自由、松散的那一套。

Q：学到你们表面的东西？

A：对，学的表面工夫，没有看到内里的东西。很多年轻人来找我或者干什么，我都向他们推荐进那些正规的公司。正规的公司一定有洒扫庭院啊、检查服装仪容啊什么的。对，我们都是这样过来的，比如开会之前的那支铅笔怎么把它摆好。这些我们点点滴滴都看到的，看到我们会记在心里。难道需要我再给小朋友说，你记得跟客户开会的时候，这里应该打这个灯比较好，那张纸应该怎么放？这些我在做的时候你要有心你应该学到，这个叫做开窍。像《西游记》里的孙悟空，他的师傅拍他脑袋三下，他就知道夜里三更师傅要有话跟他说。那有些人把头都给打烂了，还说你打我干吗？

Q：心有灵犀一点通！

A：对，对！还有，连奥格威都说过，丘吉尔爵士（丘吉尔首相的爷爷）在打仗的时候，他晚上骑着马，手套忽然掉地上了，副官帮他捡起来了。过后他对他的副官说，你到今天我掉手套的地方，把那门炮架在那里。然后那个副官跟他说，我们已经架好了。你知道吗？真正要做好事情，就要学这样的副官，要有心、用心、处处留心，不能任何事都靠别人手把手地教。

Q：您个人有对一代宗师的定义吗？

A：外在的天才是闪光的、容易迷惑人的。一代宗师应该是像佛一样的沉默：明明是知道却佯装不知，关心的焦点可以由中心到边缘；对世间万事万物没有任何好奇心；别人穷尽一生追求成功，他虽一而再、再而三地登顶，却不露一点喜色；他似乎已经洞察到事物的核心所在，却为了掩饰自己锐利的目光而低下了头；他不愿意走在不确实的大路上，而愿意隐身在实实在在的羊肠小道中……

Q：最后一个问题，茶烟酒指南这本书有何与众不同？

A：就是"讲人话"。

不要认为搞些自以为有档次的书面语言就高雅了。你看总书记的报告，大家记住的最有力量的，还是那句"不折腾"！"不"是从邓公的"不争论"开始的，二十多年了。不动摇、不折腾、不争论、不走邪路、不走老路：这些"不"是今天中国的思想主流。

茶烟酒的主流思想我换了一个角度来定义，希望"要"字能成为最主流的音阶：要有一点文化，要品鉴自由，要监督特权，要有趣，要价格透明，要时间沉淀。

图书在版编目（CIP）数据

李克茶烟酒优购指南. 2013 版 / 李克编著. — 北京：华夏出版社，2013.2

ISBN 978-7-5080-7443-6

Ⅰ. ①李… Ⅱ. ①李… Ⅲ. ①茶叶－选购－中国－指南②烟草－选购－中国－指南③酒－选购－中国－指南 Ⅳ. ①F76

中国版本图书馆 CIP 数据核字(2013)第 002573 号

李克茶烟酒优购指南（2013 版）

作　者	李　克
责任编辑	李雪飞
出版发行	华夏出版社
经　销	新华书店
印　刷	浙江新华彩色印刷有限公司
装　订	浙江新华彩色印刷有限公司
版　次	2013 年 2 月第 1 版　2013 年 3 月第 1 次印刷
开　本	720×1030　1/16
印　张	35.5
字　数	729 千字
定　价	118.00 元

华夏出版社　地址：北京市东直门外香河园北里 4 号　邮编：100028
电话：(010) 64663331（转）　网址：www.hxph.com.cn
若发现本版图书有印装质量问题，请与我社营销中心联系调换。